The study on Tourism Development of Qinghai–Tibet Plateau

青藏高原旅游开发研究

张忠孝 祁永寿 刘峰贵 廖礼生 候光良 等◎著

科学出版社
北 京

图书在版编目(CIP)数据

青藏高原旅游开发研究/张忠孝等著．—北京：科学出版社，2013
ISBN 978-7-03-037254-3

Ⅰ.①青… Ⅱ.①张… Ⅲ.①青藏高原-旅游资源开发-研究 Ⅳ.①F592.77

中国版本图书馆 CIP 数据核字（2013）第 064837 号

责任编辑：侯俊琳　石　卉　程　凤/责任校对：李　影
责任印制：徐晓晨/封面设计：无极书装

科学出版社出版
北京东黄城根北街 16 号
邮政编码：100717
http://www.sciencep.com

北京厚诚则铭印刷科技有限公司 印刷
科学出版社发行　各地新华书店经销

*

2013 年 5 月第　一　版　开本：B5（720×1000）
2016 年 3 月第三次印刷　印张：28
字数：535 000

定价：148.00 元

（如有印装质量问题，我社负责调换）

序

青藏高原博大壮美、广袤雄浑、神秘多姿，占中国国土总面积的1/4，平均海拔4000～5000m，是世界上平均海拔最高的高原，被誉为地球第三极。这里是名副其实的万山之宗、江河之源，绵延耸立的喜马拉雅山、昆仑山、冈底斯山、唐古拉山、祁连山等众多世界著名高大山脉，长江、黄河、澜沧江、雅鲁藏布江、印度河等大江大河发源于此并惠泽亚洲人民。这里是人类重要的发祥地之一，千百年来高原先民在发展和迁徙中，创造了悠久灿烂、神秘多元的高原文化，极大地丰富了中华民族灿烂的文化宝库。青藏高原以其辽阔的草原、丰富的宝藏、雄奇的景观、多元的文化及珍稀的野生动植物，给世人无限神奇、神秘之感，有着巨大的吸引力。

自2007年青海省确立建设高原旅游名省的奋斗目标以来，全省上下按照“一圈三线”旅游业发展总体布局，坚持高起点规划、高层次招商、高水平建设，使青海湖、塔尔寺、坎布拉、三江源等一批王牌景区景点的知名度不断提升。国家级热贡文化生态保护区和贵德旅游综合开发示范区建设的启动实施，使来青游客呈井喷之势，旅游经济主要指标增速连续高于全省经济平均增速和全国平均水平，“大美青海”旅游品牌在全国叫响，旅游业步入持续快速健康发展的快车道。中国旅游“十二五”发展规划把“青藏铁路沿线旅游区”确定为重点打造的无障碍区域合作示范区之一，提出要以西宁、格尔木、那曲、拉萨为支撑点，着力把青藏铁路沿线建设成为具有世界影响力的旅游产品与线路。同时，还提出把位于青藏高原上的三江源旅游区、大香格里拉旅游区作为我国大力培育的11个旅游功能区之一来打造。这为青海和青藏高原旅游业的跨越发展带来了前所未有的历史机遇。我相信，随着高原旅游名省建设的深入推进，“大美青海”旅游品牌在国内外的知名度和影响力将不断提高，青藏高原必定会成为未来全球旅游的热点地区之一。

《青藏高原旅游开发研究》着眼于青海省和青藏高原旅游资源开发，在对青藏高原旅游发展环境、旅游业发展现状、旅游资源评价介绍的基础上，围绕如何在青藏高原旅游业发展中保护脆弱生态环境、保护优秀民族文化等问题进行了深入研究，为建立适合青藏高原的旅游发展模式提供了必要依据。在《青藏高原旅游开发研究》即将付梓之际，谨致热烈祝贺。衷心希望社会各界汇集各方智慧，为青海旅游业发展著书立说、建言献策，为打造高原旅游名省贡献力量。

青海省省委书记

强卫

2013年3月10日

前　言

如果把 1841 年英国人托马斯·库克第一次铁路旅游作为现代旅游业的开端，现代旅游业已有 170 余年的历史。但就在这短短的时间内，在经济全球化的推动下，旅游业已取代石油、汽车产业，居于世界最大新兴产业的地位，成为世界上最大的就业行业，提供约 1.27 亿个就业岗位。来自世界各个国家、各个阶层的旅游者把他们的足迹印在世界各个角落，旅游业在世界社会经济发展中的贡献及发展潜力，为世界所瞩目。

20 世纪 80 年代以前，欧洲和北美洲是现代国际旅游业的两大传统市场，几乎垄断了现代国际旅游市场。80 年代以后，国际旅游业明显出现两大趋势。其一，亚洲、非洲、拉丁美洲、大洋洲一批新兴旅游市场崛起，特别是进入 21 世纪，随着全球经济重心东移，东亚、太平洋地区国际旅游增长率高于世界平均水平，使亚太地区成为国际旅游的“热点”区域，欧、美主宰世界旅游市场的局面已被打破，形成欧、亚、美三足鼎立的新格局。其二，随着经济的发展和人民生活水平的不断提高，国际旅游的传统方式，如观光、娱乐、疗养、商务型等已满足不了广大旅游者的需求，旅游业朝着个性化、多样化、文化化的方向发展，追求参与性和娱乐性，因而各种内容丰富、新颖独特的旅游方式和旅游项目应运而生，国际旅游消费动向发生变化，消费由“目的”变为“手段”，旅游消费以实现自我爱好、自由娱乐、表现丰富的感情为目的。

中国是世界旅游舞台上的后来居上者，1978 年全方位向世界开放，旅游业从此在中国大地上崛起，凭借改革开放的强劲东风，依托我国丰富的旅游资源，得到快速发展，首次实现了从“旅游资源大国”到“亚洲旅游大国”的历史性跨越，进而实现了从“亚洲旅游大国”向“世界旅游强国”的历史性跨越。进入21世纪，我国政治局势稳定，经济持续增长，在经济全球化大趋势下，我国旅游业保持着强劲的发展势头。“十一五”期间，我国国内旅游人数年均增长12%，入境、过境旅游人数年均增长3.5%，出境旅游人数年均增长19%，全国旅游业总收入年均增长15%。我国跃居全球第四大入境旅游接待国和亚洲第一大出境旅游客源国。旅游已经成为人民群众重要的生活方式，有力地推动了人民素质的提高和生活质量的提升，旅游业对我国经济社会发展的积极作用更加明显。

位居我国西南部的青藏高原，海拔4000～5000m，突兀于地球中纬度地带，成为世界上海拔最高的高原，有“世界屋脊”、“世界之巅”之称。其地域包括青海、西藏两省（区），还包括甘肃西南部和西北部的一部分、四川西部、云南西北部、新疆西南部一部分，总面积达250万km^2，占我国国土面积的1/4。在这一片极其特殊的广袤区域，冰峰雪山林立、江河纵横、湖泊棋布，在常年冰雪作用下，形成雷同南北极的“第三极”自然景观。特有珍稀高原野生动植物资源丰富，是世界上最高的野生动物天然乐园。青藏高原拥有丰富的矿产、水能、新能源资源，是我国宝贵的资源储备库，具有巨大的开发潜力。生活在青藏高原上以藏族为主体的各族人民，在同严酷自然环境的长期斗争中，创造了灿烂的高原古代文明，推动了青藏高原古代社会的前进，这里是中华昆仑文化和藏文化的发祥地，留下了大量珍贵的古代遗迹，成为中华民族文化的重要组成部分。青藏高原在世人看来是一个非常神秘的地方，一般人难以到达。古代只有极少数人出于政治、宗教、探险的目的，进入过青藏高原，如西汉时期赵充国赴青藏高原东部平定羌乱；东晋高僧法显、南朝僧人法勇、北魏僧人宋云经青藏高原去天竺（印度）取经；唐蕃联姻——唐朝官员及文成公主、金城公主入藏；明清时期朝廷派专人入青藏高原考察河源。1840年鸦片战争以后，俄国、英国、法国、印度等国地理学家、探险家、旅行家持不同目的到青藏高原进行考察。20世纪初以来，国人也零零星星进入青藏高原考察及研究，但人数有限。新中国成立后，我国政府在青藏高原进行了必要的基础设施建设，开展了全方位的综合科学考察，但由于这里地势高、气温低、缺氧，自然环境恶劣，加上交通瓶颈，一般游人难以前去游览，因而有“出国容易进藏难”的说法。青藏高原对于国内外游客来说是充满神奇和神秘的地方，因而具有极强的诱惑力。

2006年7月1日，青藏铁路全线贯通，制约赴青藏高原腹地拉萨的交通瓶颈被打开，这无疑为青藏高原的经济腾飞插上了翅膀。拉萨旅游业的发展产生“井喷效应”，国内外游客似潮水般涌进拉萨游览观光，拉萨街头巷尾都是游人，出现住宿难、吃饭难、行路难、进出难的尴尬局面。从眼前看，人满为患的严重局面给广大市民的正常生活、给各级政府的正常工作，甚至给社会安定带来了诸多不利因素。从未来长远利益分析，如下问题应引起国家的高度重视。

(1) 青藏高原旅游资源的开发和游客数量的增加，势必对高原脆弱、敏感的生态系统造成压力。如何处理好资源开发、人类活动加剧与生态保护之间的关系，使高原生态环境得以持续开发利用，是各级政府必须高度重视的大事。

(2) 旅游活动将带来更多的社会经济、文化等方面的冲击。如何保护青藏高原优秀的传统文化，保护历史遗留的文物建筑和非物质文化遗产，将在旅游资源开发和旅游经济活动中面临巨大挑战。

(3) 青藏高原旅游资源对开展以探险、猎奇为内容的挑战极限户外旅游有得天独厚的条件，是当今具有鲜明地域特色、时代特色和个性特色的理想度假旅游地，因而高原旅游公共保障安全体系建设显得十分重要。

(4) 青藏高原生态系统承载力低，为了使青藏高原旅游业得到可持续发展，对旅游中心城市旅游环境容量、旅游资源和景区生命周期的研究十分必要。

(5) 青藏高原海拔高，大气含氧量低，缺氧成为游客旅游的最大障碍，应加强探讨合适的高原旅游方式，有效缓解高原旅游活动中的缺氧障碍，通过合理安排，使游客在高原旅游中达到较为理想的旅游效果。

鉴于上述思考，我们于2007年向国家社科规划办申请了“青藏高原旅游开发研究”课题，将青藏高原作为一个完整、独立的地域单元进行旅游开发研究，这一项目对青藏高原旅游开发具有填补空白的意义，难度很大。项目获批后，我们先后组织课题组成员对青藏铁路沿线，拉萨及其周边的日喀则、山南、林芝地区，青南高原玉树和西藏昌都地区，云南西北香格里拉、丽江、大理，四川西部阿坝藏族羌族自治州和甘孜藏族自治州，甘肃西南部甘南藏族自治州和临夏回族自治州等进行了实地考察，在获得大量第一手资料的基础上，分 11 个专题开展研究。

中国旅游业“十二五”发展规划纲要中，把“青藏铁路沿线旅游区”确定为重点打造无障碍区域合作示范区之一，要把青藏铁路沿线建设成为具有世界影响力的旅游产品与线路。“十二五”期间，我国大力培育的 11 个旅游功能区中，青藏高原有三江源旅游区、大香格里拉旅游区。青藏铁路沿线旅游区、三江源旅游区、大香格里拉旅游区涵盖青藏高原旅游的精华地域，国家将把青藏高原打造成世界知名的具有强吸引力的一流精品生态旅游区。这无疑会使青藏高原成为全球旅游的“热点”和各国游客心驰神往的旅游目的地。

本书以国家社科基金项目“青藏高原旅游开发研究”为依托，将为国家及青藏高原相关省、区、市旅游开发提供一定的科学依据，对实现我国旅游业“十二五”发展规划纲要要求，把我国建设成为世界旅游强国，将会起到积极的促进作用。

青藏高原旅游业的明天将会更加灿烂辉煌！

“青藏高原旅游开发研究”课题主持人
张忠孝
2013 年元旦

目　录

第一章

青藏高原旅游环境概况

青藏高原是世界上海拔最高、面积最大的高原，此区域地质构造复杂、地貌类型多样，孕育了众多世界著名且富有地域特色的山脉、河流、湖泊等生态景观。同时，世代居住在这里的高原儿女在同复杂、严酷、多变的自然环境作斗争的过程中，创造了灿烂的高原文化和独特的生活、生产方式。这种独特的高原自然环境和高原地域文化与世界各地形成了巨大的差异，对周边乃至世界各地的游客产生了强大的诱惑力，奠定了青藏高原旅游业发展的坚实基础。

第一节　青藏高原自然地理环境

青藏高原位于我国西南部，主体部分由青海和西藏组成，故得名“青藏高原”。青藏高原介于73°53′E～104°59′E、26°13′N～39°50′N，平均海拔4500m，比地球表面大陆平均高度（875m）高4倍以上，是世界上海拔最高的高原，有“世界屋脊”、“地球之巅”之称。青藏高原除青海和西藏两省（自治区）外，还包括甘肃西南部甘南藏族自治州、临夏回族自治州及祁连山地北麓海拔1200～1500m及以上区域，四川甘孜藏族自治州、阿坝藏族羌族自治州及凉山彝族自治州的一部分，云南迪庆藏族自治州、怒江傈僳族自治州及丽江地区的一部分，新疆维吾尔自治区昆仑山北麓喀什地区塔什库尔干县及其他位于昆仑山北麓各县的一部分[1,2]

从地理单元来讲，青藏高原西起帕米尔和喀喇昆仑山脉，与克什米尔地区、阿富汗和中亚诸国接壤；向东以祁连山脉—龙门山—横断山脉一线为界；北界为喀喇昆仑山—阿尔金山—祁连山西段，以4000～5000m的高差与塔里木及河西走廊相连；南界以喜马拉雅山脉为界，毗邻印度及喜马拉雅山地国家尼泊尔和不丹。青藏高原东西长约 2700km，南北宽达 1400km，面积约 $2.5\times10^6km^2$，绝大部分位于我国境内，占我国陆地总面积的 1/4 强。

一、青藏高原地质地貌基本格局的形成及现状

（一）大地构造演化

青藏高原现今地貌轮廓的形成，与高原大地构造演化紧密相连。地学界研究认为，青藏地区地质历史可追溯到距今 4 亿～5 亿年前的奥陶纪，当时这里是波涛汹涌的辽阔海洋，与北非、南欧、西亚和东南亚的“古地中海”海域沟通，称为“特提斯海”。此后青藏地区发生有 3～4 次速度较快的地壳运动，在我国地质史上被称为加里东运动、海西运动、印支运动、燕山运动和喜马拉雅运动[3]（图 1-1）。

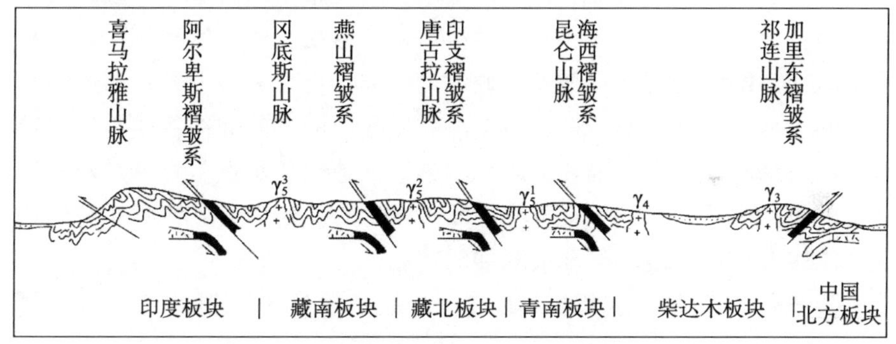

图 1-1 青藏高原大地构造演化示意图

距今 4 亿年的加里东运动时期，印度板块向北漂移，使较强硬的特提斯海底向亚欧大陆南缘下面插入，多次的强烈向北俯冲运动和强烈的挤压过程中，洋底上层沉积层被“铲起”强烈褶皱，隆升为古老的褶皱山系祁连山的主体部分。

距今 2.25 亿年的海西运动时期，印度板块沿塔里木、柴达木南缘向北推移俯冲运动，洋底板块北部表层的沉积层再次受到挤压，发生褶皱、隆起，成为今日古老褶皱昆仑山系。

距今 1.8 亿年的印支运动时期，印度板块向北推移俯冲，褶皱隆升为今日的喀喇昆仑—唐古拉山系。

燕山运动中，印度板块向北俯冲运动，褶皱隆升为今日的冈底斯—

念青唐古拉山系，同时被几乎夷平的祁连山、昆仑山、喀喇昆仑—唐古拉山系再度断块上升为高大山系。

距今4000万年到260万年的始新世末—更新世初发生的喜马拉雅运动，使强硬的印度板块沿雅鲁藏布江缝合线向亚欧大陆南缘俯冲挤压，地壳急剧加厚，形成喜马拉雅山系。同时古老褶皱祁连山、昆仑山等再度沿古断裂带发生强烈断块隆起，成为高入云天的“复活”山脉，青藏高原被整体抬升，而周围则陷落沉降，同河西走廊、柴达木盆地、四川盆地、恒河平原之间高低悬殊，形成突兀高耸的巨大高原的地貌格局。

20世纪60年代以来，地学界用板块构造学说研究地壳运动。板块构造学说认为，青藏高原位于印度—澳大利亚板块与欧亚板块碰撞带和欧亚板块与太平洋板块俯冲带附近，是欧亚板块承受另外两个板块挤压最厉害的区域，这是造成青藏高原宏观地貌错综复杂格局的主要因素[4]。

青藏高原上尚存的数条深大断裂带，对全区域地质构造演化起着控制作用，从北向南大致呈北西西或近东西向展布深断裂带，形成时代自北向南依次为加里东运动、海西运动、印支运动、燕山运动和喜马拉雅运动时期，即由老到新在渐变，晚近纪以来均再次强烈上升；高原边缘的深断裂除少数性质不明外，多是由高原向周围方向仰冲的逆断层或逆掩断层；沿着断裂带地震和火山活动频繁，地热显示点多，这是新构造运动的重要表现形式之一。地震带的分布与深大断裂在成因上密切相关，震级和震源深度均受深大断裂的控制。

青藏高原上分布的蛇绿岩与现今大洋地壳岩石组合相似，出露于不同时期的蛇绿岩是不同时期古海洋的遗迹，它形成于古海洋扩张时期。青藏高原出露的蛇绿岩带从北向南依次为早古生代、晚古生代和中生代，形成的年代依次更新，这标志从早古生代以来古海洋逐渐由北向南推移[2]。

（二）地貌形态基本格局

青藏高原是我国三大阶梯中地势最高的一级台阶，边缘高山环绕、峡谷深切，北、东、南分别以3000～4000m的高差急剧下降到盆地和平原，内部由高原、山脉、盆地、谷地等大地貌单元排列组成，具有网状结构特征。海拔从西北向东南由5000m以上渐次递降到4000m以下。高原上5000m以上的山系连绵，众多高耸入云的冰峰雪山构成了其地貌轮廓的基本骨架。在内外营力的作用下，青藏高原地貌类型呈现出千姿百态的特征[3,5～8]。

1. 山系

1）喜马拉雅山系

喜马拉雅山系是世界上最高大、最年轻的山脉。它西起帕米尔南迦帕尔巴特峰，东至雅鲁藏布江大拐弯处南迦巴瓦峰，东西长 2450km，南北宽 200～250km，平均海拔 6200m 以上，由东北向西南方向展布，向南凸出弧形，凸点位于干城章嘉峰。这里超过 7000m 的山峰有 50 余座。全球 8000m 以上的 14 座山峰中，这里就有 10 座。

喜马拉雅山系南翼与恒河平原有 6000m 以上的落差，这里雨量充沛，形成许多峡谷瀑布或跌水，峡谷成为我国西藏与印度、尼泊尔、不丹等邻国进行贸易和文化往来的天然通道。北翼辽阔无垠的青藏高原地势平坦，落差在 1500m 左右，现代冰川面积为 $3.3\times10^4 km^2$，中国境内冰川面积占 1/3，其中西绒布冰川长约 22km。冰川融水是恒河、雅鲁藏布江、印度河的主要水源补给地。

2）冈底斯—念青唐古拉山系

西起狮泉河，东抵横断山脉伯舒拉岭，长 1600km，宽 80km，海拔 5500～6000m，6000m 以上山峰有 25 座。山系两端地势高，中间稍低。北面是藏北高原，地势平缓，高差为 1000m 左右，南翼与藏南谷地高差为 2000m。该山系是西藏内外流域的分水岭，南侧是外流水系，河流流量大，支流发育，形成大江大河；北部是内流水系，河流流量较小，大都注入藏北高原诸湖之中。

冈底斯山脉主峰冈仁波齐峰，海拔为 6638m，是西藏著名的佛教神山；东段的罗波峰，海拔为 7095m，为冈底斯山脉的最高峰。念青唐古拉山脉，西与冈底斯山脉的尾闾相接，向东与横断山脉相接，长 360km，山脉内现代山谷冰川发育，主峰念青唐古拉峰海拔 7117m。

3）喀喇昆仑—昆仑山系

昆仑山系西起帕米尔高原东部，横贯我国新疆、西藏、青海、四川 4 省（自治区），长 2500km，海拔 5500～6000m，分东、中、西三段。中、西段古籍称之为葱岭的一部分，是连接帕米尔高原和喜马拉雅山及唐古拉山的链环，由西向东包围青藏高原北部，该段宽

莽莽昆仑山脉

150km，海拔 6000m，与塔里木盆地高差 4000～5000m，公格尔山（7719m）、慕士塔格山（7546m）、慕士山（6638m）等都发育有现代冰川。该区域海拔 8000m 以上的高峰有 3 座，包括世界第二高峰——乔戈里峰（8611m）。喀喇昆仑山山体较为完整，是现代冰川分布的中心之一。东段称之为东昆仑山，是柴达木盆地与青南高原界山，主峰木孜塔格海拔 6973m，支脉巴颜喀拉山为长江、黄河的分水岭。

4）唐古拉山系

唐古拉山系大致呈北西西—南东东绵延 700km，宽 160km，海拔为 5400～5700m，主峰各拉丹冬雪峰，海拔为 6621m，各拉丹冬和尕恰迪如岗成为冰川分布集中地，尕恰迪如岗冰川为长江上游沱沱河的发源地。

5）阿尔金山—祁连山系

绵亘于青藏高原北缘，为塔里木盆地—河西走廊与柴达木盆地—共和盆地的界山。以当金山口为界，以西的阿尔金山系长 500km，宽 20～50km，海拔 4000m，最高峰龙苏巴勒山，海拔 6295m，由一系列雁行状山脉和谷地组成，干燥剥蚀作用强烈，形成典型的高山荒漠自然景观。以东的祁连山系是青藏高原东北部的巨大边缘山系，北靠河西走廊，相对高差 2000m 以上，南临柴达木盆地和湟水谷地，相对高差 500～1000m，东西长 900km，南北宽 250～400km，是由一系列大致相互平行的北西或北西西走向的山脉和山间宽谷及盆地相间排列而成，平均海拔 4500～5000m，主峰岗则吾结峰（团结峰），海拔 5826m。青海湖盆地、河湟谷地是东祁连山系著名的宽谷盆地。

6）横断山系

横断山系位于青藏高原东南部，是由一系列近乎南北走向、平行延伸的高山、深谷组成，自西而东有伯舒拉岭、他念他翁山、宁静山、沙鲁里山、大雪山、邛崃山等高山，其间夹持着怒江、澜沧江、金沙江、雅砻江和大渡河等大江大河，岭谷并列、山高谷深。

横断山系由于河流深切，水力资源丰富。山地海拔在 4500m 以上，高出河床 2000～4000m。由于横断山脉特殊的地理环境，这里交通条件很差，外来干扰极少，保存了较多的少数民族独特文化和未被破坏的自然景观，成为我国生物学研究的热点区域。

7）西秦岭山脉

秦岭山脉以东西向横贯于我国中部，是一条重要的自然地理分界线。它东起河南省中部，向西经陕西中部、甘肃西南部延伸到青海东南部，青海境内称西倾山，最高峰位于甘青边界的哲合拉布肖，海拔 4510m。

8）梅里雪山

梅里雪山又称雪山太子，这里海拔 6000m 以上山峰有 13 座。主峰卡瓦格博峰海拔 6740m，是云南第一高峰，发育有明永、斯农、纽巴和浓松四条现代冰川，属世界稀有的低纬、低温、低海拔现代冰川。

2. 宽谷、高原、盆地、峡谷相间排布的网状结构地貌

青藏高原巨大山系之间分布着宽谷、高原、盆地和峡谷，地貌格局呈网状结构。阿尔金山—祁连山系与东昆仑山之间是柴达木盆地、青海湖盆地、河湟谷地、临夏盆地；东昆仑山与唐古拉山之间是青南高原、甘南高原；西、中昆仑山系以南至冈底斯—念青唐古拉山系之间是藏北高原；喜马拉雅山系和冈底斯山—念青唐古拉山系之间是藏南谷地，谷地东段是雅鲁藏布江侵蚀形成的雅鲁藏布江大峡谷景观。

1）宽谷

藏南谷地，是指雅鲁藏布江流域中游地带，西起萨噶，东到米林，长 1200km，南北宽 300km，为夹持在喜马拉雅山和冈底斯山与念青唐古拉山之间的相对“洼陷”地带。谷底自西而东由海拔 4500m 降至 2800m，谷地两侧山地高度多在 5000m 左右。

藏南谷地地形的最大特点是谷地宽窄相间成串珠状。宽谷内有拉孜—仁布、曲水—泽当、米林等小型宽谷，这里的河床宽坦，河漫滩易发育，枯水季节出露的河漫滩宽达数千米。河漫滩以上为呈连续带状分布的河流阶地，有的宽达数千米。这些宽谷冲积平原是主要的种植业基地。峡谷有托峡谷、加查峡谷及朗县峡谷，谷坡陡峭，相对高度 2000m。峡谷中水流湍急，落差大，蕴藏着极其丰富的水力资源。

藏南谷地山地地形比较破碎，海拔 4700～5000m 以下流水作用强烈，坡面冻融滑塌作用显著。从下向上依次为冻融蠕动作用为主的高山，寒冻与重力崩塌作用为主的高山，冰雪作用为主的极高山。海拔 5600～6000m 的山地中，可以见到古冰川的遗迹。

河湟谷地，位于青海东北部，海拔 1800～2500m，从北向南依次有祁连山支脉冷龙岭、达坂山、拉脊山和黄南山地，海拔 3500～4000m。黄河及其支流湟水、隆务河、大通河等，自西向东流贯其间，自南向北形成了隆务河谷地、黄河谷地、湟水谷地和大通河谷地，这一区域统称

为河湟谷地区。河谷地带地势平坦，土层厚且肥沃，水量较充足，是青海省内的主要经济发展区。峡谷段谷坡陡峭，水力资源丰富，成为我国水电资源的“富矿区”和水电能源重点开发区。黄河谷地内的龙羊峡、李家峡、公伯峡、拉西瓦、积石峡已经得到开发利用，成为我国西电东送电力来源的重要组成部分。

2）区域中心地带的高原

青藏高原昆仑山脉与冈底斯山—念青唐古拉山脉之间，是一大片突兀于高原之巅的高原面，平均海拔 4500m 以上，唐古拉山系横贯其间。此高原面由藏北、青南、川西等高原组成，涵盖了青藏高原约 1/2 的面积，是青藏高原的腹心地带。地势自西北部的 5000m 向东南倾斜降为 4000m。地形丘状起伏，宽谷、盆地广布。区域内有大面积的冰川、积雪分布，湖泊星罗棋布，是世界高原湖泊最集中的区域，冰雪融水成为众多世界著名河流的发源地，闻名世界的长江、黄河、澜沧江均发源于此。该区域气候寒冷、干燥，形成类似南北极的世界“第三极”自然风光，这里的现代地貌外营力以冰缘气候下的强烈冰蚀与寒冻风化为主，冻土发育，典型植被以高寒草甸草原和高寒荒漠草原为主，土壤以粗骨性强、发育年轻的高山土壤为主。由于该区域人类活动稀少，高原特有的野生动物种类多、数量大，是青藏高原野生动物的天然乐园。

3）柴达木盆地

柴达木盆地雅丹地貌

柴达木盆地位于青藏高原东北部，四周被阿尔金山—祁连山脉和东昆仑山脉环绕，面积约 $1.3\times10^5\text{km}^2$，平均海拔 2700～3500m，是我国地势最高的内陆山间大型盆地。

柴达木盆地的地质构造特殊，蕴藏有丰富的石油、天然气和盐类等多种自然资源，享有“聚宝盆”的美称。由于深居欧亚大陆腹心，年降水量 100mm 以下，柴达木盆地气候异常干旱，成为国内最干旱区域之一，终年西风盛行，风成地貌发育典型且分布广是盆地地貌最显著的特点之一。其中风蚀地貌位于盆地西北部第三系湖相地层上，是由强劲西北风的不断吹蚀剥蚀作用而形成的形态各异的风蚀残丘，称之为“雅丹地貌”，柴达木盆地称“开特米里克”；风沙地貌，亦称风积地貌，主要分布在盆地西北部和南部，流动沙丘的高度一般为5～10m，少数也超过30m。位于祁曼塔格山北坡山前洪积扇上的大片沙漠，有高达50～100m的沙丘。由于强烈的干燥剥蚀作用，盆地北部山地为典型的干燥剥蚀中低山。

4）峡谷

雅鲁藏布江大峡谷，位于喜马拉雅山脉和横断山脉之间，由1973～1998年中国科学院多次综合科学考察发现，这一发现成为20世纪末一次全球性重大地理发现。1998年10月，经国务院批准将其命名为“雅鲁藏布江大峡谷”。

世界第一大峡谷——雅鲁藏布江大峡谷

雅鲁藏布江流至米林县派乡大渡卡村，海拔3108m，受到喜马拉雅山脉东端最高峰南迦巴瓦峰（7782m）的阻挡和地质构造线控制而改向东北流，至帕隆藏布江汇合处附近急转南下，形成了以南迦巴瓦峰为中心，世界上极为壮观的“马蹄形”大拐弯峡谷奇观。大拐弯北端是加拉白垒峰（7151m），雅鲁藏布江从两峰之间穿流而过，山峰高出水面5000～6000m，河道最窄处仅为74m，一般宽80～200m，其间贯穿着幽深、险峻的“一线天”自然奇观。到墨脱县巴昔卡，雅鲁藏布江大峡谷长504.6km，相对高差6009m，比世界著名的美国科罗拉多大峡谷长约130km，相对高差高出科罗拉多大峡谷近3900m，成为世界第一大峡谷。峡谷内地貌、生物、水体景观多姿多彩，特别是众多飞泉瀑布，如绒扎瀑布群、秋古都龙瀑布群、藏布巴东瀑布群等，景色极为壮观。

大峡谷水量丰富，落差大，蕴藏的水能资源约7×10^{7}kW，占雅鲁藏布江天然水能蕴藏量的2/3，约占全国水能蕴藏量的1/10。

3. 南北向平行岭谷的横断山地

青藏高原东南部是由一系列近乎南北向平行的岭、谷组成，岭大都为4500m以上的山地，如伯舒拉岭、大雪山等，高山之间的谷地大都很狭窄，其间有怒江、澜沧江等河流穿过，河面一般只有十多米至几十米宽，水流湍急，周围高山高出河床2000～4000m，形成山高谷深的奇特自然景观。

二、高原气候特点

由于海拔高，大气相对较薄，地形起伏大，对流运动强烈，气候差异大，青藏高原是全球气候变化最为剧烈的地区之一。具体言之，青藏高原气候有如下七个主要特点[9,10]。

（一）太阳辐射强、日照时数多

青藏高原海拔高，空气稀薄，大气干洁透明度好，是我国太阳辐射量最大的地区，总辐射 540～800kJ/（cm^2・a），比同纬度低海拔地区高 50%～100%不等。年日照时数为 2500～3600h，比同纬度的东部地区高 1000h 以上，是我国日照时数最多的地区之一，且由西北向东南递递，有两个高值区，一个是柴达木盆地，年日照时数 3200～3600h，冷湖最多达 3786.7h，为全国日照时数之最，另一个是阿里狮泉河，最高曾达到 3529.1h。日照时数低值区出现在青藏高原东南部，小于 2500h，波密等地仅为 1500h。

（二）气温远低于同纬度东部地区

青藏高原年均气温、最冷月（1 月）平均气温和最热月（7 月）平均气温都比同纬度东部地区要低得多。例如，那曲（31°09′N）和上海（31°10′N）纬度几乎相同，但那曲年均气温、最冷月平均气温和最热月平均气温分别为－1.9℃、－13.8℃、8.8℃，上海分别为 15.7℃、3.5℃、27.8℃，那曲气温比上海要低得多；昌都（31°09′N）和杭州（30°14′N）纬度相近，昌都年均气温、最冷月平均气温和最热月平均气温分别为 7.5℃、－2.6℃、16.1℃，杭州分别为 16.2℃、3.8℃、28.6℃，显然昌都气温比杭州低得多：西宁与东部济南纬度相近，但年均温分别为 5.7℃和 14.2℃，相差 8.5℃；玉树同蚌埠纬度相近，但年均温分别为 2.9℃和 15.1℃，相差 12.1℃。青藏高原的隆升相当于使高原的地理纬度向北推进了 15°～20°。

青藏高原气温比同纬度东部地区低得多，且寒冷期长，日最低气温低于 0℃的寒冷期从 9 月中下旬至翌年 6 月下旬或 7 月中旬，寒冷日数在 200 天以上，大部分地区极端最低气温在－30℃以下，青南高原的玛多、清水河等地区寒冷期温度低于−40℃，玛多极端最低气温曾达−48.1℃。

（三）气温年较差小、日较差大

青藏高原夏季气温比较低，而冬季太阳辐射强，气候干燥，所以气温不太低，气温年较差较小，比我国东部同纬度地区要小4～6℃及以上，如拉萨气温年较差17.7℃，同纬度九江为26.6℃，年较差幅度相差8.9℃，年较差的总体格局是北部大、南部小，西部大、东部小。青藏高原的气温日较差大于同纬度平原和盆地，且季节差异大。青海柴达木盆地、海南、果洛等地，西藏阿里、那曲等地是青藏高原气温日较差较大的区域，其中超过17℃的有冷湖、改则、同德等地，比纬度相近的我国陕西、甘肃的气温日较差都要大。冷湖年均气温日较差17.7℃，陕西气温日较差最大的吴旗仅为14.4℃，甘肃气温日较差最大的敦煌为16.4℃。青藏高原气温日较差较小区域大都不小于14℃，仍比同纬度东部地区要大。

（四）降水集中、区域差异明显、多夜雨

青藏高原因受印度洋和太平洋暖湿气流影响，每年5～9月为湿季（或雨季），相对多雨；10月至翌年4月，地面受冷高压控制，风大，少雨，为干季（或风季）。每年4～5月雨季从东南部向西北部推进，7月进入雨季高峰期，降水集中，雨季降水量占全年降水量的80%以上，11月至翌年4月大部分地区降水量不足全年的10%。

青藏高原降水量东南多西北少，迎风坡多于背风坡，降水量地域差异性明显。东南部降水量丰沛，墨脱等县降水量在2000mm以上，少数地方降水量达5000mm。昆仑山脉中西段南翼及其南支可可西里山一带，深居内陆，海拔高，成为青藏高原的寒旱核心，最暖月均温为4～6℃，年降水量为20～100mm，干燥度为6.1～20.0。柴达木盆地年均降水量100～150mm，最多与最少降水量相差250倍。冷湖降水量为17.6mm，是我国降水量最少的地方。

青藏高原降水量普遍少，降水强度也普遍小，但降水日数相对要高，降水以小雨为主，如青海达日、久治等地年降水量为500～700mm，降水日数150d以上，比同纬度东部地区济南、郑州、青岛等地多30～50d。多夜雨是青藏高原降水的重要特点之一，除柴达木盆地等少数地域外，大部分地区夜雨率在60%以上，青海湖盆地夜雨率超

过 65%，雅鲁藏布江谷地夜雨率在 80%以上。

（五）气压低、空气密度小、含氧量少

气压低、空气密度小、含氧量少是青藏高原气候的重要特征。气压、氧分压（空气中含氧量）和空气密度随海拔升高而下降（表 1-1）。

表 1-1　海拔高度与气压、空气密度、含氧量、纯水沸点温度对照表

高度/m	气压/hPa	空气密度/(kg/m^3)	含氧量/(kg/m^3)	相当于海平面/%	纯水沸点/℃
0	1013	1.292	0.260	100	100
3000	687	0.877	0.206	73	90
4000	607	0.774	0.186	66	87
5000	535	0.683	0.166	59	84
6000	472	0.603	0.149	53	80
7000	418	0.532	0.133	47	77

一般在海拔 3000m、4000m、5000m 处，气压和氧分压分别为海平面的 69.3%、60.9%、53.3%，空气密度分别为海平面的 74.2%、66.9%、60.1%。纯水沸点随着海拔升高而降低。

（六）多大风

青藏高原大风日数比我国同纬度东部低地区多几倍甚至数十倍。高原腹心地带大风天气多，昆仑山以南、以西的广大区域年均大风日数 100d 以上，改则、安多 150d 以上。茫崖、茶卡、泽当等地受地形影响，大风日数多在 100d 以上。

大风日数的多少与地形和海拔高度密切相关，一般海拔高、地形开阔、山脉走向与风向基本一致的地区大风日数多，且风势强劲，持续时间长。大风主要出现在 12 月至翌年 5 月，约占全年大风日数的 73%以上，少数地方超过 80%。2～5 月是大风日数最为集中的时段，约占全年大风总日数的 54%左右，而此时又正值高原干季（又称为“风季”），所以，这时期的风沙日数约占全年的 60%。

（七）山地气候垂直变化显著

青藏高原地势高亢，因而气候类型的垂直分异极为明显，山区有“一山分四季，十里不同天”的气候特征，高原边缘地带的藏南和藏东南地区表现更为明显，如珠穆朗玛峰地区南、北两翼气候垂直变化各具

特色，南翼从山顶至山体底部，大致为高山冰雪带、高山寒冰带、高山寒带、山地寒温带、山地暖温带、山地亚热带6个垂直气候带；北翼地区从山顶至山体底部，大致分为高山冰雪带、高山寒冰带、高山寒带3个垂直气候带。

三、高原水文

（一）现代冰川

青藏高原大规模现代冰川犹如巨大的“固体水库”，冰川消融对地表河流与湖泊水量补给有巨大影响，降低了河流径流年内变化程度，使径流更趋稳定。内流河流域中，冰川面积越大，补给就越多，尤其在干旱区，冰川补给是非常重要的水源补给形式。

青藏高原冰川面积为4.9162×10^4 km^2，约占全国冰川面积（5.8651×10^4 km^2）的83.8%，相当于亚洲山地冰川面积的40%[8]（表1-2）。

表1-2 青藏高原各山系现代冰川数及分布

山脉名称	主峰	主峰高度/m	雪线高度/m	冰川条数/条	冰川面积/km^2
喜马拉雅山	珠穆朗玛峰	8 848	4 300～6 200	—	11 055.00
冈底斯山	罗波峰	7 095	5 800～6 000	3 099	1 667.75
念青唐古拉山	念青唐古拉峰	7 111	4 600～5 600	2 966	7 536.00
唐古拉山	各拉丹冬峰	6 621	5 400～5 700	936	2 082.00
羌塘高原	无名峰	6 547	5 100～6 200	1 821	3 108.81
喀喇昆仑	乔戈里峰	8 611	5 000～5 600	1 848	4 647.17
昆仑山	慕士塔格峰	7 282	5 400～5 900	7 774	12 482.20
祁连山	团结峰	5 826	4 400～5 400	2 859	1 972.50
横断山	—	—	—	1 650	1 617.00

资料来源：杨针娘．中国冰川水资源．兰州：甘肃科技出版社，1991

（二）河流

青藏高原有众多冰峰雪山融水，成为我国乃至世界著名大江大河的发源地，西藏和青海境内流域面积分别在0.2×10^4 km^2和0.1×10^4 km^2以上的河流各100多条，享有“江河之源”的美称。

长江源头——沱沱河源

1. 水系

青藏高原东部、东南部和南部绝大多数地区属外流水系，分属太平洋、印度洋两大水系；太平洋水系流域面积 6.38×10^{5}km^2，占外流水系面积的 54.6%；印度洋水系流域面积 5.27×10^{5}km^2，占外流水系总面积的 45.4%。高原东北部至西部的绝大多数地区为内流水系，面积 9.8×10^{4}km^2，分藏北、藏中南和青海北部三大内流水系，藏北水系面积约占 59.4%，藏中南水系面积约占 2.7%，青海北部水系面积约占 37.9%[8]。

2. 水文特点

1）径流特点

青藏高原的降水对河川径流量有决定性影响，随着降水量从东南部向西北部逐渐减少，河川径流量呈现从东南部向西北部逐渐减少的趋势，柴达木盆地西北部几乎为无径流区域，河川径流总量 6.8906×10^{11}m^3，占我国河川年径流量的 1/4，其中外流区河川径流量 6.5656×10^{11}m^3，内流区河川径流量 3.25×10^{11}m^3，分别占河流年径流量总量的 95.29%和 4.71%。外流区年总径流量中，印度洋水系和太平洋水系分别占 58.56%和 36.73%[1,8]（表 1-3）。

表 1-3　青藏高原主要水系河流地表径流量

水系	流域	年径流量/10^8m^3	占各水系年径流量的比例/%	占年径流量总量的比例/%
外流水系	黄河	344.0	3.99	3.54
	长江	2 030.1	30.92	29.47
	澜沧江	25 605.0	3.91	3.72
	怒江	408.9	6.22	5.93
	雅鲁藏布江	1 654.0	25.19	24.01
	其他河流	1 972.1	30.03	28.62
	小计	6 565.6	100.00	95.29
内流水系	西藏内陆河	202.0	65.15	2.93
	青海内陆河	123.0	37.85	1.78
	小计	325.0	100.00	4.71
总计		6 890.6	—	100.00

2）径流补给类型

河川径流补给有雨水、冰雪融水、地下水和混合型补给等类型。青藏高原东部及东南部以雨水补给为主，属雨水补给类型；西部及西北部以冰雪融水和地下水补给为主；北部内陆河流以地下水补给为主。雅鲁藏布江流域上游以融水补给为主，中游以地下水和融水补给为主，下游融水、雨水和地下水混合补给。青藏高原河川径流融水补给和地下水补给比例高，所以河川径流年际变化小，变差系数在 0.1～0.26，是我国河流径流变差系数最小的地区之一。

3）含沙量普遍较小

河流含沙量普遍较小，但各地差异较大。东部金沙江、澜沧江、怒江多年平均含沙量在 0.7kg/m^3 以下，东北部黄河上游多年平均含沙量为 3.56kg/m^3，雅鲁藏布江支流年楚河为 1.25kg/m^3，拉萨河为 0.1kg/m^3 左右。藏东南、横断山区和喜马拉雅山南坡的河流区域，地形陡峻、暴雨频繁，山体崩塌、泥石流、滑坡等地质灾害频发，具有多推移质的特点。

4）河流水质

河流水质除流经西宁市的湟水、格尔木市的内流河等，因沿途工业集中，人口密集，河流水质遭到一定程度污染外，其他广大区域基本上保留天然状态，水质较好。河水矿化度各地区差异大，高原东部、东南部河流，矿化度一般在 300mg/L 以下，黄河上游为 355mg/L，西北部的柴达木盆地矿化度达 1000mg/L 以上。

3. 水能资源

青藏高原水能资源极其丰富，据不完全统计，全区主要河流天然水能理论蕴藏量约占全国的 44%，是世界上河流水能蕴藏量最集中的区域。其中金沙江（含雅砻江）、雅鲁藏布江、大渡河、黄河、怒江、澜沧江等中、上游地区水能蕴藏量十分丰富且集中。该区因远离我国经济发达区、输电负荷有限、开发难度大等，目前除黄河上游的水能资源和川西雅龚江上游二滩水电站得到开发利用外，其他地区丰富的水能资源未得到开发。

4. 流域特点及主要江河

青藏高原西部和北部绝大多数地区属内流区域，河流稀疏，一般河流流量小、流程短，多为季节河，水源多以冰雪融化、地下水和少数降雨补给为主。柴达木盆地内流水系有那仁格勒河、格尔木河、柴达木河等河流，祁连山地内流水系有黑河、疏勒河、党河等河流，青海湖盆地内流水系有布哈河、伊克乌兰河等河流，藏北高原内流水系有扎加藏布、测曲、扎根藏布等河流，可可西里内流水系有曾松曲、切尔恰藏布、库赛河等河流。此外还有藏中南谷地、哈拉湖盆地等内流水系。

青藏高原东南部、东部和南部大都属外流区域。由于地势高差变化大，有河流发育的较好条件，该地区河网密度大，几乎为常年性河流，有金沙江、大渡河、黄河、澜沧江（湄公河源）、巴吉拉堤河（恒河源）、雅鲁藏布江（布拉马普特拉河源）、狮泉河（印度河源）、怒江（萨尔温江源）、吉太江（伊洛瓦底江源）、朋曲、朗钦藏布（象泉河）、马甲藏布（孔雀河）和波曲等。

（三）湖泊

1. 概况

世界最高湖泊——纳木错

青藏高原湖泊星罗棋布，为国内湖泊最集中的区域之一，湖泊率2%，远高于全国平均水平。湖内蕴藏有丰富的盐类和鱼类资源，湖滨草原成为天然优良牧场。其中全国面积最大的内陆咸水湖泊——青海湖，湖区面积4300km^2，是世界上高海拔地区的大型湖泊之一；纳木错湖，湖面海拔4718m，是世界上海拔最高的湖泊；柴达木盆地的察尔汗盐湖，堪称世界最大的内陆盐湖之一。

青藏高原湖泊主要集中分布在海拔4500～5000m处，成为世界上高原湖泊分布最密集地区之一。仅青海、西藏两省区，面积大于1km^{2}的湖泊有1019个，其中面积大于100km^{2}的有63个，大于0.1×10^4km^{2}的有5个。全区湖泊总面积为36 889km^2，占全国湖泊总面积的52%。其中外流湖区和内流湖区的湖泊个数分别占全国湖泊总数量的23.1%和76.9%，面积分别占全国湖泊总面积的14.3%和85.7%。湖泊储水量5.182×10^{11}m^3，占全国湖泊总储量的73.2 %，其中内流湖储水量占全区湖泊总储水量的82.1%。湖泊水化学特征以咸水湖和盐湖为主。滇西北和川西分布有小型湖泊，包括程海、泸沽湖、邛海、马湖、新路湖等，均为外流的淡水湖泊[1]。

2. 三大湖区及主要湖泊

青藏高原湖泊地域特色明显，大致分为藏东外流湖区、藏中内陆高原湖区和青海西北部内流湖区。

藏东外流湖区，是以西宁—五道梁—拉萨弧线以东的藏东区域，还包括横断山区和澜沧江、金沙江、黄河等上游地区。该区域以南湖泊数量少，面积亦小，湖泊面积最大的是川西南泸沽湖，其面积为48.45km²，邛海面积为31km²，然乌湖、易贡湖、崩错等湖面积均很小。湖泊多由于冰川活动、山崩、滑坡、泥石流等地质灾害堵塞河谷而形成。该区域以北湖泊海拔在4000～5000m的黄河、通天河、澜沧江上游地区，因地壳断陷属河道型外流湖泊，呈串珠状分布于河道上，如黄河源头玛多县境内有4000个大小湖泊，著名的鄂陵湖面积为610km²，扎陵湖面积为526km²。

藏中内陆高原湖区包括冈底斯山—念青唐古拉山以北、昆仑山以南的广大区域，海拔4500m以上，是我国高海拔湖泊集中分布区域，总面积21 400km²，占青藏高原区湖泊总面积的58%左右，约占全国湖泊总面积的1/4，面积超过100km²的湖泊有14个，超过500km²的湖泊有7个。面积超过1000km²的湖泊有纳木错、色林错、扎日南木错等，均为咸水湖。面积超过300km²的湖泊有班公湖、昂拉仁错、玛旁雍错（神湖）、乌兰乌拉湖、西金乌兰湖、可可西里湖等。

青海西北部内流湖区，海拔3000～4500m，干旱少雨，湖水咸化程度高，多为盐湖。青海湖和哈拉湖为祁连山地山间断陷构造湖，为咸水湖。柴达木盆地内有近30个盐湖，是第三纪古海的残留湖，盐类资源得天独厚。可鲁克湖为柴达木盆地少见的大型淡水湖。

3. 湖泊水文特征

青藏高原湖泊水文特征受湖泊所处位置、自然条件、流域大小、补给类型等因素的综合影响。湖泊水文特征主要表现在矿化度的差异程度上。

湖水矿化度地区差异大。东部外流湖区湖泊少数矿化度较高，大都矿化度很低，矿化度最高的然乌湖为320mg/L，最低的布冲错仅为57mg/L；藏北和青海西部内陆湖区主要是咸水湖和盐湖，矿化度都很高，是青藏高原盐湖主要分布区。

此外，同一湖泊中不同部分矿化度差异也极大，河流流入处矿化度小于其他区域，如青海湖布哈河流入处矿化度远低于其他地方；汇入班公湖的河流从东部汇入，出现该湖东部为淡水湖，西部为咸水湖的现象。一个湖群中咸水、淡水湖共存的情况较普遍，如柴达木盆地托索湖和克鲁克湖最为典型，托索湖为咸水湖，克鲁克湖为淡水湖。

盐湖所占比例高，盐类资源丰富，目前已确定的矿物有52种，其中氯化物6种，硫酸盐矿物19种，碳酸盐矿物16种，硼酸盐矿物11

种。富产硼、锂、钾、镁等特种矿物的盐湖是青藏高原湖泊的重要特色，钾、硼、镁储量居全国之冠，锂储量居世界之首。

四、高原生物特点

青藏高原在隆起过程中，在保留了一些古老的生物种类的同时也产生了许多新的生物种属，形成了世界生物资源的宝库。

（一）高原物种的丰富多样性

可可西里自然保护区藏羚羊群

青藏高原的强烈隆起使其内部的干旱、寒冷化趋势进一步增强，形成高原特有的动植物分布，如植物中的垫状驼绒藜、紫花针茅、小蒿草等；动物中的藏羚羊是高原上唯一的特化属，牦牛则是第四纪冰期中冰缘环境下发展起来的种类。从构成自然景观外貌的植被来说，高原上广泛分布着高寒灌丛草甸、高寒草原、高寒荒漠及高寒坐垫植被等类型。动物则为高地森林草原—草甸草原—寒漠动物类群，它们都显示出高原物种的独特性。对高原生物区系的组成、分布及其形成演化所进行的系统研究表明，高原脊椎动物特有属少，整个区系虽不古老，但存在众多特有种，第四纪冰期并未使所有生物种类绝灭；高原的抬升导致新的植物区系形成，一些区域成为植物科属的分布中心。

青藏高原现已知包括苔藓在内的高等植物有 13 000 余种，陆栖脊椎动物近 1100 种，分别占全国各自物种总数的 45%左右。此外，还包括鱼类 115 种、真菌 5000 余种及包括昆虫在内而目前还难以统计的无脊椎动物，以及藻类、地衣、细菌、病毒等巨大数量的物种[8]（表 1-4）。

表 1-4　青藏高原高等植物和脊椎动物种数一览表

门类	种类	全国/种	青藏高原/种	高原占全国的比例/%
植物	苔藓	2 200	754	—
	蕨类	>2 000	>800	40.0
	裸子	>200	88	44.0
	被子	>27 000	>12 000	44.4

续表

门类	种类	全国/种	青藏高原/种	高原占全国的比例/%
动物	哺乳类	499	206	41.3
	鸟类	1 186	678	57.2
	爬行	376	83	22.1
	两栖	279	80	28.7
	鱼类	2 804	115	4.1

资料来源：洛桑·灵智多杰．青藏高原环境与发展概论．北京：中国藏学出版社，1996

高等植物中，青藏高原有蕨类800余种、裸子植物88种和被子植物12 000种以上，分别占各自类群全国总种数的40%、44%和44.4%；在陆栖脊椎动物中，有哺乳动物206种，鸟类678种，爬行类83种，两栖类80种，鸟类678种，爬行类83种，两栖类80种，鱼类115种，分别占全国总种数的41.3%、57.2%、22.1%、28.7%和4.1%，特别是鸟类种数多。由此可见，高原物种具有丰富多样性，在我国物种中占有重要地位。

从生物地理上看，青藏高原地跨植物的泛北极区和古热带及动物的古北界和东洋界两大生物地理区域，因此生物区系的地理成分很复杂。就植物区系而言，几乎所有分布区类型的植物在本区域均有分布。动物区系方面，以高原陆栖脊椎动物为例，东洋界有331种，古北界有180种。就青藏高原物种主体而言，最具特色的当属高原特有种。

（二）高原特有种丰富

第三纪以来，青藏高原整体强烈隆升，成为海拔4000～4500m的世界屋脊，彻底改变了原有的自然地理面貌，大量生物物种因不能适应新的环境而消亡，或者向高原周边地区迁移，在这一演化过程中，一批适应新环境的生物类群和物种开始孕育和形成。这个过程尽管是缓慢的，但至今仍还在继续进行之中，所形成的特有种在高原广为分布，如植物中的垫状驼绒藜、羽叶点地梅、画笔菊、黄花垫柳、匙苞黄堇和玉龙蕨等，动物中的多种鼠兔、喜马拉雅旱獭、棕草鹃、温泉蛇等，它们数量大，成为高原特有种的主要组成部分。还有些古老物种，在高原环境急剧变化中，寻觅到适合其生长的“避难所”而得以生存下来。例如，植物中的巨柏，林芝有一株古柏树干长约50m，测定树龄在2500年以上；动物中的大熊猫、野牦牛等。也有些古老物种，在不断适应新环境过程中，其性状发生某些变异而演化成为特有种。青藏高原的生物特有种具有新老物种兼有，但以新的种类为主的特点。

青藏高原东南部地形和气候条件特殊，是我国物种分化最活跃、特有种丰富的地区。被子植物中青藏高原特有属有 55 属，仅次于云贵高原和华中地区，主要特有属分布在高原东南部。仅西藏特有植物种就有 955 种，约占西藏植物总种数的 18.03%。有人估计整个高原维管束植物特有种不少于 2000 种。高原特有的陆栖脊椎动物有 281 种，占高原该类动物总数的 26.8%。其中属于高原型特有种 71 种，占特有种总数的 25.3%；属于横断山系特有种有 59 种，占高原特有种总数的 21.0%；横断山—喜马拉雅山系特有种有 95 种，占特有种总数的 33.8%；属于喜马拉雅山系的特有种计有 56 种，占高原特有种总数 19.9%。可见青藏高原生物特有种之丰富程度。

（三）珍稀濒危物种多

全国濒危的千余种高等植物中，青藏高原已知有 170 余种，其中包括苔藓类的藻苔、角质藻苔和兜叶藓，蕨类中国家一、二级保护植物桫椤、玉龙蕨等 13 种，裸子植物中有国家二、三级保护植物巨柏、岷江柏木、喜马拉雅红豆杉等 21 种，被子植物中有国家二、三级保护植物长蕊木兰、西藏延龄草等 134 种。

青藏高原濒危及受威胁的陆栖脊椎动物已知有 95 种，占全国同类动物 301 种的 31.6%。其中哺乳类 47 种，属于国家一级保护动物的有国宝大熊猫、白唇鹿、野牦牛、普氏原羚、雪豹、藏野驴等 15 种，属于二级保护动物的有马鹿、岩羊等 26 种和其他濒危种类 6 种。濒危的鸟类已知有 43 种，其中属于国家一级保护动物的有四川山鹧鸪、绿尾虹雉、黑颈鹤等 13 种，属于二级保护动物的有白腹锦鸡、藏马鸡等 10 种。爬行动物中，有属于国家一级保护动物的蟒。两栖类中有属于国家二级保护动物的大凉庞螈等 3 种。

五、自然资源

（一）矿产资源

青藏高原复杂的地质演化过程，使其成为世界两大成矿带之一的特提斯成矿带的重要组成部分。同时青藏高原又与环太平洋呈矿带交汇，因此其矿产资源不仅种类多，而且规模大。粗略的地质调查发现该区存在百余种矿产资源，探明储量的有近70余种，其中金属矿产资源在我国占有非常重要的地位[3,11]。

柴达木盆地盐结晶体

1. 金属矿产资源

青藏高原的金属矿产资源中具有重大或较大优势的有铬、铜、铅锌、锂、硼、富铁矿、镍、金、银、铂、锑、稀有金属等，铜、铁、铅锌、钨锡资源潜力尤其巨大。据国土资源调查统计，青藏高原各重要成矿区带提交资源量铜 1.4×10^7t、铅锌 3×10^7t、银 2.3×10^4t、铁 2.5×10^8t、金400t、钨 9×10^4t。有望新形成2～3处铜矿开发基地、3～5处铅锌矿开发基地、1处钨锡矿开发基地和2～3处铁国家级资源勘查开发后备基地。

1）铬矿

青藏高原是我国铬矿主要基地，目前已发现铬铁矿床、矿点20余个，其中规模最大、矿石品位较高的是雅鲁藏布江岩带中的罗布莎铬铁矿床，其次是祁连山岩带中的大道尔吉铬铁矿床和班公湖—怒江岩带中的东巧铬铁矿床，仅罗布莎铬矿床就占我国铬矿储量的50%以上。其中，西藏铬资源已发现约60处矿（化）点，国内铬矿自供部分的75%以上来自西藏。

2）铜矿

铜矿主要分布在冈底斯带、班公湖—怒江带和三江成矿带，目前已探明矿床38个，其中玉龙铜矿田、德尔尼铜矿田、祁连山铜矿带最为著名。预测远景铜矿资源量 $3\times10^7\sim4\times10^7$t，其中，西藏发现铜资源大中型矿床（点）17处，铜资源潜力达 3×10^7t以上，占全国铜资源总量的1/2以上。

3）铅锌矿

铅锌矿产地多、分布广，主要分布在念青唐古拉地区和西南三江地区，预测远景资源量 4×10^7t。火山岩型铅锌矿以川西白玉呷村、青海锡铁山矿床为代表。硅卡岩型铅锌矿以青海格尔木肯德可克铁铅锌（金）矿床为典型代表。热液型铅锌矿以四川道孚农戈山铅锌矿床为代表。西藏发现铅锌资源潜力超过 1.5×10^7 t，占全国铅锌总量的 1/3。

4）铁矿

有关地质调查显示，青藏高原新发现 3 处中型以上富铁矿点，“中国无富铁矿”的论调，在青藏高原被打破。这 3 处富铁矿点中，每个矿点的潜在资源量都超过了 5×10^7 t，都达到了中型矿的规模，其中一个矿点的潜在资源量甚至超过 1×10^8 t，属于罕见的大型富铁矿。青藏高原铁矿主要分布在冈底斯山北麓的措勤铁矿富集区、藏西狮泉河地区、青藏铁路沿线和西昆仑地区，远景资源之储量达数十亿吨。

5）金矿

青藏高原是地球上最大的金矿带，有岩金矿和砂金矿两种。目前发现的金矿矿床（点）有数百处，其中砂金矿分布广泛，岷江上游、金沙江、雅砻江、大渡河等地均有分布，阿坝藏族羌族自治州的漳腊砂金矿规模最大。青海省砂金矿主要分布于祁连山、巴颜喀拉山两侧水系中。岩金矿类型复杂多样，有石英脉型、构造蚀变岩型、微细粒浸染型、斑岩型、硅卡岩型、火山热泉型及伴生金矿，是青藏高原很有发展前景的一种金矿，藏南查拉普岩金矿床是在著名的北喜马拉雅构造带发现的岩金矿床，对青藏高原岩金矿找矿提供了参考和借鉴。

6）钨锡

钨锡主要分布于东昆仑地区，远景资源量 5×10^5 t。

2. 非金属矿产资源

青藏高原非金属矿产资源极其丰富，其中盐湖资源是优势矿产资源，目前已查明 352 个盐湖，其总面积为 $2.146\times10^4\,km^2$。盐湖中含数十种有用元素，尤以富含硼、锂、钾、镁、锶等矿产为特色，钾、硼、镁的远景居全国之首，锂远景居世界之冠。柴达木盆地是盐的世界，氯化钠、氯化钾、镁盐、氯化锂、锶、芒硝等均居全国第一位。

其他非金属矿产种类如下：冶金辅助原料矿产，如萤石、白云石、石英岩、石灰石、菱镁矿等；建筑材料，如石棉、滑石、云母、黏土、石膏、芒硝、大理石、硅灰石等。云母、石棉也是青藏高原十分重要的非金属矿产资源。白云母是重要的绝缘材料，产于川西丹巴、青海大柴旦和西藏的乃东。石棉分布于青藏高原北缘的阿尔金山和北祁连山地区，以及东缘的川西石棉至康定一带。此外该区域还有硫、磷、汞、重晶石等非金属矿产资源。

3. 能源矿产资源

青藏高原煤炭资源丰富。煤炭资源分布以昆仑山—积石山为界，分北、南两区。北区位于青海省北部，含煤层以陆相下、中侏罗统为主，是青藏高原的主要含煤层，探明储量占全区的99.2%，次为上石炭统海陆交互相含煤层。南区包括西藏、青海南部，含煤地层有石炭系、二叠系、三叠系、侏罗系、白垩系、第三系和第四系，主要含煤地层是海陆交互相上三叠统及上白垩统。

煤种有褐煤、无烟煤，南区以贫煤、无烟煤为主；北区侏罗系中的煤以长焰煤、气煤、肥煤、焦煤为主，石炭系中的煤以瘦煤、贫煤为主。典型煤田有江仓矿区、外力哈达矿区、羊曲矿区及大煤沟矿区等。

青藏高原地区是我国重要的油气资源分布区，柴达木盆地是一个中新生界含油气盆地，总面积$1.21\times10^5km^2$；伦坡拉盆地位于昂拉仁错—奇林湖复向斜带北部边界断裂的南侧，为一面积约$4000km^2$的陆相第三系含油盆地，它具有多种油气藏类型；巴州坳陷为跨甘肃、青海两省民和盆地的次级构造单元，发育中新生代陆相碎屑岩沉积，地层厚度5000m，它具有较好的生油岩系、构造条件和油气显示。有关专家认为青藏高原的石油可能储量超过$1\times10^{10}t$。西藏近$180km^2$的羌塘盆地显示出巨大的油气开发潜力。柴达木盆地累计探明石油地质储量3.35×10^8t，天然气地质储量$2.90035\times10^{11}m^3$。

（二）水能、新能源资源

1. 水能资源

青藏高原外流水系河流多、水量丰沛、河道落差大，蕴藏有极丰富的水能资源。据不完全统计，该区主要河流天然水能理论蕴藏量约3.2×10^4kW，约占全国河流天然水能理论蕴藏量的45%。是我国，也是世界上河流水能蕴藏量最集中的地区。

但该区水能蕴藏量地区分布极不均匀。西藏年平均天然水能蕴藏量约为2×10^8kW，约占全国总量的30%，其中金沙江（含雅砻江）水能理论蕴藏量最大，约为1.1328×10^8kW，其次是雅鲁藏布江干流及五大支流（多雄藏布、年楚河、拉萨河、尼洋河和帕隆藏布）的水能理论蕴藏量达0.93×10^8kW，此外怒江水能蕴藏量为0.2×10^8kW，澜沧江水能蕴藏量为0.07×10^8kW。雅鲁藏布江干流下游河段水能理论蕴藏量达0.69×10^8kW，占全干流的87%，占全西藏水能理论蕴藏量的1/3。

青海水能理论储量在 1×10^{8}kW 以上的河流有 108 条，水能总储量达 0.234×10^{8}kW。龙羊峡至寺沟峡 276km 的河段上，落差 860m，规划建设 13 座大中型梯级电站，装机容量 0.13×10^{8}kW，年发电量 350×10^{8}kW·h，水电开发条件好，被誉为中国水能资源的“富矿”区。目前已建成或正在建的大型水电站有龙羊峡、李家峡、公伯峡、拉西瓦、积石峡等。

甘肃省甘南藏族自治州水力资源理论蕴藏量 3.6137×10^{6}kW，占甘肃省的 21%；云南省迪庆藏族自治州，水能蕴藏量约 9.2×10^{6}kW，占全省的 9%；四川省阿坝藏族羌族自治州水能理论蕴藏量 1.933×10^{11}kW，可开发量 1.4×10^{7}kW，水电业已成为全州工业的支柱产业。

2. 新能源

新能源包括地热能、太阳能、风能资源，是蕴藏量巨大、可再生、无污染的清洁能源，具有十分广阔的发展前景。

1）地热

青藏高原地区是我国地质构造复杂、新构造活动强烈区域，地热显示点很多，据有关专家研究，该区有各类温泉 1745 处，其中西藏 709 处，约占全国的 1/3，温度普遍高，超过沸点的有近 40 处，其中水热爆炸是一种异常猛烈的水热活动现象，如羊八井在 1977 年 12 月 4 日下午爆炸时，浓黑色柱状流体射向空中约 50m，地面散落物约达 300m。

青藏高原可划分为以下四大地热区。

(1) 西藏北部和青海南部低、中温热水区。以班公湖—怒江深大断裂为界，分南北两个亚区。北亚区地热显示微弱，以温泉为主，地热显示 45 处，有 1 处高湿热喷泉。南亚区地热显示 23 处，类型单一，活动强度中等，以中低温泉为主，发电潜力 1.27×10^{8}kW。

(2)“三江”及川西中高温热水区。地热显示中等，分布较广，类型单一，共有热显示 370 多处，其中高温泉 56 处，中低温泉 244 处。

(3) 藏南谷地高中温水汽区。有水热显示 157 处，类型复杂，高于 80℃的过热显示 36 处，高温水热显示 30 处，水热爆炸 5 处，汽孔 8 处，沸喷泉 2 处。

(4) 青海北部中低温热水区。以中低温热泉为主，多数低于 60℃。贵德盆地千米深处水温 95℃，西宁盆地 67℃，共和盆地 95℃。

典型地热田有 3 处：羊八井地热田，是国内最大的具有开发价值的热田，现已建成目前我国最大的羊八井热电站，地热显示有水热爆炸、热沸喷泉、热泉、放热地面等数十处，该电站于1977年成功投产第一台1000kW的发电机组，经过30多年的开发建设，目前电站总装机容量已达2.5万kW，累计发电超过24亿kW·h；羊应乡地热田，有热泉、沸泉、冒汽地面等热水活动点69处，集中分布于浦姆杰、囊曾曲、恰拉改曲三条沟中；朗火热田，水热显示面积为0.16km^2，热显示20余处，发电潜力为7.8×10^3kW。

2）太阳能

当今，世界经济发达国家和地区，如美国、日本、欧盟，把今后能源供给的重点放在了太阳能等可再生能源方面，太阳能新能源产业是当今全球蓬勃兴起的朝阳产业，估计到2030年，太阳能发电将占世界电力供给的10%以上，2050年到达20%以上。青藏高原是我国太阳辐射量最大的地方之一，总辐射高达540～800kJ/（cm^2·a），年日照时数2500～3600h，也是我国日照时数最多的地区之一，特别是柴达木盆地、阿里地区和雅鲁藏布江河谷中上游，是太阳能资源极为富饶的地区，开发利用太阳能资源有广阔前景。20世纪90年代起，在我国太阳能科技工作者的积极努力下，太阳能资源解决了散居在农牧区广大群众照明用电、接受广播电视等方面用电问题，初步显示出太阳能资源开发利用的巨大潜力。

地处青藏高原柴达木盆地的格尔木，地域辽阔，太阳能资源丰富，在太阳能资源的开发利用上走在全国的前列。2010年格尔木市政府通过一系列太阳能光伏电站项目的招商引资，太阳能光伏协议投资达到700亿元以上，总装机容量超过3500MW，正在成为青海乃至全国最具影响的光伏发电产业基地。格尔木光能资源优于国内其他地区，能够为太阳能光伏发电提供充足的光照资源，是最为理想的太阳能光伏发电场。

青海“十二五”规划中，明确提出光伏产业发展目标和任务。今后几年，青海将加快推进柴达木2000万千瓦太阳能发电项目建设，努力把柴达木建成全国最大的太阳能发电基地。到2015年，全省光伏发电装机达到400万千瓦；到2020年，达到1000万千瓦，光伏发电在全国形成最大规模。格尔木将成为名副其实的“太阳城”。

西藏西部的阿里、日喀则地区，地势高，纬度偏低，地域辽阔，太阳能资源丰富，太阳能资源的开发利用，对高寒、能源短缺、生态环境脆弱的本地区，有着特殊意义。西藏力诺日喀则10MW太阳能光伏电站建成，总投资8亿元，年发电量超过2000万度，可满足日喀则10万余户农牧民家庭全年的生活用电，每年节省煤炭7000多吨，减排二氧化碳 13 000 多吨。还有西躲 10MW 大型太阳能光伏电站、桑日太阳能光伏电站的建成，极大地缓解了当地用电紧张局面，缓解了能源短缺局面，对生态保护意义重大。

3）风能

青藏高原大气环流特殊，又处于西风带，终年盛行西风，加上地形影响，大风日数比同纬度我国东部地区多几倍甚至数十倍，且风力强劲，持续时间长。初步估算，青藏高原有风能开发利用价值的区域，占全区总面积的 90%；平均风速在 3.4～4.0m/s，全年可利用风能时间 4000h 以上的地区，占全省总面积的 70%以上。从生态环境可持续发展角度看，风能资源的大规模开发利用，具有“能源互补”的优势，如冬季河水干枯结冻，水电量大幅度下降，而冬季风力强劲，以较充足的风电补充水电的不足，使太阳电、地热电、风电、水电等多元能源结构形成一个整体系统，相互补充。各种能源得到有效利用，对壮大本区域电网是非常有必要的。青藏高原区大部分是辽阔的草原牧区，不少是戈壁荒漠区域，开发成本小，气象灾害较少，运行保障成本较低，适合建立大型风电站。所以，青藏高原风能资源的开发利用有广阔前景。

青海规划在省内风能资源丰富、联网及运输施工等综合条件良好的海西、海南、海北等地区规划建 29 个风电厂，装机容量 987 万 kW，到 2030 年建成。现已开工建设的日月山风电厂工程，总投资 21 亿元，风电厂竣工后，预计每年减少 20 万吨煤的燃烧，减少排放 42 万吨二氧化碳、3900 吨二氧化硫和 5 万吨的灰渣，环保价值极高。

4）天然气水合物（可燃冰）

2008 年在祁连山地南缘冻土带钻获天然气水合物实物样品，专家估算，资源量至少有 350 亿吨油当量。

（三）草场资源

据土地资源调查表明，青藏高原未利用土地面积达 $7.275\ 59\times10^{7}\mathrm{hm}^{2}$，占全区土地面积的近 2/5，牧草地面积达 $9.510\ 72\times10^{11}\mathrm{hm}^{2}$，其中天然草地 $9.493\ 03\times10^{11}\mathrm{hm}^{2}$，占牧草地的 99.81%，牧草地面积占青藏高原土地总面积的 49.55%，占农用土地面积的 86.22%，是我国最为主要的牧区之一，也是世界高原天然畜牧业基地[3,11]。

青藏高原自然条件差、草群低矮、产草量低，但草地质量较好、耐牧性强、营养价值比较高。该区天然草原有 900 多种牧草，营养价值较高的优良牧草200多种，具有含粗蛋白质、粗脂肪，无氮浸出物高，粗纤维低的特点。草地类型多样，有山地干草原、高寒干草原、山地草甸、高寒草甸、山地荒漠、平原荒漠、高寒荒漠、沼泽化草甸、灌丛、疏林等10余种，其中高寒草甸面积占全区草地总面积的60%以上，成为该区草地的主体。

天然草地在严酷的自然条件下，生物过程微弱，土壤、植被发育演变缓慢，相对较年轻，抗逆性差，生态环境明显表现出敏感性和脆弱性。过度放牧，滥垦草地种粮，采挖药材、采金等人类不合理的生产经营活动引发的草原退化、沙化现象日趋严重，加上鼠害和虫害，草地资源被严重破坏。

（四）生物资源

1. 动物资源

青藏高原动物资源丰富，有哺乳类动物约206种，鸟类约678种，爬行类83种，两栖类80多种，鱼类115种，昆虫类2300多种。高原珍稀野生动物中，具有代表性的有野牦牛、藏羚羊、藏野驴、岩羊、盘羊、白唇鹿、野骆驼、雪豹、黑颈鹤等，河湖中蕴藏量巨大的冷水性鱼类。此外，还包括胡兀鹫、玉带海雕、北山羊、盘羊、猞猁、兔狲、藏雪鸡、棕熊、山猫、红隼、秃鹫、斑头雁、棕头鸥，以及鲤科裂腹鱼、高原裸鲤等特殊物种，青藏高原被称为世界上最高的野生动物天然乐园。

2. 植物资源

青藏高原堪称植物的天然博物馆、天然的物种基因库，是亚洲植物的缩影。在5000余种野生植物中，有经济药用价值的1000余种。千余种野生药用植物中，常用药材有400余种，著名的有藏红花、雪莲、冬虫夏草、贝母、胡黄连、大黄、藏茵陈、天麻、三七、党参、秦艽、丹参、灵芝、鸡血藤等。200余种菌类中，松茸、猴头、獐子菌、香菇、黑木耳、银耳、黄木耳等都是有名的食用菌，茯苓、松橄榄、雷丸等是著名的药用菌。青藏高原原始纯正的自然环境，使其成为我国天然的药源地，其出产的药物质地优良、品味上乘、药味地道，在滋补强身等方面有特殊功效。

六、世界独有的生态价值

青藏高原处于中、低纬度位置，这里有森林、草原、荒漠、众多的野生动物，自然景观千姿百态，完全有别于南北极单调的冰雪景色。青藏高原在地质演化过程中形成多种矿产资源。高原上定居的人类对高原持续的开发利用，创造了灿烂的高原文化。所以，青藏高原环境的复杂性、景观的多样性、对人类科学研究价值的重要性，远远超过了两极对地球环境的影响，在世界上具有无与伦比的生态价值。

（一）生态意义

1. 对气候的影响

青藏高原大气环流具有特殊的热力和动力作用，从而在高原内部形成季风气流，改变了高原本身乃至其周边地区的大气环流形势。其南部和东南部的高大地形阻挡了来自印度洋和太平洋的暖湿气流进入西北内陆腹地，使我国西北地区干旱少雨，成为我国最干旱的地区之一；西部巨大高度和跨度使西风气流分为南北两支急流，北支急流使亚洲荒漠北移并具有温带性质，南支急流位置的南北移动直接控制着东部季风区旱涝天气状况。高原的隆升和干冷化趋势极大地加强了我国东部广大区域因海陆热力差异所形成的季风环流系统，使我国成为世界上季风气候最为显著的国家。青藏高原的隆升不仅使其内部自然地理环境发生深刻变化，而且对周边地区乃至东半球甚至全球的环境产生了不同程度的影响，特别对我国东部地区生态环境的影响极为深刻。

青藏高原是北半球气候变化的启动区和调节区，高原上大面积森林、冰雪资源对调节东亚气候起着主导作用，其辐射气流甚至可以影响到中东与北美的环境与气候。全球气候变暖已经对青藏高原生态环境恶化产生直接影响。

2. 对亚洲水资源的影响

青藏高原是长江、黄河、澜沧江、雅鲁藏布江、怒江等亚洲著名大江大河的发源地，享有“东亚水塔”之称。这些河流的中下游地区，是世界文明的发祥地。如果青藏高原生态环境发生恶化，就不能给下游提供纯净、足量的水资源，其后果是不堪设想的。

3. 对高原珍奇野生动植物的影响

青藏高原是世界生物多样性最丰富的地区之一，这里拥有世界珍稀濒危植物 30 多种，珍稀野生动物 100 多种。这里具有世界上独一无二的生物资源和地理气候条件，是许多珍奇野生动植物繁衍生息的天然领地，如果这里的生态遭到破坏，高原珍奇野生动植物将失去繁衍生息之地，逐渐从地球上消失。

（二）丰富多彩的生态系统

青藏高原生态系统类型复杂多样，而且具有典型的高原、高山特点。

1. 森林生态系统

森林生态系统有三类：第一类是热带常绿、半常绿雨林，主要分布在东喜马拉雅山山脉南翼海拔1100m以下，发育着以龙脑香等为优势种的热带常绿雨林和以葱臭木、麻楝、千果榄仁、小果紫薇等为主的热带半常绿雨林；第二类是亚热带常绿、半常绿阔叶林，主要分布于高原东南部和南部海拔1800～2400m的边缘山地，优势树种为青冈、滇青冈、曼青冈、峨眉栲、高山栲等；第三类是山地寒温性暗针叶林，是青藏高原优势景观类型，主要分布在高原东南部高山峡谷区山地上部以及东北部东祁连山山地，海拔3000～4200m，优势树种为云杉属和冷杉属。

2. 灌丛生态系统

灌丛生态系统主要分布于高原东南、东北部，分为山地灌丛、亚高山灌丛、高山灌丛、干旱河谷灌丛等类型。高山灌丛是高原灌丛生态系统的主要代表类型，常大面积连续分布于林线之上和高原森林向草甸、草原的过渡地带，海拔4000～4800m，类型复杂，且多为原生，分常绿阔叶灌丛、落叶阔叶灌丛和常绿针叶灌丛。

3. 高寒草甸生态系统

高寒草甸在青藏高原分布广、面积大、特色显著。主要分布于川西、藏东南、青南和东祁连山等半湿润地区的高山带，海拔4000～5200m，环境寒冷。群落类型较多，其中以蒿草草甸分布为最广、最典型，是适宜放牧牦牛、藏绵羊和马的优良牧场。

4. 草原生态系统

草原生态系统是青藏高原面积最大的生态系统类型，分为温性草原和高寒草原两种。温性草原主要分布在海拔较低的青海东部河湟谷地、共和盆地、柴达木盆地外缘、藏南雅鲁藏布江中游谷地和阿里等地区的一些宽谷，虽分布地区广、类型多样，但分布面积相对狭小。高寒草原主要分布于藏北高原、青南高原中西部、昆仑山原盆地，半干旱、干旱区高大山脉的高山带，群落类型较多，代表性类型为紫花针茅草原。

5. 荒漠生态系统

荒漠生态系统分为温性荒漠和高寒荒漠两种。温性荒漠主要分布于柴达木盆地，包括以梭梭为优势的小乔木荒漠，以膜果麻黄、多花柽柳等为优势的灌木荒漠，以木本猪毛菜、驼绒藜等为优势的矮半灌木荒漠和以毛柽柳、多种盐爪爪等为优势的盐质灌木与盐质半灌木荒漠。高原北外缘山地和班公湖、噶尔河谷等地荒漠亦属温性荒漠，但类型较柴达木盆地简单。高寒荒漠主要分布于羌塘高原北部及喀喇昆仑山与内部宽阔山原地带，海拔 5000m 左右，群落类型简单，以垫状驼绒藜为优势的高寒荒漠是其典型代表。

6. 高山垫状植被生态系统

高山垫状植被生态系统是青藏高原植被最具标志性的生态系统，发育于海拔 4300～5400m 处。群落类型常见的有以垫状点地梅、唐古特点地梅、藓状雪灵芝、垫状蚤缀、簇生柔籽草等。

7. 高山流石坡生态系统

青藏高原是我国乃至世界高山流石坡稀疏植被分布最广、最集中的区域。东南部高山流石坡稀疏植被由多种苔藓、喜冷湿的杂类草和苔草组成，中东部群落中由水母雪莲、垂头菊、红景天、嵩草等组成，中西部和北部由三指雪莲、羌塘雪兔子、扁芒菊、簇生柔籽草等组成。

8. 沼泽湿地生态系统

沼泽湿地生态系统以高寒草本沼泽为主，面积较小，但分布广，集中分布在川西若尔盖，藏北那曲、聂荣一带和青南星宿海等地，仅若尔盖沼泽面积就达 4600km^2。沼泽植被的类型比较简单，优势种多为耐寒喜湿的沼生、湿生植物。

（三）国家级自然保护区

由于青藏高原独特的自然地理环境，极高的生态价值，国家先后在这里建立县、省、国家不同级别的自然保护区，有效地保护了这里日趋恶化的生态环境。截至目前，全区有国家级自然保护区 36 处，占全国自然保护区总数的 12%。其中，青海有循化孟达、青海湖、可可西里、隆宝滩、三江源 5 处；西藏有雅鲁藏布江中游河谷黑颈鹤、芒康滇金丝猴、珠穆朗玛峰、色林错、羌塘、雅鲁藏布大峡谷、察隅慈巴沟、拉鲁湿地、类乌齐马鹿保护区 9 处；四川西部有白水河、王朗、卧龙、九寨沟、小金四姑娘山、若尔盖湿地、贡嘎山、察青松多白唇鹿自然保护区、亚丁、美姑大风顶、雪宝顶、海子山 12 处；甘肃西南部和西北部有祁连山、莲花山、尕海—则岔、连城、盐池湾、安南坝野骆驼保护区 6 处；云南西北有高黎贡山、白马雪山 2 处；新疆西南部昆仑山北麓有阿尔金山、罗布泊野骆驼保护区 2 处。

第二节　青藏高原人文地理环境

一、人口与民族

（一）人口

青藏高原地广人稀，2010 年第六次全国人口普查显示，青海和西藏常住人口共计 8.6289×10^6 人，约占全国总人口的 0.63%，而其面积却占全国的 20%，人口密度为 4.49 人/km^2，仅为全国平均人口密度的 3.14%。目前人口年龄构成由年轻型向中年型过渡。该区少数民族人口所占比例高，占青海、西藏总人口的 62.58%，西藏少数民族人口占 91.83%，少数民族总人口中藏族占 75.55%。所以，青藏高原是以藏族为主体多民族聚集区。各民族群众生活水平不断提高，人口增长较快。

青藏高原人口分布极不均衡，主要分布在沿青藏高原东部边缘的河湟谷地、甘南、川西、滇西北地区、高原内部的雅鲁藏布江谷地、三江谷地和柴达木盆地城镇区，上述狭小区域内集中了高原 80%以上的人口和 90%以上的经济总量。人口构成以农牧民为主，农牧业人口占总人口的 77.06 %以上，城镇化水平低[3,11]。

（二）民族

青藏高原是以藏族为主体的多民族聚居区，全国 99%以上的藏族人口都居住在该地区。除藏族外，这里还居住着汉族、回族、蒙古族、羌族、纳西族、土族、傈僳族、彝族、撒拉族、维吾尔族、塔吉克族、裕固族、门巴族、珞巴族等 50 余个民族。该地区是我国宗教色彩最为浓厚的地区之一，宗教教派有藏传佛教、本教、伊斯兰教、道教、天主教等，少数民族有几乎全民信教的特点。与全国范围内其他地区相比，人口受教育程度低，科技教育、医疗卫生条件落后[12-14]。

1. 汉族

青藏高原的汉族大都是历代从内地迁徙而来的，在同当地兄弟民族长期生产、生活和文化交流中，不断吸收了各民族优秀文化传统，形成了具有青藏高原地方特色的汉族文化。社火是青海汉族文化的主要表现形式，融音乐、舞蹈、曲艺、戏剧、杂剧为一体的传统综合性民间艺术文化，有秧歌、龙灯、狮子、旱船、骑驴、高跷、大头罗汉、胖婆娘等十几种表演形式。表演从农历腊月三十日持续到正月十五日，给一年一度的春节带来了欢乐。表演千姿百态，乡土味十分浓郁，是广大群众喜闻乐见的文化娱乐活动。除此之外，流行于高原汉族地区的民间说唱艺术有平弦、贤孝、道情、灯影戏、打搅儿、越弦、倒江水、太平秧歌及民间小调，这些民间艺术源远流长，多姿多彩，深受高原各族人民喜爱。汉族区还保留了一些中原地区传统的节日，包括元宵节、端午节、天贶节、牛郎织女相会日、中元节、中秋节、重阳节、腊八节等农历传统节日。

2. 藏族

藏族是青藏高原最古老、人口最多的少数民族，集中分布在西藏、青海和甘肃甘南藏族自治州、四川阿坝藏族羌族自治州和甘孜藏族自治州，以及云南迪庆藏族自治州，西藏和青海两省区藏族人口为 3.814×10^4 人，占两省区少数民族总人口的73.62%。

藏族

藏族自称“博”。唐、宋时称“吐蕃”，元代称“吐蕃”、“西番”，明朝称“西番”，清初称“图伯特”、“唐古特”，后改称“藏番”，现正式命名为藏族。藏族有本民族的语言和文字，多居住在高海拔地区，从事逐水草而居的畜牧生产，高原畜牧业生产经验丰富，目前定居者不断增多。全民信仰藏传佛教（俗称喇嘛教），少数信奉本教。

藏族的族源，有印度说、西羌说、鲜卑说、马来半岛说、汉族分支说及土著说等。大量的研究成果表明，在藏族的统一体中，既有羌人、鲜卑人、蒙古人、悒末人的成分，也有汉人的成分，其中土著居民羌人、吐谷浑人是其主要成分。

3. 回族

回族是青藏高原少数民族中人口数量较多的一个民族，分布具有大分散、小集中的特点，与汉、藏等各民族杂居，在小范围内，往往以乡或村为单元自成村落，在城镇则自成街道。回族主要集聚地在青海东部和甘肃临夏回族自治州。

回族自称“回回”。青海回族来源较为复杂，唐朝时一部分阿拉伯人、波斯人来青海经商后留居，而大量的回族人是明清两代从内地迁移的回族移民。据记载，清雍正、乾隆年间，青海回族人口为 1.2×10^5 人。回族日常使用汉语，在本民族内部和宗教生活中还保留一部分阿拉伯语和波斯语的成分。回族人信仰伊斯兰教，在宗教和聚居关系上十分严格，长期以来“自守其固俗而终不可变”。回族以善烹调、精做面食而著称，清真小吃种类繁多，制作精细，经济实惠，深受各民族食客的赞美，形成了独具风味的清真菜肴系列。回族严禁食猪、马、驴、骡、狗等动物的肉，禁止吸烟、饮酒，那些严格过宗教生活的信徒要求更是严格。回族的传统节日主要有小尔德节（开斋节）、古尔邦节、圣纪节。节日期间回族群众到清真寺举行隆重的会礼。回族群众有尊重长辈、重礼节、讲信用及讲卫生的好传统。

4. 纳西族

纳西族，古称“么些”，主要聚居区在云南丽江、玉龙纳西族自治县，云南、四川、西藏三省（自治区）交汇处。据史学家考证，纳西族的族源属中国西北古羌人的一个支系，约公元 3 世纪迁徙到丽江地区定居下来。纳西族主要从事种植业、畜牧业、手工业。

纳西族有语言和文字，属汉藏语系藏缅语族彝语支，分东、西两种方言，使用过象形文字，现主要由巫师“东巴”用来书写经典，故称“东巴文”。东巴文是目前世界上唯一保留完整并仍在使用的象形文字，已有约 1000 年的历史。自元、明以后，纳西族与汉族来往密切，普遍接受了汉族文化，汉文逐渐被纳西族群众普遍使用。

5. 土族

土族是青藏高原最古老的民族之一，主要分布在青海省东部河湟谷地的互助土族自治县、民和回族土族自治县、大通回族土族自治县等地

土族服饰表演

区。据《西宁府新志》记载，清朝雍正、乾隆年间，土族人口约 4.59×10^4 人，1949 年年底土族人口为 4.79×10^4 人，2008 年土族人口达到 22.84×10^4 人。土族主要从事农业生产，兼营畜牧、园艺、酿造业等。

关于土族族源，更多学者认为土族是以历史上在青海建立割据政权 350 年的吐谷浑的后裔，在以后长期发展过程中先后吸收了部分羌、吐蕃、蒙古、汉等民族成分，而形成的一个新的民族共同体，大体形成于元末明初。

土族有本民族的语言无文字，属阿尔泰语系蒙古语族河湟语群，分互助、民和、同仁三种方言，语言同蒙古语、东乡语有点相似，语言中借用较多的汉语和藏语，部分人通汉语和藏语。土族使用汉文，也有少数使用藏文。

土族全民信仰藏传佛教（俗称喇嘛教），少数人还信奉萨满教。

6. 羌族

羌族是我国历史最悠久的民族之一，族源可追溯至 3000 多年前的古羌人。古羌人主要活动在中国的西北部，今天的羌族是古代羌支中既保留羌族族称又保留传统文化的一支。羌族主要聚居地在四川省阿坝州的茂县、汶川、理县、松潘，绵阳市北川羌族自治县、平武县，甘孜藏族自治州丹巴县，还散居在四川西部山地，贵州、甘肃、云南等部分地区。羌族居住区多为山区，被喻为“云朵上的民族”。羌族自称“日麦”、“尔玛”，书面多用“日麦”与“尔玛”，意为“本地人”。

羌族有语言无文字，通用汉文，属汉藏语系藏缅语族，分南北两大方言，主要经营农业。工业从无到有，已兴建起制革、造纸、木材、水泥、化肥等工业。刺绣、挑花、编织是羌族人民的传统工艺。

7. 维吾尔族

“维吾尔”是维吾尔族的自称，意为“团结”、“联合”，主要聚居在新疆南部，昆仑山北麓的喀什、和田一带和阿克苏、库尔勒等地，还有一些散居在新疆北部的伊犁、吐鲁番等地，少量居住在湖南桃源、常德等地。

维吾尔族族源可追溯到公元前3世纪游牧于我国北方和贝加尔湖、额尔齐斯河和巴尔喀什湖一带的“丁零”人。9世纪中叶，“回鹘”融合游牧的突厥各部及两汉以来移居这里的汉人，同原来就居住在南疆操焉耆、龟兹、于田语的人民，以及后来迁来的吐蕃人、契丹人、蒙古人长期相处，繁衍发展而形成了维吾尔族。

维吾尔族有语言和文字，信奉伊斯兰教。传统节日有肉孜节、古尔邦节、初雪节等。以农业为主，种植棉花、小麦、玉米、水稻等农作物，擅长园艺业。具有独特的文化艺术传统，叙事长诗《福乐智慧》、《突厥语大词典》、《农桑衣食撮要》、故事集《阿凡提的故事》、音乐舞蹈史诗“十二木卡姆”，是祖国文化宝库中的珍贵遗产。维吾尔族手工技艺精湛，地毯、挂毯、刺绣、玉雕、首饰、花帽、服饰、民族乐器等，线条流畅，色彩鲜艳，做工精细，散发着浓郁的民族生活气息。

8. 撒拉族

撒拉族主要居住在青海省循化撒拉族自治县、化隆回族自治县甘都镇，甘肃省积石山县保安族东乡族撒拉族自治县。自称“撒拉尔”，简称“撒拉”，史称“沙喇簇”、“撒喇”、“撒拉回”等。有本民族语言，属阿尔泰语系突厥语族西匈语支，与维吾尔族、乌孜别克族等族语言相近。没有本民族文字，由于长期同藏族、回族、汉族交往密切，吸收了部分汉藏语词汇，通用汉字。由于宗教信仰的关系，撒拉族语言中吸收了一些用于宗教生活的阿拉伯语和波斯语。

撒拉族是古代西突厥乌古斯部撒鲁尔的后裔，元代13世纪取道撒马尔罕，经长途跋涉迁徙到青海省东部，定居于黄河之畔的循化街子一带，建起了宏伟壮观的街子清真大寺，将带来的手抄《古兰经》供奉在寺内，成为撒拉人的精神支柱。他们与周围汉族、藏族、回族、蒙古族等民族融合，接受了部分藏族文化，后来又同信仰伊斯兰教的回族、东乡族通婚，经长期发展演变形成今日的撒拉族。据《边政考》记载，明嘉靖年间撒拉族有1万人左右，雍正八年有2万～3万人，1949年年底撒拉族为2.52万人。

9. 门巴族

门巴族是西藏独有的古老民族，自称“门巴”、“主巴”，主要分布于喜马拉雅山南麓门隅、墨脱、梅楚卡等地。门巴族在血缘、宗教、文化等方面与藏族有密切的联系，普遍信仰藏传佛教，也有信仰原始宗教的。语言属汉藏语系藏缅语族藏语支，通用藏文文字。门巴族主要从事农业，兼营畜牧业、林业和狩猎，手工生产中编织业独具特色，编织的竹篾制品最负盛名，做工精巧，图案多样，是美观实用的工艺品。

门巴人服饰绚丽多彩，装饰品琳琅满目，披皮既是女人的服饰，也是她们的装饰品，是男子娶亲聘礼中的必备品。披皮习俗有着悠久的历史，它与当地自然地理条件有密切关系。门巴族葬法同藏族相近，多用水葬，也有用土葬、天葬和火葬。

门巴族歌舞有宗教舞蹈“羌姆”（藏语意为跳神），表现对自然物的崇敬。面具舞蹈让舞蹈者戴假面具，是一种近似藏戏的舞蹈，以民间传说、神奇崇拜和模拟鸟兽形象为内容，起源于图腾神话，带有浓郁的原始宗教色彩。

10. 珞巴族

珞巴族居住在西藏东南部洛瑜地区，大都与藏族杂居，有语言，无文字，使用藏文。公元 7 世纪起，珞瑜地区归吐蕃王朝，一直在西藏地方政府统辖之下。1965 年 8 月国家正式确认为单一民族，是我国人口数量最少的民族。

珞巴族热情好客，服饰奇特，男女都赤脚、蓄长发、佩戴装饰品，为适应狩猎、农牧业生产和自然环境，背上都披皮。妇女佩戴的装饰品琳琅满目，是她们财富的象征，是地位的一种标志，也是女子出嫁时不可缺少的嫁妆。

珞巴族主要从事农业，兼营畜牧、狩猎和手工业，擅长射箭。手工业产品主要是竹子编制的竹筐、竹席、竹笼、竹绳，还有编制的碗、盆、提篮、雨具等，十分精巧别致，是一种富有民族特色的传统手工艺品。珞巴人崇拜原始宗教，相信万物有灵，称“乌佑”。住房一般建在河溪两岸的半山坡上，以避免山洪暴发带来的危险。居室布置十分简单，大门前、屋檐下随处可见的兽骨装饰物，表示主人是一个狩猎技艺高超的英雄。

二、悠久的高原发展史

达尔文的进化理论认为人类是从灵长类进化而来的，这一演化过程需要一个巨大的外部驱使力。青藏高原处于亚洲地理位置的中心，青藏高原的隆升及由此导致的区域自然地理条件的急剧变化，使古猿可能向邻近亚洲周边的非洲等地区迁徙。同时，青藏高原第三纪末至第四纪的强烈大规模隆起，自然地理条件由森林向森林草原或草原景观过渡，促使一部分猿类不得不由树居生活转变为地面生活，其觅食对象和生活方式发生了根本性变化，学会了用两腿在陆地上快速行走得到更多的食物。他们在猎食的争斗中，学会了打制石器，智力逐渐进化，这一过程可能正是伴随青藏高原第四纪以来的隆升过程完成的。据目前青藏高原发现的大量旧石器，以及周边云南、贵州、四川等地发现的人科和古人类化石判断，青藏高原及其周边地区有可能是古人类发祥地之一[15]。

国宝——舞蹈彩陶盆

地势高耸的青藏高原很多地区发现了旧石器时代的打制石器，如青海境内的可可西里、沱沱河沿、柴达木盆地小柴旦湖湖畔，西藏的苏热、珠洛勒、扎布、多格则、各听等，川西高原有汉源富林、汉源狮子山、攀枝花迥龙湾、甘孜藏族自治州炉霍和北川人牙化石等。此外还有滇西塘子沟遗址、迪庆金沙江岩画和洞穴遗址。这些大量旧石器及遗址的发现，说明至少在3万～5万年前青藏高原就已经有人类活动。

青藏高原新石器时代的遗址分布很广，具有代表性的新石器时代遗址有西藏昌都卡若遗址，此处出土的大量半地穴红烧土房屋，其彩陶纹饰、造型等不仅同甘肃、青海及黄河流域有着千丝万缕的联系，还同西亚、欧洲、北非也有联系；西藏小恩达遗址出土的双耳罐，同青海柳湾墓地齐家文化雷同，说明两者之间有紧密联系。青海柳湾、马场垣、喇家等遗址出土的新石器时代遗存数以万计，其陶制品千姿百态、制作精美，被称为“彩陶的故乡”，具有很高的旅游观赏和考古研究价值。

先秦时期，青藏高原是羌戎活动之地，从事采集、狩猎、游牧的部落分支达百余个。在青藏高原北部的柴达木盆地、青海湖盆地和东昆仑山广大地域，存在着一个与羌戎活动紧密相关的西王母古国，这里是中华民族推崇的昆仑文化的发祥地。青藏高原西部地区的西藏阿里建立有象雄古国，国王王子辛饶米保在原始宗教基础上创建本教，成为象雄古国的国教。本教文化对西藏和青藏高原社会发展产生过极大影响。

公元前200多年前的西汉时期，西藏山南雅隆河谷有人定居，以牧为生，形成若干氏族部落联盟，出现悉补野王统世系的第一个部落王“聂赤赞普”。此后，汉武帝派骠骑将军霍去病进驻河湟地区，筑西平亭；后将军赵充国平羌安边，移民实边，实施屯田，内地大批汉人不断迁入。汉羌杂居，河湟地区的农牧业得以发展，这里成为西汉时期西部战略要地，从此青海大部分地区被纳入中原封建王朝的郡县体系。

公元4世纪初，祖居辽东的鲜卑族吐谷浑部进入青藏高原青海境内称王建国达350年，并仿效中原王朝推行封建政治制度，发展经济，和当地羌人、汉人友好相处，相互融合，繁衍人口，建立了强大的吐谷浑割据政权，开辟了丝绸之路南线青海道，成为联系中原与西域、漠北、西藏、印度的交通要道，为东西方文化交流做出了贡献。

公元7世纪初，吐蕃王朝崛起于藏南谷地，松赞干布将都城北迁至逻些（今拉萨），并向青藏高原东北部扩张，逐步击败对手吐谷浑等，统一了青藏高原，建立了强大的吐蕃王朝。他倾慕唐王朝的繁荣与文明，曾两次派遣使者去长安向唐王朝请婚，公元641年迎娶唐宗室女文成公主，与唐王朝建立甥舅之谊。公元710年唐金城公主又嫁给吐蕃赞普赤德祖赞，唐蕃之间出现了“金玉绮绣、问遗往来、道路相望、欢好不绝”的盛况。唐蕃之间的友好往来，大大推动了青藏高原各个民族与内地其他各民族之间的联系，对唐、吐蕃、吐谷浑、突厥、回纥、南诏等各民族间的政治、经济、文化的交往和发展产生深刻的影响，使华夏各民族之间的关系十分密切。

公元9世纪末，吐蕃赞普朗达玛毁佛灭法，奴隶制的吐蕃王朝崩毁，此后数百年进入“藏卫无法”的境地，藏史称“分治时期”。宋代，崛起于青藏高原东北部河湟地区的吐蕃后人建立的唃厮啰政权，统治河湟洮岷等地区近百年，在保持原吐蕃文化传统的同时，大量吸收中原文化，与中原进行茶马交易，使青藏高原东北部河湟地区的经济、文化得到进一步发展，青唐城成为中原通达西域各国的枢纽，并西南部与噶举、噶当、萨迦等不同宗教势力相联系。向东和宋、金、西夏、契丹相沟通，以此为桥梁，青藏高原诸部与华夏各民族之间的往来从未中断过。元世祖忽必烈击败南宋后，完成了统一中国的大业，西藏诸部顺应时代潮流，归附元朝，从此西藏正式纳入祖国版图，结束了吐蕃等部族数百年的混乱局面。

从此以后，历代中央政府对西藏实行全面管理，如元朝在中央设立宣政院，在西藏设立“乌思、藏、纳里速古鲁孙”等宣慰使司都元帅府，隶属于宣政院，其管辖范围包括前藏、后藏和阿里地区；明朝设置乌思藏卫指挥使司、朵甘卫指挥使司和俄力思军民元帅府，分别管理卫、藏、阿里和昌都地区军政事务。西藏地方的各级官员和上层僧侣，都须经中央政府正式册封方有合法地位，如敕封帕竹地方政权和噶举、萨迩、格鲁诸派宗教首领，“大宝法王”等三大法王和“阐化王”等五个王及多个国师名号；清朝在西藏设驻藏大臣制度，建驻藏大臣衙门，定期委派驻藏大臣管理西藏军政事务和财政开支，主持和监督达赖、班禅及其他大活佛转世、坐床，册封其名号，派员勘定西藏与四川、云南、青海等地边界；民国时期，临时大总统孙中山宣言精神和《中华民国临时约法》向中外明确宣告西藏为中华民国的领土，保护西藏领土完整，主持达赖喇嘛转世、坐床事宜是中央政府的权力和责任。

14 世纪末 15 世纪初，青海人士宗喀巴创立藏传佛教格鲁派。17 世纪初，厄鲁特蒙古四部之一的和硕特部从伊犁移牧青海，首领固实汗于崇祯十五年（1642 年）登上了藏族聚居区大汗的最高位。清顺治十年（1653 年），清政府册封五世达赖喇嘛，从此达赖喇嘛的地位被正式确认。康熙五十二年（1713 年），清朝政府册封后藏五世班禅喇嘛为“班禅额尔德尼”。达赖和班禅作为青藏高原宗教领袖的地位被确立，使藏传佛教格鲁派处于独尊地位。政教合一的政治体制，对青藏高原政治、经济、文化均产生了深刻的影响。[16,17]

在青藏高原古代历史发展演变中，丝绸之路南线青海道、唐蕃古道、茶马古道等，都是闻名于世的古代交通要道，沿线古文化遗存丰富，过去、现在、乃至今后对青藏高原社会经济、文化的发展，均有着非同寻常的作用和意义。

三、浓厚的宗教色彩

古代生活在青藏高原上的先民们，对高原严酷恶劣的自然环境和变幻莫测的自然现象充满敬畏和无奈，逐渐形成崇拜自然万物的各种原始宗教派系，使青藏高原成为我国乃至世界上宗教色彩浓郁、宗教势力强大的地区之一。藏族、蒙古族、土族、裕固族等民族几乎全民信奉藏传佛教或本教；回族、维吾尔族、撒拉族、保安族、东乡族、塔吉克族等民族几乎全民信仰伊斯兰教；较多的汉族群众除信奉佛教外，还信奉道教、天主教、基督教等；羌族、纳西族群众以信仰原始宗教居多，崇拜

自然和祖先。[12,13]

（一）藏传佛教

第一个藏传佛教寺院——桑鸢寺

公元7世纪，佛教从印度、尼泊尔及中原等地传入青藏高原。公元7世纪中叶，为了抵制当时本教势力对吐蕃社会的影响，吐蕃赞普松赞干布在唐朝文成公主和尼泊尔尺尊公主的影响下，大力倡导佛法，建立佛殿。公元8世纪，赤松德赞执政，延请密宗大师莲花生进藏弘法，并建立了西藏第一座正规藏传佛教寺院——桑鸢寺。仅几十年，藏传佛教便在西藏达到了空前兴盛，这标志着带有强烈地方色彩的藏传佛教在青藏高原站住了脚跟，也标志着藏传佛教“前弘期”的开始。

公元9世纪，吐蕃赞普朗达玛毁佛灭法，本教势力卷土重来，奴隶制的吐蕃王朝崩溃，藏传佛教“前弘期”结束，此后进入近百年的“藏卫无法”的历史时期。10世纪后期，藏传佛教“后弘期”的“上路弘传”和“下路弘传”分别从西藏阿里地区和青海安多藏区开始发祥。西藏“前弘期”的3名佛教僧人到青海避难并弘扬佛法，藏传佛教在青海境内广泛传播开来，并由青海向西藏推进，青海安多藏区成为藏传佛教“后弘期下路弘传”的发祥地。从11世纪中期到13世纪初期，藏传佛教内部形成了宁玛（红教）、噶丹、萨迦（花教）、噶举（白教）和觉囊等教派。

13世纪，西藏归顺元朝，萨迦政权建立，藏传佛教的萨迦派得到了空前发展。明朝政府扶植帕竹地方政权，沿用元制支持佛教政策。15世纪初，宗教改革家宗喀巴创立了格鲁派（黄教）。明、清各代把佛教作为统治人民的一种有效手段，极力给予扶植，实行政教合一制度。加上青藏高原特殊的自然地理环境，宗教在青藏高原得到空前的发展，其中格鲁派取得了对青藏高原佛教一统天下的地位，其他教派的不少寺院纷纷改宗为黄教。格鲁派六大寺院——青海塔尔寺、西藏甘丹寺、哲蚌寺、扎什伦布寺、色拉寺、甘肃拉卜楞寺等相继建成，成为世界名寺。清朝政府正式确立达赖和班禅宗教领袖的地位，并在政治、经济上给予了优厚的待遇，使黄教在青藏高原取得了“独尊”地位。

为了自身的生存和发展，为了适应本地区的人文社会环境以争取更多信徒，藏传佛教吸收了本教及民间宗教的大量内容和丰富形式，并吸收了周边地区多种文化成分，逐渐具备了地方特色和民族特点，藏文经籍浩繁，教理阐释丰富，教义显密兼修而偏重密宗，形成了各有侧重的众多教法和流派、完整的寺庙组织结构、严格的学经制度和修习次第、独特的活佛转世制度等，成为佛教传播体系中与汉语系佛教、巴利语系佛教有所区别的一个支系，故而被称为藏传佛教，也叫藏语系佛教，俗称喇嘛教。藏传佛教的形成和发展对藏族传统社会文化产生了长期、广泛而深刻的影响。

藏传佛教在佛教发展史上有过特殊功绩，产生了一大批驰名中外的佛教寺院，这些寺院或历史悠久，涉及名人众多，如西藏大昭寺、桑鸢寺、昌珠寺，青海的阿琼南宗寺、文成公主庙；或建筑奇特、宏伟壮观，如西藏白居寺、夏鲁寺，青海的瞿昙寺；或代表特殊历史时期的特有教派，如青海那达寺、阿什姜贾贡寺，西藏的萨迦寺、托林寺等。其中布达拉宫因建筑宏伟奇特、收藏极为丰富，堪称世界上最高的古代宫殿、艺术博物馆。截至目前，西藏境内藏传佛教寺院达 2700 余座，青海境内 700 座，寺庙林立，成为青藏高原最为显著、壮观的人文景观。

藏传佛教在我国的西藏、青海及甘肃、四川、云南等省区的藏族、蒙古族、土族、裕固族、门巴族等聚居地广为传播，在纳西族、珞巴族、普米族、汉族等民族中也有不少信徒。此外，它对不丹、尼泊尔、蒙古国等国家，以及印度、俄罗斯部分地区也有程度不同的历史影响，使这些地区和民族的社会发展历史、政治、经济、文化深深打上了藏传佛教的烙印。藏族、蒙古族、土族等民族群众，不畏海拔四五千米的高原恶劣环境，顶着炎炎赤日，冒着寒风冰雪，怀着无比赤诚之心，不惜花费巨大代价，千里迢迢赴拉萨、塔尔寺及神山神湖等圣地朝拜，形成庞大的朝圣队伍，成为世界罕见的宗教文化奇观。

（二）本教

本教又称本波教，是藏族聚居区的古老教派。公元前 5 世纪，由古象雄王子辛饶米保在象雄原始宗教的基础上创建。早期仅限于祈福消灾、拔邪祛祟的原始仪式。纪元前后，本教向东传播到雅鲁藏布江流域，逐渐成为在奴隶制社会的吐蕃举足轻重的势力，此时期称为本教的

"前弘期"。自佛教传入藏族聚居区后，本教便与佛教之间展开了激烈斗争。吐蕃第八代赞普时期，本教被禁奉，教徒被驱逐，赤松德赞赞普时期，本教又一次受到打击，此后百余年间未能复兴，从"前弘期"至此被称为本教的"中弘期"。公元9～10世纪，不少掘藏师在桑耶寺附近青朴等地意外发现了大量本教经典，被称为"伏藏"（是本教和藏传佛教信徒受到宗教劫难时把经书、法器、高僧遗物等藏匿起来，日后平安时将其挖掘出来），"伏藏"的发现，不仅从理论上极大地丰富了本教经典的内容，同时也对藏传佛教产生了强烈影响，拉开了本教复兴的帷幕。为了在西藏生存和发展，本教积极吸收藏传佛教的许多内容和形式，进行了一次较大规模的改革。尽管佛教的不少思想和理论观点进入本教经典中，但其内涵迥异于佛教，如穿着的袈裟、寺院型制、佛祖（本教信奉的"佛祖"是辛饶，佛教是释迦牟尼）、转经、念珠等方面与佛教完全相反，"六字真言"的内涵及用意也与佛教根本不同，而自从本教也有了"转世活佛"制度后，这一切使人们认为，现在的本教是已经被佛教化了的本教，这一发展时期从而也被称为本教的"后弘期"。

（三）伊斯兰教

喀什艾提尕尔清真寺

青藏高原的伊斯兰教影响范围仅次于藏传佛教，信仰的民族有回族、维吾尔族、塔吉克族、东乡族、保安族和撒拉族等，其他民族中也有少数群众信奉伊斯兰教，主要分布在青海、甘肃、新疆，其中青海分布最多。

青藏高原伊斯兰教的传播可追溯到唐代。11世纪初，一些信仰伊斯兰教的阿拉伯和波斯商户到青海东部经商并定居。13世纪，成吉思汗西征中亚阿拉伯国家返回时，大批信仰伊斯兰教的阿拉伯人在河湟地区定居并建清真寺。14世纪，撒拉族的祖先从中亚撒马尔罕来青海循化街子一带定居。明、清时期，内地回族移居青海的人数不断增加。伊斯兰教内部派系较多，除"格底目"（老教）外，先后出现了新教、新兴教和崭新新教等派系。伊斯兰教徒遵行五桩天命（念、礼、斋、课、拜）和六大信仰（信安拉、信天山、信经典、信圣人、信前定、信后世），十分注重宗教节日活动。

清真寺是穆斯林信徒聚礼的场所，不论是繁华闹市，还是僻静的农村牧区，只要有穆斯林群众，就有清真寺。初步估计，青海省有一定规模的清真寺1500座以上，临夏回族自治州有1700座以上，仅临夏市就有80多座；藏族群众高度集中的拉萨市有5座清真寺，其中阿坝林清真寺，始建于18世纪中叶，建筑风格采用藏族传统建筑技艺。青藏高原有一定影响的清真大寺有青海的西宁东关清真大寺、循化街子清真大寺、平安洪水泉清真大寺，甘肃临夏南关清真大寺、老华寺清真大寺，新疆喀什艾提尕尔清真寺等。

（四）道教

道教是我国所特有的一种宗教，迄今有1800余年历史，具有鲜明的中国特色，并对中华民族文化产生了深远影响。明、清时期，内地道士来青海东部河湟地区传教，并曾建立过一些道观，分为正一和全真两大教派道观，后来大都被毁。现青海内遗存道观10余座，著名的有格尔木玉虚宫、西宁北山土楼观、大通娘娘山、湟中南朔山、湟源北极山等。据专家考证，东昆仑山玉虚峰下的玉虚宫是产生于明代末年道教混元派（亦称昆仑派）的道场所在地，信徒除汉族群众，也有少量的少数民族群众。这个教派向外不断发展，至清代末年已发展到中国台湾及东南亚各国，近代已发展到北美、西欧、日本，成为华侨的一种信仰。近年来，中国内地、中国台湾及东南亚等地的华侨游人、香客千里迢迢来此朝拜，寻祖访道，修行练功，弘扬中华优秀道教文化。

昆仑道教圣地——玉虚宫

四、快速发展的高原城市与经济

（一）高原主要城镇

改革开放以来，青藏高原一批现代化新型城镇迅速崛起，为青藏高原经济社会发展起到了积极的促进作用。

青藏高原现代化都市——西宁

1. 夏都——西宁

西宁坐落于青藏高原东北部湟水谷地中部，市区海拔 2261m，具有 2100 多年历史，是青藏高原的东部门户，素有“西海锁钥”、“高原古城”之称，是青海的政治、经济、文化、科技和交通中心。西宁属内陆开放城市，是青藏高原唯一人口超过百万的大城市，是青藏高原区域现代化中心城市。

1929 年青海建省，治西宁县，1946 年成立西宁市，1949 年 9 月 5 日西宁解放。西宁解放初城区人口为 7×10^4 人，面积为 $30km^2$，建成区面积 $3km^2$。此时西宁经济萧条，市容破烂不堪，交通等基础设施十分落后。2006 年年底西宁辖 4 区（城东、城中、城西、城北）、3 县（大通回族土族自治县、湟中县、湟源县），面积 $7665km^2$，主城区域面积 $350km^2$，比 1949 年扩大了 10 多倍；建成区面积增加至 $63.73km^2$，比 1949 年扩大了 20 倍，城区道路长度是 1949 年的 30 多倍，而且城市路面等级高；人口比 1949 年增长了 13.6 倍多，2009 年西宁总人口达 2.2×10^6 人，占全省总人口的 39.57%，有汉族、回族、藏族、土族、蒙古族、撒拉族等 30 多个民族，少数民族人口占西宁市总人口的 1/4。

西宁市是青藏高原最大的现代化工业城市，已初步形成了门类齐全的工业园区，园区基础设施建设日臻完善。依托丰富的电能、矿产、畜牧资源，西宁以冶金、建材、化工、中藏药、农畜产品精深加工为主的工业体系得以形成。西宁是全省交通、邮电通信中心。其中，公路以西宁为中心，依托国道和省道辐射全省 6 州 1 地，并通往邻近省区，公路里程 5845km，占全省的 19.67%，而高速公路里程已达 346km。西宁机场现已开通至北京、上海等 10 多个城市的航班。此外，西宁交通邮电通信设施初步实现现代化，成为青藏高原邮电、光缆和铁路、公路的主要节点城市，大大促进了西宁市经济的跨越式发展。

西宁是青海重要的商贸中心，有大什字等 10 多个主要商业区。其中大什字商业区集中了 200 多家商店、餐馆。此外还有西宁历史上传统的商业区东关大街。全市集贸市场有 10 余处。西宁也是全省科技、文化教育中心，有各类高等院校和科研机构 40 余家，成为本省乃至青藏高原盐湖、高原生物、高原地理、气象、医学、宗教、经济等多学科的综合研究基地。

西宁社会发展历史悠久，文化旅游资源丰富。沈那遗址拥有多种古文化类型，上孙家寨遗址出土的舞蹈彩陶纹盆属于国宝级文物，城区内还有虎台、青唐古城墙等遗址，充分展示了西宁深厚的文化底蕴。此外，西宁市内以黄教圣地塔尔寺为代表的藏传佛教文化，以东关清真大寺为代表的伊斯兰教文化，以北禅寺为代表的道教文化在国内外享有较高地位。

西宁气候冬无严寒、夏无酷暑，是消夏避暑的旅游胜地，被誉为“中国夏都”，西宁周边也有一批驰名国内外的旅游景观。西宁现被评为国家优秀旅游城市、国家优秀园林城市、国家优秀卫生城市。近年来，西宁每年夏季举办的“环青海湖国际公路自行车赛”、“中国·青海国际攀岩赛”，已经成为享誉海内外的知名体育赛事活动。2011 年 8 月在成都举行的全球首届防灾减灾市长峰会暨第二届世界城市科学发展论坛上，西宁喜获“世界旅游名城”桂冠。

2. 日光城——拉萨

拉萨坐落在雅鲁藏布江支流拉萨河北岸，海拔 3650m，是世界上海拔最高的城市，太阳辐射强，年日照时数 3021.6h，享有“太阳城”、“日光城”的美誉。

“拉萨”藏语之意“圣地”、“佛地”、“神佛居住的地方”。自藏王松赞干布确定拉萨为吐蕃国都，拉萨古城已有 1300 多年的历史，目前已经成为西藏政治、经济、文化、交通、宗教的中心，是藏民族最崇拜的“佛教圣地”。拉萨是国务院命名的历史文化名城，布达拉宫已被列入《世界文化遗产名录》。

拉萨，历史上曾称“逻娑”、“逻些”、“拉萨”等。公元 7 世纪前这里曾是一片水草肥美的沼泽地，称倭塘湖，四周土地肥沃、气候温和，是苏毗部落的放牧地。吐蕃国王松赞干布为了巩固政权和统一青藏高原的宏伟大业，于公元 633 年迁都于此，641 年文成公主赴藏和亲，唐蕃联姻，648 年修建大昭寺，称其为“惹萨”，藏语意为“羊土”，后来人们把“惹萨”名称赐给了这座城市，806 年将“惹萨”改称为“拉萨”。

拉萨市电力、采掘、食品加工、纺织、建材、印刷、工艺美术等现代工业粗具规模，民族手工业产品享誉海内外，如地毯、卡垫等在国际市场享有盛誉，帐篷、腰刀、木碗、金银首饰等民族工艺品深受游客青睐。拉萨是我国藏族聚居区主要商品集散地，全市商业网点万余个，商品丰富。交通通信、医疗卫生、科研、教育、体育、文化等基础设施较完善。

拉萨是闻名世界的旅游胜地。主要旅游景点有布达拉宫、大昭寺、哲蚌寺、色拉寺、罗布尔卡、八廓街、西藏博物馆、小昭寺、帕邦卡(遗址)、仓姑寺、唐蕃会盟碑、布达拉宫广场、龙王潭、拉鲁湿地国家级自然保护区等。

3. 盐湖城——格尔木

"格尔木"蒙古语为"河流密集之地",因格尔木河及其众多支流流经此地而得名,1960 年经国务院批准设立格尔木。"格尔木"北靠世界最大内陆盐湖之一的察尔汗盐湖,享有"中国盐湖城"的美誉。市区海拔 2800m,被称为城市"飞地"的唐古拉山乡地处长江源头,海拔 4800~5000m。市区面积 $1.245\times10^{5}km^{2}$,是世界上辖区面积最大的城市,市区建成区面积 $31km^{2}$。格尔木深居内陆,高原环境显著,年平均气温 4.3℃,年均降水量 39.6mm,蒸发量大于 3000mm,形成了干旱、极干旱荒漠自然景观。其中唐古拉山乡地区年均温在-4℃以下,以高寒荒漠自然景观为主。

1956 年以来,青藏公路的建成,使格尔木成为西藏的重要门户和后勤基地,也成为柴达木盆地资源开发的前沿阵地和新型重工业城市。2009 年格尔木市人口已经达到 1.212×10^{5} 人,流动人口在 2×10^{5} 人以上,非农业人口占 80.05%,成为青海第二大城市。格尔木市属于典型移民型和多民族城市,有汉族、藏族、蒙古族、回族等 26 个民族。1990 年柴达木被青海确定为省级资源开发试验区,1992 年昆仑经济开发区成立,1994 年国家民族事务委员会、国家体制改革委员会确定格尔木为全国民族自治地方改革开放试验区,2001 年正式成立格尔木工业园区。2005 年 10 月经国务院批准,柴达木循环经济试验区成为国家首批 13 个循环经济试点的产业园区之一,格尔木成为我国西部富有活力的经济增长点。

格尔木是"中国优秀旅游城市",地处青海、西藏、新疆、甘肃交通交汇处,铁路、公路、航空交通便利,市区干旱荒漠、盐湖、蒙古族风情等旅游资源独特,是我国西部、青藏铁路沿线发展旅游业最具活力的城市之一。

4. 海西蒙古族藏族自治州府——德令哈

德令哈位于柴达木盆地东北部,"德令哈"为蒙古语,意为"广阔的金色原野”，巴音郭勒河穿过，地势平坦，灌溉便利，热量条件良好，是发展高原绿洲农业的理想之地。德令哈市面积 3.2×10^4 km^2，建成区面积 23km^2，2008 年城市总人口 6.84×10^4 人。

1945 年，国民党政府在此设立垦务局，1956 年德令哈工作委员会成立，1958 年改为德令哈县，1966 年为海西蒙古族藏族自治州州府驻地，1983 年设德令哈镇，1988 年 4 月经国务院批准成立德令哈市，德令哈市成为青海第三座城市。德令哈探明矿产资源有 40 余种，其中石灰石、石英石、煤炭、湖盐储量大。目前，德令哈国家级循环经济试验工业园区初步建成了以盐碱化工、建材、汉藏药材加工为主的工业体系。境内有青藏铁路、青新公路通过，交通便利。

德令哈处在古丝绸之路南线通道上，有克鲁克湖、托素湖、柏树山等自然风景区，也有蒙古族风情、西王母古国神话传说等人文旅游资源，发展旅游业有一定潜力。

5. 青藏高原最西部城市——日喀则

日喀则地处喜马拉雅山北麓、雅鲁藏布江及其支流年楚河汇流处的河谷平原上，藏语意为“土质最好的庄园”，海拔 3800m，农牧业发展历史悠久，是西藏主要的粮食产区之一。日喀则是西藏第二大城市，日喀则地区行署所在地是青藏高原上最西部的城市。

日喀则有 600 余年的历史，是我国历史文化名城之一。14 世纪初，帕竹政权设立 13 个大宗中的最后一个“宗”，叫“溪卡桑珠孜”，以后修建日喀则宗。1447 年，宗喀巴弟子根敦珠巴主持修建了扎什伦布寺。噶玛噶举派的辛厦巴家族用武力统一了后藏六宗，建立了藏巴地方政权。他将溪卡桑珠孜改名为“颇章桑珠孜”，并对日喀则进行了大规模的扩建，噶玛王朝统治西藏 24 年间，日喀则成为当时的统治中心。14 世纪中叶，宗喀巴在西藏创立黄教，收徒传教，达赖和班禅是他统治西藏的两个徒弟，后藏成为班禅的管辖区，日喀则成为后藏政治、经济、文化中心和历代班禅大师驻锡地。

新中国成立前，日喀则连一颗铁钉都不能制造。新中国成立后，民族手工业发展迅速，形成了地毯、卡垫、服装鞋帽、皮革、木铁器、金银铜器加工等行业。此外，建筑材料、矿产、食品加工等地方性产业也在不断扩大。同时，日喀则交通条件发生巨大变化，有通往拉萨、亚东、阿里和尼泊尔的公路；有和平机场可起降波音 707 和图- 154 飞机；日喀则境内的雅鲁藏布江江水平缓，可通航。日喀则基础设施日益改善，城市面貌日新月异。

雄浑壮观的扎什伦布寺

日喀则有壮丽雄伟的扎什伦布寺，其规模仅次于布达拉宫，是全国重点文物保护单位。寺内有很多珍贵文物、经书、塑像、壁画等。富丽堂皇的班禅新宫德庆格桑颇章，建筑精美豪华，独具一格，坐落在日喀则西南近郊，与扎什伦布寺遥相辉映。

除上述 5 座城市外，各州、地区驻地基础设施建设粗具规模，成为各自区域政治、经济、文化、交通、物流中心，如临夏回族自治州府临夏市，甘南藏族自治州府合作市，昌都地区驻地昌都镇，林芝地区驻地八一镇，山南地区驻地泽当镇，那曲地区驻地那曲镇，阿里地区驻地狮泉河镇，黄南藏族自治州州府隆务镇，海北藏族自治州州府西海镇，玉树藏族自治州州府结古镇，果洛藏族自治州州府大武镇，海东地区行署驻地平安镇，阿坝藏族羌族自治州州府马尔康镇，甘孜藏族自治州州府康定镇，迪庆藏族自治州州府香格里拉（中甸）镇。这些城镇大都自然风光秀丽，历史悠久，文化底蕴深厚，其中很多是著名的旅游胜地。

（二）工业从无到有

新中国成立前，青藏高原基本上无现代工业。旧西藏曾有过一个小型铸币厂和发电量仅有 125 kW 的夺底沟电站，1931 年开办的小型军械厂，只经营了 2 年便宣告倒闭。青海在 1930 年曾开办军需物资制造厂，1941 年国民党资源委员会与青海地方协办了柴油发电厂和水力发电厂，1946 年开办了西北工矿公司，下属有洗毛、机械、纺织、火柴、玻璃厂等分厂，但

全国最大钾肥生产基地——格尔木钾肥厂

多为作坊式工厂。1949 年，青藏高原地区的工业企业尚不足 20 个，工业总产值仅 2.21×10^7 元，其中位于青海的企业占总数量的 86%。

新中国成立后，青藏高原的现代工业得到快速发展。青海形成了石油和天然气开采业、水力发电业、有色金属业和盐化工业四大支柱产业，以及冶金业、医药制造业、畜产品加工业和建材业等优势特色产业的基本工业格局。西宁成为青藏高原最大的综合性现代化工业城市，而拥有众多资源的格尔木则成为我国西部地区具有盐化工、石油化工为特色的新兴工业城市。西藏的食品、纺织、电力、采矿、建材、制革、藏药、化工等现代工业得到快速发展，卡垫、氆氇、地毯、民族服装、玉器、金银首饰等具有独特工艺特色和民族风格的传统手工业迅速兴起。青藏高原周边的川西、滇西北、甘南地区，以其独特的民族工业形成各自的优势，特别是川西甘孜藏族自治州、阿坝藏族羌族自治州锂矿的开发利用前景极为广阔。

青藏高原的工业与全国其他地区相比还很落后，工业结构内部比例失调，且过多依赖于自然资源的开采和加工，忽视了以农、林、牧、副、渔资源为主的加工业，轻重工业比例失调。地区间工业发展不平衡，工业生产主要集中于少数城镇和交通沿线，青海西宁和海东地区的工业总产值占全省的 80%以上；西藏 60%以上的工业集中在以拉萨为中心的“一江两河”地区，阿坝藏族羌族自治州的工业近 70%集中于临近内地的几个县。此外，工业效益差，人才、技术、资金、能源、自然条件等诸多不利因素制约着青藏高原的工业发展。

（三）高原天然畜牧业基地

青藏高原天然草场 16.42 亿亩，约占全国草场面积的 30.4%，人均占有草地量是全国的 40 倍，是世界人均草地占有量的 17.8 倍，我国五大牧区有三个分布在这里。青藏高原的天然畜牧业发展历史悠久，可追溯到 4000 年前的新石器时代，是我国乃至世界上高原天然畜牧业生产的重要基地，牛羊总数占全国的 16%。

青藏高原天然畜牧业基地

世世代代居住在青藏高原上的藏族同胞以原始的自然游牧方式为主，逐水草而居。畜牧业发展中，不断吸收、总结前人经验，经过长期实践，在放牧方式、牲畜繁殖、牲畜疫病防治等方面积累了丰富的饲养管理经验，培育出了一批适应高原生态环境的优良牲畜品种，饲养的草食性牲畜有藏系绵羊、牦牛、马、骆驼、山羊、黄牛、犏牛、马、驴、骡等，其中牦牛是青藏高原优势畜种。青藏高原是世界上牦牛分布最多的地方，牦牛数量居全国第一位。牦牛除食用外，还可役使，有“高山之舟”之称。这些品种适应高寒能力强，放牧上限高，产地较集中，具有生产多种产品的性能。主要畜产品有牛羊肉、羊毛、羊皮、牛皮、肠衣、三绒（驼毛绒、牛毛绒、山羊绒）等，其中，牛羊肉瘦肉率高，无腥膻味，具有野味风格。高原肉类无污染、营养价值高，在国内外市场享有很高声誉；西宁毛颇负盛名，是驰名中外的优质地毯毛原料；三绒针织产品在国内市场有较高声誉；紫羊皮以其美观大方、质地优良、保暖性能好而闻名于世。

畜牧业与牧区广大群众的衣、食、住、行密切相关，是青藏高原农业生产的重要组成部分，成为青海和西藏两省区的支柱产业。青藏高原地处高寒缺氧地带，草原生态极为脆弱，单位面积产草量低，载畜能力弱，因而单位面积生产能力低。新中国成立后，牧区人口增长过快，且盲目追求牲畜数量，缺乏科学发展畜牧业的观念，导致草原沙化、鼠虫害肆虐，牧区生态环境日趋恶化。

青藏高原的种植业主要集中在青海东北部的河湟谷地、西藏南部的雅鲁藏布江谷地、东部的三江河谷地等地区，这些区域地势平坦，地势较低，气候条件较好，水资源丰富，被称为河谷农业区，是青藏高原粮食、油料、蔬菜、水果的生产基地。高原农作物分布海拔较高，有青稞、马铃薯、油菜、荞麦、豌豆、圆根、萝卜、圆白菜等，均是喜凉耐寒农作物。低地农作物分布在海拔较低区域，有稻谷、鸡爪谷、玉米、辣椒、大蒜、韭菜、冬瓜、黄瓜、扁豆等。青藏高原东南部少数河谷为热带、亚热带气候条件，可种植香蕉、橘子、甘蔗等多种水果及经济作物。随着地膜技术推广应用，青藏高原种植业的发展区域进一步扩大，种植品种大大丰富，隆冬季节能给市场提供丰富多样的各种蔬菜。

（四）腾飞中的交通通信业

1. 交通运输业

青藏高原现已初步形成铁路、公路、民航、管道等现代运输方式组

青藏铁路穿越昆仑山口

成的综合运输体系。其中，公路运输是青藏高原最主要的运输手段。青藏铁路的建成通车，在很大程度上缓解了公路交通运输的压力，使青藏高原与祖国内陆地区的联系更加方便快捷。但总体来说，青藏高原的交通运输业发展还十分落后，尚不能满足该地区人民生活和经济发展的需要。

1）铁路

青海、西藏境内有青藏铁路、兰青铁路、宁大铁路、柴木铁路等，全长约 2200km，平均密度 8.8km/10^4km^2，仅为全国平均密度的 11.6%。2006 年 7 月 1 日第一列火车开赴拉萨，结束了西藏没有铁路的历史。

（1）青藏铁路东起西宁，经格尔木、唐古拉、那曲抵达拉萨，全长 1956km，是世界上海拔最高、线路最长、穿越冻土里程最长的高原铁路，成为世界屋脊上的交通大动脉。一期工程西宁至格尔木段 814km，1979 年通车，还建成长达 136.5km 的支线 4 条（宁大铁路、海湖支线、柴达尔支线和茶卡支线）。二期工程格尔木至拉萨段长 1142km，2001 年 6 月 29 日开工，2006 年 7 月 1 日全线开通运营。青藏铁路是我国西部大开发标志性工程，翻越唐古拉山的铁路最高点海拔 5072m，经过海拔 4000m 以上地段 960km，连续多年冻土区 550km 以上。青藏铁路建设面临着多年冻土、高寒缺氧、生态脆弱等“三大难题”的严峻挑战，工程艰巨，要求很高，难度很大。铁路建成在世界铁路建设史上创造了众多世界之最。

（2）兰青铁路从兰州河口站至西宁，全长 187.4km，1959 年建成通车。对青海乃至青藏高原社会经济发展有着巨大作用。兰青铁路复线全长 169.9km，设计时速 160～200km/h，输送能力达到 30 对/d，每年输送货物量 4×10^7 t。

（3）柴木铁路东起刚察县柴达尔，西至天峻县木里，全长 141km，是青海省第一条地方铁路。

2）公路运输

公路运输是青藏高原主要的交通运输手段，承担着绝大部分客运和货运任务。青海以省会西宁为中心，以甘青、青藏、青新、青康、宁张等5条国道和19条省道形成全省四通八达的公路交通运输网络。西藏以拉萨为中心，以青藏、新藏、川藏、滇藏4条公路为主干线，沟通了拉萨至周边省区青海、新疆、四川、云南之间的联系。中尼公路连接西藏拉萨和尼泊尔首都加德满都。

（1）青藏公路起于西宁，经日月山、都兰、格尔木、五道梁、那曲，至西藏首府拉萨，全长1936km。青海东部及柴达木盆地平均海拔2500～3500m，东昆仑山口至西藏羊八井，平均海拔4500m以上，其中唐古拉山口海拔5231m，风火山口海拔5010m，是世界上海拔最高的柏油公路，80％进入西藏的物资通过这条国道运入，成为我国内地通往西南边陲的交通大动脉，藏族同胞称之为“天上彩虹、地上金桥”。沿途有高山草原、戈壁荒漠、冰雪冻土、绿洲农业，自然景观多姿多彩。

（2）川藏公路有南北线两条。北线从成都起，经雅安、康定、甘孜、昌都抵西藏首府拉萨，全长2415km，沿途翻越二郎山、折多山、雀儿山等10余座大山，跨越大渡河、金沙江、澜沧江、怒江等10余条河流。南线由康定向西，从新都桥经巴塘、邦达至拉萨，全长2161km，其中昌都至邦达段169km是川藏公路北线和南线的联络线。

（3）新藏公路北起新疆叶城，向南经库地、大红柳滩、狮泉河镇、普兰抵达拉萨，全长2841km，大都为戈壁沙漠和常年积雪的崇山峻岭，是世界上海拔最高的公路，沿途经过5000m以上地段130km，翻越10余处昆仑山脉山口，其中界山达阪和库达恩布海拔分别5406m和5432m。阿里地区大部分货物及旅客运输经由新藏公路得以完成。

（4）滇藏公路南起云南下关，经剑川、中甸、德钦，北抵西藏芝康，全长714km，北接川藏公路南线，是入藏公路中海拔最低的公路，仅红拉雪山口海拔超过4300m，是古代重要的茶马古道，是西藏联系云南的主要交通运输线。公路沿线穿过中甸盆地和横断山脉，由于该地受到澜沧江、金沙江等河流切割作用，山高谷深，沿途垂直自然景色秀丽。

（5）青康公路起于西宁，经倒淌河、花石峡、结古、昌都，最后达云南景洪，全长3286km，其中西宁至倒淌河段长102km与青藏公路共线，其余大部分线路海拔4200m以上。青康公路在青海境内走向大体与昔日“唐蕃古道”一致，是从青海进入西藏的第二条公路交通运输大动脉。1935年称宁（西宁）玉（玉树）公路。1942～1953年曾称青藏公路。1954 改称青康公路。

(6) 青新公路起于西宁，经湟源、乌兰、德令哈、大柴旦、茫崖出省至新疆喀什，全长 2746km。青新公路由国民党政府于 1947 年 9 月建成试车，因工程质量低劣，后又失修失养，大都淹没在沙漠荒草之中。新中国成立后多次改建、新建，柏油路面全线贯通，成为内地联系新疆南部的重要通道。公路走向及沿途与昔日丝绸之路南线青海道相吻合，为中外游客古丝绸之路旅游提供了便利的交通条件。

(7) 中尼公路北起拉萨，经曲水、日喀则、拉孜、定日、聂拉木，经樟木口岸友谊桥进入尼泊尔，终点是尼泊尔首都加德满都，全长 861km。其中，从拉萨到聂拉木段，属于 318 国道。中尼公路是西藏对外交流的重要通道，对促进中尼两国人民的友好往来，加强两国经济、贸易、文化交流和带动后藏经济和社会发展，巩固祖国边防具有重大意义。

除上述国家级主干道外，联结区际或区内的公路线四道八达，主要有那昌公路、安狮公路、茶茫公路、黑昌公路、茶茫公路、西久公路等。

3) 航空运输

新中国成立初期，青藏高原只有两处军民两用机场。近年来，随着青藏高原进一步对外开放，特别是伴随着旅游业的蓬勃发展，航空运输凸显出明显的优势，目前青藏高原地区已经拥有西宁曹家堡机场、格尔木机场、拉萨贡嘎机场、昌都邦达机场、林芝米林机场、九寨黄龙机场、香格里拉机场、玉树三江源机场等，正在建设的有西藏拉萨新机场、阿里机场、康定机场，计划恢复通航的有当雄机场、日喀则和平机场，拟建的有那曲机场、山南机场、冷湖机场、大武机场、德令哈机场及一批用于旅游运输的直升机场等。如果上述机场建成通航，那么青藏高原地区比较完善的航空运输体系将逐步形成，对当地社会经济建设将起到更大的促进作用。

(1) 西宁曹家堡机场是国内 4D 级干线机场，1992 年建成并投入使用，是青藏高原重要的空中交通枢纽，可全天候双向起降大、中型飞机，并配有先进的导航设备，目前开通至北京、上海、广州、西安、太原、成都、拉萨等数十个大中城市航班。

(2) 拉萨贡嘎机场海拔 3540m，是世界上海拔最高的民用机场之一。机场目前可供中、大型飞机起降，是西藏通往内地的主要空中通道，已经开通了拉萨至成都、北京、广州、格尔木、兰州、西安的国内航班和拉萨至加德满都的国际航线。

4）管道运输

格尔木至拉萨输油管道，于1977年8月建成投产，全长1080km，平均海拔4500m以上，经过常年冻土地带管道长达560km，成为世界上目前海拔最高、经过冻土地带最多的成品油输油管道，每年向西藏输送成品油数$23\times10^4\sim25\times10^4$t。

涩北—西宁—兰州天然气输气管道，西起柴达木盆地涩北一号气田，向东经德令哈、西宁、民和，终至兰州西固区柳泉乡，总长953km，是迄今在建的世界上线路最长、海拔最高的天然气输气管道，年输气能力为$2\times10^9\text{m}^3$，于2001年建成运营，对加速青藏高原地区社会经济发展和城乡人民生活水平的提高均具有重要意义。

2. 邮政、通信

青藏高原邮政通信业得到前所未有的发展，卫星地面通信网路初步形成，开通了国内、国际直拨和移动电话、电视电话业务，特别是1997年国家重点工程兰—西—拉（兰州、西宁、拉萨）2754km光缆通信干线建成投产，极大地改变了青藏高原地区通信基础设施的落后面貌。但与内地相比，青藏高原地区的通信水平仍然比较落后。

（五）蓬勃发展的高原旅游业

国外游客在西藏

特殊的自然地理环境和社会发展历史背景下，青藏高原长期以来同外部世界处于封闭和半封闭状态。新中国成立后，青藏公路、川藏公路、滇藏公路、新藏公路的建成通车，全面拉开了青藏高原腹地西藏和中原的联系。20世纪80年代，青藏高原大部分地区开始对外开放，世界众多国家和地区的游客远渡重洋，不畏艰辛，似潮水般涌进这块遥远而神秘的旅游处女地，在青藏铁路未开通之前西藏和青海的旅游主要以国外游客为主，国内游客数量的增加是从青藏铁路建成通车开始的。青藏高原有原始、纯正、博大、粗犷的自然风光，丰富的文化遗存，多彩的民族风情和古老而浓重的宗教文化气息，对来自国内及异国他乡的游客有着特殊的诱惑力。如今青藏高原已撩起神秘面纱，成为当今国内外游客心驰神往的旅游目的地。

青藏高原拥有举世无双的自然和人文旅游资源，旅游业是本地区发展最快、潜力最大的特色产业。位居青藏高原上的青海、西藏两省区，还有云南、四川、甘肃的州、地区，充分利用自己独有的自然和人文旅游资源，大力发展旅游业，使旅游业成为当地的支柱产业。佛教圣地拉萨、夏都西宁、九寨沟、日喀则、青海湖、丽江古城、香格里拉、三江源、羌塘高原无人区等一批旅游景区（点），成为享誉海内外的旅游知名品牌。2006 年青藏铁路开通，青藏高原旅游业出现“井喷式”发展。

青藏高原具有众多世界顶级品牌的旅游资源，有地球上面积最大、海拔最高的高原，世界上最高大雄伟的喜马拉雅山脉，世界上最观壮的雅鲁藏布江大峡谷，类似于南北极的“第三极”冰雪世界，有以珠穆朗玛峰为代表的众多冰峰雪山，有青海湖、纳木错为代表的高原湖泊群，以及世界著名江河长江、黄河、雅鲁藏布江、澜沧江、印度河的发源地和高原特有的珍稀野生动植物……这一切构成了色彩斑斓的自然旅游景观。

自古以来，生活在世界屋脊的各族人民，在与严酷的自然环境斗争中，创造了光辉灿烂的高原文化，其中博大精深的藏文化是高原文化的核心。古老而神秘的藏传佛教文化是藏文化的璀璨明珠，为世界所瞩目。同时这里又是华夏昆仑文化的发祥地，也有着纳西族、羌族、维吾尔族、土族、撒拉族、门巴族等多民族奇异的民族风情……构成了绚丽多姿的人文旅游景观。

我国旅游业“十二五”发展规划中，提出要抓好区域旅游合作，重点打造青藏铁路沿线等 9 处无障碍区域合作示范区。青藏铁路沿线旅游区，依托青藏铁路辐射范围内高品位、独特的人文生态旅游资源，统筹安排铁路沿线西宁、格尔木、那曲、拉萨等重点城市辐射范围内旅游区域的旅游功能、设施与项目，把青藏铁路沿线建设成为具有世界影响力的旅游产品与线路。我国旅游业“十二五”发展规划纲要提出要在全国培育 11 个旅游功能区，青藏高原上的三江源旅游区、大香格里拉旅游区位列其中。三江源旅游区依托三江源区大山、大江、大河、大草原、大森林、大雪山、大峡谷、大动物乐园等自然景观，以及藏传佛教、唐蕃古道等丰富的文物古迹，以及民俗风情和节庆活动等文化旅游资源，在严格保护生态环境的基础上，配套完善旅游服务设施，将三江源旅游区打造为集生态旅游、科学考察、探险旅游、宗教朝觐和风情旅游为一体的特色生态旅游区。大香格里拉旅游区，包括云南迪庆藏族自治州、西藏昌都地区、四川甘孜藏族自治州和青海玉树藏族自治州，充分发挥这4个州地独特的自然资源、民族文化和区位优势，实施大规模生态建设与旅游资源综合开发，加快交通、通信、能源、城镇等基础设施建设，大力发展特色旅游，引导“体验消费”，推动区域内经济结构的调整，促进经济社会的持续、协调发展，打破这4个行政区域的壁垒，深化合作，实现“同一个品牌，多个目的地”的区域格局，到“十二五”末把香格里拉旅游区建成我国西南地区的旅游中心，世界一流的生态旅游区，世界知名的具有强吸引力的一流精品生态旅游区。

目前，在经济全球化和世界经济一体化的推动下，旅游业已取代石油、汽车产业，位居世界最大新兴产业的地位。20世纪80年代以来，国际旅游业向亚太地区东移，欧洲、北美洲主宰世界旅游市场的局面已被欧洲、亚洲、北美洲三足鼎立的新格局替代，中国进入迈向“世界旅游强国”新的历史时期。青藏高原的旅游业将会更进一步发展和繁荣，旅游业将成为青藏高原重要的支柱产业。青藏高原即将成为全球旅游“热点”，为树立我国旅游业的国际地位将起到巨大作用。

第二章

青藏高原旅游业发展现状分析

青藏高原因其独特的海拔高度、自然环境及特殊的人文社会环境，逐步成为世界旅游业中独具特色的新兴旅游目的地。青藏高原旅游业和国内旅游业同时起步，但由于区域自然条件和经济基础的限制，发展相对缓慢。20 世纪 90 年代青藏高原旅游业开始迅速崛起，目前已经发展成为区域支柱产业，旅游人数和旅游收入迅速攀升，带动了其他产业的发展。2006 年 7 月 1 日青藏铁路开通，打通了青藏高原腹地旅游的最后一道屏障，进一步为青藏高原的旅游业发展注入了巨大活力。

第一节　近 50 年来国内外旅游业发展状况

一、全球旅游业发展现状

国际旅游的大规模兴起，是从第二次世界大战之后开始的。1950 年，全球旅游业刚刚起步，世界旅游总人数 2.53×10^7 人次，全球旅游收入 2.1×10^9 美元。此后的近 60 年间，全球旅游业得到蓬勃发展，至 2008 年全球旅游人数达到 9.22×10^8 人次，全球旅游总收入为 9.44×10^{11} 美元，全球国际旅游活动以年均近 7.0%的速度发展，旅游接待人次增长了 36.44 倍，国际旅游收入增长了 449.52 倍，年均增长率达到 11.8%[18,19]（表 2-1）。

表 2-1　1950～2008 年国际旅游人数与收入增长情况

年份	国际旅游人数		国际旅游收入	
	人次/万	环比增长率/%	收入/亿美元	环比增长率/%
1950	2 530	—	21	—

续表

年份	国际旅游人数		国际旅游收入	
	人次/万	环比增长率/%	收入/亿美元	环比增长率/%
1960	6 930	173.91	69	228.57
1970	15 969	130.43	179	159.42
1980	28 484	78.37	1 023	471.51
1990	45 800	60.79	2 678	161.78
2000	68 900	50.43	4 760	77.74
2008	92 200	33.82	9 440	98.32

从世界旅游业发展的趋势和旅游人数占世界总人口的比例来看，国际旅游活动仍存在巨大的发展潜力。1975～2000年，全球GDP的增长速度约为3.5%，而国际旅游人数的增长速度却达到4.6%，国际旅游人数的增长速度是GDP增速的1.3倍。1992年，世界国际、国内旅游收入已经超过了石油、汽车工业，成为世界第一大产业。但是截至目前，世界旅游人数仅达到世界总人口的1/6[18]，并且大多数旅游者主要集中在欧洲、美洲等少数发达国家，拥有众多人口的亚太、中东、非洲等地区发展中国家的旅游业才刚刚起步。因此，国际旅游活动发展的空间还很巨大，尤其是经济快速发展的亚太、中东、非洲等地的发展中国家，隐藏着巨大的旅游业发展潜力。

从世界旅游业发展空间区域来看，全球可划分为六大旅游区，即欧洲、美洲、东亚太地区、非洲、南亚及中东。多年来，世界旅游业主要以欧洲、北美为主体，现在逐渐形成欧洲、美洲和亚太地区三足鼎立的局面。其中，欧洲和美洲是世界上国际旅游活动最大的目的地和客源地，东亚太、南亚、中东和非洲地区是世界上旅游业发展的潜在市场。1950～2005年，欧美地区旅游业年均增长速度为5.4%和6.1%，发展速度均低于全球6.5%的平均增长速度，并且所占的市场份额分别减少了10%和13%，而亚太、中东地区年均增长速度却达到12.5%和10.1%[18]，以中国为代表的发展中国家旅游业迅速崛起。世界旅游组织研究表明，发达国家的国内旅游市场已接近饱和，发展中国家的国内、国际旅游发展步伐加快，潜力巨大。

二、世界旅游业发展趋势

从世界旅游方式的选择上来看，世界旅游业正朝着区域化、多样化趋势发展，各地区、各个国家突出打造传统旅游项目，强化旅游项目的

"新"、"异"策略，加大文化旅游、商务旅游、生态旅游等特色旅游项目，以新颖、别致、时代的风格吸引游客，使旅游业内容异彩纷呈。

（一）世界旅游重心由欧美地区向亚洲等地区转移明显

工业革命以来，欧洲经济高速发展，人民生活水平得到极大提高，民众闲暇时间充足，交通运输业迅速发展，这些都为旅游市场的快速发展创造了条件。第二次世界大战之后，欧洲各国经过长期的发展，旅游基础设施建设更加完善，很快成为世界第一大国际旅游市场。而北美大陆的美国等国在欧洲旅游市场蓬勃发展的利益驱动下，加大对旅游业的投入，与欧洲诸国展开激烈竞争，在酒店和迪士尼乐园主题方面竞争优势日益突出。20 世纪 90 年代初，美国旅游业创汇收入位居世界第一，入境旅游人数仅次于法国，位居第二。由此，欧洲和北美两大国际旅游传统市场全面形成，几乎垄断着国际全部的旅游市场。与此同时，亚洲、非洲、拉丁美洲和大洋洲等地区一批新兴市场悄然崛起，国际旅游业在世界各个地区的市场份额出现了一些新的变化。20 世纪 90 年代以来，东亚、太平洋地区国际旅游增长率达到 7.5%，远高于世界平均增长水平，而欧洲和北美地区国际旅游市场份额呈现缩小趋势。1996～1998 年，仅中国旅游入境人数平均每年增长 11%，1998 年旅游入境人数达 $6.347\,84\times10^{7}$ 人次，旅游重心由传统市场向新兴市场转移的速度加快[20]。

（二）国际旅游业发展趋向多样化

国际上传统的旅游方式分为四种，即娱乐型、观光型、疗养型和商务型，大多数旅游活动各种方式特征兼而有之。当今，国际旅游消费动向的重大变化是消费由"目的"变为"手段"，人们消费是为了实现自我爱好，为了自由娱乐，表现丰富的感情等。传统的观光、娱乐等旅游方式已不能满足旅游者的需求。旅游方式朝着个性化、多样化、文化化方向发展，各种内容丰富、新颖独特的旅游方式和旅游项目应运而生。

世界旅游业正朝着区域化、多样化趋势发展[20,21]。多年来，世界旅游业主要以欧洲为主体，现在逐渐形成欧洲、亚太地区和美洲三足鼎立的局面。在旅游方式的选择上，一些国家采取以"新"、"异"取胜的战略，除一些传统旅游项目外，文化旅游、商务旅游、生态旅游和网络旅游等特色旅游，以其新颖、别致、时代性强和内容丰富多彩等特点吸引游客，取得了很好的经济效益。而青藏高原正以其世界独一无二的藏族传统文化、高原纯净的生态环境、世界第三极的奇特自然风光，吸引着世界各地无数的旅游爱好者。

（三）国际上中远程旅游正在日趋兴盛

经济收入水平是旅游行为的重要制约因素，国际旅游组织的统计表明，当一国人均国民生产总值达到800～1000美元时，居民将普遍产生国内旅游动机，达到4000～10 000美元时，将产生国际旅游动机，超过10 000美元时，将产生洲际旅游动机。世界经济的快速发展和带薪假日制度的完善，为旅游业的发展提供了首要的条件。根据距离衰减规律，旅游者的行为特征普遍呈现可达机会随距离迅速衰减的特征。因此，旅程的长短是影响旅游者旅游行为的重要因素。但是近年来，随着交通业的快速发展，航空运输兴起，价格也逐渐下降，这为游客消除旅途不适提供了方便，也节省了时间，进一步为游客的远程旅游提供了方便。同时，随着经济和社会的发展，旅游者的旅游动机越来越多地指向与自己所在地差异较大的地区，在出行过程中，人们希望了解与居住地有差异的环境，并得到较强的旅游体验。而区域差异，表现为地理空间上的差异，跨地理空间的范围越大，环境差异性越强，对游客的吸引力也越强，对其旅游行为和旅游动机的影响也越大。在交通和可支配收入得到解决的基础上，中远程旅游日趋兴盛。

另外，后现代主义的影响使人们开始追求一种新的生活方式：这种生活方式以现代交通、通信、卫生、安全等技术作为物理支撑，在有限的闲暇时间内，可以从城市生活节奏中迅速进入自然、原始、古朴的居住环境和生活方式之中。当今世界，工业影响较少，原始风貌保持较完好的地区，集中于亚洲和非洲区域的一些发展中国家和经济较落后地区，中国的青藏高原就是这样的典型区域，因此相对于经济发达的欧美地区的旅游客源地，青藏高原是远程旅游理想目的地。

三、中国旅游业发展现状和趋势

（一）旅游经济迅速发展，有力推动了边远落后地区的旅游发展

中国旅游业发展起步较晚，但旅游业发展迅速，各项旅游统计指标

增长很快。从发展阶段看，1980 年以前，旅游产业规模总体小；80 年代初期，入境旅游有较大提高，国内旅游开始起步；至 80 年代末，入境旅游得到持续发展，国内旅游也有了较大发展；90 年代上半叶，入境旅游有较大发展，国内旅游迅猛崛起，是中国旅游业发展速度最快的时期，90 年代下半叶，中国旅游产业基础得到加强，旅游业在部分地区成为支柱型产业。进入 21 世纪以来，中国旅游业除 2001 年受世界旅游业整体负增长的影响增长速度有所下降外，此后的 2002 年四项旅游经济指标增速均超过 10%，成为世界上旅游业发展速度最快的国家之一，当年接待海外旅游者达到 9791 万人次，成为世界第五大旅游吸引国、亚洲最大的旅游国。同时中国也成为亚洲的新兴客源输出大国，2002～2007 年中国过境旅游人数近 2000 万人次，年均增长 7.8%，旅游外汇收入净增 170 亿美元，国内旅游人数增加约 1 倍，旅游总收入实现翻番。截至 2007 年年底，中国公民出境旅游目的地的国家和地区从 20 个增加到 132 个，与世界各国的旅游交流明显加强。在国内旅游方面，区域旅游、跨区域旅游十分活跃，20 世纪 90 年代中国区域旅游活动主要集中在中国东部地区，东部地区著名的旅游省区旅游收入和旅游人数增长迅速[22,23]。2000 年以后，尤其是 2006 年青藏铁路开通以后，中国西部地区的旅游迅速增长，东部地区旅客流迅速转向西部，青藏高原也成为国内旅游重要的旅游目的地，西部地区的旅游经济异常活跃，旅游收入逐年攀升，尤其是西藏、青海地区旅游已经成为地区经济发展的支柱产业。

（二）旅游产业体系逐渐完善，带动旅游整体市场的活跃

旅游需求的多样性、旅游活动的复杂性，决定了旅游产业与社会经济各行业有着非常强的关联度。旅游业包括核心产业、特征产业（广义旅游产业）和旅游经济，它包括了吃、住、行、游、购、娱等六大需求的行业及相关行业。近 30 年来中国旅游产业得到迅速发展，产业体系不断完善。

中国基础设施建设迅猛发展，交通运输能力得到极大改善，旅游交通的瓶颈得以解决。交通方式的多样化和便捷化，对旅游出行方式产生了重要影响。到 2007 年，中国境内民用航空定期航班通航机场 148 个，定期航班通航城市 146 个，全国铁路营业里程达到 7.8×10^4km，公路总里程达 3.5837×10^6km，有 11 个省区高速公路里程突破 2000km。旅

游包机、旅游专列、自驾车旅游也成为潮流。同时，信息业的发展及社会公共设施的完善也为旅游业的发展提供了保障。到 2007 年年末，全国已有旅行社 18 943 家，其中国际旅行社 1797 家；有星级饭店13 583 家；形成规模的景区超过 20 000 家，A 级旅游区 3100 余家，其中 4A 级以上 928 家；国家旅游度假区 12 家，省级度假区上百家；优秀旅游城市 307 个，旅游强县 17 个；工农业旅游示范点 1098 家。还有国家重点风景名胜区 187 个，国家自然保护区 303 个，国家森林公园 627 个，国家地质公园 138 个，列入《世界遗产名录》的世界遗产 35 个。经过 30 年的培育和发展，旅游业基本形成了多方位、多层面、多维度的产业体系格局。我国加入世界贸易组织后，我国旅游业发展的国际化进程大大加快。2007 年已有外方独资旅行社 16 家，外资控股 11 家，外资参股 8 家，美国、日本、德国和英国等大型旅游集团及一些经营高端市场的专业旅行社进入中国[24]。

围绕交通等基础设施条件的改善，旅游时间、旅游目的地的可达性，旅游服务设施及旅游服务质量的极大改善，尤其是地处西部高原的青海、西藏、新疆、云南等地区交通条件的极大改善，铁路、高速公路及航空运输能力的提高，为西部地区的旅游活动注入了强大活力，旅游业产业体系也日臻完善。

（三）影响旅游业的因素正在发生根本性变化，旅游目的地由东部转向西部

20 世纪旅游业发展仍以服务型为主，游客偏向于选择基础服务设施好、服务品质高的地区和部门。但随着旅游服务发展到一定程度后，游客的旅游选择趋向便发生明显变化。随着国内外旅游市场竞争日趋激烈，新的资源不断开发、新的产品不断涌现、新的技术不断应用，传统的经营方式受到极大的挑战。旅游业在发展过程中不断产生新领域和新业态，如休闲度假旅游、数字旅游、会展奖励旅游、经济型饭店、游轮游艇、实景演艺、旅游智业等。进入 21 世纪以来，旅游业的新产品不断产生，如生态旅游、乡村旅游、工业旅游、红色旅游、军事旅游、温泉旅游、冰雪旅游、健康旅游、科技旅游等，旅游从服务为主向游客体验或亲身经历为主转变。因此，国际旅游业出现了由服务型向亲身经历型转变的趋势。青藏高原因其具有高寒、缺氧、冰峰雪山林立、江河湖海清澈、人口稀疏、神秘宗教、异域文化等能给游客带来特殊体验的特殊环

境，从而成为挑战极限、亲身体验的旅游目的地，青藏高原独特的环境因素，使其成为目前世界所瞩目的极具魅力的旅游目的地，国内旅游目的地也因此由20世纪的东部地区转向西部地区的青藏高原、新疆等地区。

（四）中国旅游市场潜力巨大，世界旅游强国地位已经奠定

中国是世界第一人口大国，有着世界上最大的国际、国内旅游客源市场。近些年随着国内经济的快速发展、人民富裕程度的提高、闲暇时间和可支配收入的增多，旅游需求增长速度十分迅速。20世纪80年代中国改革开放以来，市场经济十分活跃，20世纪90年代中叶，我国实施每周40小时工作制，90年代末又调整了部分节假日时间，使国内居民的闲暇时间日益充裕。同时，国民消费结构由温饱向小康转变，消费观念也从生存型朝享受型和发展型方向发展，城乡居民消费的恩格尔系数分别由1995年的49.9％和58.6％降至2002年的37.7％和46.2％的水平。住房、购车、通信等消费将逐渐得到满足，而作为精神和物质结合的旅游需求进一步加强，多样化的旅游需求和专题、特种形式的旅游形式日益增加，旅游方式将由观光型为主的旅游模式，逐渐向度假旅游、探险旅游、科学考察旅游、民俗旅游、生态旅游、体育旅游、保健康复旅游、文化旅游、美食旅游等体验旅游方向发展。得天独厚而又丰富多样、博大精神的中华文化的中国旅游资源凸显出中国旅游的巨大优势，使得中国的旅游对世界各地的旅游者充满了吸引力。1997年，联合国世界旅游组织预测，到2020年，中国将成为世界上第一大入境旅游接待国和第四大出境旅游客源国；2006年，该组织进一步修订了预测，将达到此目标的时间提前到2015年。世界旅游理事会则预测，到2020年，中国旅游业总产出将占国内生产总值的8.64％，旅游消费将占总消费的6.79％，旅游投资将占投资总额的8.61％，接近世界平均水平。届时，中国将成为世界旅游强国。

第二节　青藏高原旅游业发展现状

一、青藏高原旅游业发展现状

青藏高原自然区域包含西藏、青海、新疆南部昆仑山地北麓、四川西部及甘肃西南部和北部部分地区、云南西北部，西藏和青海是青藏高

原的主体，是以藏族为主体多民族聚居的地区。在约 2.5×10^6 km^2 的广大区域范围内，自然旅游资源奇特而又多样，地域文化独特而又神秘，是中国旅游业最具活力而富有多样性的区域之一。

（一）青海旅游业发展现状

外国游人在果洛赛马节上

青海的旅游业发展虽然起步较晚，但近 30 年来却取得了长足发展，各项旅游指标都持续增长。尤其是近 10 多年，旅游总收入由 1995 年的 4.77×10^8 元人民币增加到 2008 年的 4.751×10^9 元人民币，2004 年以来，旅游总收入的同比增长率都在 27%以上，2006 年达到 37%。国内旅游人数由 1995 年的 1×10^6 人次增加到 2008 年的 9.02×10^6 人次，国内旅游收入由 1998 年的 4.3×10^8 元增加到 2008 年 4.672×10^9 元人民币（图 2-1）。入境旅游人数由 1995 年的 1.3×10^4 人次增加到 2008 年的 2.99×10^4 人次（图 2-2）。国际旅游外汇收入由 1995 年的 2.3×10^6 美元增加到 2007 年的 1.0147×10^7 美元（图 2-3）。在以上各项旅游统计指标中，除 2003 年“非典”及 2008 年“3·14”事件的影响，青海各年度的旅游总收入、入境旅游人数和国际旅游外汇都有了大幅度的增长和提高，各项旅游指标的巨大变化充分说明青海省的旅游业正处于快速发展的上升期。

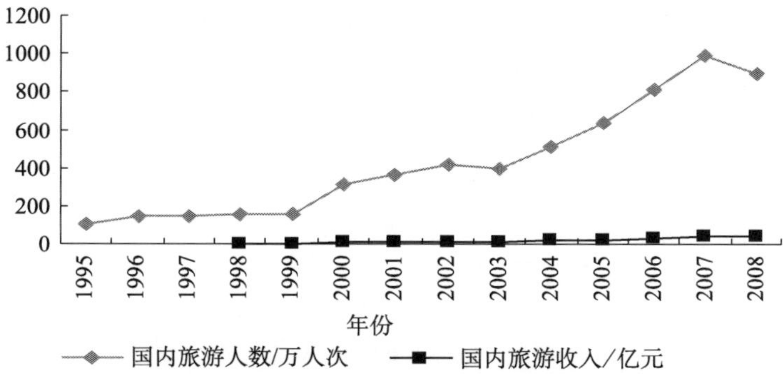

图 2-1 1995～2008 年青海国内旅游收入及国内旅游人数情况

资料来源：青海省旅游局，2009

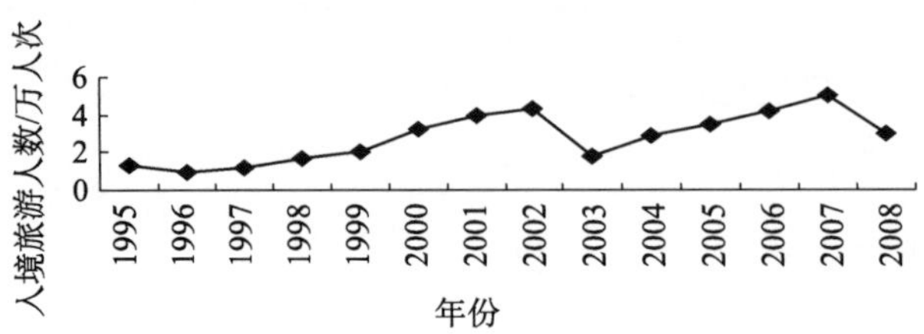

图 2-2　1995～2008 年青海入境旅游人数情况

资料来源：青海省旅游局，2009

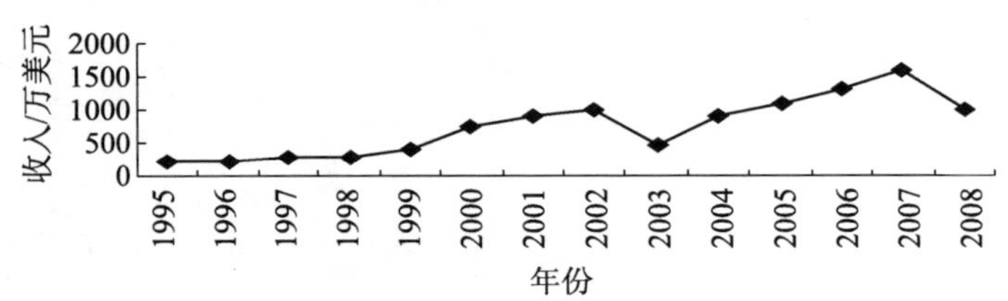

图 2-3　1995～2008 年青海年国际旅游外汇收入情况

资料来源：青海省旅游局，2009

近些年来，青海旅游供给系统也得到不断完善，星级饭店数量增长迅速（表 2-2），1998 年全省星级酒店仅有 8 家，至 2006 年已增加到 97 家，旅行社数量也由 1998 年的 21 家增加到 2008 年的 198 家，其中国际旅行社 178 家，国内旅行社 20 家，截至 2008 年，直接旅游业从业人员数量达 36 000 人。各种级别和类型的旅游景区的开发和建设也在不断地完善。自 2004 年以来，青海旅游总收入占全省每年 GDP 的比例都在 4.3%以上，2007 年旅游业总收入占全省 GDP 的 6.2%，说明旅游业已经成为青海重要的经济产业部门。

表 2-2　2008 年青海星级饭店基本信息

项目	五星级	四星级	三星级	二星级	一星级	合计
户 数/家	1	12	43	53	8	117
客房数/间	316	2 016	4 639	3 281	399	10 651
床位数/张	439	3 799	9 175	6 250	963	20 626

（二）西藏旅游业发展现状

西藏旅游业起步于 20 世纪 80 年代，近 30 年来发展速度迅猛。尤其是 90 年代以来，西藏旅游业进入了跨越发展的阶段。1980 年西藏旅游总收入达 1.31×10^{6} 元，1991 年旅游总收入上升到 5.07×10^{7} 元，

2005 年，全区接待游客总人数达 1.8×10^6 人次，旅游总收入达 1.94×10^9 元（图 2-4）。

拉萨八廓街游客

30 年来，西藏国内旅游人数由 1980 年的 2466 人次，增加到 2007 年的 4.02×10^6 人次，入境游客由 1980 年的 1059 人次增加到 2007 年的 3.65×10^5 人次（图 2-5）。2007 年，西藏全区接待游客总人数首次达到 4.02×10^6 人次，实现旅游总收入 4.8×10^9 元，相当于西藏 GDP 的 14.2%。2007～2008 年，西藏旅游总收入平均每年增长 24.9%，远高于全国平均水平。2008 年，西藏发生"3·14"事件，但旅游总收入仍达到 2.26×10^9 元。

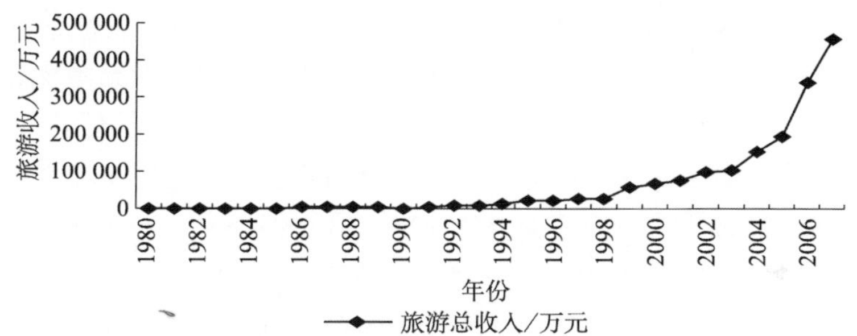

图 2-4　1980～2007 年西藏自治区旅游总收入情况

资料来源：西藏自治区旅游局，2009

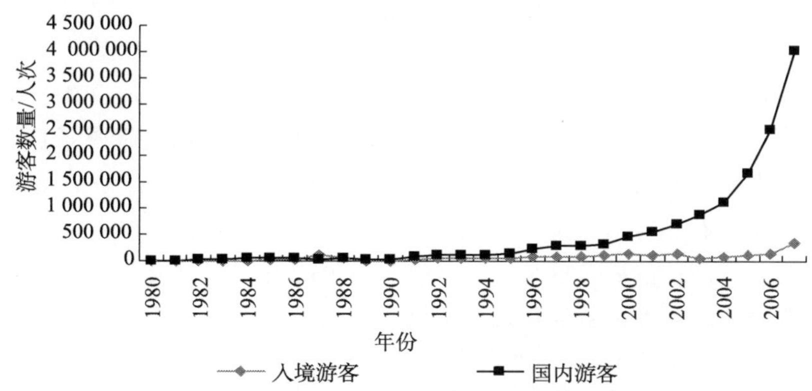

图 2-5　1980～2007 年西藏自治区游客数量表

资料来源：西藏自治区旅游局，2009

截至2007年，西藏共有星级饭店（宾馆）86家，非星级饭店（宾馆）772家，加上城镇居民家庭旅馆和农民家庭旅馆200多家，全区拥有床位数达5万多张。全区拥有旅行社43家，其中，国家旅行社23家。目前全区旅游高等院校的在校学生达563人，导游人员达1642人，旅游业从业人员达12 767人，旅游接待车辆2777辆，西藏旅游业的规模经济已经开始形成。

二、青藏高原旅游业发展的SWOT分析

（一）优势

1. 独特的地理环境、丰富的旅游资源

青藏高原是我国乃至世界地理环境中最具有独特魅力的自然地理单元，高原区域纯净的自然地理环境、林立的冰峰雪山、碧波荡漾的湖泊、绿草如茵的草地，有独特的人文环境、博大而神秘的宗教文化、原始而又极具环境特色的藏族文化、多元而又璀璨的民俗风情。这使青藏高原形成了充满新奇感、神秘感、粗犷感和原始感的旅游资源。青藏高原东北部的青海位于我国三大自然地理区域交汇处。青海东部属于我国的东部季风区，柴达木盆地属于西北干旱区，青南高原属于青藏高寒区，青海湖位于这三大区域的交汇点。同时青海又是我国多民族聚居的地区之一，也是我国北方少数民族发祥地之一。青海共有少数民族33个，少数民族人口占全省总人口的45.5%，其中，藏族、回族、土族、撒拉族、蒙古族等五个少数民族人口超过万人。青海特殊的地域结构使其拥有丰富多彩的、高品位的旅游资源。青海的旅游资源按其规模、级别、价值和管理权限，分为国家级、省级和州（县）级三种。其中在国内外有一定知名度的国家级景点有46处（表2-3），省级旅游景点350处。青海旅游资源在世界上也具有明显的比较优势，无论从总量、丰度、可持续利用等方面来看，都堪称“中国之最”乃至“世界之最”，是旅游者所向往的旅游胜地。这些独具特色的自然旅游资源和人文旅游资源为青海旅游业的发展奠定了基础[3]。

位于青藏高原西南部的西藏，面积为1.2×10^6km²，与缅甸、印度、不丹、尼泊尔等国接壤的西南边境线长约4000km，构成了祖国西南边陲的天然屏障。东部和南部为海拔2000～4000m的高山谷地，西部和北部为海拔4000～5000m的雪地草原，中部为雅鲁藏布江及其支流

表 2-3 青海省国家级旅游资源分类表

类型	典型旅游资源
自然旅游资源	三江源头区、青海湖自然风景名胜区、孟达自然风景名胜区、可可西里自然保护区、隆宝滩自然保护区、阿尼玛卿峰、玉珠峰、南八仙风蚀雅丹地貌、柴达木盆地盐湖奇观、坎布拉风景名胜区、互助北山国家森林公园、大通察罕河国家森林公园、大通鹞子沟国家森林公园、乌兰哈里哈图森林公园、群加国家森林公园、巴隆国际猎场、黄河源国际猎场、昆仑山大地震景观、贵德国家湿地公园、年保玉则国家地质公园、日月山风景名胜区、岗什卡雪峰、门源百里油菜花景观
人文旅游资源	塔尔寺、瞿昙寺、隆务寺、桑周寺及藏娘佛塔、格萨尔三十大将军灵塔和达那寺、贝大日如来佛石窟和勒巴沟摩崖、循化西路军革命旧址、热贡佛教艺术、和日石经墙、新寨玛尼城、贵德玉皇阁、互助土族之乡、民和土族纳顿节、循化撒拉族之乡、青南藏族聚居区风情、西海郡古城、马厂遗址、喇家遗址、塔温塔里哈遗址、沈那遗址、热水墓葬群、十世班禅大师故居、十四世达赖喇嘛故居、世界屋脊汽车探险旅游线、唐蕃古道旅游线、丝绸之路南线青海道旅游线、两弹基地——原子城、万丈盐桥、青藏铁路、青藏公路、龙羊峡水电站、夏都——西宁、格尔木昆仑文化园、柳湾彩陶博物馆、藏医药文化博物馆、藏文化博物馆

拉萨河、年楚河冲积而成的河谷地带。区内山脉纵横、河流遍布、湖泊星棋，森林、高山草原、河谷低地在区内都有分布。多样性的地理环境和独特的民族风情使西藏拥有良好的旅游资源禀赋，有很多在国内乃至世界上品位极高的旅游资源（表 2-4）。

表 2-4 西藏典型旅游资源一览表

类型	典型旅游资源
寺庙	大昭寺、桑耶寺、哲蚌寺、扎什伦布寺、萨迦寺、甘丹寺、昌珠寺、萨迦寺、色拉寺、夏鲁寺、桑耶寺、托林寺、扎塘寺、白居寺、曲德寺、色喀古托寺、科迦寺、小昭寺、吉如拉康、聂塘卓玛拉康、查杰玛大殿、敏竹林寺、平措林寺、邦纳寺、康松桑卡林
古城堡遗址	布达拉宫、拉萨老城区——八廓街、古格王国遗址、古象雄古国遗址、江孜抗英遗址、卡若遗址、加拉王宫遗址、曲贡遗迹、小恩达遗址、雍布拉康
民俗风情	藏族、门巴族、珞巴族等民俗风情
山岳景观	珠穆朗玛峰、希夏帮马峰、南迦巴瓦峰峰、冈仁波齐峰、卓奥友峰
河谷景观	雅鲁藏布江大峡谷、帕隆藏布江峡谷风光、三江并流风光
现代冰川	绒布冰川、恰青冰川、杰马央宗冰川、巴托拉冰川、卡惹拉冰川、阿扎冰川、拉古冰川、则普冰川、若果冰川
风景名胜区	雅砻河风景名胜区、罗布林卡、羊八井地热风景游、巴松湖度假旅游区
国家自然保护区	雅鲁藏布江中游河谷黑颈鹤、芒康滇金丝猴、珠穆朗玛峰、色林错、羌塘、雅鲁藏布大峡谷、察隅慈巴沟、拉鲁湿地、类乌齐马鹿等
国家森林公园	巴松湖、色季拉、玛旁雍错、班公湖、然乌湖、热振、姐得秀等
国家地质公园	易贡、达扎、羊八井等国家地质公园
历史文化名城	拉萨、日喀则、江孜等历史文化名城

续表

类型	典型旅游资源
现代化建设成就	日光城——拉萨、青藏铁路、拉萨火车站、西藏博物馆、布达拉宫广场
墓葬地	藏王墓、松赞干布墓、青瓦达孜山古墓、朗县烈山墓地、吉堆吐蕃墓群、查木钦墓葬、山南烈士陵园、青瓦达孜山古墓
湖泊	玛旁雍错、羊卓雍错、纳木错、色林错、当惹雍错、班公湖、昂拉仁错、拉姆纳错、巴松湖

位于青藏高原东部边缘地带的川西高原、滇西北高原、甘南高原，处在云贵高原、四川盆地、黄土高原向青藏高原的过渡区域，其自然景观具有复杂多样、过渡交汇的特点，形成了一批世界级自然景观，如位于川西高原阿坝藏族羌族自治州境内被列入世界自然遗产的黄龙—九寨沟风景区。九寨沟景区集翠海、叠瀑、彩林、雪山和藏族民俗文化于一体，被誉为“童话世界”。黄龙景区在一条山谷几乎被乳黄色的碳酸钙质岩层覆盖，千层碧水形成层层叠叠的梯状湖泊、池沼，如璞玉，似牙雕，以奇、绝、秀、幽自然风光而蜚声中外，堪称人间仙境。成为我国乃至世界最火爆的旅游地。

青藏高原东部边缘地带的广阔区域，有着特殊的社会历史发展背景，人文旅游资源有其独特性。这里是我国众多少数民族分布区，因为靠近藏族聚居区，各个民族在保持本民族原有文化基础上，受传统藏文化的影响很深。同时这些民族和中原地区有着千丝万缕的联系，因而汉文化对这个区域的政治、经济、人民生活等诸多方面的影响也是很深刻的，其中纳西族、羌族、土族文化最具代表性。目前，黄龙—九寨沟风景区、丽江古城、香格里拉成为国内外游客心驰神往的旅游目的地。

当前，全球兴起“回归自然”的旅游热潮。根据世界旅游组织的最新研究和预测，生态旅游、海洋旅游、文化旅游、探险旅游、沙漠旅游等产品将成为未来国际旅游者的消费趋势和广泛追求的对象。青藏高原纯净自然、独特奇异、高旷险雄、恢弘博大、历史悠久、丰富深邃为基本特色的旅游资源是开展生态旅游、文化旅游、探险旅游、宗教朝觐旅游和民俗采风旅游的理想目的地，必将越来越受到海内外旅游者的青睐。青藏高原旅游资源有着不可替代的特殊功能，在全国乃至世界范围内都具有一定的垄断性，若经过合理而有效的开发，完全有可能成为中国旅游业大发展中的新亮点，成为我国乃至全世界旅游消费的热点地区。

2. 青藏高原旅游产业已具备一定的发展基础

近 30 年来，青藏高原的旅游产业基础已经奠定。青藏高原以丰富的旅游资源为依托，以独具魅力的人文环境和特有资源为介质，积极投入、强化建设，使旅游产业粗具规模。近十几年来，青海、西藏、四川、云南、甘肃等地区对高原旅游区加大投资力度，旅游基础设施尤其是交通设施建设呈现新面貌，民航、铁路、高等级公路、通信等基础设施条件不断完善，以食、宿、行、游、购、娱等要素为主体的旅游产业体系初步形成。特别是青藏铁路、川藏公路、滇缅公路、滇藏公路等旅游路线的开通和升级，丽江、九寨沟、甘南、格尔木、三江源等一批小型机场的规划和建设，为青藏高原的旅游创造了便捷的交通条件，旅游综合服务能力明显增强。与此同时，旅游品牌打造和旅游资源宣传方面也取得新进展，如西藏雪顿节、纳木错国际徒步大会、环青海湖国际公路自行车赛、青海湖国际沙雕与大地艺术节等节事活动的举办，为青藏高原旅游形象的建立和推广提供了巨大的动力，“大美青海”、“秘境西藏”、“神奇九寨”、“九曲黄河”等系列宣传活动的举办，也为青藏高原旅游产品的推广开拓了新的局面。另外，与旅游相关的一系列其他展览及节事活动的举办也从一定程度上促进了青藏高原旅游业的发展，如围绕青藏线、川藏线、滇藏线、青海湖、纳木错、九寨沟、三江源、九曲黄河等的品牌塑造，通过举办商贸活动、体育赛事、节庆等一系列大型活动，使青藏高原旅游资源、产品、形象的对外宣传和市场营销力度明显加强，极大地提高了青藏高原旅游业的知名度和美誉度。

（二）劣势

1. 地理区位远离客源市场

在旅游者消费构成中，交通费用占有重要的份额，直接影响着旅游者的旅游消费决策。长期以来，我国的旅游客源主要集中于经济较发达、人均 GDP 较高的长江三角洲、珠江三角洲及环渤海等地区。国际旅游客源主要集中在北美和欧洲地区。青藏高原地处我国内陆，地理位置远离主要的旅游客源地，距离衰减规律的作用使得上述地区的潜在旅游客源常常因为交通费用和时间等因素的限制而放弃将青藏作为首选旅游目的地。这在一定程度上影响了青藏旅游客源的增长，从旅游资源的综合性来讲，青海和西藏属于典型的“资源优、区位差”的地区，使得这一地区在国际和国内旅游市场竞争中处于劣势地位。

2. 气候垂直地带性强，旅游季节性明显

青藏高原由于其特殊的构造过程而形成了独特的自然地理环境，由

于海拔高，区域内气候差异明显。青藏高原核心腹地主要由藏北高原、青南高原、可可西里等组成，海拔均在4500m以上，属于高原亚寒带、寒带气候，常年气温低，冬季漫长，气候多变，大气氧含量低，自然景观原始单一，旅游开发难度较大；青藏高原的人口和工农业活动主要集中在西藏的一江两河流域和青海的河湟谷地，这里地形崎岖，水系较发育，海拔2000～3000m，气候相对较好，属于高原温带气候，气候凉爽宜人，区域内人类活动历史悠久，旅游资源丰富，是青藏高原旅游的黄金地带；青藏高原北部边缘由喀喇昆仑山—昆仑山、阿尔金山、祁连山系构成，西段喀喇昆仑山海拔高、深居大陆内部，气候寒冷，冰川发育，东段祁连山相对海拔高度较低，受东亚季风的影响，降水较多，风景秀美，但由于高原效应，北坡坡降大、落差大，气候植被垂直分异明显；青藏高原南部和东南部边缘是喜马拉雅山脉和横断山区，西段喜马拉雅山南北坡气候差异明显，东段横断山区受强烈深切地形的影响，气候植被复杂多样，是青藏高原旅游资源极其丰富的地区。

青藏高原地势高，而形成低温、缺氧、干旱、多大风、温差大、太阳辐射强等特殊的高原气候，导致高原大部分地区旅游舒适度低，且旅游淡、旺季区分明显，游客大量集中于气温较高的5～9月，10月至翌年4月游客很少，为旅游淡季，过于分明的旅游淡季和旅游旺季的差异，导致了旅游淡季旅游设施及旅游人力资源的闲置和浪费，旅游旺季游客过于集中，会产生旅游设施供应不足、旅游环境压力过大等问题。

3. 旅游配套设施不够完善，行业管理和服务质量有待于提高

良好的旅游配套设施和服务质量是旅游产业发展的重要基础，因为旅游景观的吸引力不仅来自于资源本身的旅游美学价值，也来自于旅游景观可进入性、旅游设施的完备性和旅游服务的完善性。青藏高原由于地质条件复杂、地貌类型多样，再加之地处我国经济发展相对滞后的西部地区，随着西部大开发进程的不断深入，虽然交通状况日益得到改善，但是青藏高原交通问题依然突出，主要表现为多数景区道路可达性差，道路路面质量不高，停车场等配套设施建设不够完善，景区内游览线路设计和建设不足，供电、供水、通信、消防等基础设施跟不上实际需求。目前，青藏地区交通运输还未形成现代化立体网络，机场、航线、航班还较少，机场港口吞吐能力有限，进出青海和西藏的客运列车较少，在旅游旺季普遍存在“难进难出”、“一票难求”的尴尬局面。

青藏高原很多旅游区现有的旅游接待服务设施规模小、档次低、配套设施不完善，游客服务中心、医疗救助设施、旅游购物、旅游餐饮等具有地方特色的文化娱乐设施开发不足。虽然近年来，青藏高原在旅游开发方面持续增加投入，景区旅游设施的建设有了相当程度的改进和提高，但由于旅游业对社会其他行业的依赖性非常强，青海和西藏的整体经济发展相对滞后，影响了旅游基础设施的投资力度和行业管理水平的提高。相对于国内其他经济比较发达的地区，青藏高原旅游基础设施的投资力度滞后，旅游基础设施比较落后，难以满足快速增长的旅游业发展需求。

4. 旅游人才的文化素质有待于进一步提高和挖掘

青藏高原是以藏族为主的多民族聚居区，地区教育相对滞后，因此，本地区旅游专业人才相对缺乏。2007 年，西藏接待的入境旅游者人数65 396人，旅游从业人员只有 12 767 人，入境旅游者人数与从业人员比率为 5.12。同期，福建省接待入境旅游者人数为 237 241 人，旅游从业人数达 62 246 人，入境旅游者人数与从业人员比率为 3.81。由于青藏高原旅游业起步晚、规模小、专业人才队伍成长缓慢，旅游管理专业人才极度缺乏，在旅游业管理中存在着管理水平低下、景区规划混乱、服务质量差等问题，不能适应旅游业大发展的需要。目前青藏高原除拉萨、西宁周边的部分旅游景点以外，绝大多数旅游景区点管理仍以原始粗放管理为主，景区管理人员经验不足、整体素质较低，缺乏定点讲解和导游人员，导游人员知识储备不足的问题十分突出，有些景点乱收费、购物欺诈等违法行为也时有发生。同时，由于对当地少数民族旅游从业人员的培训、特色挖掘方面存在严重不足，旅游服务人员缺乏应有的素质、内涵和文化附加。旅游从业人员普遍待遇不高，外流现象严重，使本地区高素质的旅游管理人才更加匮乏。

但多民族地区的旅游，又为创建特色的旅游服务队伍奠定了基础。青藏高原的少数民族，如藏族、土族、羌族、彝族、撒拉族、门巴族、珞巴族等族，具有纯朴、好客、服装艳丽、语言丰富等特色，因此，积极培养当地少数民族旅游从业人员，一方面可以打造具有地区民族特色的服务品牌；另一方面可以继承和弘扬民族传统美德，同时可以产生极大的吸引力，走具有地方特色的旅游发展之路。

5. 旅游环境容量相对有限

生态旅游地（或景区、景点）承载的旅游活动强度达到其极限容量，即生态旅游环境容量饱和，而超过极限容量就是超载。青藏高原由于其特殊的地理环境、复杂的地质构造、脆弱的生态系统，使其在全球环境演变中具有特殊而又重要的地位。目前，由于青藏高原强烈的隆升过程始终没有停止过，全球气温升高致使青藏高原气温上升、雪线上升、冰川退化现象日益明显，自然地理环境发生明显的变化，地表径流量明显减少、土地沙化不断扩张、草场退化面积增加、野生动植物资源减少等一系列环境问题凸显。旅游活动的人类聚集效应，可能会使青藏高原的生态环境产生较大影响。作为可持续发展的旅游产业，应该积极考虑旅游发展的环境承载力，充分估算旅游景区及全区旅游发展的总容量。生态旅游环境容量饱和与超载时增强旅游环境压力，会造成生态环境退化，因此合理调控旅游容量，使旅游活动对生态环境的影响减小到最低限度，才能实现青藏高原旅游业的可持续发展。在生态旅游环境容量调控的过程中，对生态旅游容量的饱和与超载及生态旅游容量疏载的问题应同时关注。生态旅游环境容量过于稀疏，旅游环境疏载问题造成旅游资源及旅游设施的闲置和浪费，使旅游体系的整体功能得不到充分发挥。对这两种问题的调控，应建立在时间及空间两个出发点上，利用相应的科学方法进行调控，使青藏高原生态旅游容量保持在合理的阈值范围之内。

（三）机遇

1. 从国内外旅游业发展趋势看，青藏高原旅游市场日趋升温

进入21世纪以来，国际、国内旅游业趋势已经发生明显的变化，中国旅游业的国际地位不断提高，国内旅游客流由东部向西部转移，青藏高原旅游逐渐受到国内外游客的青睐。2000年，我国旅游外汇收入从2000年的1.6224×10^{10}美元，增长到2007年的3.3949×10^{10}美元，同年接待入境游客也增加到1.32×10^{8}人次，同比增长23.5%；国内旅游人数1.61×10^{9}人次，同比增长15.5%。据预测，到2015年，我国仅国内旅游人数将达到3×10^{9}人次。由于我国东部地区旅游资源过度开发，旅游环境承载力矛盾日益突出。东部地区旅游资源经过20年的充分开发利用，已明显表现出后劲不足。从国内外旅游市场导向分析来看，中国旅游业正向深层次推进，进一步转向对中、西部旅游资源和具有强大市场吸引潜力的新兴旅游区的开发。青藏高原至今仍保持着相对原始的自然生态和奇特的风光，还拥有浓郁的少数民族文化及民俗风

情。因此，无论是在自然风光、文化遗产、民俗风情这些传统的观光旅游项目方面，还是在生态旅游、自驾旅游、探险旅游、文化旅游这些特种或专项旅游资源方面，其旅游资源蕴藏量都远远高于东、中部地区，对旅游者具有强大的吸引力。在合理的开发及整合引导下，青藏高原完全可以成为中国旅游业大发展的战略后备基地和21世纪旅游换代的资源基地。

2. 重要交通干线的建设，为青藏高原旅游业发展注入活力

长久以来，青藏高原旅游业发展的瓶颈问题是交通条件滞后。青藏铁路全线开通运营，跨越了制约青藏高原腹地旅游的巨大屏障，旅游可进入性大大增强。同时，京藏高速、川藏铁路、滇藏公路及青藏高原区域内部交通网络体系逐步形成，使高原旅游资源的认知、开发等方面发生了一系列变化。尤其是青藏铁路开通以来，青藏高原旅游迅速升温，巨大的游客流涌入高原腹地，众多的高原旅游资源被激活，对青藏高原旅游业发展起到了极其重要的作用。因此，随着川藏铁路、京藏高速、滇藏公路的建成和运营，青藏高原的旅游业还将会出现繁荣局面。

3. 旅游产业适合于经济基础差、生态环境脆弱的青藏高原

旅游业将已经形成的自然景观和人文景观作为游览资源，在旅游业发展过程中无须更多的投资和建设，相对于工业和农业来讲，发展成本低，适合于经济基础薄弱的地区；同时，旅游资源的吸引力来自于与游客居住地区自然或人文景观的差异程度，其差异程度越大，对游客的吸引力越大。随着现代社会经济系统高速发展，地域景观被大量改造。越是落后、偏远的地区，其自然景观的原始风貌越加突出，现代高速发展的城市和农村差异性也越强，其吸引力也越强，越适合于发展旅游业。

另外，旅游业利用原有的自然和人文景观，对自然环境的改造小，对自然生态环境的破坏程度小，被称为“无烟工业”、“绿色经济”，非常适合于青藏高原这样生态环境脆弱、经济基础发展薄弱的地区。因此，近些年来，国家和地方政府高度重视青藏高原旅游业的发展，国家和地方政府均将旅游业作为该地区发展的首要扶持产业，积极培育以旅游业为龙头的高原特色第三产业，依托优势旅游资源，开发独具特色的旅游产品，开拓旅游市场，加强基础设施建设，营造旅游发展环境，使青藏高原旅游经济实力不断增强，使旅游业在当地国民经济中的地位显著提高。

（四）挑战和威胁

1. 青藏高原旅游业刚刚起步，就面临国内旅游业转型的挑战

经过近30年的发展，中国旅游产业已经进入一个转型时期。中国旅游业在旅游方式、旅游产业组织、旅游经营空间、旅游管理模式和旅游产品领域都需要转型。在中国旅游产业的转型期，旅游目的地作为重要的旅游客体组成部分，必然要调整自己的开发思路，针对客源市场，提供能够满足旅游需求多样化需求的旅游产品，以适应度假旅游、休闲经济发展的总体趋势。而长期以来，青藏高原的旅游产品主要以大众型的观光旅游产品为主，这一传统旅游开发思路必然受到即将到来的休闲时代的挑战，原有的传统旅游资源开发方式及功能相对单一的旅游设施也需要大力改进，以满足日益变化的国内旅游需求及多样化的国际旅游需求。

2. 青藏高原内部旅游资源之间相互竞争的挑战

青海和西藏位于青藏高原，地域上存在一定的相似性，旅游资源的禀赋也具有一致性。但是，就藏文化旅游产品而言，西藏是发源地，西藏的藏文化旅游产品对青海有非常巨大的替代性，青海处于西藏旅游区的阴影区。在游客的旅游形象认知中，一般是直接指向最具有代表性的旅游目的地。长期以来，青海的旅游发展位于西藏的“阴影区”之内，1998～2006年旅游业各项指标均落后于西藏，尤其是国际旅游外汇收入与西藏的差距较大，到2006年，青海的国际旅游外汇收入达1.325×10^7美元，不足西藏的1/3。

相对于青藏铁路开通之后西藏旅游业迅速增温的情况而言，青海的旅游业增长较为缓慢。在青藏铁路开通之初，青海并没有把握好青藏旅游这一良好的机遇，甚至青海旅游业还面临着“青藏旅游热了西藏，冷了青海”的局面，如2007年1～6月，西藏共接待旅游者155 714人/天，同比增长109.55%，而同期青海接待量仅为13 340人/天，同比增长−4%，远远低于西藏同期旅游接待量。如果不加以合理的调整，西藏对青海的旅游竞争威胁将长期存在。在入藏通道多元化和多源化的潜在条件下，青海如果不及时抓住这一稍纵即逝的契机，提升本地区旅游的吸引力，第一时间截流游客，并抢占青藏旅游的市场份额，塑造游客心目中的旅游认知，青藏旅游将可能会出现“藏”而不“青”的危险，而这势必对青海未来旅游的发展带来致命的打击。资源的相似性所导致的产品开发的趋同性也必然要求青海和西藏在旅游产品开发方面具有一定的差异性，否则，内部的竞争将导致青藏综合旅游竞争力的削弱，从而降低青藏旅游产品的综合吸引力。

第三节 青藏高原旅游客源市场分析——以青海为例

一、青海入境旅游客源市场总量特征

青海的入境旅游市场经过近 30 年的发展，入境旅游客源市场已经形成一定规模。从 1981 年以来青海接待入境旅游者总量变化来看（图 2-6），青海省的入境旅游业从时间上可以分为三个阶段。

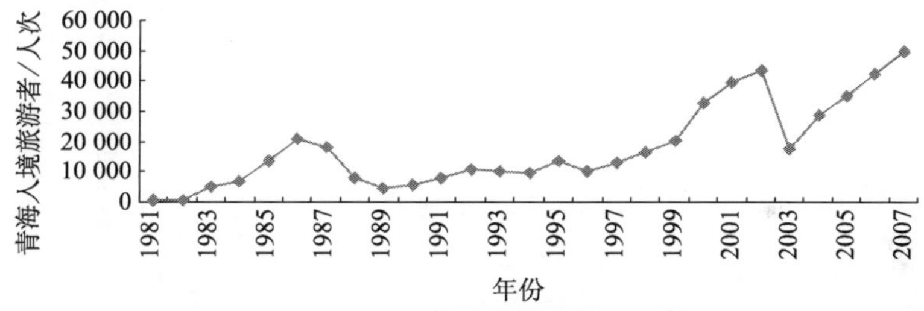

图 2-6 1981～2007 年青海入境旅游人数趋势图

（一）1981～1986 年：起步增长阶段

20 世纪 80 年代改革开放以来，大量外国游客纷至沓来，其中不乏对青藏高原充满好奇、神秘感的游客，他们通过各种途径纷纷前往青藏高原的拉萨、布达拉宫、日喀则、塔尔寺、青海湖、纳木错、珠穆朗玛峰等著名旅游景点游览观光，使青藏高原的入境旅游人数平稳而又缓慢增长。

（二）1987～1998 年：波动发展阶段

这一时期青海的入境旅游存在着几次波动起伏，主要受外界政治和金融危机等因素的影响，青海入境人数在受影响年份产生较大的波动，说明青藏高原入境旅游对外部环境极为敏感。

（三）1999～2007年：高速发展阶段

随着我国“西部大开发”战略决策的实施，青海省政府和社会各界对旅游业重要性的认识明显提高，旅游业实现新的发展，产业地位进一步提高，接待能力和规模同步增长，海外旅游人数快速增长，入境旅游接待人数从1999年的2.1×10^4人次增长到2007年的5×10^4人次，年均增长率达15.34%。从1997～2007年青海入境旅游客源市场分析来看（图2-7），青海入境游客以国外游客为主，增长速度较快，年均增长率达32.47%，累计接待总量达入境游客总数的55.72%；其次为中国港澳台游客，呈先增长、后降低的趋势，年均增长率仅为19.69%；华侨游客相对较少。其旅游外汇收入由1997年的2.72×10^6美元上升到2007年的1.591×10^7美元，年均增长率为48.49%。因此，青海入境游客总体以国外客源市场为主。

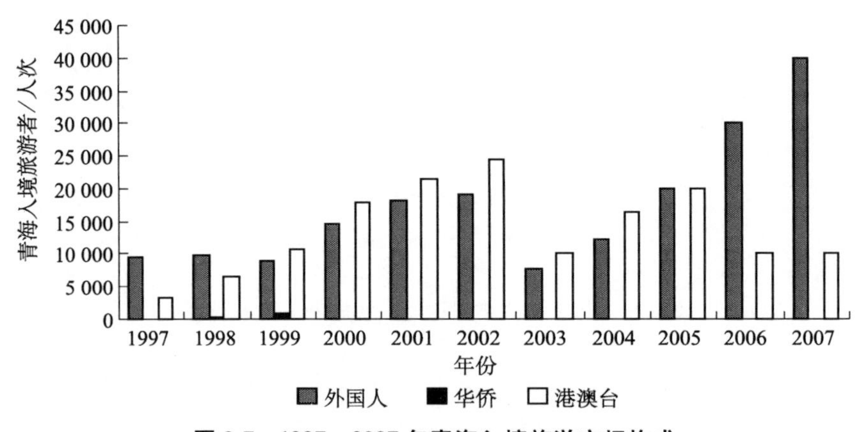

图2-7　1997～2007年青海入境旅游市场构成

二、青海入境旅游客源市场特征分析

（一）青海入境旅游客源市场的空间特征

1999～2007年，青海入境旅游客源的主要客源国排名前十位的依次是日本、美国、韩国、德国、英国、马来西亚、法国、新加坡、俄罗斯、加拿大。日本和美国为青海传统的客源市场，长期保持龙头地位，且每年都保持增长趋势。

2007年青海入境旅游客源市场的区域分布看，亚洲国家入境旅游人数占65%，客源集中在日本、韩国、马来西亚和新加坡；欧洲国家入境旅游人数约占16%，集中在英国、德国、法国、俄罗斯等；美洲国家入境旅游人数约占15%，集中在美国、加拿大；大洋洲、非洲等市场份额较小，主要集中在澳大利亚和新西兰等（图2-8）。可见青海的入境旅游客源以洲内旅游为主，洲际旅游为辅，这也反映出旅游的距离衰减规律。

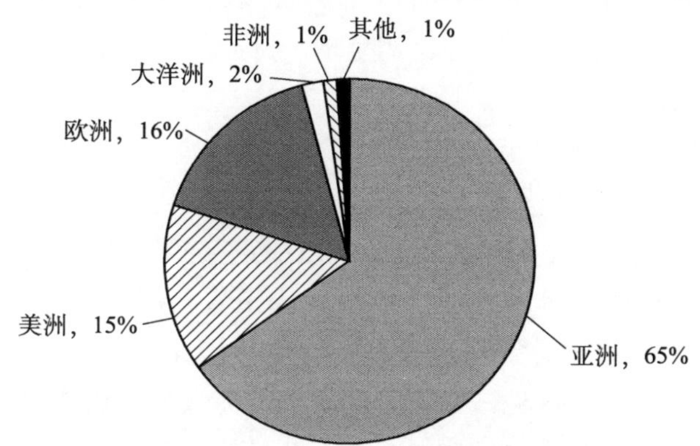

图2-8　2007年青海接待各洲入境旅游者的区域分布

旅游客源市场的空间结构反映了旅游需求空间分布的集中性。旅游地理学采用地理集中指数对其进行定量分析，其计算公式表述为

$$G = 100 \times \sqrt{\sum_{i=1}^{n} \left[\frac{x_i}{T}\right]^2}$$

式中，G为客源地地理集中指数，x_i为第i个客源国（地）的旅游人数；T为国外旅游总人数，n为客源国（地）数量。G值越接近100，表明客源市场分布集中且客源地少，那么旅游业的发展不稳定，易受外界因素（社会、政治、经济、战争等）变化的冲击；相反，G值越接近于0，则表明客源市场分布分散且客源地多，旅游经营就越趋稳定。

根据1998～2007年青海20个主要客源国入境旅游人数的统计数据，带入公式计算得到其地理集中指数（表2-5），从中可见，G值不断减小，说明青海入境旅游游客客源地来源渐趋分散，客源市场区域结构逐渐趋向稳定。

表2-5　1998～2007年青海地理集中指数

年份	1998	1999	2000	2001	2002
地理集中指数	46.3	45.4	36.6	37.7	38.2
年份	2003	2004	2005	2006	2007
地理集中指数	47.6	43.8	36.5	35.9	35.2

（二）青海入境旅游客源的人口学特征

1. 性别结构中男性占优势，女性增长快

2000年青海入境游客中男女游客的比例分别为71.4%和28.6%，2007年男女游客分别占62.7%和37.3%，从性别结构来看，男性游客的比例高于女性，但女性游客比例呈现上升趋势，需重视女性旅游者市场需求的开发。

2. 年龄结构以中青年为主

消费者的需求和消费能力随着年龄而不断变化，各年龄阶段的人对旅游行为价格政策、旅游产品特色和参观游览的需求有明显区别。

从近几年青海入境旅游者的年龄构成来看，25～44岁的旅游者占主流，45～64岁的中老年旅游者次之，65岁以上、24岁以下的旅游者相对较少（图2-9）。可见，中青年游客是青海入境旅游市场的主体。随着国内青少年修学旅游的兴起与世界人口老龄化趋势的不断推进，老年和青少年旅游市场将有一定的发展潜力。

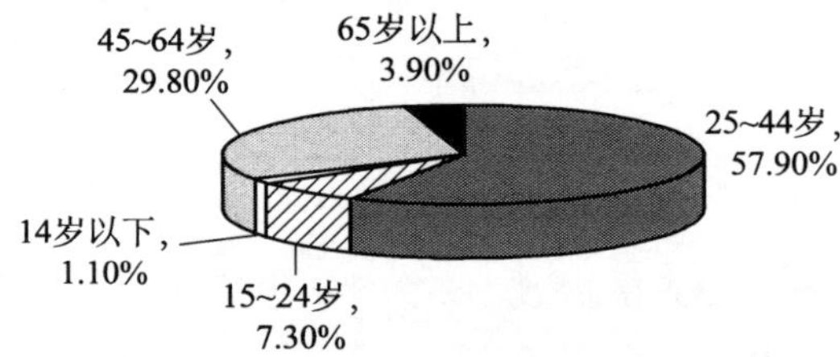

图2-9　2007年青海入境旅游者年龄构成图

3. 职业结构以商贸、专业人员为主

旅游者的职业与经济地位影响其旅游消费能力、旅游水平和旅游消费习惯。

根据2007年我国入境旅游者抽样调查资料，来青海的入境旅游者中的职业结构分别为商贸人员（37.2%）、职员（14.7%）、专业技术人员（13.2%）、家庭妇女（11.2%）、退休人员（5.6%）等（图2-10），其中，前三者总比例为65.1%，是青海入境旅游的主体。

（三）青海入境旅游客源的行为模式分析

1. 旅游方式

从青海入境旅游人数抽样调查资料来看，20世纪90年代末入境旅

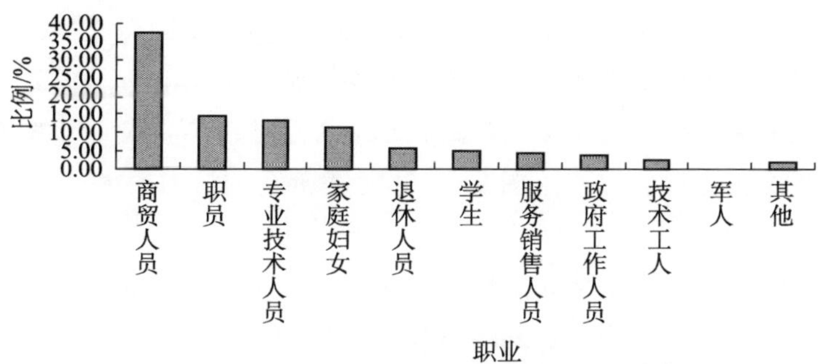

图 2-10　2007 年青海入境旅游者职业构成图

游人数中散客数量高于团体游客数量，2002 年青海旅游统计数据显示，团体旅游者占 49.94%，散客旅游者占 50.06%，散客比上一年增长 1.5 个百分点。从整个国际旅游市场需求来看，旅游市场呈现出散客市场不断扩大的趋势，这是现代旅游市场游客选择出行方式的主要特征。

2. 旅游目的

旅游目的结构大体上可分观光游览、休闲度假、探亲访友、商务活动、会议、宗教朝拜、文体交流等。2007 年青海入境旅游者以观光度假作为旅游市场的主体，其次是商务旅游，再次是文体交流和会议旅游，探亲访友、宗教朝拜、健康疗养等类型的旅游比例相对较低（图 2-11）。观光度假旅游旅游多半采取团体包价旅游的方式，商务旅游则以散客为主。

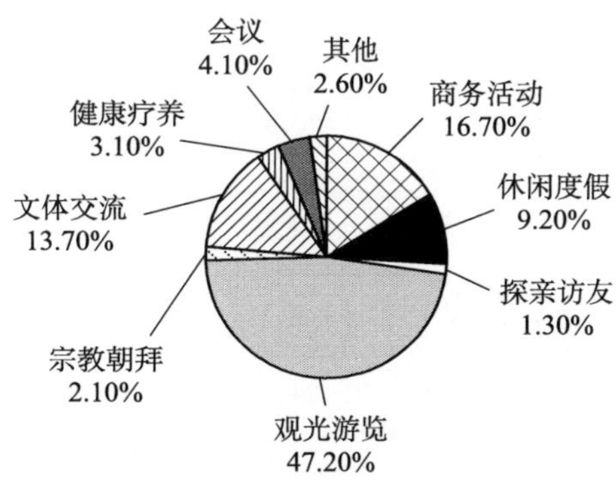

图 2-11　2007 年青海入境旅游者目的构成图

3. 旅游次数

据统计，2005 年青海入境旅游者中，首次游比例为 69.4%，2～3 次游比例为 24.7%，4 次以上游的比例为 5.9%；2006 年三者的比例依次为 70.8%、23.9%和 5.5%；2007 年则三者比例分别是 67.2%、25.9%和 6.9%。从以上 3 年入境旅游者旅游次数分析，首次游人数仍占有很大比例，2～3 次游的旅游者比例也相对较高，说明青海旅游资源仍具有较强的吸引力，挖掘 2～3 次游的游客的潜力很大。

4. 停留时间

旅游者停留时间是从时间角度反映旅游者对旅游目的地国家或地区旅游产品需求状况的指标，同时也反映旅游目的地国家或地区旅游产品对旅游者的吸引力。旅游者停留时间越长，旅游消费就越多，旅游经营者的收入就越多，因此旅游经营者在开拓旅游市场时不仅要致力于吸引较多的旅游者，还要为延长旅游者的停留时间作努力。调查资料显示，青海入境旅游者的平均逗留时间较短，低于全国平均水平，1999 年入境游客平均逗留 2.3 天，2004 年为 2.6 天，2006 年为 3.2 天，逗留时间逐年在上升，但上升幅度不大，全国入境游客的平均逗留时间为 6.3 天（表 2-6），青海入境旅游停留时间呈现明显的延长趋势。其中，外国人平均逗留时间比中国香港、中国台湾游客逗留时间长，散客停留时间普遍比团体逗留时间长。

表 2-6　2006 年入境旅游者在青海平均逗留时间与全国对比

项目	人均停留时间/（天/人）	
	青海	全国
入境游客	3.2	6.3
外国人	3.4	6.9
香港同胞	2.4	3.7
澳门同胞	5	4.9
台湾同胞	2.3	7.9

5. 旅游心理偏好

从 2004～2006 年青海入境旅游统计数据来看，游客对青海旅游资源的心理偏好主要集中在山水风光，持这一偏好者约占入境旅游总人数的一半以上，其次是对民俗风情、文化艺术类资源的偏好，其人数分别占入境旅游总人数的 40%和 30%（表 2-7），饮食烹调、医疗保健、旅游购物和文物古迹类旅游资源的偏好者，只占较少比例。值得注意的是，近些年来以山水风光类为旅游目的游客比例下降明显，以民俗风情和文物古迹类资源为目的游客也有逐年下降的趋势，而以医疗保健、旅游购物和节庆活动类资源为目的的游客呈逐年上升趋势，说明青海节庆旅游、体育健身旅游成效显著。

表 2-7　2004～2006 年入境旅游者对青海旅游资源的兴趣分布表（单位：%）

年份	山水风光	文物古迹	民族风情	文化艺术	饮食烹调	医疗保健	旅游购物	海滩	节庆活动	其他
2004	62.3	29.3	55.7	38.3	33.2	27.9	24.8	5.5	5.8	13.1
2005	59.6	27.1	41.1	40.5	27.9	30.7	28.2	4	8.2	11
2006	51.7	26.2	40.5	38.9	31.6	35.9	36	3	13.5	14.7

资料来源：《中国入境旅游抽样调查表》

旅游购物作为旅游的六大要素之一，在旅游者消费支出中占有较大比例，因此，入境旅游者在购物中对旅游商品的偏好，对旅游商品的生产和销售具有重要的参考价值。2006 年，对青海入境旅游者 10 类商品的花费抽样调查中，入境旅游者对青海旅游商品中最感兴趣的是服装/丝绸，游客比例超过一半；其次是纪念品/工艺品和地毯/挂毯，游客比例均达到 30%以上；中成药/保健品、食品/茶叶在 20%以上，文复品/字画、首饰/珍珠、瓷器/陶器感兴趣的游客比例也均占 10%以上（表 2-8）；其他商品对游客的吸引力较小。

表 2-8　2006 年入境旅游者对青海旅游商品的兴趣（单位：%）

	服装/丝绸	中成药/保健品	食品/茶叶	酒类/香烟	瓷器/陶器	文复品/字画	地毯/挂毯	首饰/珍珠	胶卷/电器	纪念品/工艺品
总体	51.1	26.7	23.4	7.4	13.8	16.5	37	15.2	1.1	38.5
外国人	50.6	27.1	21.7	7.9	13.6	18.2	37.5	14.4	1.1	31.4
香港同胞	44.8	13.5	20.5	7.5	15.2	13.3	29.8	15.7	0.8	33.1
澳门同胞	43.2	17.4	19.8	4.3	13.6	4.5	31.3	21.1	0	49.2
台湾同胞	53.3	22.6	31.3	5	13.4	13.7	25.4	19.8	0.8	36.7

不同来源的旅游者对旅游商品的兴趣各有侧重。外国人对旅游商品的兴趣与总体情况基本保持一致，只是对中成药/保健品、文复品/字画和地毯/挂毯的兴趣均远高于其他入境游客，而对首饰/珍珠、纪念品/工艺品的兴趣则都低于其他入境游客；香港同胞对服装丝绸兴趣最大，其次是纪念品/工艺品、地毯/挂毯；台湾同胞最感兴趣的商品是服装/丝绸，然后才是纪念品/工艺品和食品/茶叶；澳门台胞则对纪念品/工艺品的兴趣最大，然后依次才是服装/丝绸、地毯/挂毯和食品/茶叶。

三、青海入境旅游者消费情况分析

旅游活动作为一种经济活动，其组织者的根本目的是获得经济效益，而旅游者消费价值一定程度上反映旅游需求，也是衡量旅游市场质量的重要指标。旅游者在旅游目的地的消费越高，旅游目的地的收入就越多。

随着青海入境旅游者人数的持续增长，旅游外汇收入也呈现出稳步增长趋势，旅游外汇收入从1996年的2.05×10^6美元上升到2007年的1.591×10^7美元，年均增56.3%。要进一步提高青海旅游外汇收入和旅游经济效益，首先要对赴青海入境旅游者消费支出情况作深入的分析。

（一）旅游消费水平逐年提高，但结构上仍存在一定差异

整体来看，青海入境旅游者的消费水平逐年提高，2001年人均每天花费114.1 5美元，2004年为121.54美元，2006年为137.25美元，比2001年增长了20.24%。其中，散客的人均花费高于团体游客，2006年团体游客人均每天花费132.57美元，散客旅游者人均每天花费141.93美元。外国旅游者的人均每大消费水平普遍比港澳台旅游者高，男性旅游者的消费水平一般高于女性。抽样调查表明，2000年男、女入境旅游者的人均每天消费分别为117.82美元和99.76美元，相差18.06美元；2006年男、女入境旅游者的人均每天消费分别为139.82美元和133.73美元，相差6.09美元。入境旅游者不同年龄段的消费水平也存在差异，25岁以上的旅游者的消费水平高于25岁以下的旅游者。其中，25～44岁的旅游者消费水平最高，其次是45～64岁的旅游者，再次是15～24岁和65岁以上的旅游者，14岁以下的旅游者消费水平最低。但从消费水平的变化上看，14岁以下和65岁以上的旅游者消费水平提高的幅度较大，增长速度比其他年龄段的游客快。这与老年旅游兴起和青少年修学旅游热潮有关。

不同职业入境旅游者的消费水平也表现出不同的特征，从2001～2006年旅游消费的平均状况来看，商贸人员的消费水平最高，其次为专业技术人员、政府工作人员、职员、军人、服务员、技术工人、其他职业人员、家庭妇女、学生和退休人员。在这些职业的旅游者中退休人员、家庭妇女和学生旅游消费的增长速度比其他各类旅游者快。

（二）旅游消费结构不合理，基础性旅游消费所占份额较大

旅游业的经济效益很大程度上依赖于旅游者的消费结构。旅游消费

结构大体分为交通消费、住宿消费、饮食消费、游览消费、购物消费、娱乐消费和其他消费等。

从旅游消费对旅游活动的重要性来看，可以分为基本旅游消费和非基本旅游消费。基本旅游消费是指进行一次旅游活动所必需而又基本稳定的消费，也叫刚性消费，如旅游住宿、餐饮、交通、景点游览等方面的消费。非基本旅游消费是并非每次旅游活动都需要且具有较大弹性的消费，也叫弹性消费，如旅游购物、邮电通信费等。旅游消费结构是一个国家或地区旅游业发展水平及旅游客源地经济发展水平的重要标志。

一般而言，旅游业发展水平越低，旅游者的消费水平就越低，基本性旅游消费支出占总消费支出的比例就越高。反之，非基本性旅游消费支出的比例就越高。根据基本旅游消费和非基本旅游消费的定义，长途交通费用、市内交通、住宿、餐饮、游览为基本旅游消费；购物、娱乐、邮电通信、其他消费为非基本旅游消费。根据青海 2002～2006 年统计年鉴中旅游外汇收入可换算出青海入境旅游者旅游消费各项的比例（表 2-9）。

表 2-9　2002～2006 年青海入境旅游者人均每天消费及其构成

年份	人均每天消费/美元	人均每天消费构成/%								
		长途交通	市内交通	游览	住宿	餐饮	旅游商品	邮政电信	娱乐	其他
2002	119.43	37.6	4.4	5.1	15.8	9.4	10.3	3.7	2.1	11.4
2003	124.38	40.2	4.1	6.1	21.4	8.6	9.7	4.6	1.7	3.6
2004	121.54	32.4	4.9	5.4	16.3	8.9	12.2	4.3	2.5	13.1
2005	134.5	34.3	2.1	5.3	21.2	10.4	13.1	2.1	2.4	9.1
2006	137.25	39.4	1.3	5.5	22.4	11.2	14.8	1	2.4	2

由表 2-9 可知，2002～2006 年来青入境旅游者消费构成中基本旅游消费所占比例较大，长期以来一直占总消费的 70%以上，总体趋势还在不断上升，非基本旅游消费的比例则有所下降。这种变化不符合国际旅游消费的基本发展态势，说明青海的入境旅游消费结构还存在着产业链延伸不够、产业发展水平不高的问题。

在基本旅游消费中（图 2-12），餐饮消费水平基本保持不变，长途交通消费在 2004 年后增长较快，住宿、游览的消费增长缓慢。从旅游基本性消费需求的构成来看（图 2-13），交通消费（包括长途交通和市内交通）支出第一，其中长途交通又居于各类旅游消费首位，为 36%左右，住宿消费居次，约占 20%，餐饮消费居第三位。

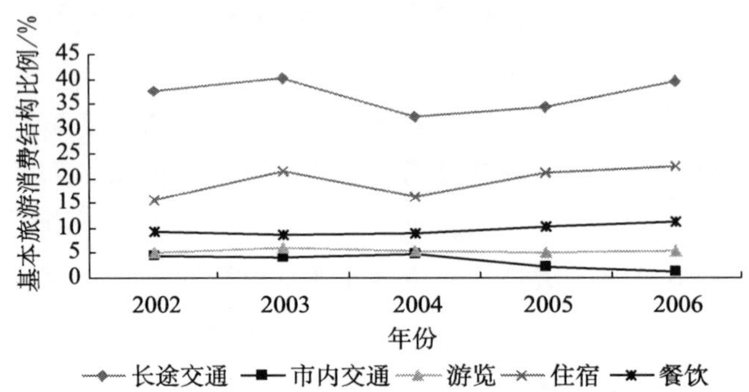

图 2-12　2002～2006 年入境旅游者在青海基本旅游消费结构图

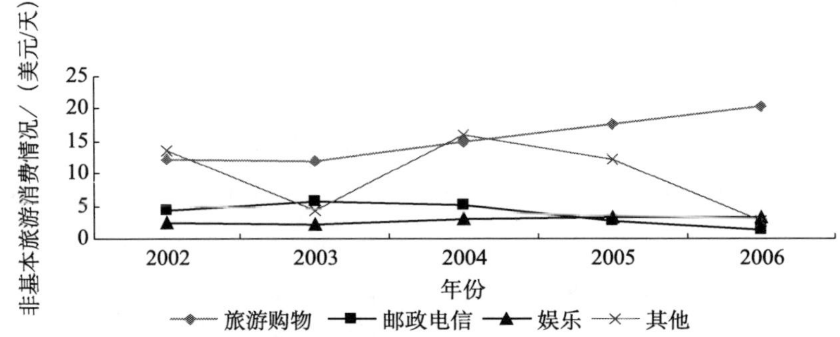

图 2-13　2002～2006 年入境旅游者在青海非基本旅游消费水平图

在非基本旅游消费中（图 2-14），旅游购物增加较快，娱乐消费围绕一定水平波动，邮政电信有所下降，其他消费波动较大。非基本旅游消费结构中购物消费所占比例最高，在旅游总花费中居第三；娱乐消费的比例较小，通信消费比例总体比娱乐消费高。2002～2006 年入境旅游者非基本旅游消费支出中最高的是购物支出，占总消费的 12.1％左右，其次是其他服务、邮电通信及娱乐等服务项目，这些项目消费支出分别占总消费支出的 7.7％、3.1％和 2.2％。可见，入境游客在基本旅游消费需求满足后，主要把钱花在购物、娱乐等消费领域。

（三）青海入境旅游者消费结构调整思路

一般认为，旅游消费结构是一个国家或地区旅游业发达水平的重要标志，大体分为交通消费、住宿消费、饮食消费、游览消费、购物消费、娱乐消费和其他消费等。分析青海入境旅游者的消费情况，可以获取旅游者消费水平、层次和演变趋势等重要信息，从而对青海入境旅游消费结构进行调整，以期提高青海入境旅游业发展水平。

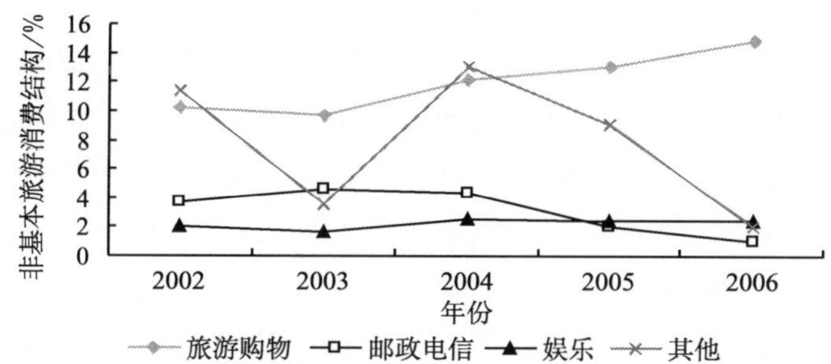

图 2-14 2002～2006 年入境旅游者在青非基本旅游消费结构图

(1) 行。从表 2-9 中得知入境旅游者消费结构中以交通消费所占比例最大，是入境旅游者最基本的消费。随着青海加大基础设施建设投入力度，大力改善交通运输条件和改进旅游交通工具，全省公路等级不断提高，机场不断增建和扩建，国际航线的线路也日益增多。交通消费将会是青海旅游消费结构中增长较快的领域，将会出现一个新高峰。

(2) 食宿。旅游住宿和餐饮消费不断上升，这一方面，在一定程度上反映了青海旅游住宿和餐饮业的接待能力不断增强，基本能适应入境旅游人数增长的需要，市场供略大于求。另一方面，餐饮住宿消费是目前提高旅游市场消费水平的捷径之一。近年来青海的餐饮和住宿的消费情况虽略有上升，但是幅度很小，这是青海住宿、餐饮业发展还不完善和不成熟的表现。目前青海的餐饮和住宿市场机制不健全、行业管理不规范、企业间恶性竞争，这些是目前餐饮和住宿消费增幅缓慢的重要原因。如果加大市场秩序整顿力度、规范行业管理，青海入境旅游者在食宿领域的消费仍存在较大的潜力。

(3) 游。旅游者游览消费水平是反映区域旅游产品结构是否合理的重要指标之一。近年来，青海推出的旅游产品结构升级速度加快，如丝绸之路南线青海道旅游、唐蕃古道旅游、世界屋脊汽车探险旅游、世界屋脊旅游、体育登山旅游和三江源生态旅游。但入境旅游者游览消费支出仍然没有太大变化。这一方面反映了青海旅游资源的大规模开发和利用，旅游产品的短缺状况已获得根本改善，旅游产品供给能满足国内外旅游者的需求；另一方面也说明了青海仍然是以传统的观光型旅游产品为主体旅游产品结构，这一结构仍没有发生根本性改变。为适应国际旅游市场整体发展趋势，满足入境旅游者旅游消费层次不断提高的要求，青海应减少一般性观光旅游产品，逐渐增加高层次的文化旅游、生态旅游、森林旅游，特别是包括体育旅游、商务会议会展旅游等在内的具有文化内涵、消费水平较高的专项旅游。

(4) 购。青海的入境旅游商品消费明显不足，但市场潜力巨大。旅游商品收入在旅游中的比例是衡量旅游业经济结构是否完善的重要方面，主要反映在旅游者的购物消费水平上。从表 2-9 中可以看出，5 年来购物消费变化比较大，起伏程度也比较大，总体趋势在上升，这说明青海旅游购物产业还没有发展成稳定、成熟的产业。另外购物消费在旅游总消费支出中所占比例与旅游业发达地区相比仍有较大差距。旅游业发达地区旅游购物消费收入占旅游总收入的 40%～60%，青海 2006 年购物消费所占个人总消费的 14.8%。这也说明青海目前商品发展水平滞后、旅游商品种类少、缺少地方特色，难以激发旅游者的购买欲望。所以应加强旅游商品的研发投入，增加花色品种，特别是新品种，提高旅游商品的文化含量，体现地方特色、民族特色。发展一些适销对路的精品旅游商品以供应入境旅游者和国际市场，这将是扩大旅游者消费水平最具市场潜力的领域。

(5) 娱。旅游娱乐消费和其他消费在旅游非基本性需求消费中所占比例较低，2006 年，旅游娱乐消费在旅游消费需求中所占比例仅为 2.4%。但随着青海经济的增长、休闲娱乐设施的改善和社会整体消费环境变化，在此方面的消费可能会有所提高。

总之，青海旅游消费结构的调整需要针对旅游者的消费特征，在各行业的共同努力之下，延长来青海入境游客在青海的旅游消费链，从而提高青海的旅游收入，促进青海乃至青藏旅游业的综合发展。

第三章
青藏高原旅游资源及其评价

旅游资源是旅游业发展的物质基础，对旅游资源的认知、发现和理解，是旅游资源开发利用的重要前提。旅游资源的广泛性、地域性、不可移动性、可重复利用性和文化属性，决定了旅游资源的认知、发现和理解是一个复杂的过程。这一过程因人而异，因地而异，由于人的主观因素，人们对旅游资源的认知和理解存在巨大差异。因此，旅游资源的开发利用，需要一个科学的评价体系和评价标准加以衡量，使旅游资源既能够被旅游者广泛接受，又能够使旅游企业获得经济效益。

青藏高原地域和文化具有特殊性，各种自然现象、历史文化、人文环境都对旅游者具有巨大的吸引力，蕴藏着巨大旅游资源开发和利用潜力。

第一节　青藏高原旅游资源概况

旅游资源分为自然旅游资源和人文旅游资源两大类。自然旅游资源包括地文景观、水域风光、生物景观、天象与气候天象等 4 大类；人文旅游资源包括遗址遗迹、建筑与设施、旅游商品、人文活动等 4 大类[25,26]。青藏高原旅游资源分上述 8 大类加以叙述。

一、地文景观

地貌是构成地表立体景观总特征的基本条件，一个地区自然景观的外部特征与地貌的发育过程有着十分密切的联系。青藏高原有着特殊的地貌演化过程，一方面内营力作用使地貌轮廓以高原、山地、盆地、谷

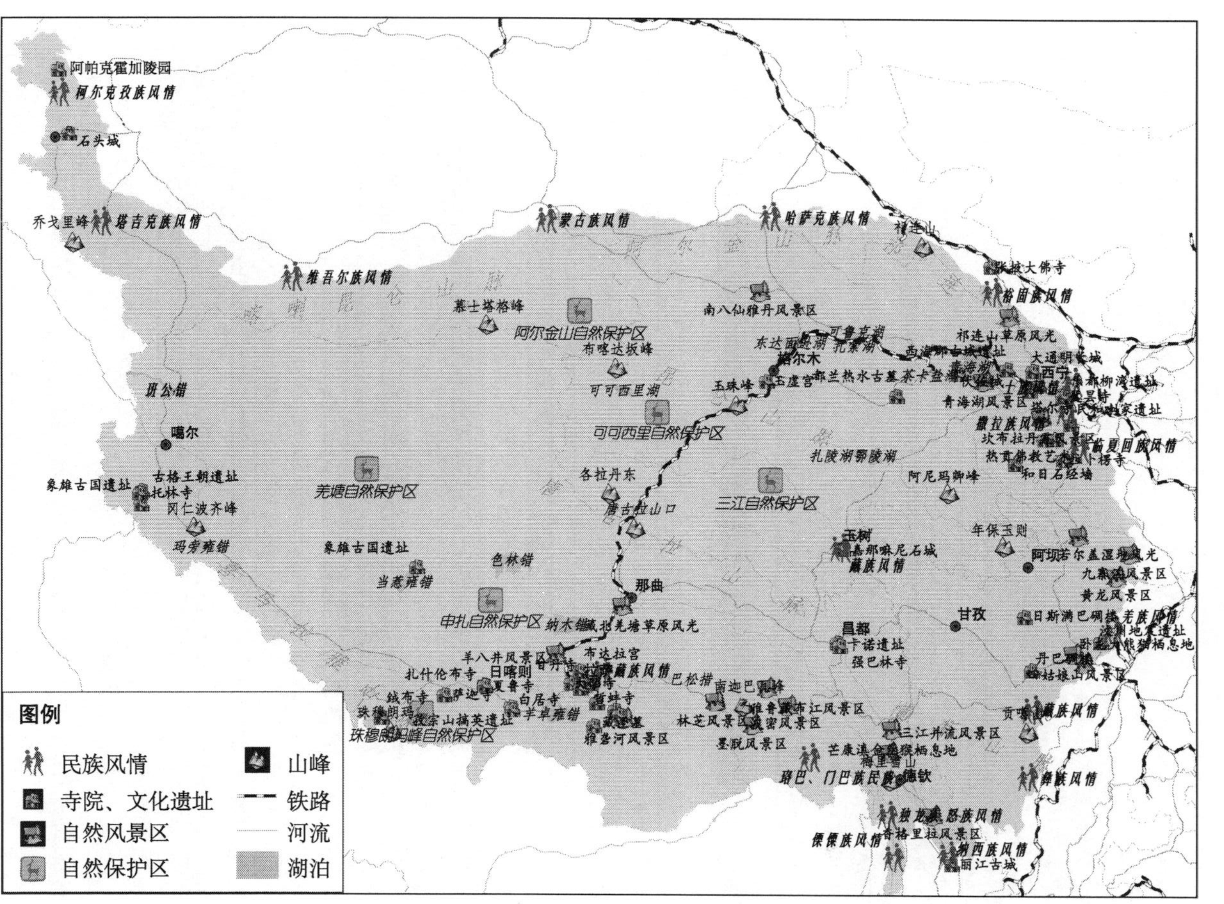

图3-1 青藏高原精品旅游资源分布图

地为主，另一方面，在多种外营力作用下，地貌类型复杂多样，高原自然景色更加绚丽多姿、千奇百态，气势异常、雄宏壮观。

（一）高原面

高旷平坦的青藏高原

青藏高原是世界独一无二的巨大高原，高原整体及高原内部形成了一个完整的高原面，由于其构成的板块本身、形成的时间及所处的区域位置等不同，其地表景观、气候特征、生物类群、人类活动等均有着一定的差异性，是未来旅游业可以开发的潜在特殊旅游资源。目前根据自然特征以及地貌单元的相对独立性，将其分为藏北高原、羌塘高原、青南高原等3个主要高原面，它们位于青藏高原中心地带，海拔在4500～5000m，是青藏高原世界屋脊的主要构成部分，约占青藏高原总面积的1/3。

（二）山系、山峰

青藏高原受大地构造运动的影响，自南向北沿纬线呈近乎东西向带状分布有世界著名高大山系喜马拉雅山系、冈底斯—念青唐古拉山系、横断山系、喀喇昆仑—唐古拉山系、昆仑山系、阿尔金山—祁连山系、秦岭山系。

世界第一峰——珠穆朗玛峰

高大山系上分布着高耸入云的冰峰雪山，世界8000m以上山峰大都分布在青藏高原上。著名山峰有珠穆朗玛峰（8844.43m）、乔戈里峰（8611m）、马卡鲁峰（8463m）、洛子峰（8516m）、卓奥友峰（8201m）、希夏邦马峰（8012m）、南迦巴瓦峰（7787m）、冈仁波齐峰（6638m）、慕士塔格峰（7509m）、贡嘎山（7556m）、各拉丹东（6621m）、卡瓦格博

(6740m)、阿尼玛卿峰(6282m)、玉珠峰(6179m)等。《中国国家地理》杂志选美中国,评出的中国十大名山中,青藏高原就有南迦巴瓦峰、贡嘎峰、珠穆朗玛峰、梅里雪山、稻城三神山、乔戈里峰、冈仁波齐等7座山峰,南迦巴瓦峰名列榜首。

(三)盆地和峡谷

青藏高原内部除了突兀的高大地形以外,还有众多的大小洼陷地形,高原本身巨大的抬升作用而导致的重力塌陷及强烈的河流侵蚀,形成了巨大的洼陷地形。柴达木盆地,是我国海拔最高的内陆山间大型落陷盆地,总面积约 $2.4\times10^5\mathrm{km}^2$;河流强烈侵蚀形成的宽谷、峡谷在青藏高原周边地区广泛发育,著名的有雅鲁藏布江及其支流年楚河、拉萨河侵蚀形成的藏南谷地和黄河及其支流湟水侵蚀形成的河湟谷地,同时形成的著名的峡谷有世界第一大峡谷——雅鲁藏布江大峡谷、三江并流大峡谷、帕隆藏布大峡谷、大渡河金口大峡谷、黄河大峡谷、黑河大峡谷等。《中国国家地理》杂志评选中国最美的十大峡谷中,青藏高原占有5处。

(四)蚀余地貌景观

青藏高原由于其特殊的地理条件,在高强度的太阳辐射,强烈的水力、风力、冻融,以及具有巨大地貌塑造能力的冰川等外营力作用下,外营力塑造的地貌景观普遍发育。强烈风力侵蚀作用下形成的地貌类型有柴达木盆地雅丹地貌、札达土林地貌、沙石地地貌(沙漠、戈壁)等;水力侵蚀作用下形成的地貌类型有青海东部黄河谷地丹霞地貌、黄土地貌和分布于青藏高原各地的洞穴地貌等;冰川作用下形成的地貌类型有青藏高原各大山系普遍发育的冰斗、冰舌、U形谷、V形谷及形态各异的冰川地质景观等。

阿里札达土林地貌

(五) 自然灾害遗迹

1. 地震遗迹

昆仑山地震遗迹

青藏高原区域新构造运动异常活跃，地震灾害频繁。2001年11月14日发生在昆仑山口西的里氏8.1级的强烈地震在地表形成了一条总长约430km的构造变形带；2008年5月12日在青藏高原东南边缘的汶川地区发生里氏8.1级大地震；2010年4月14日青藏高原核心腹地青南高原玉树发生里氏7.1级大地震。除昆仑山大地震地处无人区，没有人员伤亡和财产损失外，汶川和玉树地震造成的损失极其惨重。

2. 泥石流、滑坡活动遗迹

青藏高原泥石流、滑坡等地质灾害现象普遍，位于高原东部边缘地带的横断山区、川西是高发区域，其中以位于波密县易贡国家地质公园最具代表性。

3. 火山活动遗迹

羌塘（藏北）高原北部，分布有较广的多期火山活动遗迹，可划分为6个火山群，其中西昆仑山中克里雅河上游海拔4700m处的高145m的1号火山，曾于1951年5月27日爆发，延续数昼夜，为中国内地火山活动的最新纪录。该区位置最南的大火山群——巴毛穷宗（藏语意为"英雄女神"）火山群，最高达5398m，是中国最高的火山。西藏玛旁雍错发现火山岩地貌，经测定为距今85万年时喷发。青海南部囊谦县境内，海拔4500m高处，发现新生代钾质火山岩。

二、水域风光

青藏高原冰川积雪广布，冰雪融水成为众多大江大河、湖泊的水源补给。滔滔江河之水滋润着流域古代和现代文明，数以千计的湖泊，犹如无数颗撒落在大地上耀眼的珍珠，成为青藏高原上十分引人注目的旅游地理景观。

（一）河段

青藏高原江河纵横，从平原低地仰望世界屋脊，无数条奔腾咆哮的江河之水从天而降，享有“江河之源”的美称。主要河流有以下八条。

长江上源——通天河

1. 长江

长江为我国第一大河，世界第三大河。唐古拉山脉北麓当曲为长江正源，长江横贯青海、西藏、云南、四川、湖北、湖南、江西、安徽、江苏和上海等 10 省（自治区、直辖市），注入东海，全长 6300km，大小支流 700 多条，流域面积 $1.80851\times10^6km^2$，年径流量 $9.793\times10^{11}m^3$，占全国径流总量的 1/3 以上。长江流域内耕地占全国耕地的 1/4，粮食产量占全国的 2/5，水能蕴藏量占全国的近 40%，可开发量占全国的 52%。长江是我国东西航运的大动脉，通航里程约 7×10^4km，占全国内河总通航里程的 70%，素有“黄金水道”之称。

2. 黄河

黄河为我国第二大河流，巴颜喀拉山北麓卡日曲为其正源，经青海、甘肃、四川、宁夏、内蒙古、山西、陕西、河南、山东 9 省（自治区），注入渤海，全长 5464km，流域面积 $75.24\times10^4km^2$。黄河流经黄土高原，下游流经华北平原时巨量泥沙淤积，形成高出地面 4～5m，甚至 10m 以上的“地上河”。黄河流域是中华民族古代文明的发祥地，享有中华民族母亲河美称。新中国成立前黄河下游经常决口泛滥，给人民带来无穷灾难。新中国成立后我国政府加大对黄河的治理力度，现已建成龙羊峡、李家峡、公伯峡、拉西瓦、刘家峡、盐锅峡、青铜峡、三门峡等大中型水电站，黄河两岸工厂林立、麦浪翻滚，为人民带来了巨大的经济效益。

3. 雅鲁藏布江

雅鲁藏布江是西藏第一大河，发源于喜马拉雅山中段杰马央宗冰川，在我国境内长 2091km，流域面积 $24\times10^4km^2$，3/4 河段海拔在 4000m 以上，成为世界上海拔最高的河流。上游段海拔 5200m，发育大片沼泽湿地，为纯牧业区；中游段谷峡相间，形成串珠状地貌格局，河谷是西藏的主要农业区；下游段为雅鲁藏布江大峡谷。于巴昔卡出国界称布拉马普特拉河，流入印度洋孟加拉湾。雅鲁藏布江天然水能蕴藏量居全国第二。雅鲁藏布江流域是藏族的发祥地，享有藏族人民“母亲河”的美称。

4. 澜沧江

澜沧江是亚洲第六大河。杂多县扎阿曲的谷涌曲为澜沧江源头。澜沧江流经藏东、川西、滇西南，于南腊河口出境称湄公河，注入南海，全长4500km，我国境内长1900km，是一条国际性河流，出境后流经缅甸、泰国、老挝、柬埔寨、越南5国，是我国联系中南半岛的一条水上通道。

5. 怒江

怒江发源于唐古拉山南麓安多县，流经藏东、云南，于曼辛河口入缅甸，称萨尔温江，注入安达曼海。在我国境内长2013km，流域面积达$1.2\times10^5km^2$。上游平缓，中下游纵穿横断山脉的高山峡谷，两岸异常陡峻，水流湍急，难以逾越，号称“怒江天堑”。

6. 狮泉河

狮泉河发源于冈底斯山主峰冈仁波齐峰北麓，由阿里地区流入印占克什米尔后称印度河，经巴基斯坦注入印度洋，全长3180km，在阿里地区境内长385km。

7. 黑河

黑河是我国第二大内陆河，发源于祁连山走廊南山南麓，至祁连县八宝河汇入后，向北流入甘肃境内称甘州河，下游称弱水，潜入内蒙古西部后分为东河和西河，分别注入苏果诺尔和嘎顺诺尔。全长800km，流域面积$1.43\times10^5km^2$。中游河谷区绿洲农业发达。

8. 那仁格勒河

那仁格勒河发源于布喀达坂峰（6860m）西南侧，源头海拔5598m。上源称红水河，接纳楚拉克阿干河后称那仁格勒河，注入东台吉乃尔湖。河长439.5km，流域面积$2.2\times10^4km^2$，年总径流量为$1.07\times10^9m^3$，是柴达木盆地最长的一条河流。

（二）天然湖泊

青藏高原湖泊主要分布在青海、西藏两省区，面积大于$1km^2$的湖泊就有千余个、大于$100km^2$的有60多个，成为国内乃至世界高海拔地区湖泊最集中区域，湖泊成为青藏高原最具魅力的旅游吸引物。青海湖、纳木错是《中国国家地理》杂志评选中国最美的五大名湖中的2个，青海湖名列榜首[27]。

壮美的青海湖鸟岛

1. 青海湖

青海湖位于祁连山地青海湖盆地内，面积4300km^2，湖面海拔3194m，储水量7.42×10^{10}m^3，是全国最大的咸水湖，也是全国最大的湖泊。青海湖是个历史名湖，民间多称“西海”，魏始更名为“青海”，青海省名由此而来。湖内鱼类以鲤科青海湖裸鲤（湟鱼）为主，鸟岛上栖息有头雁、鱼鸥、棕头鸥、鸬鹚等候鸟，为我国八大鸟类自然保护区之首，被列入“国际重要湿地手册”，是国家级自然保护区和国家级风景名胜区。

2. 扎陵湖和鄂陵湖

扎陵湖和鄂陵湖是黄河上游最大的两个淡水湖，面积分别为526.1km^{2}和610.7km^2，被称为黄河源头姊妹湖。湖中鱼类为冷水性无鳞鱼为主。有多处面积1～2km^{2}的鸟岛，每年春季棕头鸥、鱼鸥、赤麻鸭等20余种候鸟来此繁衍生息。

3. 察尔汗盐湖

察尔汗盐湖位于柴达木盆地中南部，广义包括察尔汗干盐湖（干盐滩）和11个水湖（盐湖），面积5856km^2，是一处大型钾镁盐矿产地，矿产以液相钾、镁盐为主，同时伴生固体钾、镁盐，石盐等，是一座综合性矿床，为世界上最大的内陆盐湖之一。

4. 可鲁克湖和托素湖

可鲁克湖、托素湖位于柴达木盆地东北部。巴音河先流入可鲁克湖，通过长约3km的河道流入托素湖，因两湖相距很近，称之为柴达木盆地姊妹湖。可鲁克湖面积58.6km^2，为淡水湖，是青海水产养殖业重要基地之一。

5. 纳木错

纳木错①位于当雄县与班戈县交界处，海拔4718m，比南美洲的喀

① 藏语中“错”就是“湖”的意思。

喀湖高 906m，成为世界海拔最高的湖泊。湖面积 1940km^2，是西藏最大的湖泊，为我国第二大咸水湖。其与玛旁雍错、羊卓雍错一起并称为西藏三大圣湖。

6. 当惹雍错

位于藏北高原，面积 1400km^2，是西藏第三大湖。湖周群山环抱，形成较为温暖的小气候，种植青稞、土豆、油菜和小白菜等。据传当惹雍措湖盆曾是象雄王朝王宫所在地，是西藏原始本教崇拜的最大圣湖。

7. 玛旁雍错

玛旁雍错位于普兰县冈仁波齐峰和纳莫尼峰之间，面积 412km^2，海拔 4588m，是我国高淡水湖之一。是佛教、印度教、本教所有圣地中最古老、最神圣的地方，佛教徒被认为是世界“圣湖”之王。因此，绕湖朝拜的国内外信徒络绎不绝。

8. 羊卓雍错

羊卓雍错位于浪卡子县北部，面积 638km^2，海拔 4446m，是西藏第四大湖和最大的淡水湖。湖中岛上有红教拥不多寺，常年香烟缭绕。湖中鱼类资源丰富，享有“西藏鱼库”之称。现建成的羊卓雍错水电站，成为该湖一道靓丽风景线。

9. 拉姆纳错

拉姆纳错位于加查县境内，面积 1km^2，海拔 5100m。传说这里是仙女班旦拉姆的化魂地，她因具有未卜先知的神秘能力而出名。观察“神湖”显影，是藏传佛教用于寻找达赖和班禅转世灵童仪轨的一部分，为藏传佛教的圣湖之一。

10. 巴松错

林芝巴松错

巴松错位于林芝巴河（尼洋河支流）上游高峡深谷区，海拔 3538m，面积 25.9km^2，为堰塞湖。湖水清澈湛蓝，四季景色诱人。岛上“错宗工巴寺”为宁玛派寺院，有 1500 多年历史。1997 年巴松错被世界旅游组织列入世界旅游景点。

11. 泸沽湖

泸沽湖位于云南宁蒗和四川盐源两县交界处，面积 50km^2，湖周是当地居民摩梭人的家园，因湖的形状如曲颈葫芦，故名泸沽湖。湖水清澈蔚蓝，是云南海拔最高的湖泊，也是中国最深的淡水湖之一。

（三）瀑布

青藏高原瀑布类型多样，小型瀑布随处可见，大型瀑布集中分布在西藏南部雅鲁藏布江及其众多支流上，规模较大且有一定旅游观赏价值的瀑布有以下八处[27]。

壮美的九寨沟瀑布

1. 藏布巴东瀑布群

位于雅鲁藏布大峡谷西兴拉山下，距帕隆藏布汇入口约20km，由上藏布巴东瀑布、白浪瀑布、藏布巴东三号瀑布组成。白浪瀑布宽62m，落差35m，为雅鲁藏布大峡谷中最大的河床瀑布，在中国最美六大瀑布中位列首位。

2. 绒扎瀑布群

绒扎瀑布群位于距帕隆藏布汇入口约6km的干流河床上，瀑布群有7级，最大瀑布相对高差30m，宽50m，在相距200m之间形成总落差约100m左右。

3. 汗密瀑布

位于墨脱县境内背崩乡汗密站，落差达400m，呈三层叠加，故名“三叠泉”。多层高大瀑布在太阳光照射下，映出一条条五彩缤纷的彩虹，犹如绚丽多彩的天上彩带将河谷两岸风光打扮得格外绚丽夺目。

4. 海螺沟冰川瀑布

海螺沟冰川瀑布位于四川甘孜州泸定县境内，冰瀑布宽1200m，落差1080m，由无数个冰块组成，是迄今世界上最壮丽的冰川瀑布之一，在“U”形峡谷里伸入绿色林海达6km，形成冰川与森林共生的奇绝景观。

5. 秋古都龙瀑布

秋古都龙瀑布位于雅鲁藏布大峡谷拐弯顶端主干河床上，海拔1890m，相对高差15m，宽40m。主体瀑布上下600m的河床上还现有3处2～4m高的小瀑布和5处跌水，飞瀑从高山上直接泻入雅鲁藏布江，景象壮观。

6. 珍珠滩瀑布

珍珠滩瀑布位于川西阿坝州九寨沟内，是一处极其典型的组合景观，宽200m，最大落差40m。形如新月的岩体将水体分割，如银帘飘飞、白浪滚滚、如珠似线，狂奔急泻汇入涧底。是九寨沟所有激流中水色最美、水势最猛、水声最大的瀑布。

7. 诺日朗瀑布

诺日朗瀑布位于九寨沟内，瀑布宽300m，落差20m，是中国大型钙华瀑布之一，也是中国最宽的瀑布。《中国国家地理》杂志选美中国六大瀑布评选中，诺日朗瀑布位列其中[27]。

8. 考肖图冰瀑布

位于都兰县境内，高约30m，宽20～30m。在盛夏七月、八月，冰瀑布在烈日照射下犹如一条银链，水珠晶莹透亮。

（四）泉

青藏高原地壳活动强烈，泉类型多样。温泉给人们提供廉价、清洁的能源；药水泉来自于地表深处，从周围岩体融解有大量对人体健康有益的化学元素，具有珍贵的医疗价值；还有的通过地表下层层沉淀、过滤，成为天然饮用的优质矿泉水。

1. 羊八井地热田

神奇的羊八井地热田

神奇的羊八井地热田位于当雄县境内，距拉萨85km，海拔4300m，地热田面积14.5km^2，是目前我国发现的最大高温地热湿蒸气田，有冒气穴、喷气孔、沸泉、热泉、热水塘、热水沼泽等多种类型，被誉为“地热博物馆”。沸泉温度93～172℃，每秒钟天然热流量为11万热卡，全年放出的热量相当于每天燃烧4.7×10^{5}t标准煤。建有全国最大的地热发电站，装机容量居世界第12位。地热温室种植多种蔬菜，建有温泉游泳池，有较高的医疗保健作用。

2. 贵德扎仓温泉

贵德扎仓温泉位于贵德县扎仓沟内，面积1800km^2，流量8～10.39l/s，最高水温93℃，均温85.9℃。水质富含多种微量元素，其含量已达到或超过矿泉水最低含量标准，对多种疾病有显著疗效，现已得到综合开发利用。

3. 纳赤台喷泉（昆仑泉）

纳赤台喷泉位于格尔木市区以南 90km 青藏公路旁，海拔 3700m，水温恒定为 7℃，属低矿化度重碳酸、氯化物、钙镁型矿泉水，为优质天然饮用矿泉水，有治疗高血压、心脏病、动脉硬化等疾病的功效，被誉为“冰山甘露”。

4. 布如温泉

布如温泉位于工布江达县境内，水温在 40～50℃，泉水中富含有多种对人体健康有益的微量元素，能治疗多种疾病。

5. 七里寺药水泉

七里寺药水泉位于民和县古鄯镇。泉水为含锶、偏硅酸及硫酸的复合型饮用矿泉水，其中可溶性二氧化硅的含量达到硅酸矿泉水的标准，经常饮用对心血管疾病、血液系统疾病、神经系统疾病、皮肤病，特别对消化系统疾病疗效显著。

6. 降扎温泉

降扎温泉位于若尔盖县降扎乡，海拔 3060m，有温泉近 50 口，水温在 40℃左右。泉水中富含有多种矿物质成分，沐浴可疗愈风湿病、皮肤病等多种疾病。

7. 海螺沟热矿泉

海螺沟热矿泉位于甘孜藏族自治州泸定县贡嘎雪峰脚下，有温泉点数十处，水温 40～80℃，有一处水温高达 90℃的沸泉。海螺沟热矿泉日流量 8900t，属碳酸氢钠型中性优质医疗热矿泉，对神经痛、胃肠病、糖尿病、关节炎等疾病均有较好的治疗效果。

（五）冰川

青藏高原冰川面积 49 162 km^2，占全国冰川总面积的 83.8%、占亚洲山地冰川面积的 40%。有旅游观赏价值的冰川有几十处。《中国国家地理》杂志评选中国最美的六大冰川中，绒布冰川、海螺沟冰川、米堆冰川、特拉木坎力冰川等 4 处榜上有名[27]。

1. 绒布冰川

绒布冰川位于珠穆朗玛峰脚下，长 22.4km，面积 85.4km^2。绒布冰川下段海拔 5700～6300m 处，是千姿百态的冰塔林世界，长约

中国最美的冰川——绒布冰川

5.5km的乳白色冰塔林拔地而起，形态各异，个个晶莹夺目，成为青藏高原最雄奇的景观之一。

2. 海螺沟冰川

海螺沟冰川位于川西甘孜藏族自治州泸定县内，属典型的海洋性低海拔冰川，一号冰川长约14.7km，面积16km^2，下端降至2850m，落差3900m，是国内同纬度海拔最低的冰川。

3. 米堆冰川

米堆冰川位于林芝地区波密县，是我国最大季风海洋性冰川，由两条世界级冰瀑布汇流而成。冰川高处随处可见晶莹闪烁的冰盆绝壁，末端一直延伸到亚热带常绿阔叶林中，将冰川、湖泊、农田、村庄、森林等景观融会在一起，是一处人与自然和谐相处的典范景观。

4. 特拉木坎力冰川

特拉木坎力冰川位于喀喇昆仑山脉的特拉木坎力峰（7441m）下，长约28km，面积124.53km^2，是中国西部冰川覆盖度最大的地区。冰塔林自海拔5200m处向下至冰川末端，长11km，高数十米，其景色异常雄伟壮观。

5. 克州冰川

克州冰川位于帕米尔高原阿克陶县克州冰川国家森林公园内，海拔2300～5300m，阿依拉尼什雪山（6678m）周围有224.8km^{2}现代冰川发育，是我国海拔最低的冰川，有“西域第一自然生态景观”之称。

6. 音苏盖提冰川

音苏盖提冰川位于乔戈里峰北坡，长约42km，冰舌长4200m，面积380km^2，是中国境内已知的最大冰川，其融水注入叶羌尔河。该冰川属大陆性冰川，冰川末端下伸至海拔4000m的谷地中，是“裂隙冰川”。

7. 明永冰川

明永冰川位于梅里雪山主峰卡瓦格博峰下，为低纬度热带季风海洋性现代冰川。明永冰川雪线低、气温高、消融快，从海拔6740m铺展到2600m的原始森林地带，绵延11.7km，每当冰川受热融化，巨大的冰体轰然崩塌下移，响声如雷。

8. 卡钦冰川

卡钦冰川位于波密县境内，长35km，面积172km²，是我国最大的海洋型冰川，也是全国三大冰川之一，冰舌末端伸入海拔2530m的森林地带，蔚为壮观。

三、生物景观

青藏高原的隆起一方面保留了一些古老的生物种类，同时也产生了许多新的种属，构成了世界生物资源的宝库。

（一）植物旅游景观

植物具有很高的观赏功能、优化环境功能和科学研究功能。植物旅游景观主要由树木、草原、植被垂直带、花卉等组成。

林芝古柏树王

1. 树木

青藏高原的喜马拉雅山脉、念青唐古拉山脉东段和横断山脉地区，是我国重要的森林分布区，保存着较完好的原始天然森林。高原北部边缘，如祁连山东南段和昆仑山西段北翼山地有少量森林零星分布，具有干旱荒漠边缘“湿岛”的特征，灌丛的生态适应幅度较森林广。西藏东南部、三江流域、中喜马拉雅山脉南侧等地，有木本植物约1500多种，树种繁多。森林垂直带谱典型，以谷地低地到山峰顶部，可以见到北半球从热带雨林到亚寒带的主要树种。祁连山地东南部，树种少，森林垂直带谱因基带高显得单调。

1）鲁朗林海

鲁朗林海位于林芝县鲁朗镇，是一片长约15km、宽约1km的狭长原始森林，两侧山地森林景观保存完好，有挺拔的西藏古柏、喜马拉雅冷杉、云杉、松树、植物活化石“树蕨”及百余种杜鹃，素有“自然绿色基因库”之称。

2）玛柯河原始林区

玛柯河原始林区位于班玛县玛柯河两岸，森林植被属寒温性针叶林，以紫果云杉林、鳞皮冷杉林为主。以上是高寒山地灌木林带，可达4000m，再向上为高寒草甸带。林区以下是以柳类为主的河滩灌木林。

3）特殊树种

特殊树种有巨柏，又称雅鲁藏布柏木，林芝八一镇东6km“巴结”村的巨柏，其中有一株树高50多米，直径近6m，被誉为巨柏王，是我国天然生存柏科家族中树龄最长、直径最大的巨树，其寿命至少2500年以上；色季拉山西山脚下的一株古桑，高7.4m，胸围13m，树龄1600多年，是我国迄今发现最大的一株古桑；色季拉山脚下一株核桃树，高35m，干高4.5m，占地近1.5亩，树龄800年以上，至今枝叶茂盛，年年开花结果，据说是国内罕见的“核桃树王”；波密岗乡自然保护区内的云杉，生长速度快，树干直径1.5～2.5m，树高75～80m，单株树木的树干木材达$60m^3$以上，其产量是我国东北林区云杉产量的4～5倍，是北美、西欧等地针叶林产量的3～4倍，是迄今所知世界上生产力最高的暗针叶林。

2. 草原

草原是青藏高原植物旅游景观的主体，其面积占植被总面积的80%以上，是我国草原最集中的分布区。草原种类多，有高寒草原、温性草原、山地草原、灌丛草原、荒漠草原等。其中高寒草甸草原是青藏高原草原的主体，植被覆盖度达70%～90%，六七月间草地绿色争艳、鲜花盛开，景观千姿百态。

（1）川西若尔盖草原。川西若尔盖草原是高寒草原中最大的草原，面积近$3\times10^4km^2$，由草甸草原和沼泽组成，红军两万五千里长征曾多次通过这里。野生动物、湖泊、寺院、牧人帐篷……构成了一幅天然美景。

（2）那曲高寒草原。那曲高寒草原海拔4200m以上，是我国高寒草原的典型代表，湖泊棋布、河流纵横、温泉众多，景色秀美。

（3）祁连山草原。祁连山草原地势平坦，水草丰美，五四运动时期曾任《新朝》杂志主编、清华大学校长罗家伦先生来青海考察，他吟赠《青海歌》一首，歌词写到：“青海青，黄河黄，更有那滔滔的扬子江；

雪白白，山苍苍，祁连山下好牧场，好牧场一片汪洋……”此歌还曾谱上曲，广泛流行于海内外。

上述三大草原景色秀美，《中国国家地理》杂志评选的中国最美六大草原中，以上三大草原均榜上有名[27]。

3. 花卉

青藏高原野生花卉种类千姿百态，杜鹃、龙胆、报春、绿绒蒿被称为青藏高原四大名花。位于青藏高原东南部的云南花卉业发展很快，传统的康乃馨、情人草、玫瑰、百合及蝴蝶兰等高档鲜花出口欧美。云南省规划以迪庆藏族自治州中甸县和丽江县为中心，建立球根花卉生产及示范基地。

青海东部独特的气候适合冷凉花卉、球根花卉的生长，自 2002 年以来，培育郁金香百余个品种、数百万株。丁香在青海俗称轮柏，在青海栽培历史悠久，其花序大，花期长，风姿典雅，香气浓郁，被誉为“高原花魁”，象征吉祥富贵，为西宁市花。

（二）动物旅游景观

青藏高原人类活动强度弱，至今不少地域还是无人区，成为野生动物繁衍生息的天然乐园，有大量属于国家保护的高原珍稀野生动物在此生存。政府建立了很多自然保护区对其加以保护，其中著名的国家级动物景观自然保护区有以下八个。

国宝——大熊猫

1. 鸟岛

鸟岛由青海湖西北部海西山和海西皮两个小岛组成，面积不足 5km^2。每年 4 月斑头雁、棕头鸥、鱼鸥等百余种 15 万多只候鸟来到这里安营筑巢，成为我国八大鸟类保护区之首。

2. 隆宝滩自然保护区

隆宝滩自然保护区位于玉树县隆宝乡，海拔 4200m，以保护黑颈鹤及其繁殖地为主，为面积约 50km^2 的狭长山间谷地。

3. 可可西里自然保护区

可可西里自然保护区位于玉树藏族自治州西北部，面积 4.5×10^{4}km^2，重点保护藏羚羊等有蹄类动物及其高寒生态环境。保护区内有哺乳野生动物 16 种，鸟类 46 种，国家一级保护动物有藏羚羊、野牦牛、西藏野驴、白唇鹿、雪豹、藏羚、金雕等。

4. **阿尔金山自然保护区**

阿尔金山自然保护区位于新疆东南部与青海、西藏交界处，面积 $4.5\times10^6 hm^2$，是中国设立最早、保护面积最大的高原荒漠生态系统保护区，被收入《大英百科全书》名录。其保护对象为原始状态的高原生态系统，以及野驴、野牦牛等珍稀动物。

5. **罗布泊野骆驼自然保护区**

罗布泊野骆驼自然保护区位于新疆东南部与青海西北部、甘肃西部接壤处，面积 $7.8\times10^4 km^2$，是为保护本地区特有的荒漠生态系统和极度濒危物种野骆驼而建立的，是目前国内规划面积最大的自然保护区。

6. **安南坝野骆驼国家级自然保护区**

安南坝野骆驼国家级自然保护区位于甘肃阿克塞县境内，是中国野骆驼的主要栖息地之一，在该保护区内经常出没的野骆驼有 7 群，近 200 峰，约占我国野骆驼数的 1/3，占阿尔金山北麓种群的 1/2。

7. **大熊猫自然保护区**

全国建立以保护大熊猫为主的自然保护区 64 处，总面积近 $3.2\times10^6 hm^2$，主要分布在青藏高原东部边缘地带，著名的有卧龙大熊猫自然保护区、黑水河大熊猫自然保护区、白水江大熊猫自然保护区等，这里竹源丰富，高度适宜，温度、湿度等自然条件适宜大熊猫生长、繁育栖息。

8. **芒康滇金丝猴自然保护区**

芒康滇金丝猴自然保护区位于昌都芒康县南部，面积 $1.853\times10^5 hm^2$，是我国滇金丝猴最重要的分布地之一，现保护区内滇金丝猴 650～750 只。它们被列为世界濒危动物红色名单中，堪称中国一级重点保护动物的国宝。

四、天象与气候景观

（一）雷同南北极的“第三极”气候

青藏高原除少数河谷和低地外，约 80％以上的地域年均气温在 0℃以下，在地球中纬度地带形成了雷同南北极的“第三极”气候，广大地域冰雪覆盖，冻土广布，冰川、冰缘、冻土及冰蚀地貌发育。

（二）天气变幻莫测

青藏高原特殊的气压场，使得盛夏季节七八月一天之内的天气变幻莫测，一天之内春夏秋冬四季景象都会出现，可谓“一年无四季，一日见四季”。

（三）高原季风环流

青藏高原夏季高原面为热源，形成低气压，四周自由大气相对为冷空气，大气从四周向高原辐合。冬季高原面为冷源，形成冷高压，四周大气相对于高原面形成热低压，大气从高原面向四周辐散。这种高原面与周围自由大气之间冬夏冷热源差异所引起的特殊气压场，形成了高原特有的季风环流，加强了空气层的不稳定性，使高原对流天气增多，造成天气变化激烈的气候特点，导致高原多雷暴、多冰雹、多大风等天气现象。

青藏高原几乎全部处在西风带西风环流控制之下，高原面对西风环流的阻挡分为南支和北支急气流，产生分支、绕爬流、屏障等动力作用，使西风带影响的区域范围更加扩大，从而也使青藏高原对气候的影响区域更加扩大。高原面相对于周围自由大气成为供给大气热能的源地，按单位面积计算，它所供给大气的热量远超过热带海洋。

（四）高原休闲度假胜地

青藏高原位于北半球北亚热带和暖温带的纬度位置，同纬度的华北平原、长江中下游平原区，盛夏酷暑难熬，而青藏高原上地势相对低的一些区域，如青海东部地区、西藏林芝地区、青藏高原东部边缘不少地域，地势在2000～3000m，气温凉爽、湿度适中，阳光充足，成为我国著名的高原避暑休闲度假旅游胜地。

1. 中国夏都——西宁市

西宁市海拔1800～2500m，年均温7.8℃，7月均温12～18℃，凉爽宜人，湿度适宜，阳光灿烂，空气清新，自然风光秀丽，文化底蕴深厚，是理想的消夏避暑胜地，被誉为“中国夏都”。现被评为国家优秀旅游城市、园林城市、卫生城市。近年来，西宁市举办的“中国郁金香节”、“环青海湖国际公路自行车赛”、“中国青海国际抢渡黄河极限挑战赛”等众多极富高原特色的活动，已经成为享誉海内外的知名品牌，吸引着众多国内外游人前来游览观光。

2. 林芝八一镇

林芝八一镇位于西藏东南部雅鲁藏布江支流尼洋河谷地，是林芝地区政治、经济、文化中心。新中国成立之初，只有几座寺庙，几十户人家。1951 年人民解放军开始在此建设，故得名八一镇。由于近几年内地省市对西藏的援建，八一镇基础设施得到极大改善，现已成为初具规模的小城市。八一镇海拔 2900m，年均温 8.7℃，7 月气温 15.6℃，1 月气温 0.2℃，气候凉爽宜人，周围雪峰林立，森林密布、山清水秀，尼洋河两侧有着幽静的村庄、古老的巨柏、飞泻的瀑布和陡峭的悬崖、松涛起伏的森林等景观，八一镇被誉为“西藏的瑞士”，成为“天然博物馆”。

五、遗址遗迹

青藏高原古文化遗址遗迹数量较多，类型多样，是旅游开发的主要对象，主要包括古代人类活动聚落遗址、城池遗址、交通道路遗址、生产地遗址、军事遗址等。

（一）史前人类活动遗址

1. 人类活动遗址

东方庞贝古城——喇家遗址

青藏高原第四纪以来大规模隆起，自然地理条件急剧变化，为猿向人类的演化提供了外部条件；青藏高原境内发现大量旧石器时代的打制石器遗物，说明青藏高原至少有 3 万～5 万年人类发展历史。高原周边的云南、贵州、四川等地发现人科（包括人类）化石，表明青藏高原及其周边地区有可能是古人类发祥地之一。

青藏高原上新石器时代遗迹分布很广，遗迹中的国家级文物保护单位有马厂遗址、喇家遗址、塔温搭里哈遗址、柳湾遗址、卡若遗址、小恩达遗址、营盘山和姜维城遗址等，这些遗迹真实反映了新石器时代青藏高原先民生活、社会经济发展的情形。

1）柳湾遗址

柳湾遗址位于乐都县柳湾村，遗址面积 $28\times10^4 m^2$，是一处新石器时代晚期至青铜时代早期的遗址。考古发掘墓葬 1730 座，出土文物 3.5 万余件，其中彩陶品 1.7 万余件，成为我国迄今已知的规模最大、保存完好的一处原始社会氏族公社墓地。由于出土了数以千万计的精美彩陶制品，柳湾遗址享有“彩陶王国”的美称，在我国远古文化中占有十分重要的地位。

2）喇家遗址

喇家遗址位于民和县官亭镇喇家村，是 4000 多年前地震、山洪等突如其来的意外灾难的遗迹，是我国发现的唯一大型灾难遗址，被列入了 2001 年度“中国十大考古新发现”，被称为东方的“庞贝古城”。该遗址出土中国第一大磬——黄河磬王，中国第一玉刀；祭祀广场上在一个橘红色陶碗中盛有祭祀品面条。专家研究认为，这里可能是大禹故里，是夏国早期的国都。

3）卡若遗址

卡若遗址位于昌都东南 12km 澜沧江西岸卡若村，面积 $1\times10^4 m^2$，出土文物万余件，经测定为距今 4600 多年新石器遗址，与黄河上游的甘肃、青海地区的文化类型有密切联系，为研究我国西北、西南地区原始民族的迁徙和文化交流提供了实物例证。

2. 原始聚落

原始聚落包括乐都柳湾、民和官亭喇家、西藏卡若、西宁沈那等古遗址。

（二）社会经济文化活动遗址遗迹

1. 历史事件发生地

青藏高原上曾出现过的西王母古国、象雄古国、古格王国、吐谷浑古国、吐蕃王国、南凉古国等大小不等国家，都建立过规模不等的城池，这些城池是古代建筑的重要组成部分，是古代人们活动的真实记录。随着岁月的流逝，今日这些古城有的只留下残垣断壁，有的完全消失，年代稍晚的城池轮廓清晰可见，均能勾起游人对历史的联想。有较高科学考察和旅游观赏价值的古代城池遗址有古格王国遗址、象雄古国遗址、加拉王宫遗址、黑水国遗址、楼兰古城遗址、米兰遗址、石头城遗址、张掖黑水国遗址、武威白塔寺遗址、民乐八卦营遗址、伏俟城等。

古格王国遗迹

1）象雄古国遗址

据本教传说，琼隆银城被称为象雄古国的都城所在地，琼隆在今阿里札达境内，这里有不少早期的人类洞窟遗址和岩画。象雄古国占据西藏高原、青海、四川一部分，有象雄文，信奉“本教”，史载本教的缔造者辛饶是象雄第一代国王，对吐蕃乃至整个西藏文化产生了深刻影响。藏北那曲草原当惹雍措湖畔遗址，距今 1600 多年，有不少象雄国时期的遗物。

2）古格遗址

位于札达县境内象泉河南岸黄土岗上，面积约 $1.8\times10^4m^2$，遗址外围有城墙，四角设有碉楼，建筑分上、中、下 3 层，有白殿、红殿、大威德殿、度母殿、坛城殿的遗存，寺内残存泥塑佛像、壁画及历代吐蕃赞普的画像等。古格都城周围还有东嘎、达巴、皮央、香孜等遗址。古格遗址为全国重点文物保护单位。

3）楼兰古城遗址

楼兰古城遗址位于新疆若羌县罗布泊西北岸，面积 $1.2\times10^5m^2$。遗址内有居民区、寺院、佛塔、官署、烽燧、墓葬等遗迹。这里出土过钱币、漆器、木器、玉器、铜器、料珠、金银戒指、耳环，以及汉文和佉卢文的残简、丝毛织品残件、玻璃器皿碎片等遗物。楼兰王国古城，建于公元 3～4 世纪，是研究中原王朝与西域古国关系，以及东西方文化交流、丝绸之路历史文化和亚洲内陆生态变化的珍贵资料。

4）黑水国遗址

黑水国遗址位于张掖市北 17.5km，是一处汉至魏晋时期遗址，距今有 4000 多年历史，面积 $5.8\times10^4m^2$。城内曾出土大量汉砖、汉五铢钱、王莽“货泉”、唐“开元通宝”钱及小铜扁针、绳纹陶片、青瓷片、黑釉瓷片等。魏晋墓葬有“河西文物宝地”之誉，是全国重点文物保护单位。相传西汉以前匈奴移居这里，划疆为小月氏国国都，因在黑水滨，所以称“黑水国”。

5）米兰古城遗址

米兰古城遗址位于若羌县城东 80km 处，由唐代吐蕃古戍堡、魏晋时期古建筑群遗址、汉代屯田水利工程设施和伊循城遗址所组成。古戍堡是该遗址代表性的建筑物，为唐代时吐蕃修建的一座军事堡垒，外形类似西藏布达拉宫。据史书记载，我国古代著名高僧法显，在西去天竺或东归故里的途中曾在这里讲法拜佛。东大寺和西大寺遥遥相对，是米兰古城遗址中又一座代表性的建筑，是西域早期佛教文化的典型，佛像姿态生动，花纹、图案线条优美、简练，为研究中西文化艺术史提供了珍贵的实物资料。

6）吐谷浑国都——伏俟城

吐谷浑国都——伏俟城位于青海湖西北岸铁卜加草原上，修筑于6世纪，是吐谷浑王国历史上最悠久的国都。现在城池轮廓清晰可见，城外残留有用砾石砌成的外廓围墙，城内发现大量瓦当和少量碎陶片等遗物。吐谷浑原为辽东鲜卑族慕容氏的一支，西晋末年西迁来到青海，与当地羌、氐人杂居，建立吐谷浑王国达350多年，成为我国历史上割据时间最长的地方政权，对创造青海高原灿烂文化、开辟丝绸之路青海道起了很大作用。据史学家、民族学家考证，现居住在青海高原上的土族是吐谷浑人的后裔。

2. 古代交通遗址

丝绸之路南线青海道、唐蕃古道、茶马古道等，都是青藏高原上闻名于世的古代交通遗址，沿线古文化遗迹丰富，承载着弥足珍贵的“古道文化”。

1）丝绸之路南线青海道

丝绸之路南线青海道起于长安（今西安），全长7000km，在我国境内经陕西、甘肃、青海、新疆四省（自治区），长约3000km，历时1500多年里成为联系我国同亚、非、欧世界各国的纽带和桥梁。魏晋南北朝时，丝绸之路北线河西走廊道因战乱而受阻，丝绸之路南线的吐谷浑所在地社会稳定、经济繁荣，于是中外商客纷纷改通南线，使南线青海道成为主线道，著名的中外僧人，如惠生、宋云、阇那崛多等，都是沿此线西行或东来，南线青海道的地位突出，所以又称吐谷浑道。

2）唐蕃古道

唐蕃古道起于长安（今西安）至吐蕃都城逻些（今拉萨），跨越今陕西、甘肃、青海、西藏四省（自治区），是古代唐朝和吐蕃之间的交通要道，迄今已有1300多年历史。公元7世纪，松赞干布统一了青藏高原，他倾慕唐王朝的繁荣与文明，经常派使者去长安联系，提出同唐王朝联姻。文成和金城两位公主赴藏和亲，唐蕃之间出现了“金玉绮绣、问遣往来、道路相望、欢好不绝”的盛况。从此，驰名中外的唐蕃古道被载入了汉藏友谊的史册。经专家研究发现，唐蕃古道大多路程从青藏高原腹心区的青南和藏北那曲高原穿过。

3）茶马古道

青藏高原处于高寒环境，以畜牧经济为主体，牛羊肉、酥油糌粑、奶类是当地居民的主食，这里不能种植蔬菜和生产水果，也不产茶。长期的生活实践中，当地居民形成了喝茶的生活习惯，茶叶有分解脂肪、生津止渴、助消化、增热量等多种功效，蔬菜和水果中的大量营养通过喝茶可以获得，所以藏族聚居区不能一日无茶。而内地民间役使、军队征战需要大量骡马。于是茶和马的交易即“茶马互市”便应运而生。藏族聚居区和川、滇边地出产的骡马、毛皮、药材等和川滇及内地出产的茶叶、布匹、盐和生活日用品等，在横断山区的高山深谷间南来北往，流动不息，形成一条延续至今的“茶马古道”。

4）临津渡

临津渡是黄河上游古老渡口，位于民和县官亭镇西 5km 处，是隋炀帝杨广西征吐谷浑、古丝绸之路青海道、唐蕃古道的主要通道。唐在渡口处设积石军，金、元在此设积石州，明在此设积石关。清代改为民渡。历史上多有使者、商队或军队由临津渡河进入青海。

5）石头城遗址

塔什库尔干县城北，为唐代遗址，是丝绸之路葱岭古道的重要驿站。城堡地势险峻，易守难攻，城墙残高 6m，四角曾有望楼。城内古佛寺遗迹一处，出土陶片、唐乾元重宝、毛布、丝织物及一件梵文贝叶经。汉代，这里是西域三十六国之一的蒲犁国的王城。唐统一西域后，这里设葱岭守捉所。元朝初大兴土木，扩建城廓。光绪二十八年，清政府在此建立蒲犁厅。

江孜宗山抗英遗址

3. 古代军事遗址

1）江孜宗山抗英遗址

江孜宗山抗英遗址位于江孜镇中心宗山，清光绪三十年（1904 年），英国侵略者从亚东进入江孜，西藏爱国军民凭借宗山险要地势，筑炮台、战壕、围墙，在敌我力量悬殊的情况下，同英国侵略者持续了8个月的抗争。炮台和宗山遗址保存至今，江孜城获得了“英雄城”之美誉，是全国重点文物保护单位、国家级爱国主义教育基地。

2）石堡城

石堡城位于青海东部日月山东麓，三面断崖，地势险峻，又称铁仞城；建于唐开元六年（718年），为吐蕃所筑，面积约5000m²。这里发现有唐代房址、铜钱、陶片、砖、开元通宝钱币等文物。唐开元十七年（729年）唐军以巨大代价攻占其地，设振武军；唐开元二十八年（740年），吐蕃被夺回；天宝八年（749年），唐军以死伤数万人的代价夺回，设神武军，后改为天威军，成为阻击吐蕃东进的重要军事据点。唐蕃曾在这里进行过8次大的争夺战。

4. 近代革命活动遗址

1）阿坝红军长征遗迹

第一、第二、第四方面军于1935年4月至1936年8月经过川西阿坝地区。红军将士克服缺衣少食、身体虚弱等重重困难，翻越夹金山、梦笔山等8座海拔4000m以上的雪山，3次穿越了人迹罕至的松潘、阿坝、若尔盖和壤塘茫茫沼泽湿地，进行了数十次战役，不少红军将士长眠在这茫茫荒野滩上。这期间党中央召开12次政治局会议，建立了松理茂赤区、大小金川革命根据地、格勒得沙革命政府和藏羌回少数民族革命武装。大批藏、羌儿女参加了红军，少数民族筹集物资支援红军继续北上。新中国建立后，这片红军战斗过的地方建立了“红原县”，修建了“红军长征纪念碑碑园”，建立了金川、芦花、亚克夏山红军烈士陵园，金川城厢红军革命纪念建筑群。阿坝红军长征遗迹被列入国家级文物保护单位，成为我国著名的红色旅游胜地。

2）山南烈士陵园

山南烈士陵园位于山南泽当镇西扎山东麓，建于1965年，面积$5.5\times 10^4 m^2$。第一陈列室陈列在进军西藏、修筑公路、平息叛乱中光荣牺牲的部分烈士遗物和事迹介绍，第二陈列室陈列在中印边界自卫反击战、建设新西藏中牺牲的一部分烈士的遗物和事

红军长征纪念碑

迹介绍。山南烈士陵园为国家重点文物保护单位，列入全国百个红色旅游景区名录，是全国爱国主义教育示范基地。

3）西宁市烈士陵园

西宁市烈士陵园位于西宁凤凰山下，是为缅怀在青海牺牲的中国工农红军西路军烈士而建，占地面积 $1\times10^5\text{m}^2$，由烈士群雕塑像、纪念碑、烈士墓、中国工农红军西路军纪念馆等组成，安葬着 1776 位烈士遗骨。大门前屹立着中国工农红军西路军烈士群雕塑像，镌刻着李先念的题词“红军西路军烈士永远活在我们心中”。陵园中央竖立着高 10.1m 的烈士纪念碑，镶嵌着朱德 1958 年的题词“革命烈士永垂不朽”。烈士墓安葬着西路军第九军军长孙玉清在内的 840 位红军烈士遗骨，是全国爱国主义教育示范基地。

4）循化西路红军革命旧址

循化西路红军革命旧址位于循化县察汗都斯乡赞卜乎村，是中国工农红军西路军在循化县赞卜乎地区同马步芳军阀进行艰苦斗争遗留下来的革命遗迹，主要包括革命遗物、西路红军修建的道路、庄廓、房屋、赞卜乎清真寺以及西路红军纪念馆。

5）班玛红军遗迹

1936 年 7 月，中国工农红军第二方面军的“安庆部”经过果洛藏族自治州班玛县境内休整、筹措粮草。当年红军在哑尔塘子木达沟口石崖上书写的“北上响应全国抗日反蒋斗争！安庆宣”的巨幅标语，至今字迹仍清晰醒目。红军曾走过的桥、沟，现定名为“红军桥”、“红军沟”，红军曾设立的哨所命名为“红军哨所”，现作为珍贵文物加以保护，以此来缅怀红军先烈们的丰功伟绩。

5. **长城遗址**

大通明长城遗址

大通明长城遗址为西宁卫明长城（青海东部互助、大通、湟中等境内）一段，大通境内的长城遗址最为典型。大通明长城始建于明代中叶（1546～1596 年），历时 51 年，大多为夯土筑成，少数为石块垒砌，有墩台设施。经省文物和测绘部门测定，明长城长为 363km。虽经 400 余年风吹日晒、雨水冲刷，至今仍保存完好，气势雄伟壮观。

六、建筑与设施

青藏高原古代建筑类型多种多样，风格各异，其中寺庙建筑最具优势，寺庙建筑文化辉煌灿烂，此外民居、贵族庄园、宫殿、陵墓、园林、桥梁等古建筑也各具特色。

（一）综合人文旅游地

1. 教学科研实验场所

青海湖、孟达天池、三江源、贡嘎山、玉龙山、雅鲁藏布江大峡谷、九寨沟等自然保护区、风景名胜区、文物保护单位等，均为极佳的教学科研实验场所。

2. 康体娱乐休闲度假地

截至 2009 年 6 月，青藏高原拥有世界遗产 6 处（其中自然遗产 4 处，文化遗产 2 处）、国家级风景名胜 9 处、国家级森林公园 29 处、国家地质公园 16 处、国家级自然保护区 36 处。上述均为理想的康体娱乐休闲度假地。

黄龙五彩湖

1）黄龙—九寨沟风景名胜区

黄龙—九寨沟风景名胜区位于四川阿坝藏族自治州境内，面积 1320km^2，集翠海、叠瀑、彩林、雪山和藏族民俗文化于一体，具有原始和天然的个性和特征，被誉为“童话世界”，也被列入世界自然遗产。黄龙景区整个山谷几乎被乳黄色的碳酸钙质覆盖，千层碧水形成层层叠叠的梯状湖泊、池沼，如璞玉，似牙雕，堪称人间仙境。

2）青海湖风景名胜区

青海湖风景名胜区位于青海湖盆地内，面积约 9000km^2，盆地最低部的青海湖，面积 4300km^2，是我国面积最大的湖泊。景区以湖泊为主体，兼有草原、湿地、雪山、沙漠、野生动物自然景观。该风景名胜区历史悠久，是古代西王母古国的重要活动地，是唐蕃古道和丝绸之路南道的重要通道，也是我国第一个核武器研制基地和西部歌王王洛宾创作

《在那遥远的地方》的地方。

3）雅砻河风景名胜区

雅砻河风景名胜区位于西藏山南地区，雅鲁藏布江支流雅砻河流贯其间，吐蕃国王松赞干布迁都拉萨之前，这里一直是吐蕃王朝的国都，9～15代藏王均在此建宫筑城。这里保留着中世纪建筑特色的民居以及民风习俗、宗教活动等，被称为藏族文化的摇篮，成为藏民族历史文化宝库中一颗璀璨明珠。

4）三江源自然保护区

三江源自然保护区位于青南高原，面积1.5×10^5km^2，是长江、黄河、澜沧江的发源地，享有“中华水塔”、“东亚水塔”美称，以母亲河享誉海内外。三江源区特有生物种类丰富，是我国海拔最高的天然湿地，是世界高海拔地区生物多样性最集中的地区，也是生态环境最为脆弱敏感地区。

5）贡嘎山风景名胜区

贡嘎山风景名胜区以甘孜藏族自治州贡嘎山为中心，包括泸定县海螺沟、九龙县伍须海和康定县木格错，面积1×10^4km^2。海螺沟内有中国最高最大的冰瀑布、冰川湖、冰川断层、冰川消融等景观。伍须海和康定木格错以高山湖泊、原始森林、草原、瀑布、温泉为景观特色。区内高原植物、野生动物种类丰富。贡嘎山是红军长征经过的地方，有泸定铁索桥等许多革命史迹、遗址。

6）三江并流风景名胜区

三江并流风景名胜区位于云南西北部，面积约3500km^2，在地质构造影响下，金沙江、澜沧江和怒江自北向南并行奔流约170km，被紧束于60～100km的狭窄地带，形成了世界上唯一的三江并流奇观，造就了怒江大峡谷、澜沧江梅里雪山大峡谷和金沙江虎跳峡大峡谷。其兼雪山峡谷、高山湖泊、冰川草甸、丹霞地貌等自然景观于一体，于2003年7月入选《世界遗产名录》。该风景名胜区因特殊地貌，生物种类极为丰富，在世界上独一无二，被誉为“世界生物基因库”。

7）雅鲁藏布大峡谷自然保护区

雅鲁藏布大峡谷自然保护区位于西藏东南部，面积9168km^2。保护对象为山地森林垂直景观及珍稀动植物。该保护区有维管束植物3768种、苔藓植物512种、大型真菌686种、锈菌209种、哺乳类63种、鸟类232种、爬行类动物25种、两栖动物19种、昆虫2000余种，其中有许多古老物种、珍稀物种和新分化的物种，是我国生物多样性最为丰富的地区之一。大峡谷还具有特殊的水汽通道和特殊的生态功能。

8）玉龙雪山自然保护区

玉龙雪山自然保护区位于丽江城北 15km 处，面积 2.6×10^4hm^2，主峰扇子陡海拔 5596m，是长江南岸第一高峰，分布有北半球距赤道最近的现代海洋冰川。保护区主要经济动物有 60 多种，大都属国家重点保护动物，蝴蝶种类珍奇繁多；藻类植物 31 科 196 种，地衣植物 17 科 20 多种；苔藓植物有苔类 45 种、藓类 130 种，蕨类植物 220 种，种子植物 145 科 3200 余种；报春花 60 多种、杜鹃花 50 多种、兰花 70 多种，是云南园艺类观赏植物的主要产地，享有“天然高山动植物园和现代冰川博物馆之称”。

3. 宗教与祭祀活动地

宗教与祭祀活动地建筑是青藏高原古建筑的主体，反映了青藏高原各族人民在建筑方面所取得的卓越成就。据统计，青藏高原国家级文物保护单位 88 处，其中宗教寺庙占 42 处，几乎占一半，足见寺院建筑占有十分重要的地位[28~30]。

1）藏传佛教寺院建筑

甘南拉卜楞寺

青藏高原全国重点文物保护单位 88 处，其中藏传佛教寺院 40 处，几乎占全国重点文物保护单位的一半，藏传佛教寺院建筑在青藏高原古建筑中占有极其重要的地位。塔尔寺、甘丹寺、哲蚌寺、色拉寺、扎什伦布寺、拉卜楞寺被称为黄教六大寺院，均建于明、清时期，与汉藏式建筑风格完美结合，建筑物布局依山势高低错落有致，上下层建筑物相互映照，形成多种空间，组成特殊的佛教建筑园林景观。建筑物顶部用铜制鎏金的金鹿、法轮、刹式宝瓶、宝塔、宝伞、经幡等加以装饰，金光闪烁，耀眼夺目。殿堂内造型各异的佛像、精美的雕刻、壁画、堆绣、唐卡、泥塑等手工艺品，浩瀚的经卷典籍及数以千万件的各种法器，把佛殿装饰得高贵典雅、富丽堂皇。活佛府邸建筑多为藏式风格，院院相套，院中有院。僧舍大都采用“四合院”封闭式格局，屋面平顶草泥。较大型黄教寺院，白佛塔林立，设有四大经院（显宗、密宗、时轮、医明）、印经院、藏经殿。藏传佛教宁玛派、噶当派、萨迦派、噶举派、夏鲁派、觉囊派等不同派系因教义、教规上的差异，其建筑风格有很大差异性。如鸾耶寺是仿照古印度婆罗王朝在摩揭陀所建的欧丹达菩黎寺为蓝本而建，建筑完全按照佛经中的大千世界布局，中央为世界中心须弥山，建筑布局又和密宗的曼荼罗（坛城）有几分相似，这种建筑构思充满神秘的宗教色彩。萨迦寺格局基本仿照汉区古代城池样式，是一座集汉族、藏族、印度风格为一体，具有很好防御性能的元代城堡式建筑群。白居寺是一座集汉、藏、尼泊尔建筑风格为一体，塔寺结合的，典型的藏传佛教寺院建筑群。夏鲁寺殿顶覆盖绿色琉璃瓦和兽物飞檐，具有元代建筑风格，是藏、汉建筑风格的完美结合。

2）伊斯兰古建筑

青藏高原伊斯兰古建筑风格，是我国宫殿式建筑与阿拉伯建筑有机结合的产物。在本区域乃至全国有一定知名度的伊斯兰古建筑有喀什艾提尕尔清真寺、西宁东关清真寺、循化街子清真寺、临夏南关清真大寺等。清真大寺建筑主要由礼拜大殿、宣礼塔、教经堂、门楼、广场等组成。喀什艾提尕尔清真寺，是我国阿拉伯式伊斯兰建筑的典范，为全国重点文物保护单位。

3）道观古建筑

道教在青藏高原的活动，限于汉族群众分布区，历史上曾有正一派和全真派两大教派，后大都被毁。青海省东部道观分布较广，著名的道观古建筑有贵德玉皇阁万寿观，建于明清，建筑包括山门、过厅、东西配殿和玉皇阁五栋单体建筑，玉皇阁通高 26m，建筑造型华美，为全国重点文物保护单位；武威文庙由文昌宫、文庙、凉州府儒学院三部分组成，占地面积 $3\times10^4m^2$，是一组造型雄伟的宫阙式建筑群，明清之际被誉为“陇右学宫之冠”，是凉州文人墨客祭祀孔子的圣地，是目前西北地区建筑规模最大、保存最完整的孔庙，为全国三大孔庙之一，文庙内古柏参天，古朴静雅，为全国重点文物保护单位；西宁北山土楼观，以独特的山体造型和寺、观、塔、窟建筑而著称于世，有 1800 多年历史。道家神龛和佛家造像并存于同一寺中，在全国寺院中实属罕见，洞窟内塑有玉皇、观世音、文殊、普贤、关云长等神佛像，遗存隋、唐、宋、元时期的汉、藏传佛教艺术壁画，享有“西平莫高窟”的美称。

4. **园林游憩区域**

青藏高原上有国家风景名胜区 8 处，国家森林公园 29 处，国家地质公园 16 处。还有一批人工建造的园林游憩地，如拉萨罗布林卡、宗角禄康公园（龙王潭公园）、日喀则贡觉林卡、西宁人民公园、贵德黄河清湿地公园等，都是园林游憩的理想之地。古典园林在藏族聚居区称林卡建筑。新中国成立前，西藏的上层人士大多拥有自己的林卡，拉萨大小林卡 50 余处。西藏众多林卡中，最为典型和著名的是罗布林卡，罗布林卡占地面积 36 公顷，原是七世及后世达赖每年藏历 4～9 月处理政务、举行典礼、消夏避暑和进行宗教活动的夏宫，历经 200 余年成为青藏高原上一处闻名中外的人造园林。

拉萨罗布林卡

5. **建设工程与生产地**

柴达木盆地绿洲农业

随着产业规模和科技含量的不断提升，产业观光成为重要的旅游项目，引起旅游者越来越多的青睐，如柴达木盆地工业观光和绿洲农业观光，都对游客产生强大的旅游震撼力和诱惑力。

柴达木盆地蕴藏有极其丰富的矿产资源，盐湖、石油天然气资源得天独厚，素有“聚宝盆”之称。2005 年 10 月经国务院批准，柴达木循环经济试验区为国家首批 13 个循环经济试点的产业园区之一，现已建成 100 万吨钾肥、100 万吨炼油、40 万吨甲醇、90 万吨纯碱等一批工业项目，大批钾肥、成品油、天然气等国家急需物资运往全国各地。柴达木盆地成为我国西部新型重工业基地。

柴达木盆地深居欧亚大陆腹心，生态环境恶劣。盆地建设者们经过几十年大搞植树造林，将一个干旱荒漠脆弱的生态环境改造成良性循环的农业人工生态系统，创造了小麦亩产 1013kg 的世界高产纪录，各种瓜果、蔬菜相继在这里安家落户。

青藏铁路是世界上海拔最高、线路最长、融入景点最多、最富有挑战性的铁路线，是世界交通史上的伟大创举，创造了许多世界铁路之最。

6. **其他**

除上述内容之外，青藏高原还拥有一批其他方面的特色旅游项目。①社会与商贸活动场所：普兰唐嘎国际市场、喀什大巴扎。②动物与植物展示地：西宁植物园、青藏高原野生动物园。③军事观光地：海晏中国第一颗武器研制基地旧址、江孜宗山抗英遗址。④边境口岸：樟木、塔什库尔干红其拉甫口岸。

（二）单体活动场馆

祭拜场馆：青海湖祭海、蒙古族祭敖包、冕宁彝海“歃血结盟”遗址。展示演示场馆：西藏博物馆、青海省博物馆、青海藏医药博物馆、柳湾彩陶博物馆、青海昆仑玉博物馆、青海藏文化博物馆、香格里拉红军长征博物馆、香格里拉文化演艺中心。体育健身场馆：青海多巴国家高原体育训练基地等。

（三）景观建筑与附属性建筑

1. **佛塔**

玉树藏娘佛塔

佛塔林立是青藏高原一大人文景观。西藏第一座自建的五顶佛塔在昌珠寺内。公元8世纪中叶桑耶寺建松嘎尔五塔。现存的江孜吉祥多门塔（白居塔）、拉孜觉囊通卓钦摩佛塔、桑耶寺四塔、玉树藏娘佛塔、色达邓登曲登佛塔、民乐圆通寺塔、武威萨班灵骨塔、达赖及班禅灵塔、塔尔寺八宝如意塔、宗喀巴纪念塔等佛塔均享誉海内外。

1）八宝如意塔

八宝如意塔矗立在塔尔寺广场上，东西向一字排列，建于1776年，是为了纪念释迦牟尼佛一生中的八大功德而修建，从东向西依次是善逝塔、菩提塔、四谛塔、神变塔、天降塔、息诤塔、尊胜塔、涅塔，成为塔尔寺的象征建筑物。

2）宗喀巴纪念塔

宗喀巴纪念塔矗立在塔尔寺大金瓦殿内，明洪武十二年（1379 年）创建，高 11m，大银塔以纯银制作底座，镀以黄金，并镶嵌各种珍宝。塔身中间一银质镂雕精美的佛龛内，供奉着宗喀巴镀金药泥佛像，使该塔成为塔尔寺最珍贵、最著名的宝塔。

3）藏娘佛塔

藏娘佛塔位于玉树通天河南岸，是印度大学者弥底于 1030 年在玉树弘法时所建，塔高 40m，它与尼泊尔的巴耶塔、西藏的白居塔堪称世界著名三座藏传佛教佛塔。藏娘佛塔现为国家级重点文物保护单位。

4）萨班灵骨塔

萨班灵骨塔位于武威白塔寺内，塔体残高 5.25～5.70m。1251 年底西藏萨迦派领袖萨迦班智达·贡噶坚赞（简称“萨班”）病逝于幻化寺，寺内修建白塔供奉萨班灵骨，幻化寺随即更名为“白塔寺”，为国家重点文物保护单位。

5）桑耶寺四塔

桑耶寺四塔位于桑耶寺内有四座白、红、黑、绿四种不同颜色、风格各异的佛塔，众供信徒顶礼膜拜，同时又具有威慑力量能够压制一切邪恶或异己力量的神圣之物，供藏族信徒们祈祷求助。

6）白居塔

白居塔位于江孜白居寺内，于 1414 年动工兴建，历时 10 年建成。总计各类佛像十万余尊和壁画近千幅，素有“十万佛塔”和“塔中有寺、寺中有塔”之美称，将佛教中的八种佛塔特点融为一身，集建筑、绘画和雕塑艺术于一体，为中国建筑史上珍品。

7）五世达赖灵塔

五世达赖灵塔位于布达拉宫红宫西大殿，建于 1690 年，高 14.85m，将五世达赖的遗体保存在塔瓶内。该塔耗黄金 3721kg，珍珠 3812 颗，塔前陈设金灯金碗、明清珐琅瓷器、各式法器、祭品等，殿顶上冠饰金顶，光彩夺目，富丽辉煌。

8）邓登曲登佛塔

邓登曲登佛塔位于川西色达县色柯镇，建于 1913 年，高 52m，此塔为镇妖驱邪、消灾解难、普度众生而修建。

2. 城堡宫殿

雍布拉康

宫殿建筑在西藏十分普遍，如象雄王国的琼隆银城、苏毗国的辗噶尔、雅砻王国的雍布拉康、青瓦达孜宫、吐蕃王朝布达拉宫、温乡宫殿、札玛止桑宫殿等。西藏政教合一的制度形成后，各教派的法王、宗教领袖建有各自的宫殿。著名的城堡宫殿有以下几个。

1）雍布拉康

雍布拉康位于乃东县扎西次日山顶部，是西藏历史上的第一座宫殿。此宫殿为碉堡式建筑，高约30m，均以石块砌成，耸峙山头，视野开阔，白塔和“梯级式”型制相映衬，显得巍峨挺拔、气势雄伟。

2）布达拉宫

布达拉宫位于拉萨市中心红山上，是吐蕃赞普松赞干布为迎娶文成公主而修建的，从此成为吐蕃王国的统治中心。1645年五世达赖喇嘛重建布达拉宫，并由哲蚌寺移居布达拉宫，布达拉宫成为他起居和从事政治活动的场所和西藏地方政权所在地。先后有9个藏王和10个达赖喇嘛在布达拉宫施政布教，迄今有1300多年历史。

3）古格王宫

古格王宫位于阿里札达县象泉河南岸，现存王宫建筑面积$1.8\times10^5m^2$。古格王宫始建于10世纪末，依山势而建，建筑呈金字塔结构。王宫外部分白殿和红殿，白殿保存较完整，面积约$370m^2$，宫殿、寺院、庙宇建筑方柱林立，天花板和四壁绘满了大量壁画，是西藏早期不可多得的艺术珍品。外围是黄土垒成的高大城墙，险隘处矗立碉堡、哨口，暗道密布，四通八达。围墙上有4000余件线刻造像石和藏梵文经咒的玛尼石刻。

4）德庆格桑颇章

德庆格桑颇章位于日喀则，是十世、十一世班禅的夏宫（又称新宫），内有班禅大师起居室、办公室、经堂，佛像等。新宫建筑风格既古朴典雅，又雄奇伟丽，宫院内林木葱郁，花卉遍布，景色宜人，1989

年 1 月 28 日十世班禅大师在这里圆寂。

5）拉加里王府宫殿

拉加里王府宫殿位于山南地区曲松县城南侧。融藏汉建筑风格为一体，建筑遗址及始建年代分为早、中、晚三期。早期建筑称旧宫，始于 13 世纪，现存高为 12m 的宫墙残段和南、北大门；中期建筑称为新宫，建于 15 世纪，为拉加里王宫遗址现存的主体建筑，尚残存部分壁画；晚期建筑称“夏宫”，建于 18 世纪，为一基本完整的院式宫殿，是全国重点文物保护单位。

3. 碑碣

青藏高原上著名的碑碣 30 余处，它记载了历史时期发生的重大事件，是研究历史的可靠证据。拉萨唐蕃甥舅会盟碑、湟源唐代唐蕃赤岭界碑，真实地记载了唐朝与吐蕃关系的发展演变；此外著名的碑碣还有海晏西海郡虎符石匮、拉萨达扎路恭纪功碑、吐蕃第三十七代赞普赤松德赞墓碑、吐蕃第三十九代赞普赤德松赞墓碑、墨竹工卡夏拉康碑、拉萨御制十全记石碑、拉萨御制平定西藏碑等。

4. 字画

湟源石峡和药水峡摩崖石刻、佛尔崖石刻、和日石经墙、措哇尕什则多卡寺石佛塔、嘉那嘛呢、勒巴沟摩崖、林芝工布第穆萨摩崖石刻、洛扎摩崖石刻、察雅仁达摩崖造像、扎囊青朴摩崖造像、青瓦达孜山摩崖造像、拉萨药王山摩崖造像（摩崖千佛像）、昌都摩崖造像、拉萨红山摩崖石刻、西宁明代金书铁卷、玉树文成主公庙佛雕及石刻等字画遗址具有较高的旅游价值和历史价值。

5. 其他

其他遗址有石窟（拉萨查拉鲁普石窟、扎耶巴洞窟群、北山寺石窟、龙岗沟石窟、达扎东嘎、皮央石窟、玉树贝大日如来佛石窟寺、日土丁穹拉康石窟、张掖马蹄寺石窟群）、广场（布达拉宫广场、西宁中心广场、新宁广场、喀什市中心广场）、长城段落（西宁卫明长城）等。

（四）居住地与社区

1. 传统与乡土建筑

青藏高原因自然条件、各民族生活习俗等的差异性，民居建筑类型多样，如草原牧区的牛毛帐房、半农半牧区的“碉楼”、林区木板房、阿里高原的窑洞、农耕区的四合院等。四川西部藏族聚居区民居“碉

藏族碉楼

楼”，作为藏族建筑艺术的代表而享誉海内外，此外著名的民居建筑如下。

1）马尔康卓克基土司官寨

马尔康卓克基土司官寨位于川西马尔康县城东 9km 的卓克基乡，建于清朝乾隆年间，现存建筑系 1912 年索观赢继承卓克基土司职位时所建，是一座居住、官署和防御相结合的现代官寨建筑。它将藏汉不同风格的建筑艺术巧妙结合，汉式四合院布局，建筑造型为藏式碉楼民居。建筑高 19.05m，分为 5 层，底层是厨房、佣人住房与石墙隔开的马厩，第二层是一般性住房、储藏室，第三层是土司及其家眷的卧室、高级迎客厅、书屋等，第四层设有佛堂神殿，第五层是备战瞭望室外的炮眼。1935 年 7 月红一方面军长征途中毛泽东、朱德、周恩来等曾在此居住。现为全国重点文物保护单位。

2）丹巴古碉群

丹巴古碉群位于川西甘孜州丹巴县，现存古碉 562 座，距今 1000～500 年，虽经战争和风雨剥蚀，仍巍然屹立。造型有四角、五角、八角、十三角等，高 30～60m，是我国古石碉楼数量最多、外观造型最美、碉楼功能最丰富的地方，素有“千碉之国”、“东方金字塔”的美称，是嘉绒藏族聚居区灿烂的文化象征和悠久历史的见证。

3）壤塘日斯满巴碉楼

壤塘日斯满巴碉楼位于阿坝藏族羌族自治州壤塘县宗科乡境内，高 25m、9 层，被称为目前四川省乃至全国发现的年代最久、规模最大、层数最多、建筑最高的藏族传统民居。碉楼底层是牲畜圈棚，二层北为厨房，南为客厅，三、四层为寝室，五、六层为佛经堂，七层以上为杂物库房。日斯满巴碉楼堪称藏族建筑艺术史上的一颗璀璨明珠。

2. 历史文化名城

青藏高原国家级历史文化名城有拉萨、日喀则、江孜、丽江、张掖、武威、喀什、同仁等 8 座。

1）拉萨

拉萨为西藏自治区首府，拥有 1300 多年历史，海拔 3650m，是世界上海拔最高的城市，年日照 3000h 以上，故有“日光城”美称。“拉萨”在藏文中为“圣地”或“佛地”之意，长期以来是西藏政治、经济、文化、宗教的中心，金碧辉煌、雄伟壮丽的布达拉宫，是至高无上政教合一政权的象征。

2）丽江

丽江位于云南西北部金沙江中游，境内山川秀丽，自然景观独特，有被誉为我国“冰川博物馆”及“植物王国”的玉龙雪山，有被称为“横断山植物基因库”的新主天然植物园和“杜鹃王国”老君山，有一天可见三次日出日落的“黎明丹霞”赤壁风光，有“环球第一树”美称的万朵山茶。

历史文化名城——丽江一角

3）日喀则

日喀则位于喜马拉雅山北麓、雅鲁藏布江及其支流年楚河汇流处的河谷平原，是西藏主要产粮地之一。现为日喀则地区行署驻地，西藏第二大城市。它有 500 多年历史，曾是噶玛王朝的中心，其后一直是后藏政治、经济、文化中心和历代班禅大师驻锡地。名胜古迹有扎什仑布寺。

4）江孜

江孜位于年楚河中游，1300 年前曾是苏毗部落的政治中心。清朝光绪三十年（1904 年），西藏爱国军民在此同入侵的英国侵略者进行殊死拼搏，宁死不屈，江孜城有“英雄城”之美誉。“江孜卡垫”闻名海内外。有白居寺、白居塔、宗山等名胜古迹。

5）武威

武威有 4000 多年历史，西汉汉武帝时辟河西四郡，武威即为河西走廊政治、经济、文化、宗教的重镇，古称凉州，农业、商业发达，是我国古代西域六朝之都，是古丝绸之路上的第一重镇。武威有中国旅游标志铜奔马出土地雷台汉墓、号称“陇右学宫之冠”的武威文庙、丝路名刹海藏寺、石窟之祖的天梯山石窟、白塔寺萨班灵骨塔等。

6）同仁

同仁为热贡佛教艺术的发祥地而享誉海内外，是藏传佛教重要艺术流派所在地，有700多年的历史，其唐卡、壁画、堆绣、雕塑艺术工艺细腻、色彩浓艳，在东南亚、欧美、日本等地区享有盛誉。这里有国家级重点文物保护单位隆务寺、建筑风格独特的隆务老城区、羌人活化石之称的“菟免舞”、藏戏等。

7）喀什

喀什建于公元前2世纪，为西域三十六国之一的“疏勒国”地。西汉神爵二年（公元前60年），汉朝设立西域都护府。唐朝曾两度设置疏勒（得沙）都督府，是当时有名的“安西四镇”之一。10～13世纪初，这里建立以古代维吾尔族为主体的喀喇汗王朝。公元121年后，成吉思汗在此建立了元朝地方政权——都元帅府，明代称哈什哈尔，清初始称喀什噶尔，现为喀什行署驻地。有艾提尕尔清真寺、穆罕默德喀什噶里墓、玉素甫哈斯哈吉甫陵墓、阿帕克霍加墓（香妃墓）、莫尔佛塔、石头城等名胜古迹。

8）张掖

张掖在古代为河西四郡之一，是历代中原王朝在西北地区的政治、经济、文化和外交活动中心。张骞、班超、法显、唐玄奘等都曾途经此地前往西域；隋炀帝于公元609年曾在此召集西域27国君主使巨，召开了“万国博览会”；马可·波罗曾在此停留一年之久。有大佛寺、木塔寺、西来寺、镇远楼、黑水国遗址等名胜古迹。

3. 特色小城镇

青藏高原有特殊的地缘优势和多民族、多宗教的特点，新中国成立后加大了对高原开发建设的力度，使这里涌现出了一批特色小城镇。除上述历史文化名城外，西藏境内的昌都、泽当、昌珠、八一镇、樟木、那曲、狮泉河，青海境内的德令哈、结古、西海、威远、鲁沙尔，云南境内的香格里拉（中甸），四川境内的康定、九寨沟、马尔康，甘肃境内的合作、临夏等小城镇均各具特色。

上述特色小城镇，地方和民族特色极浓，旅游基础设施建设粗具规模，成为国内外游人向往的旅游目的地，它们不仅是旅游景区，也是旅游服务中心城市。例如，泽当镇现为山南地区行署驻地，这里被称为藏族古文明的发祥地，有雅砻河国家级风景名胜区、贡布尔日神山及“猴子洞”、昌珠寺、藏王墓等风景名胜；昌都镇为昌都地区驻地，历来是西藏东部政治、经济、文化、交通中心，茶马古道在我国西南部是重要的交通要地，康巴文化的中心；结古镇为玉树藏族自治州府地，自古是西宁、川西、拉萨之间的“货物集散地”，是藏族聚居区卫藏、康巴、安多三大语系藏民族居住区的中心，有结古寺、新寨嘛呢石城、文成公主庙、勒巴沟岩画等名景名胜；西海镇是海北藏族自治州府驻地，是我国第一个核武器研制基地，我国第一颗原子弹、第一颗氢弹是在这里研制成功的，西部歌王王洛宾蜚声中外的《在那遥远的地方》从这里走向世界；那曲镇现为那曲地区驻地，是藏北高原政治、经济、交通的中心，自唐代起，是唐蕃古道重要驿站，现青藏公路、青藏铁路、黑（河）昌（都）公路和黑（河）阿（里）公路穿过，成为藏北的交通枢纽和畜产品物资集散地；康定镇为甘孜藏族自治州首府，“康定情歌”把康定推向世界，跑马山上建有佛寺、佛塔，每年农历四月初八举行隆重的“转山会”，又称“浴佛节”，白天赛马，晚上歌舞达旦，热闹非凡，让游人感受康巴风情；临夏市是临夏回族自治州州府驻地，我国回族集聚地之一，回族建筑、清真饮食、穆斯林用品生产等自成体系，伊斯兰文化浓郁，素有“中国小麦加”之称，是国内著名伊斯兰文化旅游目的地。

4. 特色民居

1）形态各异的民居

青藏高原民居建筑差异很大，类型复杂多样。例如，为便于游牧搬迁，草原牧区牛毛帐房极为普遍；河谷地带属于半农半牧区，石木结构的“碉楼”民居非常普遍，大都建在河谷两岸半山腰上，依山势而建，一般低层为牲畜棚，第二层住人，高层有供佛的房间，高低错落有致；林区就地取材，木板房结构的民居十分普遍；阿里为高寒地区，大风等恶劣天气多，窑洞民居很普遍。生活在高原东部边缘区的各族群众，长期以来过着定居的农耕生活，民居以四合院为主，不同民族四合院内结构、布局形式截然不同，如土族民居北房为正房，最高处供奉神佛像，院正中矗有嘛呢旗杆，经幡迎风飘动；回族、撒拉族有沐浴洁身的习俗，大多数人家有沐浴房，园内多种植花木树木。同时四合院内墙壁、门窗的装饰，房间布置都因民族和习俗不同而不同。

2）特色街巷

特色街巷包括拉萨八廓街、丽江古城四方街、湟源古街、同仁老街。

3）名人故居与历史纪念建筑

西藏民主改革前，贵族占有大量土地、庄园、农奴，豪华府邸、庄园建筑十分普遍，形成了一种特殊的建筑类型，如山南拉加里王府，拉萨十一、十四世达赖家院都是最具代表性的贵族府邸。13世纪初，西藏各地普遍确立了领主庄园的土地经营制，庄园建筑随之得到迅速发展，著名的有墨竹工卡松赞干布故居——甲玛赤康，朗赛林、帕拉、朗顿、庄孜、阿沛等庄园建筑再现了贵族当年奢侈豪华生活的场景。朗生（奴隶）阴暗、狭小的住所，陈列着奴隶主使用过的皮鞭、脚镣等刑具，是旧西藏社会的真实缩影，对考证研究旧西藏的政治、经济、文化有十分重要的价值。循化十世班禅故居、馨庐马步芳官邸、中甸中心镇公堂、中山纪念堂等均为历史纪念建筑。

5. **现代都市**

西宁市是青海省省会，是青藏高原唯一一座区域性现代化中心城市，坐落于青藏高原东北部，有青藏高原东部门户之称，是全省政治、经济、文化、科技、文通、信息中心，是国家批准的内陆开放城市。具有2100多年的历史，面积7665km^2，其中市区面积350km^2。人口占全省总人口的1/3以上，进入我国人口超过百万大城市的行列。

西宁市初步形成门类齐全、“一区三园”的工业布局新态势，基础设施建设日臻完善。西宁市依托丰富的电能、矿产、畜牧资源，初步形成以冶金、建材、化工、中藏药、农畜产品精深加工为主的工业体系。西宁地区社会发展历史悠久，沈那遗址多种古文化类型、上孙家寨遗址出土的舞蹈彩陶纹盆、青唐古城遗址、南凉虎台遗址等，充分展示了西宁市深厚的文化底蕴；以黄教圣地塔尔寺为代表的藏传佛教文化享誉海内外，以东关清真大寺为代表的伊斯兰教文化、以北禅寺为代表的道教文化在省内外有较高地位。

西宁市气候冬无严寒、夏无酷暑，七八月平均气温12～19℃，凉爽宜人，湿度适宜，阳光灿烂，是理想的消夏避暑旅游胜地，被誉为“中国夏都”，现为国家优秀旅游城市、优秀园林城市、优秀卫生城市。每年夏季举办的“中国·青海结构调整暨投资贸易洽谈会”、“中国·青海郁金香节”和“环青海湖国际公路自行车赛”，已经成为享誉海内外的知名品牌，吸引着众多的国内外游人前来观光。市区有青海博物馆、青藏高原野生动物园、中国藏医药博物馆、青海自然博物馆、马步芳公馆、东关清真大寺、人民公园、南山公园等风景名胜。

6. **世界文化遗产**

1）布达拉宫

“布达拉”意为“佛教圣地”，又称第二普陀山，坐落在拉萨市中心布达拉山（红山）南麓，海拔3700m，建筑依地势从山体底部向上至山体顶部蜿蜒建造，主楼13层，高115.4m，东西长360m，南北宽140m，占地面积$9\times10^4m^2$，是一座由经堂、寝宫、佛殿、灵塔殿、地方行政办公室及僧舍组成的庞大建筑群。布达拉宫建筑充分利用地形空间，将藏族传统的碉楼与木结构、宫堡与曼陀罗、祭祀神灵与现实生活有机和谐统一，体现了藏族古建筑的特色。建筑从外观颜色上分为白宫和红宫，白宫外墙涂白色，高7层，是历代达赖喇嘛生活起居和政治活动的地方，也是原西藏地方政府的办事机构所在地。红宫外墙刷赭色，位于白宫西，是五世到十三世（六世除外）达赖喇嘛的灵塔殿和各类佛殿，其中五世达赖喇嘛灵塔和灵塔殿最为壮观豪华，其次是十三世达赖灵塔殿。300多年来，布达拉宫收藏和保存了极为丰富的历史文物，包括大小殿堂、门厅、回廊、约$2500m^2$题材丰富色彩绚丽的壁画、近千座佛塔、甘珠尔经、上万幅唐卡（卷轴画）贝叶经等珍贵的经文典集。还有明清以来中央政府赐予西藏地方的各种封赐达赖喇嘛金册、金印、玉印及乾隆皇帝御赐为挑选达赖转世灵童而设的金瓶。宫中还藏有大量历代唐卡、明清锦缎、瓷器、珐琅器、玉器、钻石、法器等金银工艺珍品。布达拉宫1994年12月被联合国列入《世界历史文化名录》，大昭寺和罗布林卡也包括其中。

雄伟壮观的布达拉宫

2）丽江古城

丽江古城位于云南丽江纳西族自治县，由大研、白沙、束河古镇组成，面积约$3.8km^2$，始建于南宋末年，至今有800多年历史。丽江自古是滇西北政治、经济、文化、军事重镇，是元代的路宣抚司、明代的丽江军民府、清代的丽江府的驻地。丽江古城不筑城墙，街道依山势而建，顺水流而设，是一个以纳西族为主要居民的古老城镇。它以道教的八卦图构思建成的四方街为古城核心，然后从四方街四角延伸出四大主街，又从四大主街分岔出众多街巷，如蛛网交错，形成以四方街为中心、沿街逐层外延的缜密而又开放的建筑格局。古城将玉龙雪山融水、黑龙潭清泉入院穿墙，流布全城，形成“家家流水、户户垂杨”的江南景色。玉河水系上架有明清时期桥造的小桥354座，形成小桥流水人家景象。城内的木府原系丽江世袭土司木氏衙署，现今成为古城博物院；福国寺五凤楼外形似五只彩凤展翅故名，是中国古代建筑中稀世珍宝。

（五）归葬地

青藏高原曾建立过吐谷浑、吐蕃、南凉、古格等割据地方政权，陵墓建筑精美，拥有珍稀文物古迹，是历史研究难得的史料，也是十分珍贵的旅游资源。西藏陵墓有两种，一种是割据政权统治者的陵墓，如藏王墓；另一种是各大寺庙活佛、高僧的灵塔，如供奉在布达拉宫红宫、扎什伦布寺内历辈达赖喇嘛和班禅的灵塔。青藏高原有珍贵文物和旅游价值的归葬地有数十处，其中山南藏王墓、都兰热水墓葬群、喀什阿巴和加麻扎（香妃墓）、五世达赖喇嘛灵塔、东陵扎什南捷五世至九世班禅合葬灵塔等，在海内外享有很高知名度。

1. 墓（群）

1）热水墓葬群

热水墓葬群位于都兰县热水乡，是古代吐谷浑王国的大型墓葬群，是我国1996年十大重大考古发现之一。其中，血渭1号大墓系全国十大古墓之一，高约30m，被誉为“高原金字塔”。墓葬出土大量陪葬物品马、牛、羊等动物遗骸，随葬品有皮靴、金饰品、木碗、木碟、木鸟兽、陶罐、古藏文木牍、彩绘木片、粮食等。出土的丝织品，质料良好、图案清晰、色彩鲜明，图案有珍禽异兽、花草树木、车马人物，其中佛像、人物狩猎、西域人图像等为我国首次发现。大墓周围还有数十座小型墓葬，现列为全国重点文物保护单位。

2）藏王墓

藏王墓位于山南琼结县木惹山上，是7～9世纪吐蕃王朝第29代赞普至第40代赞普、大臣及王妃的墓葬群，墓葬共16座，面积$3.05\times 10^6 m^2$，是西藏迄今规模最大的墓群。墓封土高出地表约10m，方形平顶的墓居多。根据史书记载，能确定墓主的墓葬有9座，其中松赞干布和赤德松赞墓葬规模宏大。墓葬前有吐蕃时期的石碑两方，均由碑帽、碑身、碑座组成，一方石碑正面刻古藏文，碑文记叙了赤德松赞一生的功绩；另一方为赤松德赞纪功碑，通高5m，称赞他文治武功仅次于松赞干布。赤德松赞墓前，有镇墓石狮一对，通高1.65m，由整块石体雕琢而成，造型古扑、雄宏，石狮刻工简练，形象生动，与汉地唐代陵墓石刻风格有明显的联系，是吐蕃时期遗留的少量珍贵石刻作品，现为国家重点文物保护单位。松赞干布墓，是藏王墓中最雄伟壮观的一座墓，现已开发让游人参观游览。墓顶部建古庙“钟木赞拉康”，意为松赞庙，庙内供松赞干布、文成公主、赤尊公主、大臣禄东赞、吞米·桑布扎等人的塑像，墓下宫殿内，珍藏有松赞干布出征时穿用过的金盔甲、纯金制作的骑士战马，还有金银珠宝等随葬品。

琼结藏王墓

3）阿巴和加麻扎

阿巴和加麻扎位于喀什市东北郊浩罕村，建于1640年，是一座典型的伊斯兰式古陵墓建筑，现为国家级重点文物保护单位。陵墓由门楼、小礼拜寺、大礼拜寺、教经堂和主墓室5部分组成。墓室内埋葬着阿巴和加五代72人，传说其中有一个叫伊帕尔汗的女子，是乾隆皇帝的爱妃——容妃，由于她身上常有沙枣花香，人们称她为“香妃”。香妃死后其尸体被运回喀什葬于阿巴和加墓内，故人们将这座陵墓又称“香妃墓”。其实容妃葬于河北遵化清东陵的裕妃园寝，现香妃墓内存放的是她的衣冠。

4）五世达赖灵塔

五世达赖灵塔位于布达拉宫红宫西大殿，建于1690年，高14.85m，为菩提塔，由塔座、塔瓶、塔刹三部分组成，是西藏建筑最早、规模最大、装饰最华丽的一座灵塔。采用高级防腐药剂将五世达赖遗体保存在塔瓶内。灵塔耗黄金3721kg，珍珠3812颗，还有其他大量珍贵文物。

5）十世班禅灵塔

十世班禅灵塔位于日喀则扎什伦布寺内，1989年元月28日十世班禅大师圆寂于新宫德虔格桑颇章。国家拨专款修建十世班禅灵塔祀殿，历时3年完工，面积1933m²，祀殿高35.25m。殿内供奉十世班禅灵塔，塔高11.52m。十世班禅塑像立于灵塔前，灵塔顶部绘有曼陀罗的图案。祀殿及灵塔用去黄金614kg、白银275kg、宝石868颗、珠宝

6794 颗。塔内装藏极为丰富，塔的四周绘有佛陀、菩萨、本尊等佛的壁画和坛城。十世班禅灵塔祀殿宏伟壮观、金碧辉煌。

2. 陵区陵园

陵区陵园是四川阿坝藏族羌族自治州红军长征纪念碑碑园，金川、芦花、亚克夏山红军烈士陵园，西宁市烈士陵园，山南烈士陵园。

（六）交通建筑

青藏高原地域辽阔，河流纵横交错，不少地域山高谷深，桥梁多种多样，其中以悬桥和索桥最有特色。藤索桥、铁索桥等索桥多见于东南部门巴、珞巴地区，溜索常见于昌都一带。悬桥，亦称挑桥、飞桥，多见于山高水深、不易打桩的江河上。

1. 桥

丽江古城区内的玉河水系上，修建有 354 座桥梁，著名的有锁翠桥、大石桥、万子桥、马鞍桥、仁寿桥等，均修建于明清时期。大石桥系双孔石拱桥，拱圈用板岩石支砌，桥长约 10m，桥宽近 4m，因处古城中心位置，是古城几百年的商旅往来、市井交流的通道，为古城众桥之首。中河把古城分为东西两城区，中河上的桥以坚固厚实为特色，河宽桥大，河长桥多，大多数是石拱桥。东河和西河是人工河，水浅渠窄，桥多以简便实用为特色，木板桥、石板桥居多。

2. 其他

其他方面的交通建筑如下。①车站：西宁火车站、格尔木火车站、拉萨火车站、拉萨汽车站。②航空港：西宁机场、格尔木机场、拉萨贡嘎机场、昌都邦达机场、林芝机场、九寨沟黄龙机场、香格里拉机场、玉树机场。

（七）水工建筑

水工建筑包括龙羊峡水电站及库区、李家峡水电站及库区、公伯峡水电站及库区、拉西瓦水电站及库区、积石峡水电站及库区、羊卓雍湖抽水蓄能电站、桑日沃卡水电站、昆仑山温泉水库、海晏东大滩水库、大通黑泉水库。

七、旅游商品

旅游商品是旅游者在旅游过程中购买的、具有纪念意义的、能反映旅游地特色的特殊物品。青藏高原旅游商品种类繁多，异彩纷呈，经归纳分类有如下几种旅游商品。

（一）菜系及特色风味小吃

1. 菜系

青藏高原自成体系的菜系有藏族菜系和回族清真菜系两大类。

1）藏族菜系

西藏以藏族为主体，饮食文化受外来干扰比较少，更多的保留有藏式餐饮风格，日常食用酥油、糌粑、牛羊肉及奶制品。拉萨地区藏餐品种达百余种，分主食、菜肴、汤类、奶制品四大类。西藏酒宴地方特色极为浓厚，酒类以高原特色的青稞酒为主，藏式菜肴风干肉、奶渣糕、奶渣包子、藏式饺子、人参果糕、炸牛肉、辣牛肚、灌肠、灌肺、炖牛肉、炖羊头、酸奶等特色食品颇受游客青睐。

2）回族菜系

回族大都位于城镇、农业区与半农半牧区，同当地的其他各民族在生产、生活、文化上的长期交流，吸收了兄弟民族的烹制技法和调味习俗。回族菜系以青藏高原土特产品为原料，采用多种烹饪技艺制作，具有地方特色的风味佳肴约300余种，形成了具有青藏高原地方特点的回族清真菜系。特色风味小吃包括手抓羊肉、杂碎汤、烤羊肉、酿皮、酸奶、牛肉拉面、尕面片、油炸糕、清真糕点等。

2. 特色风味小吃

酥油糌粑，是一种营养丰富的藏族传统食品。在盛有热茶的碗里放一块酥油，把炒面、曲拉及白糖适量放入碗内用中指搅拌，然后用手捏成团状食用。

酥油茶，将砖茶用水久煮成浓茶汁，放入适量的酥油、食盐即可饮用。草原牧区蔬菜中的营养通过喝茶将得到补充。

草原帐房小吃，有氽灌肠、烧羊肝、干肉、水油饼、酥油蒸饭、酸奶蕨麻、酥油蕨麻、青稞粉蕨麻油糕等。

“藏北三珍”：藏北“虫草炖雪鸡”、“蘑菇炖羊肉”、“人参果拌酥油大米饭”，味道鲜美，营养价值高。

杂碎汤，是将煮熟的牛、羊的头、心、肺、肝、肠、胃、四蹄等（俗称“下水”）切碎加调料煮成汤，汤香味浓，肥而不腻，肉嫩而不烂，营养丰富，滋补强身，是高原群众喜食的早餐。

风干肉，一般在冬季，挑选质优牛羊肉切割成条状，挂在阴凉处让其冷冻风干，到次年三月份以后可食用，味道仍然鲜美。

手抓羊肉，水煮羊肉时，除调料适中外，火候要恰到好处，使肉熟而不烂，又鲜又嫩，清爽可口，营养丰富。食用时大都用手直接抓起来就餐，故得名“手抓羊肉”。

帕杂麻枯，藏式风味小吃，将盛于盆内的面粉用温水搅拌，用手捏成小面疙瘩加水煮熟，加入适量的红糖和碎奶渣，然后倒入融化后的酥油，慢慢搅拌均匀食用。

（二）地方土特产品

1. 畜、农、副、轻工产品

畜、农、副、轻工产品包括毛毯、地毯、毛氆氇、牦牛肉干、牛羊鞭、酥油、奶粉、羊筋、兽皮、蕨麻、发菜、蚕豆、绿豌豆、菜籽油、蜂蜜、蘑菇、青稞酒、青盐、皮革制品等。

2. 珍贵药材

青藏高原约有百余种汉藏药材，享有汉藏药材库之称，名贵药材有冬虫夏草、雪莲、红景天、藏茵陈、大黄、枸杞等几十种。随着人类生存环境的日趋恶化，化学药品的毒副作用明显，一批危害人们生命健康的疑难病、多发病尚未发现满意疗效的药品，重视天然药物已形成了世界趋势。生长于青藏高原无污染、高抗逆性的汉藏药材的发展越来越引起人们的高度关注，冬虫夏草成为药材之王。

冬虫夏草简称冬草，它是一种名叫虫草蝙蝠蛾的飞蛾的幼虫，是与寄生在幼虫头部的一株捧球棍状菌类植物的结合体，即冬天是幼虫，夏天为草，故得名冬虫夏草。冬虫夏草味甘性温，具有益肺肾、补精髓、止血化痰等功效，主治虚劳咯血、阳痿遗精、盗汗虚喘、腰膝酸痛等疾病，为我国传统的名贵滋补强壮药。

3. 传统手工工艺品

（1）日用工艺品。①各民族日用工艺品，如藏族服饰有藏袍、藏靴、藏帽、围裙等，生活用品有木碗、地毯、藏被、卡垫、氆氇、围裙、帐篷、口袋、背包、挂包、藏香、奶茶壶、碟、盘、刀、酒具、烟锅、鼻烟盒、马鞍、奶钩、首饰等。②宗教寺院用品建筑装饰物，如金鹿法轮、宝塔、刹式金瓶、哈达、灯具、佛像、唐卡、转经轮、佛珠、护身符等。③信仰伊斯兰教各民族的各种服饰顶帽、盖头、胸护、准摆、太司搭尔、汤瓶、刺绣。④珞巴族服饰披皮，生活用品，如木碗、长刀、弓箭，妇女佩戴装饰品，如手镯、项链、耳环、铜铃、银币、铜牌、铁链、小刀、贝壳、火镰等。

（2）手工工艺品按类型划分主要有如下几种。①热贡佛教工艺品：彩绘、彩塑、图案、堆绣、石刻、木刻等。②昆仑玉制品及宝玉石器、江河源奇石等。③首饰工艺品：戒指、耳环、手镯、项链、银盾、银带环。④刺绣工艺品：胸饰、领子、辫洞、腰带、围肚、鞋袜、枕头、烟袋、寿帐、挽联等。

4. 旅游纪念品

由于地域、民族等方面的极大差异性，各地旅游纪念品琳琅满目、千奇百种，充分展示了各个地区、民族的文化特色。

八、人文活动

青藏高原分布有50多个民族，少数民族以藏族为主体，世居的还有回族、土族、撒拉族、纳西族、羌族、彝族、傈僳族、维吾尔族、塔吉克族、裕固族、蒙古族、珞巴族、门巴族等。各民族人民在长期的生产、生活中，其生活习俗日积月累，耳濡目染，沿之成俗，虽不成文法，但无形中成为约束本民族成员的行为举止和生活方式的规范，逐渐形成了各个民族独特的风俗习惯和风土人情[12,31]。

（一）人事记录

1. 人物

青藏高原著名的历史人物有西王母、无弋爰剑、辛饶米保且、莲花生、赵充国、霍去病、秃发傉檀、邓训、吐谷浑王阿豺、隋炀帝、唃厮啰、松赞干布、文成公主、金城公主、赤松德赞、朗达玛、莲花生、八思巴、绛曲坚赞、固实汗、马步芳、慕生忠、喜饶嘉措、

松赞干布出生地

王洛宾、海晏原子城研制科学家群体等。此外，还有著名的藏传佛教各教派高僧大德，如前弘期佛典翻译大师桑希，后弘期东律初祖喇钦贡巴饶赛、复兴佛教大师鲁梅·楚臣喜饶、翻译家仁钦桑波，宁玛派三宿之第一代大师释迦琼乃，噶当派创始人仲敦巴·嘉瓦郡乃，萨迦派第四代师祖萨班·贡噶坚赞、第五代师祖八思巴·洛哲坚赞，噶举派第二代大师米拉日巴，格鲁派创始人宗喀巴、五世达赖阿旺罗桑嘉措、三世章嘉、十世班禅等。

2. 事件

青藏高原上著名的历史事件有羌人部落联盟及西王母国、霍去病建西平亭、辛饶米保且与本教、莲花生与藏传佛教、赵充国河湟屯田、吐谷浑兴衰、松赞干布与吐蕃王朝建立、邓训恩抚诸羌、秃发与南凉国、隋炀帝西征吐谷浑、文成公主与唐蕃联姻、唃厮啰与河湟建政、朗达玛与吐蕃王朝灭亡、八思巴与西藏萨迦政权、绛曲坚赞与西藏帕木竹巴政权、第五世达赖喇嘛阿旺罗桑嘉措与甘丹颇章地方政权、宗喀巴与格鲁派的诞生、迭部俄界会议旧址、西部歌王王洛宾与“在那遥远的地方”、海晏原子城原子弹氢弹研制成功等。

（二）艺术

1. 文艺团体

文艺团体包括西藏剧团、藏剧团、歌舞团，青海民族歌舞团、话剧团，西宁平弦剧团、豫剧团、歌剧团、秦剧团。

2. 文学艺术作品

青藏高原著名的文学艺术作品有昆仑神话、藏族英雄史诗《格萨尔传》、土族民间叙事诗《那仁布与吉门索》、蒙古族英雄史诗《汗青格勒》、东巴圣经、纳西族《白沙细乐》、羌族音乐《莎朗舞曲》、撒拉族《骆驼舞》、巨石文化、湟源排灯（灯彩）、阿尼玛卿山神话传说、“花儿”。

（三）民间习俗文化

生活在青藏高原上的藏族、土族、羌族、纳西族、撒拉族、裕固族等，民族文化底蕴深厚，民风习俗独特，各民族所具有的礼仪、节庆、演艺、宗教祭祀、健身、饮食、服饰等所包含的民族风情旅游，在国内外有着特殊意义。

1. 藏族文化

千百年以来藏族同胞在同青藏高原严酷自然环境斗争中，形成了剽悍、豪放、粗犷、爽朗的民族性格，创造了博大精深的藏族传统文化，表现在以下两个方面。

藏族歌舞

1）民间文学艺术

民歌和神话传说故事是藏族民间文学的重要组成部分，大都是以口头形式流传下来。其中，民歌在藏族民间文学中占有重要位置，它的最大特点是音乐与舞蹈密切结合。藏族英雄史诗《格萨尔王传》，是举世公认的中国藏族说唱文学巨著，也是世界上最长的民族史诗，现已发掘整理的有120多部，是研究古代藏族历史、地理、军事、天文历算、宗教、农牧业、文化艺术的极其神奇的藏族社会百科全书。藏族聚居区素有歌舞海洋的美称。藏族舞蹈按其表现形式、风格、地区不同，有卓舞（又称锅庄）、叶舞、则柔舞、热巴舞、宗教舞（藏语称“羌姆”）等种类。藏族舞蹈具有音乐节奏明快，旋律优美动听，动作粗犷奔放，舞姿舒展洒脱等特点。藏戏迄今有千余年的悠久历史，是将歌剧、舞剧、哑剧等表演手法揉在一起的综合艺术，曲调优美动听，舞姿粗犷、刚健，歌声高亢雄浑。著名藏戏有《文成公主》、《曲结诺桑》、《朗萨姑娘》、《卓哇桑姆》、《智美更登》、《白马文巴》、《苏格尼玛》、《顿珠顿月》等八大剧目，成为我国戏剧舞台上正在盛开的鲜丽花朵。藏族绘画艺术包括壁画、堆绣、唐卡、木刻、雕塑品等，题材广泛，内容广博，可以称得上是藏族社会历史的一部百科全书。藏族绘画艺术是大量画师在本民族绘画传统技艺基础上，吸收了中原及邻近印度、尼泊尔等外来的绘画技艺，形成自己的风格和民族特色，并在长期实践中出现了不同的流派，其中以西藏的“门当”、“青孜”和青海的“热贡”最为著名。

2）科学艺术

藏医药学有1300多年历史，不断吸收中原汉地、印度、泥婆罗、阿拉伯等地医学经验和理论，逐步形成在生理、病理、治疗等诸多方面独立完整的理论和临床经验丰富的藏医药学体系。著名的藏医学家玉妥·云登贡布所著的《四部医典》，是闻名世界的医学论著。藏医药在治疗高原风寒、风湿、积食、妇女产后风等疑难疾病有奇特疗效，藏医藏药临床医术现已走向世界。

古代藏族人民用“水测法”、“测日影法”和“百串记数”等方法来测定年、月和每日昼夜时间的变化。《冬夏至图表》、《五行珍贵之明灯》、《白琉璃》、《历算概要》等书籍，是目前仍在我国保存的古代天文历算经典著作的一部分。

藏族建筑类型多种多样，包括寺院、宫殿、城镇、宗山、林卡等大型建筑，还有庄园、王府、贵族府邸、印经院、民居、桥梁等小型建筑，这些建筑均有显著特色。其中寺院建筑在选址、群体结构、布局、装饰等方面有自己的风格，形成了独具特色的佛教园林建筑群。

考古研究发现，青藏高原是我国畜牧业最早发源地，藏族祖先很早把野生动物驯养成为家畜，如把盘羊驯养、改良成为绵羊，羊毛织成的毯子，输入到中原内地，称之为藏毯；把野牦牛驯养成为今天乳、肉、毛、役兼用的家畜牦牛，并成功地将牦牛与黄牛杂交培育出犏牛这一优良家畜；藏犬原是青藏高原上的一种与狼相似的猛兽，经藏族同胞长期驯养，成为看家防盗、保护人畜的家犬。藏族驯养羊、牛、马、犬成功之早，远超过世界上其他许多民族。农牧业生产方面，藏族把野生燕麦培育成耐寒谷物青稞，后被中原地区引种，经过培育、改良，育成小麦、大麦等多种品种。藏民还创造了耦耕的耕犁方法。

2. 纳西族文化

纳西族勤劳勇敢、善良纯朴，有着悠久历史和灿烂文化，古称“么些”。据史学家考证，纳西族族源属中国西北古羌人的一个支系，大约在公元3世纪迁徙到丽江地区定居下来，从事农业、畜牧业、手工业。

1）民俗

纳西族服饰、饮食、节日、婚俗等各有特色。纳西族节日活动十分隆重，最具特色的是棒棒会，农历正月十五纳西族人便聚集在各集镇，交流生产资料，以备春耕，晚上各家要吃元宵，上街看歌舞表演。每逢3月、7月的丽江骡马物资交流大会，男女老少踏游赏花，善舞表演。这些节日活动同祭祀活动紧密结合，异常热烈隆重。纳西族婚俗中至今还有“抢婚”遗风，永宁泸沽湖畔纳西族分支的摩梭人，至今还过着男不娶、女不嫁的自由偶居生活，成为世界母系社会的“活化石”。

2）语言文字

纳西族有语言和文字，属汉藏语系藏缅语族彝语支。纳西族人使用过的象形文字，有1400多个单字，被誉为世界上保留最完整的“活着的象形文字”，现主要由巫师“东巴”用来书写经典，故又称“东巴文”，产生于公元7世纪，用简单笔画把事、物、意的轮廓表达出来。东巴文是目前世界上唯一保留完整并仍在使用的象形文字，已有1000多年历史。

3）宗教

纳西族普遍信仰东巴教，一部分人信仰藏传佛教，还有一部分人信仰道教，以及天、地、山、水等自然神，具有多神信仰的特点。东巴教系纳西族原始宗教产生于11世纪前，信仰多神，自然之神灵和祖先神灵，深受本、佛、道三教影响。《东巴经》是用东巴文书写的纳西族宗教经书，除去宗教内容外，还有天文、地理、历史、医药、畜牧、饮食、风土人情等内容，是了解认识纳西族古代社会的百科全书，对研究纳西族的文化、历史、宗教具有极其重要的价值，是纳西族古代文化的结晶。纳西族古老的东巴文化，保存于《东巴经》，东巴文化包括“东巴经”、“东巴舞谱”、“东巴书”、“东巴仪式”四大类。

4）民间文化艺术

民间文学有神话、传说、诗歌、寓言、儿歌、谚语等，以口头形式在民间流传广泛。其中较多作品以象形文字记录于《东巴经》，被人们称为东巴文学，或称为经书文学，宗教色彩浓厚。用象形文字写成的《东巴舞谱》是罕见的艺术珍品，是我国最古老的舞谱之一，舞谱详细记录了60多个舞蹈的跳法，是国内少数民族古文字迄今仅见的舞蹈专著。纳西族的绘画、书法、雕刻及工艺美术融合了汉族、藏族及白族等民族的传统风格，民间工艺美术有《东巴画》、《木牌画》、《木雕》及民间的照壁画、剪纸等，其中《神路图》是长15m的卷轴画，是东巴画艺术中的珍品，堪称稀世瑰宝。纳西族壁画制作于明代，著名的丽江“白沙壁画”，融合了纳西族、汉族与藏族三个民族的传统艺术风格。

纳西族东巴舞蹈来源于古代先民的现实生活，不少舞蹈动作是模拟各种动物动作形象。驰名中外的“纳西古乐”由“最古老的交响乐”《白沙细乐》和《丽江洞经音乐》组成。《白沙细乐》是纳西族一部大型古典音乐套曲，以乐器演奏为主并伴有歌、舞。《丽江洞经音乐》是昔日道教仪式所作的礼乐活动，谈演道教经典，据传于明嘉靖年间传入，至今已 400 多年。

5）精湛的建筑艺术

纳西族建筑以丽江古城的四方街最具代表性。这种建筑多是土木结构的瓦屋，大多呈“三坊一照壁”、“四合五天井”的格局。宫室庙堂、普通百姓住宅上雕刻的精细图案，题材丰富，线条生动苍劲，形象栩栩如生，木刻层次复杂。镂空雕刻，图案清秀、内容丰富。丽江古城是纳西族建筑艺术的代表作。

6）天文历法

据《东巴经》记载，古代关于天象的专有名词有数十种之多。《创世纪》里还出现了专管气象、星辰和历法的忍劳、苏陀、尼罗、吉阿等人的名字；《巴格图》和《十二生肖的来历》等经书表明，纳西族早就对四方四隅（类似汉族的八卦）有了较为明确的概念，确定了二十八宿的方位和用阴阳“精畏”（“五行”）配合十二生肖推算六十花甲的方法，创制了以月亮圆缺定月，每月三十天，一年十二个月，共三百六十天的历法，并用十二属相来记日、记月和记年。纳西族还从对天象及生物活动观察，摸索出一套关于风、雨、花、雪，以及布谷鸟、野鸭、大雁、白鹤等的活动规律，来分别季节的特征，不误农时地进行农事活动。

3. 土族文化

世界最长狂欢节土族纳顿会

土族是青藏高原最古老的民族之一，以善良纯朴、勤劳勇敢、热情好客、能歌善舞而著称，主要分布青海东部农业区的互助、民和等县。土族有本民族的语言，无文字，使用汉文，也有少数使用藏文。主要从事农业生产，兼营畜牧、园艺、酿造业等，全民信仰藏传佛教。土族族源问题，大都学者认为土族是以历史上的吐谷浑为主体，在后来的发展过程中吸收羌、吐蕃、蒙古、汉等民族所形成的民族。

1）民俗文化

土族民俗文化由民居、饮食、服饰、婚俗、传统节庆活动等组成，特色鲜明。土族人热情好客，认为客人踏至是富贵的象征，如果客人到来，则全家出门用自家酿造的吉祥如意三杯酩醯酒欢迎；土族妇女的衣袖是用红、黄、绿、紫、蓝五色彩布或绸缎拼制而成的，按照彩虹的色调配制，鲜艳夺目，美观大方，故称土乡是“彩虹飞落的地方”；土族人婚礼在以歌伴舞中进行，生活情趣浓厚，被列入国家非物质文化遗产名录。此外，土族节庆活动很丰富，民和三川土乡的“纳顿会”，堪称世界上最长的狂欢节，被列入第一批国家非物质文化遗产名录。

2）民间文化艺术

土族民间文化艺术用口头形式代代相传，有民间文学、“叙事诗”、“花儿”、“道拉”、“安昭舞”、“轮子秋”、刺绣等。民间故事所包含的内容十分广博，如世界的形成、土族的祖先、山川风光、大禹等历史人物、爱情故事等系列故事。叙事诗《拉仁布与吉门索》以极其生动形象的语言，记述了穷人拉仁布和牧主妹妹吉门索两人的悲惨故事，他们从雇主关系发展为恋人，由于吉门索兄嫂百般阻挠，他们纯洁的爱情最终失败这一叙事诗用纯土族语言创作并演唱。

土族能歌善舞，婚礼上、节假日或闲暇时，男女老少聚集在庭院或麦场上，排成圆圈，跳起安昭舞。土族人喜欢唱“花儿”，民间有不少出众的花儿歌手，土族地区的丹麻、五峰寺、老爷山、七里寺花儿会，在省内享有名气，被列入第一批国家非物质文化遗产名录。“道拉”是民和三川土族文化艺术最具代表性的形式，内容丰富，形式多样，语言生动活泼，形象贴切，洋溢着欢乐气氛。

土族妇女刺绣分“扎绣”、“盘绣”、“朵绣”、“卧绣”等。盘绣艳丽、华贵，具有很高的收藏价值，被列入我国第一批国家非物质文化遗产名录。刺绣品除了有装扮作用，还被作为送给长辈或亲朋好友的礼品，或者作为爱情信物，有的被作为敬献神佛的供品。

3）佛教文化艺术

土族全民信仰藏传佛教，佛寺林立是土族群众集聚区一大人文景观，不少人家供奉有自家的佛位，一年四季香火不断。土族地区有一批著名寺院，如互助佑宁寺、却藏寺、白马寺；民和卡的喀哇寺、朱家寺；同仁的年都乎寺、郭麻日寺等。各佛寺一年中都有多次隆重的佛事活动。土族老人临近死亡、死亡后，都要请寺院喇嘛念经，超度死者亡灵早日升天。选择吉祥日子请喇嘛给先人（祖先）念经，一是表示对祖先的怀念、感恩之意，二是保佑全家平安，人称“平安经”。

土族地区佛教文化极其浓厚，信教群众之广泛、花费之巨大，对藏传佛教之虔诚，仅次于藏族群众。塔尔寺艺术“三绝”之一的酥油花，同仁热贡佛教艺术的大量艺术精品中外闻名，它们均出自于土族艺人巧匠之手。

4. 羌族文化

羌族是我国历史最为悠久的古老民族之一，其族源可追溯至3000多年前的古羌人。其主要聚居地在四川省阿坝藏族羌族自治州、甘孜藏族自治州的茂县、汶川县、理县、北川县、丹巴县等地，还有的散居在四川省西部山地、贵州省、甘肃省、云南省等部分地区。

1）民俗文化

羌族有自己的语言，无文字，通用汉文，民俗文化有其独特特点。饮酒时，男女老幼皆喜饮咂酒，不用酒具，而是将酒坛开封，用一根细竹管咂吸，咂饮时以长幼为序，轮流咂饮，并不断地注入凉开水，直到味淡为止，饮酒者从不酒后滋事。羌族最隆重的节日是羌历年，节日会进行宗教祭祀活动，祭祀山神，以祈求神灵保佑。“瓦尔俄足”即领歌节，是只准女性参加的妇女节，妇女们身着节日盛装，走进山林，尽情高歌、舞蹈，享受节日的快乐。民间有“逗新郎”的婚俗，娱乐性极强，礼仪繁多。此外还有诞生礼、成年礼、婚礼、葬礼等，其中婚礼和葬礼尤被重视。

2）宗教与祭祀

羌族的宗教信仰以自然崇拜和祖先崇拜为主。道教、佛教、基督教、天主教、伊斯兰教在羌区均有影响，尤以藏传佛教影响最为显著。自然崇拜主要是对白石的崇拜；对祖先、男性主宰神、女性主宰神、本民族英雄的崇拜；还有对动物羊、猴、龙的崇拜[31]。

羌族祭祀天神、山神的宗教活动最为频繁，也最为隆重。祭祀仪式的执行者“释比”（“许”），是不脱离生产的宗教活动者，只限于男性，祭山、还愿、治病、驱鬼、安神、招魂、消灾，以及卜地、安葬超度、婚嫁日择期、敬神和祝福等活动均由他主持。释比所必备的经典、咒语、法术及当地社会历史知识，通过一代代口传心授得以传承下去。释比宗教经典是一部无文字说明的图画经典，包含着极其丰富的羌族原始宗教内涵，是羌族的文化艺术瑰宝。

3）民族文化艺术

民族文化艺术有民间文学、音乐、舞蹈、戏剧、绘画等。其中，民间文学占有极其重要的地位，包括神话传说、寓言、故事、史诗和民歌等。其中神话故事地位尤为重要，因羌族没有文字，口头文学的神话在羌族文学中占有特殊地位，关于大禹王的传说成为羌族神话传说的核心。羌族民间音乐舞蹈丰富，民歌保留原始古朴的风貌，祭祀山神、庆贺丰收时演唱的《吉农吉刹》风俗歌，是最具有代表性民歌的总称，音乐古朴典雅，激情奔放。《莎朗舞曲》是羌族音乐的代表性作品，乐舞粗犷、古朴，大多是在宗教祭祀活动时进行演出，以羊皮鼓、手铃等打击乐器伴奏。羌族乐器羌笛，多独奏，音色明亮柔和，哀怨婉转。

4）民间工艺美术品

挑绣是羌族传统民间工艺，图案绚丽多彩，有100多种，它是在继承古羌文化的基础上发展起来的。挑绣方法有扎花、十字挑花、盘花、帖花四种，以动物、植物纹为主要内容。羌族建筑技艺精湛，其中碉楼、石砌房、索桥、栈道和水利筑堰等最为著名。碉楼民居建筑早在2000年前就有记载，反映了民间石匠高超的技艺。举世闻名的都江堰水利工程，凝聚有古代羌人的汗水和智慧。

5. 撒拉族文化

撒拉族是青藏高原主要少数民族之一，分布在青海省循化县、化隆县及邻近的甘肃省积石山县，有本民族语言，无文字，是一个勤劳、勇敢、强悍、有强烈自尊心的民族。

1）民俗文化

撒拉族生活习俗大都同回族相似，饮食以面食为主，服饰视性别和年龄不同而有所差异。堂屋装饰非常注重木雕和砖雕工艺，体现出阿拉伯风格，庭院内种满了各种花草树木，清秀别致。撒拉族主要从事农业生产，也从事伐木、园艺、商业和饮食业等行业。撒拉族全民信仰伊斯兰教，节日以开斋节和古尔邦节最为隆重。撒拉族迄今还保留着一些古老的突厥民族的婚礼习俗，如敬献“羊背子”等习俗，这些习俗在突厥民族后裔习俗中早已绝迹，却在远离突厥文化圈的撒拉族习俗中得到传承，成为研究突厥古文化的活化石。

2）族源

撒拉族先民系西突厥人撒鲁尔族，他们在元朝时由中亚迁入青海循化街子一带定居，距今已700余年。他们同当地吐蕃人通婚，接受了部分藏族文化传统，后来又同周围信仰伊斯兰教的回族、东乡族通婚。在长期的发展演变中，他们同藏族、回族等民族相互融合，形成今日的撒拉族。

3）民族文化艺术

撒拉族民间文学艺术以神话故事、传说为主。童话、寓言、笑话也是撒拉族民间文学的重要组成部分。歌曲有撒拉曲，用本民族语言演唱，节奏明快，独具情调。宴席曲、撒拉花儿用汉语演唱，高亢嘹亮，自由奔放，委婉动听。舞蹈有骆驼舞，一般在举行婚礼时表演，追述撒拉族祖先从中亚东迁的经过，表演大都在月光下进行。“口弦”是撒拉族的古乐器，形体短小，音域狭窄，但音质优美，多为青年男女所用。“撒赫斯”是撒拉族姑娘出嫁时唱的一曲悲歌，曲调哀婉。

撒拉族妇女擅长刺绣，枕头、袜底、手绢、钱包、鞋帮、围裙、卓单、门帘、床围等物品上均绣有各种花卉图案，青年男子围肚绣有五彩花鸟。成亲时会摆放出新娘亲手制作的刺绣品，以展示新娘的刺绣技艺。

（四）宗教文化

藏族是青藏高原最古老的土著居民，早先信奉崇拜自然万物的原始宗教本教。后来佛教传入青藏高原，本教和佛教的结合形成藏传佛教，成为青藏高原宗教的基础，后来入驻青藏高原的土族、蒙古族几乎全民信奉藏传佛教。汉族、回族等民族进入青藏高原后，汉族信奉的道教，回族、撒拉族、东乡族、保安族、维吾尔族等民族信奉的伊斯兰教受到广泛传播，道教、伊斯兰教也成为青藏高原的宗教派系。各族群众在长期的宗教活动中，形成了各自的宗教文化体系。

1. 藏传佛教文化

和日石经墙

1）巨石文化景观

青藏高原是世界上最年轻的地理区域，高原上岩体（石）广泛出露于地表形成一大自然景观，这为巨石文化的形成、发展提供了物质基础。藏族同胞认为众多石山、山峰，乃至路边一个小小石块都有神灵居住，须对其加以尊崇，因此众多神山成为他们的朝拜地。

有关藏族族源的神话传说认为雪域人种之父为猕猴，其母为岩魔。因此，藏族对岩石无上崇敬，雪域世界处处散发着石的灵气。藏族同胞平日行路只要看到石块，就会拣起来堆放在路边，藏族聚居区鄂博、嘛尼石堆、石佛塔、石经墙……形成了散发浓浓高原气息的巨石文化景观。玉树新寨嘛尼石城、勒巴沟岩画、泽库和日石经墙、玛多鄂陵湖畔措哇尕什则多卡寺石佛塔、松格嘛呢石经城和巴格嘛呢石经城等都被称为佛教文化的经典，是举世瞩目的巨石文化景观。

位于黄南藏族自治州泽库县的日寺石经墙，石料达 3 万多块，所刻字数约 1.5 亿，其规模之宏大，堪称华夏一绝，实为世界石书奇观，位于玉树结古镇东新寨村的嘛呢石经长城，有序地排放着 200 多年间历代信徒带来的 2.5 亿块嘛呢石，形成高 1.5m 以上的嘛呢石经长城，堪称“世界第一大嘛呢堆”[32]。

2）佛教建筑

高原佛教建筑吸收了中原汉地、印度等地建筑艺术形式，形成了具有鲜明地方和民族特色的建筑艺术风格。寺院选址大都依山傍水，选址在阳光充足、环境幽雅的半山坡或靠近丛林。建筑形式随地势高低起伏而变化，高低错落，因地制宜，与周围的自然环境融为一体，形成佛教园林建筑群。建筑大都为汉式歇山式屋顶和藏式平顶式相结合的造型。屋顶及殿堂内的装饰物琳琅满目、金光闪烁，成为一座座艺术的殿堂。

3）宗教

驰名中外的《大藏经》是藏传佛教典籍，它由《甘珠尔》和《丹珠尔》两部分组成，对研究藏族宗教、文化及汉藏与印度的文化交流，都具有重要价值。各教派的活佛、高僧们的诸多论著结合本地实际，涉及藏医药学、哲学、逻辑学、历史、天文历算、语言学、音乐、绘画、舞蹈、戏剧、建筑、畜牧等众多领域。这些论著不仅是丰富的宗教学内容，而且也是十分珍贵的哲学、历史学、医学等多学科的研究成果，对研究藏族历史及藏族文化有重要的参考价值。为发展佛教事业，各大型寺院均建有印经院，著名的有甘孜德格印经院、拉萨布达拉宫印经院、甘南拉朴楞印经院、塔尔寺印经院、拉加寺香萨印经院、纳塘寺印经院等，这些印经院刻成和印制出大量藏文巨著，其中德格印经院是藏版最多的印经院，被誉为藏族文化宝库，是中国乃至世界文化遗产中的瑰宝。

4）宗教绘画雕塑艺术

宗教绘画雕塑艺术是把深奥玄妙的佛教义理浅显易懂、直观形象地传授给人们，艺术家们以绘画、雕塑、堆绣、唐卡、壁画等表现形式，把佛教经典中有关佛的形象和故事活灵活现地展现在人们面前。精美的图案设计，多用于建筑物和室内的装饰，使其显得富丽堂皇、洋洋大观。每个佛教寺院几乎都是佛教艺术的博物馆，有很高的艺术观赏价值，黄南热贡佛教艺术、日喀则德庆颇章宫《八思巴与元世祖忽必烈会于六盘山下》壁画、大昭寺《文成公主入藏图》等尤其因技艺精湛、历史悠久，闻名于世。

5）宗教朝圣

佛教信徒不畏艰难险阻，冒着严寒在海拔四五千米的青藏高原向圣地进发。无论是赤日炎炎的夏季，还是寒风刺骨的严冬，他们无比赤诚的朝圣之心始终如一，毫不动摇。哪怕花费的代价巨大，他们也要千里迢迢到佛教圣地拉萨、日喀则、塔尔寺等名寺朝拜。围绕冈底斯山（冈仁波钦）、阿尼玛卿山、年保玉则等神山，青海湖、纳木错、玛波雍湖、羊卓雍湖等圣湖朝圣，被信徒视为今生今世最大的夙愿。他们到寺院给佛磕头、送布施、诉说美好的向往、让高僧大德摸顶、喝圣水、听经、识读经文、请佛（开过光的佛像请回家供奉）。庞大的朝圣队伍，成为世界罕见的宗教文化景观。每天清晨拉萨市市民从左向右顺时针方向围绕大昭寺走动，寺前的煨桑炉浓烟滚滚。虽然很多老人步履艰难，但他们一手持经轮不停转动，另一手中的佛珠一个个在滚动，口诵佛经、六字真言，无比虔诚，这个庞大的朝圣人流要持续两三个小时才结束，极其壮观。

6）节庆活动

藏传佛教的宗教节日丰富多彩（表 3-1），许多寺院还有自己的节日。在西藏，几乎每个月都有多次大型宗教节日，元月节日最为集中，其中四大佛节最为隆重。

第一大佛节是“大祈愿会”，俗称“传大召”。藏历一月四日至二十四日举行。宗喀巴为纪念佛祖释迦牟尼在古印度弘扬佛法的伟绩，1409年藏历正月在拉萨大昭寺举行了宣扬佛教、发愿祈祷的大法会，从此以后，“大祈愿会”成为第一大佛节。

第二大佛节是“花灯节”，藏历正月十五日夜晚举行，著名寺院陈列酥油花、酥油灯。塔尔寺农历正月 15 日夜晚一年一度的酥油花展，吸引了国内外数万名游客、信徒前往游览参观。酥油花被称为塔尔寺艺术“三绝”之一而蜚声中外。

塔尔寺酥油花

第三大佛节是“萨噶达瓦节”，藏历四月十五日举行，是纪念释迦牟尼诞生、圆寂、成佛及文成公主进藏的日子。清晨，拉萨信徒围绕布达拉宫和大昭寺转经，人们手持酥油灯来到大昭寺，在文成公主带来的释迦牟尼佛像前顶礼膜拜，点燃千万盏长明灯。

第四大佛节是“燃灯节”，1478年藏历十月二十五日，宗喀巴在甘丹寺圆寂，从此每一年的这一天，各个寺院和家家户户在屋顶、窗台上点燃酥油灯表示对宗喀巴大师的祝福。

表 3-1 藏传佛教节庆活动一览表

节日名称	日期	主要内容
传昭大法会	藏历一月八日	诵经、讲演、朝圣、给僧人发布施等
酥油花灯节	藏历一月一日	庆祝释迦牟尼成功
萨噶达瓦节	藏历四月十五日	纪念释迦牟尼生日、醒悟和圆寂
转山节	藏历六月四日	纪念释迦牟尼
燃灯节	藏历十月二十五日	纪念黄教创始人宗喀巴圆寂日
酥油花灯节	农历正月十五日	参观塔尔寺上下两院制作的酥油花展览
正月祈愿大法会	农历正月	塔尔寺跳法王舞、酥油花展、僧宴
四月祈愿大法会	农历四月	塔尔寺纪念释迦牟尼诞生、出家、涅槃法会
六月祈愿大法会	农历六月三至八日	塔尔寺纪念释迦牟尼“三转法轮”大法会
九月祈愿大法会	农历正月	塔尔寺纪念释迦牟尼降凡大法会

青藏高原全国重点文物保护单位有 87 个，其中属于宗教寺院的 45 个，占青藏高原全国重点文物保护单位的 52%，佛教寺院 42 处，占宗教寺院总数的 93%。42 处佛教寺院中藏传佛教 40 处，占佛教寺院的 95%。伊斯兰教、道教、天主教寺院各 1 处。40 处藏传佛教寺院中，格鲁派 20 处，占藏传佛教寺院的一半，萨迦派和噶举派各 6 处，占 30%，

其次是宁玛派、噶当派寺院，觉囊派和夏鲁派寺院数量不多（表 3-2）。

表 3-2　青藏高原全国重点文物保护单位宗教寺院一览表

宗教			寺院
佛教	藏传佛教	格鲁派	大昭寺、昌珠寺、布达拉宫、噶丹寺、扎什仑布寺、哲蚌寺、色拉寺、托林寺、白居寺、小昭寺、康松桑卡林、雍布拉康、甘孜白利寺，拉卜楞寺、马蹄寺、塔尔寺、瞿昙寺、隆务寺、桑周寺、却藏寺
		宁玛派	敏竹林寺、吉如拉康、棒托寺
		萨迦派	萨迦寺、科迦寺、桑耶寺、曲德寺、德格印经院、白塔寺
		噶举派	色喀古托寺、查杰玛大殿、邦纳寺、达那寺、贝大日如来佛石窟寺、寿国寺
		噶当派	卓玛拉康、扎塘寺
		觉囊派	平措林寺、措尔机寺
		夏鲁派	夏鲁寺
	汉传佛教		张掖西来寺、大佛寺
伊斯兰教			艾提尕尔清真寺
道教			武威文庙
天主教			茨中天主教堂

从上述统计资料中，不难看出藏传佛教文化对整个藏族聚居区社会、政治、经济、文化，乃至广大群众生活影响深刻。这里的宗教气息之浓厚，世界上任何地区、任何民族不曾多见，成为青藏高原最具特色的一大人文景观，是极为宝贵的宗教文化旅游资源。

2. 伊斯兰教文化

青藏高原周边的青海东部、甘肃临夏回族自治州、新疆西南部喀什和塔什库尔干等区域，是我国穆斯林信徒集聚区，生活在这里的回、维吾尔、塔吉克、撒拉、东乡、保安等民族，几乎全民信奉伊斯兰教，伊斯兰文化氛围极为浓厚，成为国内伊斯兰教文化旅游重要的目的地之一。

伊斯兰教在青藏高原的传播可追溯到唐代。11 世纪初，一些信仰伊斯兰教的阿拉伯和波斯商户到青海东部经商并定居。13 世纪，成吉思汗西征中亚阿拉伯国家返回时，带回大批信仰伊斯兰教的阿拉伯人组成的“西域亲军”，有工匠、商人、学者、贵族和传教士，其中的一部分人在河湟地区定居，并建清真寺。14 世纪，撒拉族的祖先从中亚撒马尔罕来青海循化街子一带定居。明、清时期，内地回族移居青海的人数增多。随着青藏高原伊斯兰教信徒的增加，伊斯兰文化不断发扬光大，成为青藏高原宗教文化的重要组成部分。伊斯兰教文化表现在如下四个方面。

1）教仪

伊斯兰教内部派系较多，除“格底目”（老教）外，先后出现了新教、新兴教和崭新新教等派系。伊斯兰教徒遵行五桩天命（念、礼、斋、课、拜）和六大信仰（信安拉、信天山、信经典、信圣人、信前定、信后世），十分注重宗教节日活动。广大穆斯林信徒在各地清真寺履行拜功，扬教义，探求教理，他们生平最大的宿愿是赴麦加朝觐。

盛大的穆斯林群众礼拜

2）建筑

清真寺独特的建筑风格是伊斯兰教文化的重要标志之一，大多数建筑是圆顶廊柱型，阿拉伯味极浓。清真寺有拱形门窗，半圆的顶子，以绿、蓝、白构成的主色调，淡雅明快。有的清真寺完全是中国古典式建筑，飞檐翘角、雕梁画栋，显得别致新颖，富丽堂皇。清真寺在建筑上有共同点：一是大殿方位坐西向东，按照伊斯兰教的规定，穆斯林信徒做礼拜时都必须面向圣地麦加的“克尔白”，我国位于东方，所以向西行礼；二是每座清真寺的寺顶上都有一串宝瓶，擎起一弯淡淡的新月，“新月”是伊斯兰教的象征；三是清真寺建筑溶进了其他宗教派系的建筑艺术风格，采用砖雕艺术是清真寺突出的建筑特点。

3）节庆

节日庆典是伊斯兰文化的又一重要标志，开斋节和古尔邦节是最为隆重的节日。节日期间，身着节日盛装的教徒聚集清真寺举行会礼，肃穆地面向圣地麦加“克尔白”方向跪拜，聆听阿訇讲经，朗诵《古兰经》。第二天信徒开始走亲访友，相互拜会。

4）清真大寺

清真大寺是穆斯林信徒聚礼的场所，是伊斯兰文化最集中体现的地方。青藏高原上有一定影响的清真大寺有喀什艾提尕尔清真寺、西宁东关清真大寺、临夏南关清真大寺、循化街子清真大寺等。

3. 道教文化

明、清时期，内地道士来青藏高原东部的青海境内活动，曾建立过一些道观，有正一派道观和全真派道观两大种类，后大都被毁。现存道观10余座，信徒大都是汉族群众，也有少量的少数民族群众。昆仑山道教圣地玉虚宫，位于东昆仑山中部玉虚峰脚下。道教信徒认为这里是先天八卦太极图的中心点，体现了天地之心为一的思想。有关专家认为，这里便是产生于明代末期道教混元派（又称昆仑派）道场所在地。至清代末叶，这个教派传入台湾地区，东南亚各国，近代传入西欧、北美等地，成为海外华侨的一种信仰。中国内地、中国台湾及海外东南亚等地的华侨游人、香客每年都会千里迢迢来此寻祖、朝拜。

武威文庙，也称圣庙、孔庙，始建于明正统二至四年（1437～1439年），后经多次重修扩建，形成一组布局完善的建筑群，迄今已有500余年历史。目前现存建筑中文庙和文昌宫保存完好，儒学院已毁，总面积1500m²，是历代文人墨客的祭祀孔子之地。现武威市博物馆设于庙内，馆内收藏有历代图书、字画、碑刻及其他文物3.6万余件。其中汉简、木雕、木乃伊、铜奔马、鸠杖、凉造新泉、西夏牌、西夏铜火炮等都是举世闻名的珍品。

（五）现代节庆

为发展旅游业，青藏高原及周边地区从各自实际情况出发，大力开展现代节庆活动，弘扬当地特色旅游文化，以促进当地旅游业的蓬勃发展。

1. 旅游文化节

蒙古族那达慕博克摔跤

一是对各个地区各民族有特色的节日进一步挖掘整理，提升其文化品位，使其成为重要旅游资源，如西藏雪顿艺术节、白朗金果斗牦牛节、西藏文化艺术节；青海东部的“花儿艺术节”、青南玉树康巴艺术节、海西蒙古族那达慕大会；四川西部康定情歌节、彝族“火把节”、傈僳族刀杆节、阔时节、独龙族开强瓦节、普米族吾昔节、怒族仙女节；云南纳西族棒棒节、三朵节、摩梭人转山节。二是开拓新的文化节日，如青海湖国际诗歌节、中国（青海）三江源国际摄影节、门源油菜花艺术节等；西藏山南的雅砻文化艺术节、江孜达玛节；丽江拉市海旅游节；甘肃武威“天马文化旅游节”等。各地各种形式旅游文化节的举行，对各地旅游业的发展起到了极大促进作用。

2. 商贸农事节

各地充分利用当地名优特产优势、经济优势和交通优势，将商业、贸易、农事与旅游紧密结合，举办节庆活动，如中国青海绿色经济投资贸易洽谈会、西藏—尼泊尔经贸洽谈会、云南纳西族棒棒节。

3. 体育节

著名的以体育赛事为载体的旅游节庆活动包括环青海湖国际公路自行车赛、青海世界杯攀岩赛、青海国际抢渡黄河极限挑战赛、雅鲁藏布大峡谷文化旅游节、林芝杜鹃花旅游节、甘孜州康定“四月八”国际转山会。

环青海湖国际公路自行车赛

九、青藏高原旅游资源分类

青藏高原旅游资源分类如表 3-3 所示。

表 3-3　青藏高原旅游资源分类表

主类	亚类	基本类型	单体名称
地文景观	综合自然旅游地	山岳型旅游地	喜马拉雅山系、冈底斯—念青唐古拉山系、喀喇昆仑—唐古拉山系、昆仑山系、阿尔金山—祁连山系、秦岭山系西（西顷山）、横断山系及其巴颜喀拉山、布尔罕布达山、可可西里山等支脉
		谷地型旅游地	雅鲁藏布江谷地、尼洋河谷地、黄河谷地、拉萨谷地、湟水谷地
		砂砾石地型旅游地	柴达木盆地西北部、可可西里高原、共和盆地、青海湖盆地西北部、雅鲁藏布江谷地
		垂直自然地带	喜马拉雅山南麓、西藏东南部墨脱、察隅等县垂直自然地带

续表

主类	亚类	基本类型	单体名称
地文景观	沉积与构造	断层景观	青藏高原岩层出露处断层景观很普遍
		褶曲景观	青藏高原岩层出露处褶曲景观很普遍
		节理景观	青藏高原岩层出露处节理景观很普遍
		蛇绿岩沉积带	自北向南近东西向祁连山、昆仑山、青南—川西、藏北、雅鲁藏布江—噶尔曲蛇绿岩沉积带
		生物化石点	祁连山地古生物化石、诺木洪贝壳梁、昌都达玛恐龙化石点、吉隆沃马村三趾马化石点、和政古生物化石
	地质地貌过程形成	凸峰	珠穆朗玛峰、干城章嘉峰、洛子峰、马卡鲁峰、洛子左峰、卓奥友峰、拉布吉康峰、安娜普鲁峰、马纳斯卢峰、希夏邦马峰、乔戈里峰、加舒尔布鲁木山二峰、布洛阿特峰、公格尔峰、公格尔峰九别峰、木孜塔格峰、慕士塔格峰、南迦巴瓦峰、加拉白垒峰、冈仁波齐峰、念青唐古拉峰、桑丹岗桑雪山、青嘎神山、纳木那尼峰、宁金抗沙峰、雅拉香波山、各拉丹冬峰、阿尼玛卿峰、布喀达坂峰、岗则吾结峰、岗什卡雪峰、玉珠峰、年保玉则、贡嘎雪山、玉龙雪山、梅里雪山
		石（土）林	阿里札达石（土）林、贵德河阴镇黄河北岸石（土）林、循化积石镇黄河南岸石（土）林
		奇特与象形山石	坎布拉国家地质公园、年钦夏格日山昆仑天柱、日喀则群让球壳状枕状熔岩、札达土林
		岩石洞与岩穴	天峻西王母石室、泽库仙女洞、泽当猴子洞、白若洞、西扎洞、麦莫溶洞、谷普溶洞、大脚印奇观、江孜金嘎溶洞、扎囊札央宗溶岩洞、宗工布溶岩洞、班戈列日溶洞、白石崖溶洞、腊子口溶洞、岗岔溶洞
		峡谷段落	雅鲁藏布江大峡谷、帕隆藏布大峡谷、横断山三江大峡谷、黑河大峡谷、约居峡谷、怒江大峡谷、澜沧江峡谷、青海东部黄河大峡谷、大渡河金口大峡谷
		丹霞	尖扎坎布拉、贵德沿黄、积石峡
		雅丹	柴达木盆地西北部南八仙、克特米里特、共同盆地
		沙丘地	柴达木盆地西南部、共和盆地、青海湖盆地西北部、雅鲁藏布江沿江两岸
	自然变动遗迹	泥石流堆积	易贡国家地质公园
		地震遗迹	格尔木昆仑山口昆仑山大地震遗迹、“5·12”汶川特大地震遗址
		冰川侵蚀遗迹	青藏高原冰川分布区均有冰川侵蚀遗迹分布
水域风光	河段	观光游憩河段	长江、黄河、澜沧江、雅鲁藏布江、怒江、金沙江、尼洋河、帕隆藏布、巴曲、沱沱河、玛曲、卡日曲、湟水、大通河、通天河、黑河、格尔木河、那仁格勒河、柴达木河、狮泉河、倒淌河、布哈河

续表

主类	亚类	基本类型	单体名称
水域风光	天然湖泊与池沼	观光游憩湖区	青海湖、纳木错、色林错、当惹雍错、扎日南木错、格仁错、达则错、当惹雍错、普莫雍错、塔若错、佩枯错、拉昂错、昂孜错、多格仁错、班公湖、昂拉仁错、玛旁雍错、羊卓雍错、拉姆纳错、易贡错、然乌湖、巴松湖、鄂陵湖、扎陵湖、乌兰乌拉湖、西金乌兰湖、可可西里湖、赤布张湖、勒斜武担湖、库赛湖、卓乃湖、托索湖、冬给措纳湖、苏干湖、太阳湖、饮马湖、雪莲湖、错仁德加湖、哈拉湖、北霍布逊湖、南霍布逊湖、达布逊湖、东台吉乃尔湖、茶卡盐湖、尕斯库勒湖、察尔罕盐湖、可鲁克湖、托素湖、茶卡盐湖、星宿海、罗布泊湖、泸沽湖
		沼泽与湿地	若尔盖沼泽、三江源湿地、藏北湿地、青海湖湿地、拉鲁湿地自然保护区、贵德黄河清国家湿地公园
	瀑布	悬瀑	绒扎瀑布群、秋古都龙瀑布、藏布巴东瀑布、背崩瀑布、汗密瀑布、“老虎嘴”瀑布、地东瀑布、拉格瀑布、海螺沟冰瀑布、明永恰冰川瀑布、考肖图冰瀑布
	泉	冷泉	格尔木昆仑神泉、循化骆驼泉、格尔木昆仑神泉、那曲八音七星泉（卡尔托拉姆措）
		温泉	羊八井地热田、堆龙德庆雄巴拉曲温泉、江孜拉孜锡钦温泉、工布江达布如温泉群、林芝排龙温泉、米林格嘎温泉、波密聋哑喊泉、昂仁搭格架地热间歇喷泉群、玉麦温泉、类乌齐伊日温泉、亚东康布沟温泉、昂仁塔格加间歇喷泉、桑日沃卡温泉、曲松色瓦龙温泉、尼玛荣玛温泉、类乌齐伊日温泉、芒康曲孜卡温泉、贵德曲乃亥温泉、贵德新广温泉、贵德扎仓温泉、兴海温泉、刚察热水温泉、同仁兰彩温泉、大柴旦温泉
	冰雪地	冰川观光地	杰马央宗冰川、绒布冰川、巴托拉冰川、卡惹拉冰川、卡钦冰川、阿扎冰川、拉古冰川、则普冰川、若果冰川、姜根迪如冰川、布喀达坂冰川、敦德冰川、岗纳楼冰川、梅里雪山冰川、音苏盖提冰川、海螺沟冰川、明永恰冰川
		常年积雪地	青藏高原年均温 0℃以下、海拔 4700 米以上区域均有常年积雪地
生物景观	树木	林地	青藏高原东南部、喜马拉雅山南麓、横断山区、玛柯河中下游、祁连山东南部
		独树	林芝巴结村巨柏、林芝古桑、核桃树王
		丛树	山地灌丛、亚高山灌丛、高山灌丛、干旱河谷灌丛、胡杨林、梭梭林等
	草原与草地	草原	祁连山地草原、藏北高原草原、青南高原草原、金银滩草原、松幡草原、甘南草原
		疏林草地	森林与草地之间分布广阔的疏林草地

续表

主类	亚类	基本类型	单体名称
生物景观	花卉地	野生花卉	草原、灌丛区野花遍地，主要有报春花、绿绒蒿、龙胆、杜鹃花、丁香花、兰花等，还有金莲花、山丹、牡丹、芍药、银莲花、翠雀花、驴蹄花、金露梅、蔷薇花、合欢花、忍冬花、兰钟花、罂粟、红景天、虎耳草。云南有野生花卉 2500 多种，杜鹃、山茶、报春、龙胆、木兰、百合、兰花等 7 大名花
		人工花卉	郁金香、康乃馨、非洲菊、蝴蝶兰、一品红、百合、唐菖蒲、玫瑰、倒挂金钟、大丽花、香石竹、彩色马蹄莲、八瓣梅、福禄考、仙客来、雪莲花、满天星、勿忘我
	野生动物栖息地	水生动物栖息地	青海湖、扎陵湖、鄂陵湖、羊卓雍错等高原裸鲤鱼，黄河鲤鱼，雅鲁藏布江铲齿裂腹鱼、班公错西藏裂腹鱼，狮泉河和象泉河的西藏裸尻鱼，玛柯河川陕哲罗鲑鱼
		陆生动物栖息（自然保护区）	可可西里、三江源、青海湖、孟达、隆宝滩、雅鲁藏布江大峡谷、雅鲁藏布江中游河谷黑颈鹤、羌塘、珠穆朗玛峰、拉鲁湿地、扎中、色林错、吉隆江村、聂拉木樟木、察隅慈巴沟、波密高乡高产云杉林、林芝巴结巨柏、芒康滇金丝猴、林芝东久赤斑羚、类乌齐长毛岭马鹿、林周澎波黑颈鹤、纳木错、芒康盐井、祁连山、安南坝野骆驼、莲花山、尕海—则岔、连城、盐池湾、阿尔金山、罗布泊野骆驼、亚丁、贡嘎山、察青松多、卧龙、九寨沟、黄龙、四姑娘山、若尔盖湿地、玉龙雪山、白马雪山、雪宝顶、海子山、美姑大风顶、白水河、王朗、高黎贡山、阿尔金山
		鸟类栖息地	青海湖鸟岛、托索湖鸟岛、班公班鸟岛
天象与气候天象	光现象	海市蜃楼现象	柴达木盆地干旱荒漠、广阔湖面、辽阔的山原有海市蜃楼现象
	天气与气候现象	云雾多发地	青藏高原东南部林区、湖区
		避暑气候地	青海东部河湟谷地区、西藏林芝
		特殊气候显示地	珠穆朗玛峰旗云、高原“一年无四季、一日见四季”
遗址遗迹	史前人类活动场所	人类活动遗址	昌都卡若遗址、拉萨曲贡遗迹、昌都小恩达遗址、乐都柳湾遗址、民和喇家遗址、西宁沈那遗址、民和马厂遗址、都兰塔温搭里哈遗址、贵南拉乙亥遗址、同德宗日遗址、贡嘎昌果沟遗址、茂县汶川营盘山和姜维城遗址

续表

主类	亚类	基本类型	单体名称
遗址遗迹	史前人类活动场所	文物散落地	日土岩画（鲁日朗卡、阿垄沟、那布龙、塔康巴、布显、康巴热久、日姆栋、过巴、曲嘎尔羌等 13 处）、拉萨药王山岩画、那曲扎西半岛洞穴岩画、八宿岩画、东嘎皮央遗址、青海湖区哈龙、巴哈毛力、舍布其、鲁茫沟岩画点、海西蒙古族藏族自治州怀头他拉、巴厘、蓄集、野牛沟等岩画、共和湖里木、中布滩、切吉及湟中李家山岩画、当雄扎西岛洞穴岩画点、班戈其多山洞穴岩、申扎麦巴洞穴岩画、尼玛荣玛岩画、大通上孙家寨舞蹈纹盆、乐都裸体人像壶、同德宗日二人抬物盆、乐都彩陶靴、海晏虎符石匮、三老赵掾之碑
		原始聚落	乐都柳湾、民和官亭喇家、西藏卡若、西宁沈那等
	社会经济文化活动遗址遗迹	历史事件发生地	古格王朝遗址、古象雄古国遗址、吐谷浑古都伏俟城、太照古城遗址、甲玛王宫遗址、青瓦达孜宫遗址、西海郡古城遗址、西宁虎台遗址、若羌楼兰古城遗址、和田圆沙古城、罗布泊南古城遗址、塔什库尔干石头城遗址、若羌米兰遗址、张掖黑水国遗址、武威白塔寺遗址、民乐八卦营遗址
		军事遗址及古战场	共和大非川之战、门源覆袁川、湟源石堡城、南凉虎台遗址、江孜宗山抗英遗址、查嘎村建筑遗址、阿坝红军长征遗迹、夏河八角城遗址。
		交通遗址	丝绸之路南线青海道、唐蕃古道、茶马古道、隋炀帝西征吐谷浑道、临津渡、黄河沿渡口、扎陵湖渡口、拉加寺渡口、溜筒江渡、奔子栏渡口、大竹卡渡口、桑耶寺渡口
		长城遗址	大通明长城遗址
建筑与设施	综合人文旅游地	教学科研实验场所	两弹研制基地、青海湖、孟达天池、三江源、贡嘎山、玉龙山、雅鲁藏布江大峡谷、九寨沟等
		康体娱乐休闲度假地（风景名胜区）	青海湖国家级风景名胜区、日月山风景名胜区、老爷山风景名胜区、都兰国际猎场、黄河源国际猎场、雅砻河国家级风景名胜区、青瓦达孜山胜迹、洛扎原生态旅游景区、色吾沟风景名胜区、曲孜卡温泉休闲度假区、羊八井地热风景游、桑耶风景游览区、巴松湖度假旅游区、贡嘎山国家风景名胜区、海螺沟国家风景名胜区、黄龙寺—九寨沟国家风景名胜区、四姑娘山国家风景名胜区、邛海—螺髻山国家风景名胜区、瓦灰山风景区、盐源泸沽湖风景名胜区、三江并流国家风景名胜区、玉龙雪山国家风景名胜区、扁都口田园牧歌风景区、张掖马蹄寺风景名胜区

续表

主类	亚类	基本类型	单体名称
建筑与设施	综合人文旅游地	宗教与祭祀活动地	大昭寺、甘丹寺、噶丹寺、哲蚌寺、色拉寺、小昭寺、昌珠寺、鸢耶寺、白居寺、扎什伦布寺、萨迦寺、夏鲁寺、托林寺、廓迦寺、彭措林寺、敏珠林寺、色喀古陀寺、卓玛拉康、查杰玛大殿、邦纳寺、扎塘寺、曲德寺、吉如拉康寺、帕邦卡、直贡梯寺、热振寺、楚布寺、孝登寺、柏尔贡巴寺、达尔木寺、唐波且寺、多吉扎寺、达拉岗布寺、桑丁寺、绒布寺、热拉雍仲林寺、觉囊寺、纳塘寺、嘎东寺、强巴林寺、噶玛寺、孜珠寺、上盐井天主教堂、色迦棍钦寺、布久喇嘛林寺、巴嘎寺、仁钦崩寺；塔尔寺、瞿昙寺、隆务寺、桑周寺、却藏寺、达那寺、东科尔寺、广惠寺、佑宁寺、夏宗寺、街子清真大寺、北禅寺、东关清真大寺、夏琼寺、阿琼南宗寺、玉虚宫道教朝圣、香日德寺、拉加寺、阿什姜贾贡巴寺、白玉寺、文成公主庙、结古寺、拉布寺、贡萨寺；拉卜楞寺、禅定寺、郎木寺、白利寺、甘孜寺（霍尔十三寺）、竹庆寺、古鲁寺、塔公寺、佐勤寺、协庆寺、八邦寺、噶托寺、寿灵寺、理塘寺、德格印经院、郎依寺、各莫寺、棒托寺、格尔登寺、大藏寺、措尔机寺、灵山寺、木里大寺、寿国寺、东竹林寺、松赞林寺（归化寺）、茨中教堂、圆通寺、海藏寺、白塔寺、大云寺、天堂寺、艾提尕尔清真寺、张掖大佛寺、武威文庙、石渠松格嘛呢石经城和巴格嘛呢石经城、玉树新寨嘛呢城、泽库和日寺嘛呢石经墙
		园林游憩区域	坎布拉、群加、大通、北山、仙米、乌兰哈里哈图、麦秀山、尼木、色季拉、巴松湖、玛旁雍错、班公湖、然乌湖、热振、姐得秀、海螺沟、米仓山、荷花海、措普、高山、雅克夏、九寨沟、飞来寺、新生桥、普达措、天祝三峡、莲花山、大峡沟、冶力关、曲舟沙滩、腊子口、克州冰川等国家森林公园；北山、年保玉则、格尔木昆仑山、格尔木察尔汗盐湖矿山、贵德、易贡、达扎土林、羊八井、海螺沟、九寨沟、黄龙沟、四姑娘山、大渡河峡谷、玉龙黎明-老君山、玉龙雪山、和政古生物化石等国家地质公园；罗布林卡、宗角禄康公园（龙王潭公园）、日喀则贡觉林卡、西宁人民公园、贵德黄河清湿地公园
		建设工程与生产地	青藏铁路、兰青铁路、柴木铁路、柴达木石油、涩—宁—兰天然气管道、格拉石油管线、李家峡水电站、龙羊峡水电站、公伯峡水电站、羊八井地热电站、万丈盐桥、格尔木炼油厂、青海钾肥厂、德令哈纯碱厂、香日德绿洲农业、中尼公路、青藏公路、新藏公路、川藏公路、滇藏公路、青新公路、青康公路

续表

主类	亚类	基本类型	单体名称
建筑与设施	综合人文旅游地	社会与商贸活动场所	普兰唐嘎国际市场、喀什大巴扎
		动物与植物展示地	西宁植物园、青藏高原野生动物园
		军事观光地	海晏中国第一颗武器研制基地旧址、江孜宗山抗英遗址
		边境口岸	樟木、塔什库尔干红其拉甫口岸
	单体活动场馆	祭拜场馆	青海湖祭海、蒙古族祭敖包、冕宁彝海“歃血结盟”遗址
		展示演示场馆	西藏博物馆、青藏省博物馆、青海藏医药博物馆、柳湾彩陶博物馆、青海昆仑玉博物馆、香格里拉红军长征博物馆、香格里拉文化演艺中心
		体育健身场馆	青海多巴国家高原体育训练基地
	景观建筑与附属性建筑	佛塔	松赞干布创建的五顶佛塔、松嘎尔五塔、扎囊桑耶寺四塔（白红黑绿）、乃东错崩布塔、曲丁加泽排塔、打钦得巴塔、乃宁曲德佛塔、扎囊松卡石塔、扎囊康松桑卡林、江孜吉祥多门塔（白居塔）、昂仁的日吾且金塔、拉孜的觉囊通卓钦摩佛塔、扎囊松嘎石塔、曲水阿底峡灵塔、拉萨扎郭嘎勒佛塔、历辈达赖及班禅灵塔、那曲草原八塔、玉树藏娘佛塔、玉树格萨尔三十大将灵塔、塔塔尔如意八塔、宗喀巴纪念塔、郭麻日佛塔、色达邓登曲登佛塔、民乐圆通寺塔、武威萨班灵骨塔
		石窟	拉萨查拉鲁普石窟、扎耶巴洞窟群、北山寺石窟、龙岗沟石窟、达扎东嘎、皮央石窟、玉树贝大日如来佛石窟寺、日土丁穹拉康石窟、张掖马蹄寺石窟群
		长城段落	西宁卫明长城（青海东部互助、大通、湟中等境内），大通境内最为典型
		城堡	象雄王国的琼隆银城、苏毗国的辗噶尔、雅砻王国的雍布拉康、青瓦达孜宫、吐蕃王朝布达拉宫、温乡宫殿、札玛止桑宫殿、古格王国遗址、贡塘王宫、拉加里王府宫殿、班禅新宫（德虔格桑颇章）、日土宗山遗址、西海郡城、伏俟城、石堡城、丹噶尔城、青唐古城、西宁卫城、丹阳古城、碾伯古城、西平故城、金巴台古城、应龙城、支冬加拉古城、海川哇滩古城、夏河八角城遗址、民乐永固古城、松潘古城
		摩崖字画	西石峡和药水峡摩崖石刻、佛尔崖石刻、和日石经墙、措哇尕什则多卡寺石佛塔、嘉那嘛呢、勒巴沟摩崖、林芝工布第穆萨摩崖石刻、洛扎摩崖石刻、察雅仁达摩崖造像、扎囊青朴摩崖造像、青瓦达孜山摩崖造像、拉萨药王山摩崖造像（摩崖千佛像）、昌都摩崖造像、拉萨红山摩崖石刻、西宁明代金书铁卷、玉树文成主公庙佛雕及石刻
		广场	布达拉宫广场、西宁中心广场、新宁广场、喀什市中心广场

续表

主类	亚类	基本类型	单体名称
建筑与设施	景观建筑与附属性建筑	碑碣	拉萨唐蕃甥舅会盟碑、拉萨达扎路恭纪功碑、吐蕃第三十七代赞普赤松德赞墓碑、吐蕃第三十九代赞普赤德松赞墓碑、墨竹工卡夏拉康碑、拉萨御制十全记石碑、拉萨御制平定西藏碑、双忠祠碑、磨盘山关帝庙碑、西藏风俗石碑、扎什伦布寺青关帝庙石碑、青海湖东种羊场灵显宣威青海神碑、乐都汉代三老赵掾之碑、海晏西海郡虎符石匮、湟源唐代唐蕃赤岭界碑、瞿昙寺明代“皇帝敕谕碑”、御制瞿昙寺金佛像碑、御制瞿昙寺碑、同仁明王廷仪纪功碑、贵德玉皇阁万寿观碑记、重修积石禹王庙碑记、重修西宁卫城记、增修巴暖三川堡寨山城记、官亭渡口碑、塔尔寺九世班禅功德碑、孙中山先生纪念碑、红西路军在青海蒙难烈士纪念碑、武威西夏碑
	居住地与社区	传统与乡土建筑	泸定县泸定桥、四川丹巴古碉群、马尔康卓克基土司官寨、马尔康直波碉群、松潘古城墙、壤塘日斯满巴碉楼、湟源古丹噶尔城、西宁城隍庙、湟源城隍庙、贵德文庙和玉皇阁、互助钟鼓楼、河湟民居庄廓、朗赛林庄园、江孜帕拉庄园、朗顿庄园、藏族碉房、牛毛帐房、木架板房、德格印经院、武威文庙
		特色街巷	拉萨八廓街、丽江古城四方街、湟源古街、同仁老街
		名人故居与历史纪念建筑	墨竹工卡松赞干布故居甲玛赤康、循化十世班禅故居、馨庐马步芳官邸、阿沛庄园、中甸中心镇公堂、中山纪念堂
		会馆	西宁陕山会馆
	归葬地	陵区陵园	红军长征纪念碑碑园、金川、芦花、亚克夏山红军烈士陵园、西宁市烈士陵园、山南烈士陵园
		墓（群）	藏王墓、松赞干布墓、青瓦达孜山古墓、都兰热水墓葬群、朗县列山古墓群、朗县吐蕃墓群、墨竹工卡吐蕃墓群、亚东帕里吐蕃墓群、萨迦县吉龙堆吐蕃墓群、洛扎吉推吐蕃墓地、定日苏热地干墓群、贡觉相皮石棺墓、洛隆硕督镇清代墓、拉孜查木钦墓地、萨迦古屋热墓地、大通上孙家寨墓地、西宁康王墓、西宁凤凰山拱北、民乐八卦营汉墓群、武威雷台汉墓、若羌楼兰墓群、喀什阿巴和家麻扎（香妃墓）
	交通建筑	车站	西宁火车站、格尔木火车站、拉萨火车站、拉萨汽车站、西宁汽车站
		航空港	西宁机场、格尔木机场、拉萨贡嘎机场、昌都邦达机场、林芝机场、九寨沟黄龙机场、香格里拉机场、玉树机场
	水工建筑	水库观光游憩区段	龙羊峡水电站及库区、李家峡水电站及库区、公伯峡水电站及库区、积石峡水电站及库区、桑日沃卡电站、昆仑山温泉水库、海晏东大滩水库、大通黑泉水库

续表

主类	亚类	基本类型	单体名称
旅游商品	地方旅游商品	菜品饮食	藏族饮食以牛羊肉、牛奶、酥油、土豆、青稞、米为原料，经传统烹饪制作，藏餐制品主要有酥油糌粑、玛森、煨、帕查麻古、血肠、奶渣、折思磨古、香寨、萝卜萝果、祛瑞、雪果馍馍、手抓羊肉、咖喱土豆、奶茶、酸奶、草原帐房小吃；回族面食馍、馓子、密撒、花花、密果、糖饺、油炸糕、面片、拉面等。风味小吃：手抓羊肉、酥油糌粑、杂碎汤、烤羊肉、酿皮、酸奶、奶皮、牛肉拉面、尕面片、麻食、馓子、甜醅、醪糟、油香、焜锅馍、农家月饼、清真糕点。土族以面食为主，有焜锅馍、油炸饼、手工面条、散饭、饺团、炖焖南瓜土豆等；珞巴族以牛羊肉、野生植物油、糯米粉、玉米、獐子菌等为原料，精制的风味小吃有库巴、阿香饭、拉布夏木岗当、夏金等。青海地方特色菜肴：蛋白虫草鸡、鸳鸯芙蓉发菜、人参什锦人参果、爆焖羊羔肉、筏子团肉、清蒸牛蹄筋、西宁三烧等
		农林畜产品与制品	西宁毛及其产品（毛毯、地毯、毛氆氇）、绒毛、黑羊羔皮，牦牛肉干、牛羊鞭、酥油、奶粉、羊筋、湟鱼、石貂皮、狐狸皮、旱獭皮、沙狐皮、黑羊羔皮、蕨麻、发菜、蚕豆、绿豌豆、菜籽油、蜂蜜、蘑菇、果品；青稞酒、青盐、皮革制品
		中草药材及制品	冬虫草、红景天、灵芝、胡黄连、贝母、雪莲、大黄、藏茵陈、藏红花、羌活、秦艽、黄芪、唐古特红景天、唐古特莨菪、雪灵芝、罗布麻、麻黄、枸杞、绿绒蒿、天麻等为珍贵的植物药材，牛黄、鹿茸、麝香、熊胆、羚羊角、虎骨等动物药材
		传统手工产品与工艺品	互助青稞酒、湟源陈醋、加牙藏毯、安冲藏刀、嘛呢石、酥油花、堆绣、壁画、唐卡、雕塑、排灯、藏文书法、湟中农民画、贵南藏绣、酥油花、仿古彩陶、彩蛋、绒毛画、结晶盐。热贡佛教工艺品：彩绘、彩塑、图案、堆绣、石刻、木刻等。昆仑玉制品及宝玉石器、江河源奇石等。首饰工艺品：戒指、耳环、手镯、项链、银盾、银带环；刺绣工艺品：胸饰、领子、辫筒、腰带、围肚、鞋袜、枕头、烟袋、寿帐、挽联等。宗教寺院工艺品：建筑装饰物金鹿法轮、宝塔、刹式金瓶、哈达、灯具、佛像、佛塔、泥塑、风马（经幡）、酥油花、面具等各种法器。生活用品：藏毯、藏被、氆氇、围裙、帐篷、口袋、背包

续表

主类	亚类	基本类型	单体名称
旅游商品	地方旅游商品	日用工艺品	藏族、回族、土族、纳西族、彝族、羌族、门巴族、珞巴族等各民族日用工艺品。如藏族服饰有藏袍、藏靴、藏帽、围裙等，生活用品有木碗、地毯、藏被、卡垫、挂包、藏香、奶茶壶、碟、盘、刀、酒具、烟锅、鼻烟盒、马鞍、奶钩、首饰等，宗教用品哈达、唐卡、转经轮、佛珠、佛像、护身符等；回族、撒拉族、东乡族、保安族等信仰伊斯兰教民族的各种服饰顶帽、盖头、胸护、准摆、太司搭尔、汤瓶、刺绣；珞巴族服饰披皮，生活用品木碗、长刀、弓箭，妇女佩戴装饰品手镯、项链、耳环、铜铃、银币、铜牌、铁链、小刀、贝壳、火镰等
人文活动	人事记录	人物	西王母、赵充国、霍去病、秃发傉檀、邓训、吐谷浑王、隋炀帝、松赞干布、宗喀巴、历辈达赖班禅、马步芳、十世班禅、喜饶嘉措、莲花生、辛饶米保且、文成公主、朗达玛、八思巴、绛曲坚赞、五世达赖阿旺罗桑嘉措、王洛宾、海晏原子城研制科学家群体
		事件	羌人部落联盟及西王母国、霍去病建西平亭、赵充国河湟屯田、吐谷浑兴衰、邓训恩抚诸羌、秃发与南凉国、隋炀帝西征吐谷浑、唐蕃和亲、厮啰河湟建政、西部歌王王洛宾与“在那遥远的地方”、辛饶米保且与苯教、松赞干布与吐蕃王朝建立、文成公主与唐蕃联姻、朗达玛与吐蕃王朝灭亡、八思巴与西藏萨迦地方政权、绛曲坚赞与西藏帕木竹巴地方政权、第五世达赖喇嘛阿旺罗桑嘉措与甘丹颇章地方政权、莲花生与藏传佛教、宗喀巴与格鲁派的诞生、迭部俄界会议旧址
	艺术	文艺团体	西藏剧团、藏剧团、歌舞团，青海民族歌舞团、话剧团，西宁平弦剧团、豫剧团、歌剧团、秦剧团
		文学艺术作品	昆仑神话、藏族英雄史诗《格萨尔传》、土族民间叙事诗《那仁布与吉门索》、蒙古族英雄史诗《汗青格勒》、撒拉族《骆驼舞》、巨石文化、湟源排灯（灯彩）、阿尼玛卿山神话传说、“花儿”
	民间习俗	地方风俗与民间礼仪	藏族、门巴族、珞巴族、土族、羌族、彝族、傈僳族、维吾尔族、撒拉族、蒙古族、回族、裕固族、柯尔克孜族等民族风情，藏族五种葬法、土族於菟舞
		民间节庆	藏族年节、雪顿节、望果节、沐浴节，汉族春节、元宵灯会、端午节、中秋节、重阳节、腊八节，回族开斋节、古尔邦节，土族纳顿节、热贡六月会，蒙古族那达慕，甘南藏族香浪节、插箭节，纳西族东巴节、棒捧会、三朵节、七月骡马会，羌族祭山会、年节、歌仙节

续表

主类	亚类	基本类型	单体名称
人文活动	民间习俗	民间演艺	藏族舞蹈（锅庄舞、弦子舞、则柔等）、佛寺“跳欠”、藏族扎木聂弹唱、佛教音乐、藏戏、婚宴十八说、拉伊，汉族河湟社火、民间弦索音乐、眉户戏、皮影戏、平弦、贤孝、打搅儿、道情、民和麻地沟目连戏、大通傩舞老秧歌、湟中农民画展，土族安昭舞、土族婚礼歌（“道拉”)、於菟舞、“花儿”会、宴席曲，撒拉族骆驼舞、“口弦”，回族武术、“莲花山花儿会”，彝族木鼓舞，傈僳族上刀山
		民间健身活动与赛事	响箭、赛马、赛牦牛、土族轮子秋、回族武术、藏族棋艺、蒙古族那达慕、射箭、摔跤、皮筏子、漂流、登山、玉树康巴赛马节、康定跑马山赛马节、羌塘恰钦赛马艺术节
		宗教活动	青海湖祭海、花灯节、萨嘎达瓦节、大祈愿会（传召大法会)、燃灯节
		庙会与民间集会	三川土族纳顿节、元宵节（九曲黄河灯节）
		饮食习俗	各民族饮食习俗有一定差异，如藏族主要以牛羊肉、牛奶为主，辅以面、米食品；其他各民族多以面、米食为主。各民族均喜饮青稞酒
		特色服饰	藏族服饰：藏袍、藏靴、藏帽、装饰物。土族服饰：妇女五彩服饰、毡帽、妇女花鞋、盘袄。回族、撒拉族服饰。男子白帽、六牙帽、坎肩、白汗衫，妇女盖头、绣花鞋
	现代节庆活动	文化节	中国青海郁金香节、青海湖国际诗歌节、中国（青海）三江源国际摄影节、贵德梨花艺术节、门源油菜花艺术节、山南雅砻文化艺术节、逛林卡、白朗金果斗牦牛节、康定情歌、彝族“火把节”、傈僳族刀杆节、阔时节、纳西族棒棒节、三朵节、普米族吾昔节、摩梭人转山节、独龙族开强瓦节、怒族仙女节、武威“天马文化旅游节”、蒙古族那达慕大会、江孜达玛节
		商贸农事节	中国青海经贸洽谈会
		体育节	环青海湖国际公路自行车赛、青海世界杯攀岩赛、青海国际抢渡黄河极限挑战赛、尖扎“五彩神箭杯”中国民族传统射箭赛

第二节　青藏高原旅游资源评价

一、定性评价

（一）旅游资源的垄断性

青藏高原以平均海拔 4500m 以上的高度突兀于地球之巅，具有特殊的地理环境结构，许多旅游资源成为世界上同类旅游资源之最。这里既有气势磅礴的自然景观，又有风情万千的人文景观。一批世界之最的景点包括世界上最高大山脉喜马拉雅山脉、世界最高峰珠穆朗玛峰、世界最大峡谷雅鲁藏布江大峡谷、世界最高湖泊纳木错、世界最高河流雅鲁藏布江、世界最大内陆盐湖之一的察尔汗盐湖、三江源区、三江并流、九寨沟—黄龙神奇美景、青藏高原东南部完整的植被垂直带谱结构。

青藏高原人文旅游资源中，藏族文化博大精深，巨石文化景观让世人尤为惊叹，纳西族东巴文化中的象形文字成为活化石，布达拉宫（还包括大昭寺、罗布林卡）、丽江古城以奇特的建筑风格，成为世界文化遗产。

上述众多自然和人文旅游资源都具有“世界之最”的垄断地位，具有唯一性、不可复制性，使青藏高原成为世界顶级旅游地之一。

（二）旅游资源的多样性

青藏高原旅游资源具有总量大、类型多样、功能全、组合优良、科学文化内涵丰富等特点，不少指标居全国前列，具备除海滨海岛类等少数类型外的绝大部分资源类型，有的则属全国独有或稀有类型。无论是自然风光、文物古迹、民俗风情这些传统的观光旅游资源，还是生态旅游、汽车旅游、探险旅游、文化旅游这些特种或专项旅游资源都有着极其丰富的蕴藏量。青藏高原可以成为中国旅游业大发展的战略后备基地和 21 世纪的旅游换代产品基地。

（三）生态旅游资源的代表性

青藏高原生态旅游资源在我国具有典型性、代表性。青藏高原生态价值在全球有极其显赫的地位，它位居中纬度地带，三江源头区、雅鲁藏布江峡谷输气大通道、喜马拉雅山脉等高大山脉对世界性大气环流产生了显著影响。但由于青藏高原自然地理环境的特殊性，这里生态环境最为脆弱和敏感，一旦遭到破坏将长期得不到恢复，从而对全国乃至世界生态环境产生巨大负面影响。

青藏高原是我国可持续发展的生态屏障，其生态环境对东部地区及全国影响深刻。青藏高原生态旅游业的发展，既能减轻对自然环境的压力，保护生态环境，又能促进经济发展。所以，以生态旅游为龙头的可持续发展模式将是青藏高原发展的必然选择。

（四）宗教旅游资源的神秘性

青藏高原是我国多民族、多宗教的区域。藏、土、蒙古、裕固等民族几乎全民信奉藏传佛教，回、维吾尔、撒拉、维吾尔等民族几乎全民信奉伊斯兰教。各地寺庙之多、信教群众之广、教徒之无比虔诚、宗教文化影响之广、宗教氛围之浓，是其他任何民族、任何地域所无法比拟的，如此奇特的人文景观，使宗教文化旅游资源有着无比的神秘性。

（五）民俗风情旅游的独特性

青藏高原除汉族外，还居住有藏族、回族、土族、羌族、纳西族、彝族、维吾尔族、裕固族、撒拉族、蒙古族、门巴族、珞巴族等几十个少数民族。各民族在长期的生产、生活中形成了独特的风俗习惯和风土人情，创造了灿烂的多民族文化。

藏族是一个历史悠久、勤劳朴实、智慧勇敢的民族，长期以来由生活习俗、文学艺术、宗教、科学技术等诸多方面组成的藏族文化博大精深，在中国乃至世界上占有重要地位，成为中华民族优秀文化的重要组成部分和独特的社会科学——西藏学的重要内容。分布于川西高原的羌族风情，滇西北纳西族东巴文化，以及青海境内的土族、撒拉族文化为青藏高原所独有。藏、羌、纳西、土、撒拉族以及门巴、珞巴等民族的民俗风情的独特性，为开展青藏高原民俗风情旅游奠定了坚实的基础。

（六）特种旅游资源的丰富性

青藏高原是世界最新、最高的高原，这里有众多的极高峰、高峰，以深邃陡峭闻名世界的雅鲁藏布江大峡谷，大面积的冰川，占全国湖泊

1/3 面积的高原湖泊，占全国重点保护动物 34.5%的珍稀野生动物。珠穆朗玛峰、玉珠峰等众多对外开放的山峰是登山爱好者的首选之地；青藏高原特殊的自然地理条件，是科学家们进行科学考察、探险旅游的理想之地。现已开展多届的环青海湖国际公路自行车赛、国际抢渡黄河赛、国际攀岩赛、柴达木盆地汽车越野赛、长江漂流等赛事，成为挑战极限旅游者向往的旅游目的地。青藏高原地域辽阔，自然条件极其严酷，为开展以挑战极限为主要方式的户外特种旅游提供了条件。

二、旅游资源的定量评价

旅游资源定量评价的方法多种多样，20 世纪 70 年代中期美国匹兹堡大学运筹学家 T. L. Saaty 提出的多目标（多指标）决策分析方法，对不同指标进行有序、系统的比较和评价，适用于在多目标决策中同时处理定量和定性的信息和数据，应用比较简便，只需要被调查者每次判断两个指标之间的相对重要性。因此，这一方法广泛运用于社会经济系统的决策分析中。针对青藏高原旅游资源数据资料不全、基础工作薄弱的状况，本书选择层次分析法（AHP）对青藏高原旅游资源进行定量或半定量评价。

（一）评价层次划分及其评价指标体系的建立

评价的总体目标是对青藏高原旅游资源给予一定的科学定量评价，如果进行科学评价，就要对青藏高原每一处旅游资源赋予一定的可操作的指标体系。结合前人研究的成果，本书根据青藏高原的实际将青藏高原旅游资源定量评价层次自上而下依次划分为 4 层：顶层为总目标层，实现青藏高原旅游资源的定量评价（本书称之为 A 层）；第二层为综合评价层，分别评价青藏高原旅游资源的资源价值、景点状况和环境条件（本文称为 B 层）；第三层为项目评价层，主要评价青藏高原旅游资源的观赏价值、文化价值、生态价值、科学价值、知名度、景点组合、环境容量、适游期、舒适度等 9 个指标（本书称之为 C 层）；底层为因子评价层，主要评价支撑第三层指标的具体因子，如愉悦度、奇特度、完整度、历史文化、宗教文化、民族风情、娱乐休闲、生态价值、科学考察、科普教育、知名度、主副性、互补性、环境容量、适游期、舒适度等，其中生态价值、知名度、环境容量、适游期、舒适度为第三层指标，由于支撑因子确定相对困难，所以在底层设计中仍沿用第三层指标（以上本书统称为D层）（图3-2）。

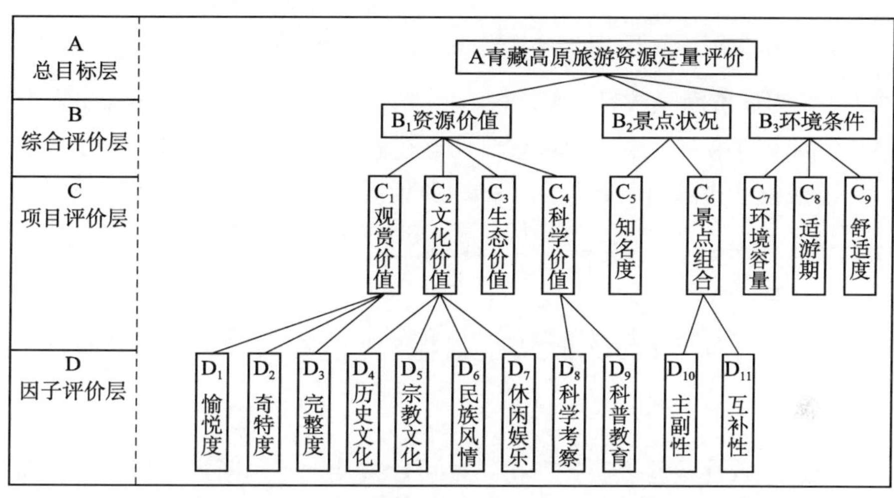

图3-2 青藏高原旅游资源定量评价层次划分

（二）评价因子权重值的确定

在确定青藏高原旅游资源评价层次划分和指标建立后，如果要进行定量或半定量评价，那么就要对评价因子进行权重。层次分析法一般用1～9分的分类等级表示某一指标比另一指标的相对重要程度，1表示同等重要，3表示相对较重要，5表示相对重要，7表示相对非常重要，9表示极端重要，2、4、6、8的相对重要性介于以上相应的相对重要性等级之间，以上分级数字有利于被调查者对不同指标的相对重要性作出判断，但该数字只能表明某一指标的重要性，而不代表数学上的比例关系。

为了确定青藏高原各评价因子的相对重要性，本文向有关专家、学者发放问卷进行调查，在调查的基础上，收集原始有效数据加以整理。根据调查结果列出各因子之间相对重要性的标定值矩阵（表3-4）。

表3-4 因子重要性的标定值矩阵

	X_1	X_2	X_3	…	X_n
X_1	X_{11}	X_{12}	X_{13}	…	X_{1n}
X_2	X_{21}	X_{22}	X_{23}	…	X_{2n}
X_3	X_{31}	X_{32}	X_{33}	…	X_{3n}
⋮	⋮	⋮	⋮	⋮	⋮
X_n	X_{n1}	X_{n2}	X_{n3}	…	X_{nn}

得到旅游资源评价指标的重要性标定矩阵之后，依据下式计算判断矩阵的每一行元素乘积的 n 次方根 T_i：

$$T_i = \sqrt[n]{\prod_{k=1}^{n} X_{ik}} \, (i = 1,2,\cdots,n)$$

式中，n 为评价因子数目；X_{ik} （$i=1$，2，…，n；$k=1$，2，…，n）为第 i 个因子与第 k 个因子相对重要性比较而获得的标定值。

再根据下式求出各评价因子的权重值 Q_i：

$$Q_i = \frac{T_i}{\sum_{i=1}^{n} T_i} (i = 1,2,\cdots,n)$$

求得各评价因子的权重之后，通过下式对其结果进行一致性检验。

$$CI = \frac{\lambda_{\max} - n}{n - 1}$$

经过一致性检验表明，所得结果可以接受上述判断矩阵检验，从而得出青藏高原旅游资源各评价指标的权重值和各因子的位次（表 3-5）。

表 3-5　青藏高原旅游资源评价指标权重值

总目标层	综合评价层	权重	排序	项目评价层	权重	排序	因子评价层	权重
青藏高原旅游资源定量评价	B_1 资源价值	0.66	1	C1 观赏价值	0.29	1	D1 愉悦度	0.15
							D2 奇特度	0.08
							D3 完整度	0.06
				C2 文化价值	0.22	2	D4 历史文化	0.06
							D5 宗教文化	0.05
							D6 民族风情	0.06
							D7 休闲娱乐	0.05
				C3 生态价值	0.07	6		
				C4 科学价值	0.08	4	D8 科学考察	0.04
							D9 科普教育	0.04
	B_2 景点状况	0.19	2	C5 知名度	0.11	3		
				C6 景点组合	0.08	4	D10 主副性	0.04
							D11 互补性	0.04
	B_3 环境条件	0.15	3	C7 环境容量	0.05	7		
				C8 舒适度	0.05	7		
				C9 适游期	0.05	7		
合计		1			1			0.67

（三）青藏高原旅游资源评价结果

根据上述相关权重和指标采用模糊计分法，将各个相关因子划分为 5 个等级，然后为每一个等级赋分，其中“很好”为 80～100 分、“好”

为 60～79 分、“较好”为 40～59 分，“很好”、“好”、“较好”分别为世界级、国家级及地区级景点及景区，然后对青藏高原旅游资源景点或者景区进行分项打分，再采用加权求和的方法计算出各景点（区）的评价值。计算公式如下：

$$E = \sum_{i=1}^{n} Q_i P_j$$

式中，E 为旅游资源综合评价结果值；Q_i 为第 i 个评价权重；P_j 为第 j 个旅游景点的分值。

我们选择品牌旅游资源进行评价分析。品牌旅游资源是指那些知名度高、信誉好、在旅游者与潜在旅游者的心目中已成为一种旅游品牌，能直接影响旅游者的旅游决策，是旅游者向往已久并以拥有该种造访经历为荣的旅游资源。鉴于此，特选择世界自然与文化遗产、国家重点风景名胜区、国家重点文物保护单位、国家自然保护区、国家森林公园、国家地质公园、中国历史文化名城（镇、村）、全国爱国主义教育示范基地等进行定量评价，现将 503 个单体旅游景观进行评价，结果如表 3-6所示。

表 3-6 青藏高原旅游景观等级划分一览表

景观类型	世界级	国家级	地区级
地文景观	世界屋脊——青藏高原、喜马拉雅山系、珠穆朗玛峰，雅鲁藏布江大峡谷、三江并流、四川大熊猫栖息地	冈底斯—念青唐古拉山系、喀喇昆仑—唐古拉山系、昆仑山系、祁连山系、横断山系，洛子峰、马卡鲁峰、卓奥友峰、希夏邦马峰、乔戈里峰、公格尔峰、木孜塔格峰、慕士塔格峰、南迦巴瓦峰、冈仁波齐峰、梅里雪山，帕隆藏布大峡谷、三江大峡谷、大渡河金口大峡谷，冰川、冻土、冰融地貌，柴达木盆地、柴达木盆地风沙地貌、黄河谷地丹霞地貌，阿里札达石（土）林，昆仑山口昆仑山大地震遗迹，“5·12”汶川特大地震遗址，藏北高原北部火山活动遗迹、和政古生物化石	阿尔金山系、秦岭山系西（西顷山）、巴颜喀拉山、布尔罕布达山、可可西里山、阿尼玛卿山、日月山，加拉白垒峰、念青唐古拉峰、雅拉香波山、各拉丹冬峰、阿尼玛卿峰、布喀达坂峰、岗则吾结峰、玉珠峰、贡嘎雪山、玉龙雪山，黄土地貌，雅鲁藏布江谷地、河湟谷地，尼洋河谷地、拉萨谷地、西藏东南部垂直景观，黑河大峡谷、青海东部黄河大峡谷，诺木洪贝壳梁、昌都达玛恐龙化石点、吉隆沃马村三趾马化石点，洞穴（天峻西王母石室、泽库仙女洞、泽当猴子洞）

续表

景观类型	世界级	国家级	地区级
水域景观	三江源自然保护区、长江	黄河、澜沧江、雅鲁藏布江，青海湖、纳木错、色林错、当惹雍错、玛旁雍错、羊卓雍错、巴松湖、察尔罕盐湖、鄂陵湖、扎陵湖、罗布泊湖、泸沽湖，若尔盖沼泽、三江源湿地、藏北湿地、青海湖湿地，绒扎瀑布群、秋古都龙瀑布、藏布巴东瀑布、背崩瀑布、汗密瀑布、“老虎嘴”瀑布、地东瀑布、拉格瀑布、海螺沟冰瀑布、明永恰冰川瀑布，羊八井地热田，杰马央宗冰川、绒布冰川、米堆冰川、特拉木坎力冰川、音苏盖提冰川、克州冰川、海螺沟冰川、明永恰冰川、巴托拉冰川、卡惹拉冰川、卡钦冰川、梅里雪山冰川	怒江、金沙江、尼洋河、帕隆藏布、湟水、通天河、黑河、格尔木河、那仁格勒河，扎日南木错、达则错、普莫雍错、佩枯错、拉昂错、昂孜错、班公湖、昂拉仁错、拉姆纳错、易贡错、然乌湖、乌兰乌拉湖、可可西里湖、霍布逊湖、可鲁克湖、托素湖、茶卡盐湖，堆龙德庆雄巴拉曲温泉、江孜拉孜锡钦温泉、工布江达布如温泉群、林芝排龙温泉、米林格嘎温泉、波密聋哑喊泉、昂仁搭格架地热间歇喷泉群、桑日沃卡温泉、曲松色瓦龙温泉、尼玛荣玛温泉、芒康曲孜卡温泉、贵德扎仓温泉，阿扎冰川、拉古冰川、则普冰川、若果冰川、姜根迪如冰川、布喀达坂冰川
生物景观	九寨沟风景名胜区、黄龙寺风景名胜区	青藏高原东南部原始森林、林芝巴结村巨柏、祁连山地草原、藏北高原草原、可可西里、青海湖鸟岛、隆宝滩黑颈鹤、孟达、雅鲁藏布江中游河谷黑颈鹤、羌塘、珠穆朗玛峰、扎申、芒康滇金丝猴、祁连山、安南坝野骆驼、莲花山、尕海—则岔、阿尔金山、罗布泊野骆驼、亚丁、贡嘎山、卧龙、四姑娘山、玉龙雪山、高黎贡山、阿尔金山等自然保护区	玛柯河中下游、祁连山东南部、柴达木盆地古柏林、林芝古桑、核桃树王、松幡草原、拉鲁湿地自然保护区、贵德黄河清湿地公园、吉隆江村、聂拉木樟木、察隅慈巴沟、波密高乡高产云杉林、林芝东久赤斑羚、类乌齐长毛岭马鹿、林周澎波黑颈鹤、芒康盐井、若尔盖湿地、连城、盐池湾、察青松多、白马雪山、雪宝顶、海子山、美姑大风顶、白水河、王朗等自然保护区
天象气候景观	—	青藏高原雷同南北极的气候、“一年无四季一日见四季”特殊气候显示	青海东部河湟谷地区、西藏林芝高原避暑胜地

续表

景观类型	世界级	国家级	地区级
遗址遗迹	民和喇家遗址	昌都卡若遗址、乐都柳湾遗址、拉萨曲贡遗迹、都兰塔温搭里哈遗址、茂县汶川营盘山和姜维城遗址，古格王朝遗址、西海郡古城遗址、若羌楼兰古城遗址、塔什库尔干石头城遗址、若羌米兰遗址、张掖黑水国遗址、武威白塔寺遗址，江孜宗山抗英遗址、阿坝红军长征遗迹，丝绸之路南线青海道、唐蕃古道、茶马古道	贵南拉乙亥遗址、同德宗日遗址、贡嘎昌果沟遗址、昌都小恩达遗址、象雄古国遗址、西宁沈那遗址、民和马厂遗址、吐谷浑古都伏俟城、太照古城遗址、甲玛王宫遗址、青瓦达孜宫遗址、加拉王宫遗址、西宁虎台遗址、民乐八卦营遗址、和田圆沙古城、罗布泊南古城遗址，大通明长城遗址，循化西路红军革命旧址、班玛红军遗迹
建筑设施	布达拉宫（大昭寺、罗布林卡）、丽江古城、黄龙寺—九寨沟国家风景名胜、青藏铁路	青海湖国家级风景名胜区、雅砻河国家级风景名胜区、巴松湖度假旅游区、贡嘎山国家风景名胜区、海螺沟国家风景名胜区、四姑娘山国家风景名胜区、邛海—螺髻山国家风景名胜区、瓦灰山风景区、泸沽湖风景名胜区、玉龙雪山国家风景名胜区、张掖马蹄寺风景名胜区；甘丹寺、哲蚌寺、色拉寺、昌珠寺、鸢耶寺、白居寺、扎什伦布寺、萨迦寺、夏鲁寺、托林寺、上盐井天主教堂、塔尔寺、瞿昙寺、隆务寺、玉虚宫道教圣地，德格印经院、捧托寺、措尔机寺、白利寺、甘孜寺、竹庆寺、寿国寺、茨中教堂、松赞林寺，拉卜楞寺、张掖大佛寺、武威文庙、白塔寺、艾提尕尔清真寺，坎布拉、色季拉、易贡、荷花海、措普、莲花山、腊子口、克州冰川等地质森林公园，龙羊峡水电站、羊八井地热电站、青海钾肥厂、海晏中国第一个核武器研制基地旧址、江孜宗山抗英遗址，西藏博物馆、青藏省博物馆、柳湾彩陶博物馆，多巴国家高原体育训练基地，江孜吉祥多门塔、	日月山风景名胜区、青瓦达孜山胜迹、洛扎原生态旅游景区、色吾沟风景名胜区、曲孜卡温泉休闲度假区、羊八井地热风景区、桑耶风景游览区、扁都口田园牧歌风景区、都兰国际猎场、黄河源国际猎场，噶丹寺、小昭寺、曲德寺、吉如拉康寺、康松桑卡林、帕邦卡、热振寺、楚布寺、彭措林寺、敏珠林寺、色喀古陀寺、卓玛拉康、查杰玛大殿、达拉岗布寺、强巴林寺、孝登寺、柏尔贡巴寺、达尔木寺、唐波且寺、多吉扎寺、觉囊寺、纳塘寺、噶玛寺、布久喇嘛林寺、桑周寺、达那寺、却藏寺、古鲁寺、佐勤寺、协庆寺、塔公寺、八邦寺、噶托寺、寿灵寺、理塘寺、木里大寺、松格嘛呢石经城和巴格嘛呢石经城，普达措、天祝三峡、姐得秀、米仓山、雅克夏、新生桥、大通、北山、乌兰哈里哈图等森林公园，青海湖祭海、青海藏医药博物馆、青海昆仑玉博物馆、香格

续表

景观类型	世界级	国家级	地区级
建筑设施	布达拉宫（大昭寺、罗布林卡）、丽江古城、黄龙寺-九寨沟国家风景名胜，青藏铁路	拉孜觉囊通卓钦摩佛塔、达赖及班禅灵塔、玉树藏娘佛塔、玉树格萨尔三十大将灵塔、雍布拉康、夏河八角城遗址、和日石经墙、嘉那嘛呢、丹巴古碉群、马尔康卓克基土司官寨、壤塘日斯满巴碉楼、贵德文庙和玉皇阁、武威文庙，松赞干布故居——甲玛赤康、中甸中心镇，红军长征纪念碑碑园，藏王墓、都兰热水墓葬群、武威雷台汉墓、若羌楼兰墓群、喀什阿巴和加麻扎（香妃墓）	里拉红军长征博物馆、塔尔寺如意八塔、宗喀巴纪念塔、萨班灵骨塔、玉树贝大日如来佛石窟寺、塔尔寺如意八塔、宗喀巴纪念塔、萨班灵骨塔、郭麻日佛塔、色达邓登曲登佛塔、民乐圆通寺塔，拉萨查拉鲁普石窟、扎耶巴洞窟群、达扎东嘎，苏毗国辗噶尔桑宫殿、班禅新宫、拉萨红山摩崖石刻，湟源丹噶尔古城、河湟民居庄廓、马尔康直波碉群、江孜帕拉庄园、朗顿庄园、勒巴沟摩崖，拉萨八廓街、同仁老街、馨庐、十世班禅故居；西宁市烈士陵园，山南烈士陵园
旅游商品	—	藏族饮食、回族清真餐饮、土特产品（农牧轻工产品、药材、传统手工艺品）	土族饮食、羌族饮食、纳西族餐饮、青海地方特色菜肴、土特产品（中草药材及制品）、传统手工制品）
人文活动	昆仑神话传说、纳西族文化、藏族巨石文化景观	西王母、莲花生、辛饶米保且、吐谷浑王、松赞干布、文成公主、朗达玛、八思巴、宗喀巴、历辈达赖班禅、十世班禅，藏族英雄史诗《格萨尔传》、土族民间叙事诗《那仁布与吉门索》、“花儿”，藏、土、羌、撒拉族民族风情，藏族雪顿节、土族纳顿节、热贡六月会，纳西族东巴节、三朵节，羌族祭山会。藏族舞蹈、佛寺“跳欠”、藏戏、玉树赛马节、康定跑马山赛马节、羌塘恰钦赛马艺术节。青海湖祭海、大祈愿会，中国海丁香花郁金香节、康定情歌节、彝族“火把节”、傈僳族刀杆节、阔时节、武威“天马文化旅游节”、环青海湖国际公路自行车赛、青海世界杯攀岩赛、青海国际抢渡黄河极限挑战赛	赵充国、霍去病、隋炀帝、秃发傉檀、邓训、马步芳、绛曲坚赞、五世达赖、王洛宾等人物，蒙古族英雄史诗《汗青格勒》、撒拉族《骆驼舞》、湟源排灯、阿尼玛卿山神话传说，傈僳、彝、维吾尔、回族、裕固等民族风情，藏族望果节、沐浴节，回族开斋节、古尔邦节，蒙古族那达慕，纳西族七月骡马会，羌族歌仙节。河湟社火、土族安昭舞、土族婚礼歌、於菟舞、宴席曲，撒拉族骆驼舞、回族武术、彝族木鼓舞、傈僳族上刀山。藏族萨嘎达瓦节、燃灯节，青海湖国际诗歌节中国（青海）三江源国际摄影节、门源油菜花艺术节、山南雅砻文化艺术节、白朗金果斗牦牛节、江孜达玛节

总计 503 个单体旅游景观：其中世界级 18 个，占总单体旅游景观数的 3.6%；国家级 234 个，占 46.5%；地区级 251 个，占 49.9%。

第三节 青藏高原旅游资源空间分布及区划

一、旅游资源空间分布特点

（一）旅游资源地域组合协调统一，自然旅游资源、人文旅游资源相互交融

青藏高原区域面积辽阔，跨经纬度较广，海拔高差明显，地质演化特殊，地形复杂多样，地带性和非地带性因素交错，导致气候类型复杂多样，这是青藏高原地域景观组合的优势。在高原内部同一时期可以观赏到完全不同类型的自然景观；同样，在同一地点，在不同的海拔高度，也可以看到四季风光，如西藏东南部、横断山脉南段高山深谷区，从山底下至顶部依次是热带、亚热带、暖温带、温带、寒温带和寒带气候，在很短的距离内，地球上所有的气候带应有尽有。

青藏高原有着悠久的社会发展历史和灿烂的文化，民族众多，宗教文化灿烂悠久，文物种类多，数量丰富，是国内不可多得的人文旅游资源富矿区，这些独具特色的人文旅游资源与自然旅游资源相互交融，使青藏高原旅游资源更具无穷的魅力。

（二）旅游资源广泛分布且相对集中，呈现“双核三带”空间分布

青藏高原旅游资源分布较普遍，但有相对集中的特点。青海省省会西宁市和西藏自治区首府拉萨市，这两座城市 200km 范围内，其单体旅游景观数量占整个青藏高原景观总量的一半以上，并且沿青藏铁路、唐蕃古道和茶马古道分布，其沿线旅游景观数量占总数的 85%以上，明显的呈现出“双核三带”的空间分布特点。拉萨及其周边有布达拉宫、大昭寺、罗布林卡、哲蚌寺、色拉寺、甘丹寺、八廓街、西藏博物馆等驰名中外的旅游景区点。西宁方圆 200km 内，有柳湾彩陶、喇家

遗址、青海湖、塔尔寺、原子城、坎布拉国家地质公园等驰名中外的旅游景区点。

青藏铁路被称为世界交通史上的奇迹，为世界级旅游资源，沿途有青海东部、柴达木盆地、可可西里、那曲高原和拉萨市五个各具特色的旅游景区，自然与人文景观交相辉映，其单体旅游景观数量占青藏高原总数量的一半，使青藏铁路及其沿线成为当今世界首屈一指的旅游区。唐蕃古道是唐代以来中原通往青海、西藏乃至尼泊尔、印度等国的必经之路，至今已有1300多年的历史。唐蕃古道约2/3的道路穿过青藏高原，沿途大都在海拔4000m以上，具有独特的世界屋脊自然风光及博大精深的藏文化。茶马古道原指四川、云南、西藏三省区千余年间使用的马帮之路，内地出产的茶叶、布匹、盐和生活日用品经此路运入藏族聚居区，藏族聚居区及靠近藏族聚居区的骡马、毛皮、药材等经此路销往内地，是中国藏族聚居区连接祖国内地，并外延至南亚、西南亚的纽带，是中国西南各民族自古以来相互交往融合的走廊，是对中外经济文化交流和古文明传播起过重要作用的国际通道之一。

二、旅游资源区划

（一）旅游区划原则及旅游区特点

1. 旅游区划应遵循的原则

（1）发生上的共同性。旅游区内部具有相对一致的自然地理基础和共同的社会历史发展过程。

（2）旅游活动的完整性。每个旅游区具有一个或数个旅游服务中心，提供食宿、交通、购物、安全及其他生活设施。

（3）拥有相当数量的旅游景区（点），形成一定的旅游时间和规模。

（4）便于管理，要考虑行政区划上的完整性，至少考虑保持县级以上行政区域的完整性。

2. 旅游区具有的共同特点

（1）系统性：旅游区以一定的空间为载体，每个旅游区内至少有一个完善的旅游中心或旅游组织基地，并要有发达的旅游交通网络联系内外，使其成为一个结构有序的开放系统。

（2）地域性：旅游区在职能上和地域上是完整的，具有已配套的社会功能，其中首要功能是恢复和增强人的健康、体力、能力和精力，满足其精神与物质的需要。

（3）层次性：旅游区有不同的功能类型和不同等级层次之分，各个层次的旅游区组合成为一个完整的旅游系统。一级以大地貌单元或跨省级为主；二级以省级为主；三级以县级单位为主。

（4）优化性：旅游区组织建立及旅游区经营管理都达到最佳程度，从而可以最大限度地发挥旅游区的功能，最顺利地达到理想的目的，取得最佳效果。

（二）旅游资源分区

根据青藏高原旅游资源的类型、空间分布、地域组合特点，遵循上述区划原则，本节拟将青藏高原旅游资源划分为旅游区、旅游亚区和旅游小区 3 级（表 3-7、图 3-3）。

表 3-7　青藏高原旅游资源区划系统表

旅游区	旅游亚区	旅游小区
中心屋脊风光旅游区（Ⅰ）	北部青南高原旅游亚区Ⅰ$_{1}$	玉树藏族自治州旅游小区Ⅰ$_{1-1}$
		果洛藏族自治州旅游小区Ⅰ$_{1-2}$
		海南藏族自治州南部旅游小区（共和南部、贵南、兴海、同德）Ⅰ$_{1-3}$
		黄南藏族自治州南部旅游小区（河南、泽库）Ⅰ$_{1-4}$
	南部藏北高原旅游亚区Ⅰ$_{2}$	阿里地区旅游小区Ⅰ$_{2-1}$
		那曲地区旅游小区Ⅰ$_{2-2}$
东北部祁连山地旅游区（Ⅱ）	祁连山地南麓旅游亚区Ⅱ$_{1}$	河湟谷地旅游小区Ⅱ$_{1-1}$
		青海湖盆地旅游小区Ⅱ$_{1-2}$
		柴达木盆地旅游小区Ⅱ$_{1-3}$
	祁连山地北麓旅游亚区Ⅱ$_{2}$	河西走廊张掖南部旅游小区（肃南裕固族自治县、民乐县）Ⅱ$_{2-1}$
		河西走廊武威南部旅游小区（武威市南、天祝县）Ⅱ$_{2-2}$
西北部阿尔金山、西中昆仑山北麓旅游区（Ⅲ）	阿尔金山干旱荒漠旅游亚区Ⅲ$_{1}$	酒泉地区南部旅游小区（肃北、阿克塞）Ⅲ$_{1-1}$
	西中昆仑山北麓旅游亚区Ⅲ$_{2}$	克孜勒苏柯尔克孜自治州南部（乌恰县、阿克陶县）旅游小区Ⅲ$_{2-1}$
		喀什地区南部（塔什库尔干塔吉克自治县、叶城县）旅游小区Ⅲ$_{2-2}$
		和田地区南部（皮山、策勒、和田、于田、民丰等县）旅游小区Ⅲ$_{2-3}$
		巴音格勒蒙古自治州南部（且末县、若羌县）旅游小区Ⅲ$_{2-4}$

续表

旅游区	旅游亚区	旅游小区
藏中南旅游区（Ⅳ）	西雅鲁藏布江谷地旅游亚区Ⅳ$_{1}$	拉萨市旅游小区Ⅳ$_{1-1}$
		日喀则地区旅游小区Ⅳ$_{1-2}$
		山南地区旅游小区Ⅳ$_{1-3}$
	东雅鲁藏布江谷地旅游亚区Ⅳ$_{2}$	林芝森林生态旅游小区Ⅳ$_{2-1}$
		喜马拉雅山东段旅游小区Ⅳ$_{2-2}$
横断山脉旅游区（Ⅴ）	藏东南旅游亚区Ⅴ$_{1}$	昌都茶马古道旅游小区Ⅴ$_{1-1}$
	滇西北旅游亚区Ⅴ$_{2}$	迪庆藏族自治州旅游小区Ⅴ$_{2-1}$
		怒江傈僳族自治州旅游小区Ⅴ$_{2-2}$
		丽江地区（宁蒗彝族自治县、丽江县）旅游小区Ⅴ$_{2-3}$
东部边缘旅游区（Ⅵ）	川西旅游亚区Ⅵ$_{1}$	甘孜藏族自治州旅游小区Ⅵ$_{1-1}$
		阿坝藏族自治州旅游小区Ⅵ$_{1-2}$
		凉山彝族自治州西部（木里、盐源、冕宁）旅游小区Ⅵ$_{1-3}$
		雅安地区西部（芦山、宝兴、天全、石棉）旅游小区Ⅵ$_{1-4}$
	甘西南旅游亚区Ⅵ$_{2}$	甘南藏族自治州旅游小区Ⅵ$_{2-1}$
		临夏回族自治州旅游小区Ⅵ$_{2-2}$

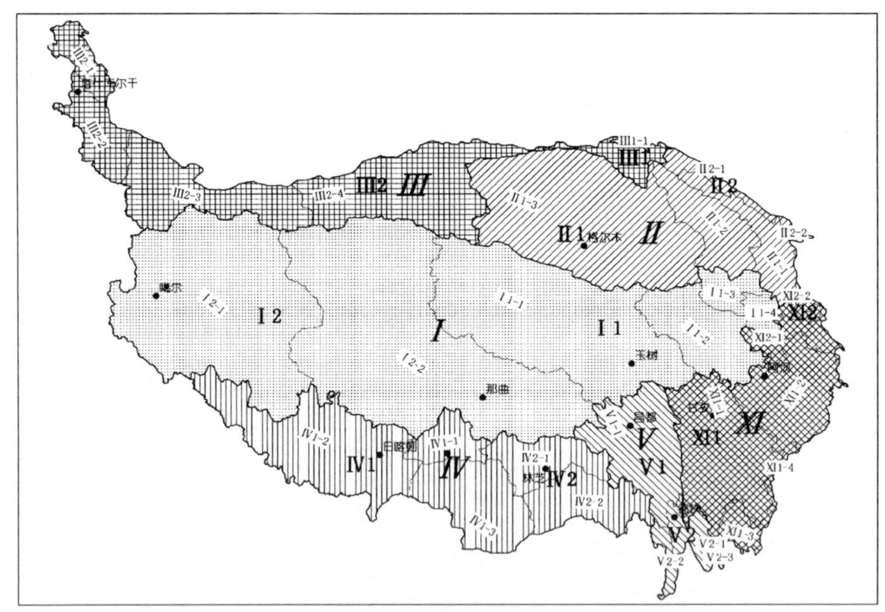

图 3-3　青藏高原旅游资源区划示意图

（三）旅游资源分区概述

1. 中心屋脊风光旅游区（Ⅰ）

该旅游区地处青藏高原昆仑山脉与冈底斯—念青唐古拉山脉之间的中心地带，行政区划包括西藏北部的那曲和阿里地区，青海南部的玉树、果洛、海南（南部）、黄南（南部）。昆仑山、巴颜喀拉山、唐古拉山、可可西里山、冈底斯—念青唐古拉山横贯其间，平均海拔 4700m 以上，被称为“世界屋脊的屋脊”。保留了古高原面的特征，地势坦荡平缓，相对高度很小，低山、宽谷、湖盆相间分布。

该区气候严寒，年平均气温在 0℃以下，冰雪、冻融作用强烈。该区属高原内陆区域，河流少、短小、流量不大，有众多高原内陆湖泊，湖周边是水草丰盛的天然牧场和野生动物栖息繁衍地。原始、粗犷、纯真的自然风光充满神秘色彩，使刻意追求探险、猎奇的国内外游客心驰神往。主要旅游景点有文成公主庙、新寨嘛呢石城、和日石经墙、结古镇、勒巴沟摩崖、三江源自然保护区、可可西里自然保护区、古格遗址、象雄古国遗址、托林寺、孝登寺、申扎自然保护区、那曲镇、纳木错等。

2. 东北部祁连山地旅游区（Ⅱ）

该旅游区整体由祁连山地南麓和北麓两个旅游亚区组成。

祁连山地南麓旅游亚区，平均海拔 1800～4000m，是青海境内地势较低的区域，除高山地外年平均气温在 0℃以上，是青海主要经济开发区。黄河及其支流大通河、湟水、隆务河流贯其间，形成河湟谷地区。该地区自然条件优越，历史悠久，人口密集，城镇集中，是省会西宁所在地，为省内经济发达区；西部的柴达木盆地和青海湖盆地是内流区域，是青海重要的工业区和畜牧业经济区。这一区域处在我国东部和西部之间的交通要道的战略位置，是闻名遐迩的唐蕃古道、丝绸之路南线青海道的必经之路。现兰青铁路、青藏公路、青新公路、宁张公路、青藏铁路等省内主干交通线路横贯境内，战略位置十分重要。这一区域荟萃了青海近 2/3 以上的旅游资源，这里的度假旅游、宗教文化旅游、民俗风情旅游、古文化旅游在青藏高原旅游中占有极其重要地位。

祁连山地北麓旅游亚区，处在祁连山地区与河西走廊平地过渡区，山地区以牧业生产为主，平地区为绿洲农业区。该亚区历史悠久，是古丝绸之路的主道，人文旅游资源丰富，张掖、武威为我国历史文化名城，有西夏碑、张掖大佛寺、武威文庙、马蹄寺石窟群、黑水国遗址、白塔寺遗址、八卦营遗址、八角城遗址、张掖古楼等一批全国文物保护单位，还有一批国家级自然保护区和森林公园。

3. 西北部阿尔金山、西中昆仑山北麓旅游区（Ⅲ）

本旅游区包括阿尔金山和西中昆仑山北麓两个旅游亚区。行政区划包括酒泉地区、克孜勒苏柯尔克孜自治州、喀什地区、和田地区、巴音格勒蒙古自治州的部分地区。该旅游区处于亚欧大陆腹心区域，是干旱荒漠自然景观，是典型的绿洲经济区域，也是古丝绸之路主道通过区，还是维吾尔族、塔吉克族、裕谷族等少数民族繁衍生息地，具有灿烂的绿洲古道文明。沿途风景名胜有历史文化名城喀什、阿尔金山、罗布泊野骆驼国家自然保护区、克州冰川国家森林公园、慕士塔格峰登山、楼兰古城遗址、阿巴和加麻扎（墓）、圆沙古城、罗布泊南古城遗址、米兰遗址、石头城遗址、艾提尕尔清真寺、楼兰墓群等国家级文物保护单位。

4. **藏中南旅游区（Ⅳ）**

本旅游区位于西藏自治区中南部冈底斯山脉—念青唐古拉山脉与喜马拉雅山脉之间。行政区划包括拉萨市、日喀则地区、山南地区、林芝地区。著名的雅鲁藏布江谷地横贯东西，称之为藏南谷地，雅鲁藏布江像一条银色蛟龙，由西向东奔流于藏南谷地中。

本区是西藏自然条件较好区域，著名的藏南谷地海拔较低，热量条件良好，地势平坦，水利灌溉，自古以来是西藏藏族的主要聚居区和发祥地。该区历史悠久、文化灿烂，成为西藏的主要经济带，主要城镇拉萨、日喀则、江孜、泽当、八一镇等均分布在这里，因此该区被誉为藏族文化的“摇篮”。

该区是西藏旅游资源最集中的区域，荟萃西藏近80%的旅游景区点。有世界文化遗产布达拉宫（大昭寺、罗布林卡）；历史文化名城拉萨、日喀则、江孜；山南雅砻河国家风景名胜区；西藏35处全国文物保护单位中31处分布在本区，占青藏高原全国文物保护单位（88处）的近40%，充分显示本区深厚的文化底蕴，而31处全国文物保护单位中，宗教寺院占75%，又充分显示本区宗教文化旅游占有绝对优势。该区有国家自然保护区9处，国家森林公园和地质公园10余处，是人们休闲娱乐的理想去处。

5. **横断山脉旅游区（Ⅴ）**

本旅游区包括藏东南和滇西北两个旅游亚区，行政区划包括昌都地区、迪庆藏族自治州、怒江傈僳族自治州、丽江地区一部分，南临印度、缅甸，地处横断山区和雅鲁藏布江下游。怒江、澜沧江、金沙江大致由北向南并行贯过，山高谷深，地面相对高差大；河谷低地，气候大都表现为温带及亚热带半湿润类型，三江谷地成为西藏的主要农耕区。

该区是我国原始森林重要分布地，野生动植物资源，铜、煤矿为主的矿产资源，水电资源和草场资源极为丰富。

该区因人类活动强度小，保持了原始的自然风光，旅游资源品位高，具有野、奇、特的特点，对游客有很高的吸引力。该区有三江并流、丽江古城等世界自然和文化遗产；玉龙雪山等国家风景名胜区、自然保护区、国家森林公园和地质公园；卡若遗址等全国文物保护单位。香格里拉旅游品牌推动当地旅游业的蓬勃发展。该区是以森林景观、地学科考、探险漂流、民族风情旅游为主要内容的具有显著特色的旅游区域。

6. 东部边缘旅游区（Ⅵ）

该区位于青藏高原东部边缘地带，包括川西和甘西南两个旅游亚区，行政区划包括甘孜藏族自治州、阿坝藏族自治州、甘南藏族自治州，临夏回族自治州，凉山彝族自治州和雅安地区的一部分。

该区处在云贵高原、四川盆地、黄土高原向青藏高原过渡地带，是我国地势从第一阶梯向第二阶梯的过渡区，在地质地貌内外营力作用下，地形崎岖不平，河流强烈侵蚀下切，多高山峡谷，地势高差大，泥石流滑坡等自然灾害频繁，是我国藏、羌、彝、回等少数民族分布区。本区人类活动强度较小，更多地域保持了原始的自然风貌，自然风光独特，成为旅游资源富矿区，拥有九寨沟、黄龙、大熊猫栖息地等世界自然遗产；四姑娘山等 4 处国家风景名胜区；若尔盖湿地、贡嘎山等 16 处国家自然保护区；雅克夏、和政古生物化石等 18 处国家森林公园和地质公园；泸定桥、德格印经院等 17 处全国文物保护单位，人文旅游资源丰富多彩。

第四章

青藏高原文化旅游资源开发探讨

第一节　青藏高原文化旅游资源概述

青藏高原是中华民族文化最为绚丽的区域之一，青藏高原及其周边的少数民族创造了极具地域特色，又多元并存的地域文化，文化旅游资源十分丰富。青藏高原区域范围内生活着藏族、蒙古族、汉族、回族、羌族、纳西族、土族、傈僳族、彝族、撒拉族、维吾尔族、塔吉克族、裕固族、门巴族、珞巴族等50余个民族，由于地域生存环境极端恶劣和复杂多样，形成了极为浓郁的宗教文化和民俗文化。目前，高原区域范围内有藏传佛教寺院5000余座，清真寺3000余座，是目前国内寺院最为集中的区域。同时由于地域经济发展滞后，也保留了众多的少数民族古朴的传统地域文化，文化内容丰富，形式多样，是目前人类学、语言学、文学、艺术、历史文化等研究领域的独特内容。

一、青藏高原民族文化及其分布特征

（一）青藏高原少数民族人口分布特征

中国少数民族分布具有大杂居、小聚居的特点，这一特征在青藏高原的少数民族分布上也十分明显（图4-1)。青藏高原少数民族以藏族为主，仅西藏和青海两省区的藏族人口就为3.8141×10^{6}人（青海省统计局和西藏统计局2008年数据)，占两省区少数民族总人口的73.62%，其居住面积也约占青藏高原的2/3，藏族聚居区主要集中在藏北高原、三江源及雅鲁藏布江流域，民族习俗浓郁，汉族、回族和其他少数民族

人口相对较少，而青藏高原东部的海南、黄南、海北、海西、四川的阿坝、甘孜及甘肃的甘南等藏族聚居区，由于由藏族聚居区向中原地区过渡，汉族、回族和其他少数民族人口相对较多，各民族融合度相对增加，明显具有大杂居、小聚居的特点。

青藏高原各民族分布（图 4-1）的地理特征具有十分鲜明的地域特色。藏族聚居的区域一般海拔较高，气候严寒，主要以草地生态系统为主，大致以 30°N 一线为界，以北的地区主要以放养牦牛、藏绵羊为主。而该线以南区域的藏族，主要以农业为主，如西藏的雅鲁藏布江河谷地区、怒江、澜沧江、岷江并流区等；青藏高原北部边缘的最西北端是柯尔克孜族和塔吉克族聚居的区域，这里是帕米尔高原的重要组成部分，海拔相对较高，主要从事畜牧业，但是其文化深受中亚地区文化的影响，具有明显的中亚地区的文化特点；喀喇昆仑山以北的和田等地区位于塔里木盆地塔克拉玛干沙漠南缘，主要分布维吾尔族，海拔相对较低，是主要以农业为经济主体的地区，盛产瓜果，南部中山和高山带有畜牧业分布；中昆仑山北部地区主要是维吾尔族、蒙古族、汉族杂居的区域，主要从事农牧业；阿尔金山北麓是哈萨克族的聚居区，长期从事畜牧业，以牧业文化为主。从青藏高原北部少数民分布的特点来看，西段受中亚地区的影响显著，而东段受内蒙古高原的影响显著，历史痕迹明显。同时这一线又是古丝绸之路的重要通道，分布有众多的古城遗址，民族成分复杂，农牧业、手工业和工矿业均有发展。该区域除西段帕米尔高原以外，其文化深受外来影响，民族融合度明显较强。

青藏高原的东北部是青海省祁连山地和河湟谷地地区，虽然占地面积只有青藏高原的 1/20，但是由于历史因素，这里聚居了较多的少数民族。祁连山最西段是藏族和蒙古族杂居的地区，祁连山中、东段大多数地区是藏族、汉族和回族杂居的地区，各种文化习俗相互交融，已经很难分清各民族独有的文化习俗。同时，该地区内的小部分地区聚居了青海特有的 2 个少数民族，即土族和撒拉族。这里是青藏高原少数民族成分最为复杂的地区，但由于地势平坦，阻隔较少，也成为青藏高原多民族杂居程度最高的区域[33]。

青藏高原的东南边缘，除藏族外，只在四川汶县保留了少数聚居的羌族，羌族生活区域相对狭小，主要从事农业。

青藏高原南部少数民族成分又相对复杂，四川西部凉山自治州地区聚居着彝族，主要从事农业。云南的丽江地区又是纳西族分布的地区，纳西族也主要从事农业活动，丽江古城是青藏高原周边重要的商贸古城。西部的三江并流区，主要分布有迪庆藏族自治州，以及西侧的怒江流域的独龙族、怒族和怒江下游的傈僳族，这里的各少数民族也主要从事农业活动。在西藏南部的雅鲁藏布江流域，聚居着西藏特有的2个少数民族——珞巴族和门巴族，但在西藏境内人数相对较少，这两个少数民族主要和藏族杂居，和藏南谷地的藏族一样也是从事农业活动。总之，青藏高原南部地区的民族分布和北部地区有着极大的差异，南部诸少数民族人口稀少，聚居区域不大。由于崎岖地形的限制和影响，各少数民族镶嵌在崎岖地形中，民族习俗浓郁，民族文化丰富多彩。

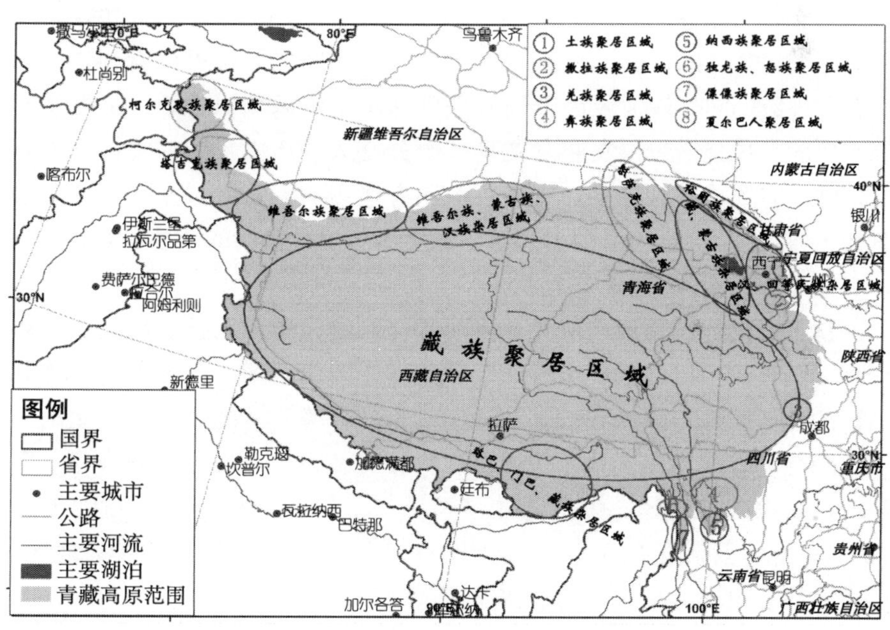

图 4-1　青藏高原主要民族分布示意图

（二）青藏高原民族文化分布及其特征

特殊的地域环境孕育了特殊的民族文化。从青藏高原诸少数民族的分布来看，可以将其分为如下几个民族文化区域。

1. 青藏高原北部伊斯兰文化区

青藏高原北部伊斯兰文化区主要包括青藏高原西北部的乌恰、塔什库尔干、和田地区，以及且末、若羌和阿克塞等地区，文化的主题背景以伊斯兰文化为主，深受中亚文化的影响。这里是南丝绸之路的古道，有着众多的伊斯兰文化特质和众多的伊斯兰文化古迹，清真寺林立。帕米尔高原的主要民族为柯尔克孜族、塔吉克族、维吾尔族和哈萨克族等，整个区域伊斯兰文化民俗浓郁。

2. 青藏高原东北部多元民族文化区

青藏高原东北部多元民族文化区主要包括祁连山北麓的肃南、民乐、天祝，祁连山区的祁连、门源，祁连山南麓的河湟谷地全境和青海湖盆地等，祁连山北麓主要是裕固族，北祁连山和南祁连山之间西段以藏族、蒙古族为主，具有明显的藏、蒙文化特征；中段以汉族、回族为主；东段藏族、汉族、土族等杂居；祁连山南麓则是汉族、回族、藏族杂居区域。从文化背景来看，仍可以看出汉文化、藏文化、蒙古文化的痕迹，但此区域内文化的渗透和交融程度很高，如在很多寺院可以看到道、佛并存的现象。同时该区域由于气候条件和水土资源相对优越，是青藏高原重要的农牧交错带，农业发展具有十分悠久的历史。该区文化景观丰富多样，有藏传佛教寺院，有道观，还有诸多的清真寺，尤其是青海特有的土族、撒拉族均分布在该地区，成为地方文化旅游的重要资源。

3. 青藏高原腹地藏文化区

从青藏高原的最西段的克什米尔地区到甘肃省卓尼县，从昆仑山以南到喜马拉雅山以北的广大区域是藏族的主要聚居区，占据了整个青藏高原的核心腹地，藏族在长期与恶劣的自然环境斗争的过程中，逐渐形成本民族特有的文化现象。按照藏族方言可将藏族聚居区划分为三大区域：一是拉萨方言区，包括前藏（拉萨）、后藏（日喀则）、藏北羌塘（那曲）地区及阿里地区；二是康巴方言区，包括西藏东部昌都地区、四川西部甘孜地区、云南西北部迪庆地区以及青海南部的玉树地区；其三是安多方言区，包括青海境内黄河河曲及河曲两岸、环青海湖地区、青海南部果洛地区以及甘肃南部地区和川西北阿坝地区。按照生产方式可将藏族分为两个大区，即 30°N 以北的牧业区和 30°N 以南的农业区。但不论是方言不同，还是生产方式不同，藏族都全民信仰藏传佛教。因此，青藏高原核心腹地的藏传佛教寺院遍及全区，成为我国宗教色彩最浓厚的地区之一。佛教自公元 7 世纪从中原地区，以及印度和尼泊尔等地传入青藏高原之后，在地方政治斗争的推波助澜之下，藏传佛教得到了前所未有的发展，并曾经在青藏高原地方历史乃至中国历史的政治舞台上扮演过重要角色，因此藏传佛教具有浓重的地方特色和民族色彩，深受藏族人民的崇拜。

4. 青藏高原南部多民族镶嵌式文化区

青藏高原南部多民族镶嵌式文化区主要包括四川西部的凉山、云南北部的丽江、怒江等地区，同时还应包括雅鲁藏布江以南的地区。该区域地形复杂，河流深切，峡谷众多，诸少数民族镶嵌分布在高山峡谷之中，由于山谷中气候条件相对优越，降水丰富，各少数民族主要从事农业活动。同时由于地形条件的制约，该区与外部联系较少，保留了浓郁的民俗风情和传统文化。该区域民族文化既区别于高原其他地区，又和高原地区的文化有着千丝万缕的联系。该区域是古道茶马古道的重要通道，加之风景秀丽，人迹罕至，诸多文化旅游资源尚待开发，是青藏高原未来旅游的重要区域。

二、青藏高原历史文化分布及其特征

1. 青藏高原考古文化概述

据考古学研究，青藏高原最早的人类活动可追溯到旧石器时代中晚期，迄今为止，在高原采集到的旧石器时代晚期或新石器时代早期的细石器 300 余件。全新世暖期期间，高原新石器时代的石器分布相当广泛，青海的河湟谷地、拉萨河谷地、雅鲁藏布江流域、青南高原以及滇西北、川西、甘南等地均发现大量新石器时代的遗迹，其中川西北、滇西北、青南高原和西藏的新石器文化具有较强的一致性。新石器时代的文化主要以农业为主，但部分地区仍保持着原始采集和狩猎活动。距今 4000 年左右，青藏高原气候开始变冷变干，青藏高原古人类生产方式开始发生明显变化，青海地区的卡约文化、西藏的曲贡文化及加日塘文化均具有农牧兼营或纯牧业文化性质，说明当时青藏高原已经正式进入游牧阶段。

2. 青藏高原考古文化的分布

青藏高原旧石器时代的遗址分布范围很广，目前考古发现的主要有青藏高原西北部帕米尔地区塔什库尔干地区的吉日尕勒，和田市玉龙喀什河右岸，以及洛浦县东、民丰县的纳格日哈纳，西藏高原定日县的苏热，申扎县的多格则、珠洛勒，日土县的扎布，普兰县的霍尔区，吉隆县的东淌、却得淌、阿里夏达措，青海省柴达木盆地冷湖、小柴旦、青海湖南岸、沱沱河沿、可可西里、龙羊峡库区拉乙亥，西南地区的富林、汉源狮子山、攀枝花迴龙湾、炉霍宜木、亚巴、北川等，年代范围大约在距今 5 万～1 万年左右。发现的石器主要是人工打制的石核、石片、砍砸器、刮削器、尖状器等，属于旧石器时代中晚期，大多具有中原石器文化的特点，说明高原早期的人类活动和中原有着极其密切的联系。另外，青海龙羊峡拉乙亥遗址表明，黄河上游在距今 6700 年前仍处于打制石器时代[34,35]。

青藏高原的新石器时代遗存分布更加广泛，目前可以分为四个典型区域：青藏高原东北部河湟谷地新石器文化区、青藏高原西南部雅鲁藏布江谷地新石器文化区、青藏高原北部、中部新石器文化区、青藏高原东南部藏彝新石器文化区。

青藏高原东北部新石器文化属于甘青文化区，主要包括马家窑、齐家、辛店和卡约文化。其中马家窑、齐家、辛店文化由早到晚，均为农业文化性质，马家窑陶器文化最为典型和丰富多彩。卡约文化晚于其他文化，以畜牧业为主，目前河湟谷地著名的考古遗址有乐都柳湾、民和喇家、大通孙家寨、西宁沈那等。

青藏高原西南部雅鲁藏布江谷地新石器文化主要是指分布于西藏拉萨及林芝等周边地区的曲贡文化、昌都地区的卡若文化和拉萨北部至那曲的加日塘文化。其中，昌都地区距今 4300 年以前的卡若文化和距今 4000 年左右的昌都小恩达遗址，以及拉萨及其周边地区的曲贡文化，均以农业文化为主，而距今 3000 年左右的加日塘文化则表现为以游牧业为主。由西藏东南部向西藏西北方向延伸，目前主要的考古遗址有昌都卡若、小恩达、拉萨的曲贡、达龙查、嘎仲、山南的昌果沟、邦嘎，那曲的加日塘等。

青藏高原北部、中部新石器文化区主要包括藏北、黄河、长江上游以及昆仑山北麓等广大地区，北从乌恰，南至昌都卡若，西起葛尔，东至黄河上游的宗日文化，这些地区在新石器时代主要以细石器为主，普遍具有中国北方细石器文化的特点，从文化性质上也显示出东南部结束早，西北部结束晚的特征。宗日文化约距今 6700 年，昌都卡若文化则距今 4500 年左右，昆仑山北麓的细石器文化则一直延续到距今 3600 年前后。目前主要的考古点有于田县城东、巴什康苏拉和小普鲁、若羌的野牛泉和喀尔墩、皮山的克里阳、且末的车尔成河谷、和田市以东洛甫与羊达克勒克、民丰的纳格日哈纳和乌鲁克萨依、昆仑山中段的阿什库勒、青藏铁路西段沿线、那曲加日塘、昌都卡若、林芝、米林、青海黄河源头的宗日文化遗址等。

青藏高原东南部藏彝新石器文化成分相对复杂，目前普遍认为它是由青海东部河湟地区的新石器文化不断南下和迁移而形成的。其中，四川北部、云南北部的新石器文化都具有河湟谷地石器文化的特点，越靠近河湟谷地陶器越多，云南等地区的陶器逐渐减少。目前该区主要的遗址点有甘肃临夏的范家村遗址、甘肃碌曲的加格尔遗址、甘肃卓尼的大族坪遗址、四川茂县营盘山遗址、汶川龙溪阿尔遗址、理县箭山遗址、云南迪庆的戈登遗址、云南剑川海门口遗址等。

3. 青藏高原历史文化及其分布

从目前对青藏高原研究的历史文献来看，青藏高原的历史文化具有一定的区域差异性。河湟地区的历史文化相对较早，青藏高原东南部的历史文化次之，西藏地区的历史文化相对较晚。三者之间有着千丝万缕的联系，但同时又有着各自发展的历史轨迹。青藏高原北部昆仑山北部地区的历史文化和青藏高原其他三个地区的历史文化发展有着较大差别，主要是因为丝绸之路的形成和发展使其深受中亚和中原历史文化的影响。

4. 青藏高原东北部河湟地区的历史文化

青藏高原历史文献中记载的最早的历史文化是青海东北部的河湟文化，最早的文献记载先秦时期在青海东北部分布着百余个羌戎等部族，这里的先民主要从事采集、狩猎等活动，大致可以推断羌戎等部族是史前卡约文化的延续。根据历史文献，当时河湟谷地仍处于原始社会末期。同时文献记载，在秦献公时期（公元前 384～前 362 年），羌人无弋爰剑的子孙迫于东部中原地区的压力，河湟地区的羌等民族一部分北上远赴新疆天山南麓，成为婼羌的组成部分，还有大量羌民向西南川西北的白龙江、岷江、雅砻江等流域迁徙，成为西南诸民族的先民组成部分。从这些点滴的历史信息来看，河湟地区似乎是青藏高原历史文化形成和发展的中心。河湟地区历史文化的形成和发展大致可以划分为 4 个阶段。

1）先秦时期羌文化的发展

卡约文化兴起之后的 1000 多年历史中，甘青地区史前文化产生了前所未有的分化，除青海地区的诺木洪文化、卡约文化和甘青交界地区的辛店文化以外，甘肃地区还先后出现了寺洼、四坝、沙井等文化类型。直至先秦时期，据文献记载，陇山以西主要由戎、羌、氐等古老民族所控制，这些地区的先民主要从事采集、狩猎、游牧等活动。青海高原最早的文字记载也表明，青海地区在先秦时期主要有羌戎等部族，当时的羌戎部族的主要部落分支达百余个，分布于青藏高原北部的柴达木盆地、青海湖盆地和东昆仑山广大地域。此时期存在着一个与羌戎活动紧密相关的西王母古国，它曾是中华民族推崇的昆仑文化的发祥地，这足以说明当时青海诸民族文化的分异已经十分明显。与此同时，据《尚书·舜典》、《史记·五帝本纪》等记载的“窜三苗与三危”、“迁三苗与三危，以变西戎”，说明当时羌戎部族曾经与来自江淮一带的三苗人发生融合。

春秋时期，秦穆公“谋伐戎王，益国十二，开地千里，遂霸西戎”，这次扩张对甘肃地区的古老民族产生较大影响，但由于青海河湟地区的羌人地处边远，未受到很大影响，当时仍处于原始社会末期，“河湟间，少五谷，多禽兽，以射猎为事”。而河湟谷地耕作业的发展则可追溯到秦厉公（公元前 476～前 443 年）的传说人物无弋爰剑，无弋爰剑是羌人，被秦厉公俘虏后作为秦国的奴隶从事农业生产，后来得以脱逃，回到河湟谷地，将其所学到的农业耕作技术传授到河湟谷地，使河湟谷地第二次兴起农业经济活动。

秦献公时期（公元前 384～前 362 年），秦朝再次向西扩张。秦兵消灭了盘踞甘肃渭水源头的狄戎和豸原戎，给生活在青海境内黄河和湟水流域的羌人带来极大威胁，无弋爰剑之孙便率部远徙至青海西南和西藏东北部的交界处，后来成为藏族先民的一个组成部分，一部分北上远赴新疆天山南麓，成为婼羌的组成部分，还有大量羌民向西南川西北的白龙江、岷江、雅砻江等流域迁徙，成为西南诸民族的先民组成部分。但仍有无弋爰剑的部分嫡系留在湟中（今湟水流域），据《后汉书·西羌传》记载，“忍及弟舞独留湟中，并多娶妻妇，忍生九子为九种，舞生十七子为十七种，羌之兴盛，从此起也”。秦统一六国后，修筑长城，与河湟地区居住的羌民互不侵扰，此段时间内河湟地区的羌民得到了进一步繁衍和发展，其羌戎文化特征一直保持到汉代。

从本阶段来看，除三苗部落的融合以外，河湟地区羌戎部族的文化发展并没有过多的外来文化的影响，而是羌文化主动向东、向西南和向北及高原腹地扩张和迁徙。先秦、战国及秦朝时期，羌民多由于扩张或侵虏而迁徙至中原或陇山以东，很少有外来民族进入河湟谷地，其文化始终保持羌戎民族的特质。

2）汉代以来多民族文化的融合

汉代青海地区仍是羌人活动的地区，由于先秦以来的分化，羌人主要集聚区分布在青海东部和甘青交界河湟谷地、甘南及川西北地区和青海西部的柴达木及昆仑山一带。由于秦朝时期的相对稳定，羌人大量繁衍和增长，羌人部落繁杂，多达十余个，人口众多，“大者万余人，小者数千人，更相钞盗，盛衰无常”（《后汉书》卷117《西羌传》）。

秦末汉初，匈奴势力空前强大，向西击败盘踞于河西走廊的月氏民族，月氏少部分人迁徙至今祁连山一带，和羌人杂聚、融合。同时青海地区的羌人又和匈奴联合不断侵扰汉边，而甘肃等地区的羌人又和汉人联合抵御匈奴。公元前112年（元鼎五年），汉武帝大将李息、郎中令徐自率军10万，占领湟水流域，少部分羌人逃亡至湟水上游、青海湖、茶卡等地区居住，大部分羌人归降。归降的羌人被汉朝封官授爵，并设立护羌校尉开府治事，同时开始向湟水流域迁徙汉族，开置公田。但公元前88～前63年，湟水流域的羌人与匈奴再次联盟，起兵反叛，汉朝先后派兵镇压，其中通晓羌事的汉将赵充国率6万大军进军湟水流域，于公元前61年进占湟水谷地，对内徙的各族保留其原有的部落组织和生产生活方式，并在湟水流域设立临羌（今湟源县城东南）、安夷（今平安县境）、破羌（今乐都县老鸦城）、允吾（今民和县下川口）等郡县，同时赵充国罢淮阳、汝南等地中原农耕区的骑兵而进行屯田，开垦耕种了西起临羌、东至浩门河沿岸的2000余顷农田。拓荒垦田，兴修水利，汉羌杂居，屯田戍边，对青海地方文化的影响极其巨大。但当时青海湖以西、以南的广大地区仍由羌人控制。

西汉末年，即汉平帝原始四年（公元4年），王莽开拓疆土，汉中郎将平宪等人到达青海湖地区，当地羌人因慑于西汉武力，约有12 000余人迁到更偏远的地区，让出鲜水海（今青海湖）、允谷（今共和县东南部）、盐池（今茶卡盐湖）等地，西汉便在青海湖北岸海晏县三角城地区设立西海郡，并将其作为汉人罪犯流放之地。当时西海郡曾下辖5县，说明当时西羌的大部分地区已经纳入汉朝版图，而且汉文化已经影响到青海湖等周边地区。

东汉时期，陇西太守马援打败羌人，并在湟水流域开展一系列统治和安抚政策，妥善安置归降的羌人、匈奴和月氏等少数民族。章和二年（公元88年），护羌校尉邓训安抚小月氏等湟水流域诸部族，并大败占领共和、贵德等地的羌人，使汉朝领地扩大至共和、黄河上游的贵德一带，并大力从内地移民，积极推行屯田和安抚政策。河湟地区汉、羌、月氏、匈奴等各部族杂居，持续了近100年的稳定统治和发展，为河湟地区农业文化的发展奠定了坚实的基础，对该地区经济、军事和文化繁荣起到了积极的推进作用。但是从东汉中后期至魏晋时期，广大湟水流域和黄河谷地由羌人文化和习俗占据主导地位。从东汉中后期的羌人大规模起义和反抗来看，当时起义军的主要力量仍是由各部族联合起来的羌人和部分月氏、匈奴及汉人等，在汉朝灭亡前的近100余年到魏晋时期，汉羌仍然来回争夺湟水流域，其农业文化也曾一度被削弱。同时由于东汉后期的不断移民和争斗，该区域原始的氏族部落制度被改变，封建社会制度日益成熟，汉族移民不断增加，当地人民的贫富差距日益被拉大，尤其是在魏晋时期，河湟谷地曾出现了像郭、麴等以汉人为代表的地方豪强大户。曹魏甘露元年（256年）至景元四年（263年），北方主要少数民族鲜卑族分裂，驻牧在内蒙古额济纳旗和宁夏一带的匹孤分支，被镇西将军邓艾迁至湟水流域和河西走廊，与当地汉、羌等各民族杂居，后经一个半世纪的发展，秃发氏以湟水、大通河流域为政治中心，建立了南凉国，这说明当时湟水流域的汉族文化已经被当地广泛接受，同时又有新的民族文化被融合到河湟流域。

魏晋南北朝时期，北方各少数民族纷纷内迁，出现了中国历史上规模最大的民族大融合时期，各民族纷纷割据，出现了历史上的东晋十六国。当时湟水流域等地区属于前凉国，而前凉国是当时十六国中唯一的汉族政权，其疆域“南逾河湟，东至秦陇，西至葱岭，北暨居延”（顾祖禹：《读史方舆纪要》卷3），在32年的统治时间内，对西王母和昆论文化的发展起到了积极的推动作用。其后青海湟水流域等地先后被前秦、后凉、后秦、南凉、西秦、北凉及吐谷浑所控制，先后也有汉、鲜卑、羌、月氏、匈奴等文化共存。

晋永嘉年间（公元313年），原居于辽东的鲜卑分支吐谷浑部由今甘肃临夏地区向甘肃甘南、青海海南、黄南等地迁徙，并在和当地羌人不断争斗中向河源地区延伸，先后控制了甘肃甘南，青海黄南、四川阿坝、松潘，青海果洛扎陵湖、鄂陵湖等地区，深受汉文化影响的吐谷浑首领叶延建立了以吐谷浑国为中心的诸羌豪酋的联合政权。此后在不断吸收汉文化的基础上，经过不断的权力和疆域争斗，到西魏大统十二年吐谷浑已统治了青海湟水、黄河流域的大部分地区，到公元663年被吐蕃消灭，统治青海绝大多数地区长达350年。在长达350年的统治时期，吐谷浑和周边国家巧妙周旋，积极吸收先进文化，发展社会经济，有效促进了当时区域内的文化融合。从当时吐谷浑国内使用的语言可见其文化的交融程度，吐谷浑国内使用鲜卑语、蒙古语、突厥语、藏语、汉语、伊朗语族等，也体现出自东汉以来，中国南北民族大融合的时代背景。大业四五年，隋炀帝西征讨伐吐谷浑，并消灭了吐谷浑，统一了青海及西域大部分地区，有效推进了东西方文化交流和多民族融合。

3）多元文化的扩散与交流

从地理学的角度讲，文化的交流和扩散一般具有一定的地理区位条件和扩散通道，青海由于地处青藏高原和黄土高原的过渡地带，又是青藏高原向中部平原过渡的地区，海拔高度不大，地势起伏和缓，自然环境与黄土高原和中原地区具有一定的相似性。特定的地理环境和区域位置决定了其文化必将会与其他文化相互交融、发展和扩散。

在唐代以前，青海地区多元文化已经在河湟谷地基本形成，而唐朝的统一则为多元文化的进一步发展和扩散起到了积极的推进作用。唐朝是历史上最为辉煌的朝代，从唐太宗的“贞观之治”到唐玄宗的“开元盛世”，文化、经济空前繁荣，在民族交流史上最具典型意义的是“丝绸之路”的兴盛和“唐蕃古道”的开辟。

从马家窑文化开始形成到西汉时期李息率军到达河湟地区之前，此青海文化发展期统称为古羌人文化时期，是青海地区原始土著文化形成的胚胎期，这一时期在中华民族的文明史的发育史上具有重要地位。羌戎向东（青海东部与甘肃相邻地区）、西（塔里木盆地及其以南至葱岭的西域诸国）、南（陇南至川西北）三次大规模的迁徙，实现了羌戎文化的对外传播。羌人是我国民族大家庭中一个历史非常悠久、分布广泛而又影响深远的兄弟民族。在中国古代的传说中，就有不少关于羌人的故事，如发源于青藏高原的昆仑神话、关于西王母的传说等，都是母权氏族社会西羌人先民的生活与斗争、愿望与追求的艺术反映。现代青海出土的文物也证明这一时期青海就已表现出高超的文化艺术和先进的生产力特征。羌人在历史上的大迁徙使得羌戎文化在更大范围内传播，推动了原始社会生产力的发展；迁徙过程中羌戎同土著居民的融合，形成了我国多民族的格局，并对各民族文化发展起到了促进作用。羌戎在迁徙过程中，传播了中华民族共同的创世说，这对昆仑文化的形成和炎黄文化的发展起到了重大作用。东汉以后，羌人逐渐退出了历史舞台，先后融合到汉、鲜卑、吐蕃等民族中去，但至今以青海为中心的周边民族中仍然还可以看到羌文化的影子。

秦汉时期，小月支人、匈奴人（卢水胡）和汉人陆续来到河湟谷地与羌人共同生活，使青海土著文化从古羌胚胎期向多民族融合时期转变，也是在中华民族的文明发育史上最重要的时期之一。大批中原汉族人进入河湟地区，不仅促进了这里农业和畜牧业的发展，同时使交通和邮驿出现了新的局面。从上古到先秦逐步形成的通往西方（中亚、欧洲、印度北部等地）的陆路通道主要有三条东段路线：一是从关中或今河南北上经漠南阴山山脉至居延海绿洲（今内蒙古额济纳旗境内弱水下游），趋向天山南北麓至西域的所谓“居延路”或“草原路”；二是从关中过陇山，经河西走廊入西域的所谓“河西路”；三是有祁连山南，沿湟水至青海湖，在经柴达木盆地而达今新疆若羌的“青海路”。西汉时自汉武帝遣张骞出使西域以来，有横贯青海东西方的羌中道（亦称丝路南线青海道），与原先的东段路线相连接，为沟通中西文化、经济交流和商贸往来起过重要作用。

汉代以来，由于军事和生产需要，水路运输、古桥、古渡等开始在黄河、湟水等河流上出现。魏晋时期，西域各国纷纷脱离中原王朝的控制，河西走廊也先后出现了许多地方割据政权，战祸频繁，河西走廊及南北两条古道时常阻塞不通。后来吐谷浑立国350年间，始终与中原王朝保持着密切的关系，这一切为丝绸之路青海道的兴盛提供了条件和必要的政治保障。

丝绸之路主线东起西安、经陇西行至兰州，然后通过河西走廊经张掖、敦煌，出嘉峪关至罗布泊地区楼兰，在楼兰分为南北两支西行越过帕米尔高原到达波斯和罗马等地；丝绸之路青海线，由甘肃临夏进入青海境内经民和、乐都、西宁、湟源，沿青海湖北岸到天峻，过关角山日吉沟，进入柴达木盆地。“唐蕃古道”在青海境内由民和经乐都、西宁、湟源峡、日月山、倒淌河、恰卜恰、切吉草原、大河坝、花石峡、玛多到玉树，再到达西藏，其中绕昆仑山东段至玉树结古镇，文成公主由此入藏。唐玄宗后，吐蕃占领青海盐池，唐置河源军，以日月山为界，改由西宁—日月山—柴达木进入西藏。此一路段，不仅路线较短，且沿途所经乃格吉、中坝各部游牧区，征伐乌拉（乌拉：旧时指劳役）及联络都很方便，对行人安全可靠。除土著羌戎文化以外，吐谷浑文化、鲜卑文化及后期的蒙古文化都是经过古丝绸之路和青海通甘肃北道从东部和东北部迁徙而来的。吐蕃文化经青海道丝绸东路和唐蕃古道迁徙传播而来，而后期的回族、撒拉族文化大部分是通过古丝绸南路、北路重要交通干线从中亚传到青海地区的，有部分回族是内地迁徙而来。各民族文化不断迁入、融合，形成今天与祁连山文化、昆仑文化、唐古拉文化、中原文化相结合的综合性地域文化。

根据考古学研究，我国中原文化内部就蕴涵了青海西羌人文化的因子，这说明古代先民是从西往东迁移的。青海东部河湟地区由西宁经平安、乐都到民和，至甘肃临夏，再到中原内地的线路早已开辟且发展至今，土著羌戎文化的扩散及后来形成的青海多元文化的扩散都是通过这些道路和古丝绸之路、唐蕃古道对外传播的。

因此，无论是秦汉时期中原汉人的进入，西晋末年东北鲜卑人的移居，隋唐时期西南吐蕃民族的定居，还是到元明时期中亚回族、撒拉族的到来，“古代丝绸之路”、“丝绸之路青海线”及“唐蕃古道”毋庸置疑地对青海河湟地区民族文化的交流与扩散乃至整个民族文化的崛起、发展都起到了举足轻重的作用。

4）青海多元民族文化的形成

公元前200多年前的西汉时期，西藏山南雅隆河谷有人定居，以牧为生，由若干氏族部落构成，出现悉补野王统世系的第一个部落王“聂赤赞普”。而在青藏高原东北部，骠骑将军霍去病进驻河湟地区，筑西平亭；后将军赵充国平羌安边，移民实边，实施屯田，内地大批汉人不断迁入。汉羌杂居，河湟地区的农牧业得以发展，使这里成为西汉时期西部战略要地，从此也使青海大部分地区被纳入中原封建王朝的郡县体系。

公元4世纪初，祖居辽东的鲜卑族吐谷浑部进入青藏高原青海境内称王建国350年，并仿效中原王朝推行封建政治制度，发展经济，和当地羌人、汉人友好相处，相互融合，繁衍人口，建立了强大的吐谷浑割据政权，开辟了丝绸之路南线青海道，成为联系中原与西域、漠北、西藏、印度的交通要道，为东西方文化交流做出了贡献。

公元7世纪初，吐蕃王朝崛起于藏南谷地，松赞干布将都城北迁至逻些（今拉萨），并向青藏高原东北部扩张，逐步击败对手吐谷浑等，统一了青藏高原，建立了强大的吐蕃王朝。他倾慕唐王朝的繁荣与文明，曾两次派遣使者去长安向唐王朝请婚。公元641年迎娶唐宗室女文成公主，与唐王朝建立甥舅之谊。公元710年唐金城公主又嫁给吐蕃赞普赤德祖赞。唐蕃之间出现了“金玉绮绣、问遣往来、道路相望、欢好不绝”的盛况[17,36]。唐蕃之间的友好往来，大大推动了青藏高原各个民族与内地其他各民族之间的联系，对唐、吐蕃、吐谷浑、突厥、回纥、南诏等各民族间的政治、经济、文化的交往和发展产生深刻的影响，使华夏各民族之间的关系十分密切。

公元 9 世纪末 10 世纪初，吐蕃赞普朗达玛毁佛灭法，奴隶制的吐蕃王朝崩毁，从此后数百年进入“藏卫无法”的境地，藏史称“分治时期”。宋代，崛起于青藏高原东北部河湟地区的吐蕃后人建立的唃厮罗政权，统治河湟洮岷等地区近百年，在保持原吐蕃文化传统的同时，大量吸收中原文化，与中原进行茶马交易，使青藏高原东北部河湟地区的经济、文化得到进一步发展，青唐城成为中原通达西域各国的枢纽，西南部与噶举、噶当、萨迦等不同宗教势力相联系，东部与以宋、金、西夏、契丹相沟通，以此为桥梁，青藏高原诸部与华夏各民族之间的往来从未中断过。元世祖忽必烈击败南宋，完成了统一中国的大业之后，西藏诸部顺应时代潮流，归附元朝，从此西藏正式被纳入祖国版图，结束了吐蕃等部族数百年的混乱局面。

从此以后，历代中央政府对西藏实行全面管理，如元朝在中央设立宣政院，西藏设立“乌思、藏、纳里速古鲁孙”等宣慰使司都元帅府，隶属于宣政院，其管辖范围前藏、后藏和阿里地区；明朝设置乌思藏卫指挥使司、朵甘卫指挥使司和俄力思军民元帅府，分别管理卫、藏、阿里和昌都地区军政事务。西藏地方的各级官员和上层僧侣，都须经中央政府正式册封方有合法地位，如敕封帕竹地方政权和噶举、萨迩、格鲁诸派宗教首领，“大宝法王”等三大法王和“阐化王”等五个王及多个国师名号；清朝在西藏设驻藏大臣制度，建驻藏大臣衙门，定期委派驻藏大臣管理西藏军政事务和财政开支，主持和监督达赖、班禅及其他大活佛转世、坐床，册封其名号，派员勘定西藏与四川、云南、青海等省省界；民国时期，临时大总统孙中山宣言精神和《中华民国临时约法》向中外明确宣告西藏为中华民国的领土，并由中央政府保护西藏领土完整，主持达赖喇嘛转世、坐床事宜。

值得一提的是，14 世纪末 15 世纪初，青海人士宗喀巴创立藏传佛教格鲁派。17 世纪初，厄鲁特蒙古四部之一的和硕特部从伊犁移牧青海，首领固实汗于崇祯十五年（1642 年）登上了藏族聚居区大汗的最高位。清顺治十年（1653 年），清政府册封五世达赖喇嘛，从此达赖喇嘛的地位正式确认。康熙五十二年（1713 年），清朝政府册封后藏五世班禅喇嘛为“班禅额尔德尼”。达赖和班禅作为青藏高原宗教领袖的地位被确立，使藏传佛教格鲁派处于独尊地位。政教合一的政治体制，对青藏高原，特别是对西藏的政治、经济、文化均产生了深刻的影响。

在青藏高原古代历史发展演变中，丝绸之路南线青海道、唐蕃古道、茶马古道等，都是闻名于世的古代交通道路遗址，沿线古文化遗存丰富，对青藏高原社会经济、文化的发展有着非同寻常的作用和意义。

5. **青藏高原西南部西藏地区的历史文化**

西藏地区的历史文化是从山南地区的雅隆部落开始的，据推断可能是新石器时代曲贡文化的延续。公元6～7世纪以前，雅隆河谷由于自然环境优越、宜农宜牧，首先发展起来，国力不断增强，从此开始了开疆拓土的活动。大约在公元7世纪，经过松赞干布三代人的努力，青藏高原上的部落邦国大多数都被吐蕃吞并，青藏高原建立起空前强大统一的吐蕃王朝。吐蕃王朝崩溃后，元朝将西藏地区统一纳入到中原版图，自此后西藏的历史文化和中原文化的历史节奏基本一致。西藏地区的历史文化大致可分为3个阶段：

藏族历史文化的萌芽——雅隆文化阶段：在西藏地区曲贡文化消失之后，大约在公元1世纪，居于雅鲁藏布江中游的雅隆部落由于占据了优越的自然条件，农牧经济率先得到发展。无论是在藏族民间神话故事、经书，还是在众多的壁画中都有西藏山南雅隆河谷地区泽当附近的贡布日山上猕猴变人的传说。而“泽当”在藏语中意为“猴子玩耍的坝子”，离泽当五六里地的撒拉村，还有藏族传说中的第一块青稞地，因此，贡布日山成为西藏地区藏族人民倍加崇拜的神山，也就有了雅隆文化是藏民族和藏文化最初起源的说法。雅隆文化的突出特征是农业技术得到迅速发展，有了灌溉业，同时冶金技术和手工业有了长足进步，动物驯化使得家畜养殖得到空前发展，社会面貌发生根本变化。后来随着雅隆地区农牧业的不断发展，国力日渐增强，雅隆部族的赞普便开始开疆拓土，经过几代人的努力，将领土扩大到拉萨一带，并在公元7世纪松赞干布时期，消灭了西起阿里，东至昌都的地域广阔的象雄等十二邦国，四十小邦，建立了吐蕃王朝[36]。

藏族历史文化的辉煌时期——吐蕃文化阶段：公元7世纪松赞干布统一西藏以后，吐蕃王朝进入一个辉煌时期。松赞干布是西藏历史上伟大的历史人物之一。他13岁即位，在其父南日伦赞开拓的伟业基础上，带领雅隆部落征服了军事力量和国力强盛的象雄、吐谷浑等国，其统辖范围扩大到西部的阿里、北部的唐朝边界、东南部的四川西部，南至尼泊尔境内，在青藏高原建立了空前统一强大的吐蕃王朝。吐蕃王朝建立了五茹六十一东岱的区域管理体系和严格的职官制度，同时积极学习外来文化，创制自己的文字（藏文），制定法律，推崇佛教，建立佛教寺院，强化和周边地区的外交关系，促成了与尼泊尔赤尊公主、唐朝文成公主的联姻，并在吐蕃与唐朝、丝绸之路等东西方交流中获得长足发展，通过汉藏、东西方文化的交流，积极引进唐朝以及西方先进的生产技术和政治文化成果，使吐蕃王朝的经济文化得到空前发展。吐蕃时期是西藏发展历史上最为辉煌的时期，该阶段无论是在农业生产、牲畜驯化、手工业技术和军事力量等方面，还是文化交流、文明进程、文学艺术、医学、建筑和雕塑壁画等方面都空前繁荣，在青藏高原诸多地区留下了丰富的历史遗迹，至今可见当时吐蕃王朝发展的历史痕迹。

元代以来藏、蒙、汉历史文化的融合阶段：公元 8 世纪吐蕃王朝瓦解后，青藏高原东北部和西藏地区走上截然不同的历史发展轨迹，青藏高原东北部的河湟谷地等地区正式被纳入唐、宋发展的历史轨迹，而西藏地区则进入一个长达 400 年之久的割据时期。吐蕃王朝后期，赞普朗达玛即位后采取灭禁佛教运动，也使得吐蕃王朝政权摇摇欲坠，朗达玛遇刺后，吐蕃王朝随之瓦解，进入长期混战和割据时期。在经历 100 年之后，佛教再度在西藏兴起，同时地方政权和宗教结合，教派林立，政教合一。各教派创始人先后派人到周边各地区学习佛法，创立教派，各地宗教文化融入西藏宗教文化之中。公元 12 世纪末至 13 世纪初，蒙古汗国凭借强大的军事力量，将西藏地区统一纳入蒙古汗国的领土，后成为中国元代的属地，经过元代、明代、清代几个朝代的经营，藏族和蒙古族、汉族文化的融合进一步深入。元代以来西藏对中原地区文化的影响主要体现在以藏传佛教为主的宗教文化在元朝皇室和中原地区的传播，元代和中原文化都对西藏的影响，主要是建筑、造船、陶瓷、印刷术以及器材的相继传入；明代中原文化的影响则表现到生活的方方面面，其中最为典型的就是诸多茶马古道的形成和繁盛；清朝时期清政府已经对西藏具有了明确的驻藏大臣，说明藏汉文化已经相互渗透到社会各层面。其实，青藏高原的西藏与外部的文化交流从来就没有间断过，从旧石器时代的细石器至新石器时代农业技术和陶器，雅隆文化阶段记载的吐谷浑人给藏王治病，吐蕃时期则有著名的唐蕃联姻等，都表明西藏地区和周边的文化交流由来已久。吐蕃时期的藏族文化吸纳了印度宗教、中原汉族及其他民族的文化，确立了佛教在西藏地区的地位，直至吐蕃王朝瓦解之后的 400 多年割据时期，佛教文化再度在西藏地区兴起时，仍在不断吸纳周边地区各地区的宗教文化。

6. 青藏高原南、北区域的历史文化

青藏高原北部历史文化的发展和丝绸之路的历史发展具有十分重要的联系。一般认为丝绸之路是西汉时期张骞出使西域时开辟的贸易通道；其实丝绸之路早在史前文化阶段就已经存在，只是在西汉时期，张骞出使西域以后，该贸易通道由原来的自由贸易成为朝廷参与经营的一条贸易通道，才得以发展和繁盛。因此，青藏高原北部区域的文化历史就是丝绸之路发展的历史。

青藏高原南部地区的历史发展轨迹并不十分清楚，但从历史文献和研究结论来看，在唐朝以前，这里是联系青藏高原东北部河湟谷地和西藏地区的主要通道，有“藏彝走廊”、“茶马古道”等称谓。唐朝以后“唐蕃古道”的开通，大大削弱了南部“藏彝走廊”的作用，但是“唐蕃古道”和“藏彝走廊”可能并存。在明代该区域由于茶马交易的盛行，青藏高原南部地区的“茶马古道”的地位远高于“唐蕃古道”，也成为西藏和内地贸易的重要通道。因此，青藏高原南部地区的历史既是羌戎等民族的移民史，也是西藏的经济发展史。

三、青藏高原宗教文化分布及其特征

（一）青藏高原藏传佛教文化的分布及其特征

居住在青藏高原的先民，最早主要以自然物为崇拜对象，他们将一切自然存在物，如日、月、星辰、湖泊、河流等都视为万物精灵和鬼神的所在地。在此基础上，西藏西部的象雄古国最先形成了西藏的原始宗教——本教，本教以自然崇拜为基础，尤其崇拜山峰。佛教传入西藏之前，本教已在西藏流行几百年。公元7世纪，松赞干布在位期间，先后娶泥波罗国（今尼泊尔）赤尊公主和唐朝文成公主为妃，由于两位公主均笃信佛教，带来不少佛像、佛经、法器等，在她们的影响下，佛教由中原、印度及尼泊尔等地传入青藏高原。松赞干布也开始信仰佛教，并为文成、赤尊两位公主分别在拉萨修建了大昭寺和小昭寺。佛教引入之初，与当时在吐蕃社会居统治地位的本教势力间展开旷日持久的激烈斗争。数百年间，为了适应本地区的人文社会环境以争取更多信众，佛教容纳、吸收了本教及民间宗教的大量形式和内容，并吸收周边地区多种文化成分，逐渐形成了具有地方特色、教理教义及藏文经籍，影响深远的藏传佛教。藏传佛教传承了众多宗教的教法和流派，建立了完整的寺庙组织机构，制定了严格的学经制度和修习次第，创建了独特的活佛转世制度等[30]，从而对藏族传统社会文化产生了长期、广泛而又深刻的影响。

公元8世纪，新继位的赞普朗达玛崇尚本教，对刚刚形成的藏传佛教采取了极端灭禁政策，成为藏传宗教史上著名的历史事件，也改变了藏传佛教发展的历史轨迹。在朗达玛灭佛之后的近200年间，西藏历史上曾出现了近百年无僧人出家的局面。直到公元10世纪，藏传佛教通过阿里地区从克什米尔等地区传回的“上路弘传”和甘青、康藏等多康地区传回的“下路弘传”，使青藏高原藏族聚居区正式进入藏传佛教的“后弘期”，藏传佛教正式得到弘扬和传承发展。

1240年，萨迦派第四祖宗教领袖班智达使西藏和平归顺蒙古汗国，西藏正式被纳入中国版图，其宗教影响扩大到政治领域。1260年蒙古汗国忽必烈即位，积极支持西藏地区萨迦派第五祖宗教领袖八思巴，并将其尊崇为全国佛教的最高领袖，并划分农奴对僧、俗两类领主的隶属关系，正式确立了八思巴在西藏的政教首领地位，从而结束了吐蕃地区数百年的混乱和分裂局面，实现了西藏的和平统一。1354年，西藏建立了政教合一的帕竹地方政权。1368年明朝建立后，政府普遍采取封赐政策，对具有政治实力的地方诸教派首领赐以“王”、“法王”、“灌顶国师”等名号。1653年顺治皇帝颁赐金册、金印，敕封五世达赖，正式确定了达赖喇嘛的封号。1713年，康熙皇帝册封五世班禅罗桑益西为“班禅额尔德尼”，正式确定了班禅喇嘛的名号。

吐蕃王朝瓦解后，由于吐蕃地区长期的分裂和割据，加之佛教后弘期吸纳和学习了不同地区、不同宗教的佛法，在藏传佛教再度兴盛阶段发展和形成了众多教派，其主要教派有宁玛派（俗称红教）、萨迦派（俗称花教）、噶举派（俗称白教）、格鲁派（俗称黄教）等。由于割据时期宗教寺院依赖于某些利益集团而建，部分教派在藏族聚居区以及中国历史发展的政治舞台上扮演过重要角色[30]。

藏传佛教所到之处，均留下了具有代表性意义的宗教寺院。从目前宗教寺院的分布来看，主要集中在青藏高原东北部的青海境内和西藏以拉萨为中心的中部地区，甘南和四川阿坝地区寺院分布也相对集中，藏北、藏南（雅江以南以及雅江东段的林芝、昌都等地区）、云南、四川西部等寺院地区分布较少。其中，西藏中部地区，青海玉树，四川甘孜、阿坝，甘肃甘南等地区教派相对复杂，而青海巴颜喀拉山以北的广大藏族聚居区、藏北等地区教派相对简单。目前，青藏高原藏传佛教具有代表性的寺院建筑主要有西藏的布达拉宫、大昭寺、甘丹寺、哲蚌寺、色拉寺、扎什伦布寺、桑耶寺等，青海的塔尔寺、丹斗寺、拉加寺、隆务寺、佑宁寺、结古寺等，甘肃的拉卜楞寺、张掖大佛寺、禅定寺等，四川的甘孜寺、理塘寺等，云南的拉姆山寺、葰蕖寺等。

（二）伊斯兰教文化分布及其特征

北宋时期青藏高原东北部的河湟地区崛起唃厮罗政权，该政权在继承吐蕃文化的基础上，更加开放和兼容，向西畅通了通往西亚、欧洲的丝绸之路，向东则与北宋王朝建立密切的联系，进行茶马互市，同时还与周边的西夏、契丹、龟兹、回纥等国关系密切，曾娶几国公主为妃。因此，该阶段中亚罗马等地信仰伊斯兰教的商旅源源不断地沿丝绸之路南线来到青藏高原东北部的河湟谷地进行商贸，从而使青海城（今西宁）、林擒城（今湟中多巴）成为中亚的贸易盛地。据文献记载，11 世纪初就已经有许多信仰伊斯兰教的阿拉伯人和波斯商人在青藏高原东北部的河湟谷地经商并定居。此后，大约在 13 世纪，成吉思汗西征中亚阿拉伯国家返回时，大批信仰伊斯兰教的阿拉伯人随成吉思汗定进入青藏高原，并在河湟谷地定居并修建清真寺。14 世纪中亚地区信仰伊斯兰教的撒马尔罕东迁来到青海河湟谷地循化一带定居，后来形成了青海特有的少数民族撒拉族。在明、清时期，内地大量回族移居青藏高原东部定居，逐渐和青藏高原东北部各少数民族大杂居、小聚居，形成了今天青藏高原伊斯兰教分布的态势。

目前青藏高原信仰伊斯兰教的民族主要有丝绸之路沿线的塔吉克、维、哈萨克等族以及分布在青海河湟谷地的回族、撒拉族等，基本沿青藏高原北、东、南周边地区分布，高原腹地藏族聚居区分布较少。新中国成立后，回族、撒拉族等在西藏等地区进行商贸活动，但分布相对零星。信仰伊斯兰教的各民族在青藏高原周边地区的分布，为青藏高原多民族、多元文化格局的形成起到了积极推动作用，尤其是为高原地区的经贸活动做出了积极贡献。目前青藏高原伊斯兰教寺院分布较广，据初步估计，西藏拉萨市有清真寺 5 座，青海境内具有一定规模的清真寺约 1500 座以上，甘肃临夏地区拥有清真寺约 1700 多座。在青藏高原乃至我国西部具有一定影响的清真寺有青海西宁东关清真寺、新疆艾提尕尔清真寺、甘肃临夏南关清真寺、循化街子清真寺、平安洪水泉清真寺、化隆阿河滩清真寺、甘肃临夏老华寺清真寺、大西关清真寺等。

（三）其他宗教文化分布及其特征

青藏高原除了藏传佛教、伊斯兰教等宗教文化以外，还零星分布有道教、天主教、基督教等，但由于藏传佛教影响广大而深远，其他宗教文化的分布和扩散十分有限。

道教大致形成于公元 2 世纪的古代中国，是以中国古代鬼神崇拜观念为基础而发展起来的宗教文化，曾在中国东部地区产生深远影响。青藏高原地区的道教产生和发祥并不十分清楚，但是道教的源流似乎和青藏高原有着密切联系。据专家考证，东昆仑山玉虚峰下的玉虚宫是产生于明代末年道教混元派（亦称昆仑派）的道场所在地，信徒大都是汉族群众，也有少量的少数民族群众，该教派不断向东传播和发展，清代末年已发展到中国台湾及东南亚各国，至近代已成为北美、西欧、日本等地华侨的一种信仰。因此，历史上青藏高原昆仑山以东、以北的地区是道教活动频繁、影响广泛的区域，明、清时期，内地道士来青海传教，活动于青藏高原东北部的河湟谷地，主要分正一和全真两大教派。现青海地区还残留有道观 10 余座，著名的道观有格尔木玉虚宫、西宁北山土楼观、武威文庙、大通娘娘山、互助五峰寺、湟中南朔山、湟源北极山、乐都五当山等。由于道观大都依山傍水，风景秀丽，近些年来，国内和海外的信徒和游人千里迢迢，来此寻祖访道。

除道教外，青藏高原还分布有零星的基督教、天主教堂，但建筑规模和信徒数量均较小，目前主要的教堂有西宁教场街基督教堂、西宁北山天主教堂、云南中甸茨中教堂、西藏上盐井天主教堂等，还有部分零星分布在西藏拉萨，以及四川、甘南等地区。

四、青藏高原民俗文化分布及其特征

青藏高原的民俗文化异彩纷呈，绚丽灿烂，有许多是值得继承和弘扬的优秀传统文化。青藏高原的民俗文化主要包括民间故事、民谣、谚语、民族语言等口头文学；老古舞、婚礼舞、大鼓舞、花灯舞等民间传统舞蹈；民歌、喜庆乐、打击乐等民间传统音乐；渔猎、农耕、饮食、婚嫁、丧葬等生产、生活中的传统习俗和礼仪；纺、染、织、绣、杂编、制陶、发簪制作、民居建筑等传统工艺和制作技艺；各民族民间医术；具有代表性的传统体育活动等。民俗文化作为一种非物质文化，已经得到国家高度重视。目前据青海省初步统计，全省非物质文化遗产项目有2600多项，其中世界级非物质文化遗产项目3项，国家级非物质文化遗产项目19项，省级非物质文化遗产项目102项，其中包含了有藏族史诗《格萨尔》、藏戏和花儿、热贡艺术，以及“老爷山花儿会”、“藏族拉伊”、“土族盘绣”、“塔尔寺酥油花”、阿尼玛卿雪山神话传说、阿柔逗曲、海南宗教法舞鹿舞、循化撒拉族古篱笆楼编造技艺、藏医放血疗法等，这些民俗真实记录了青藏高原东北部各民族的人文、自然和社会发展的历史，具有极其重要研究和旅游价值。

青藏高原民俗文化的分布与少数民族分布具有较好的一致性。目前从青藏高原民俗文化分布的地域特征来看，从青藏高原东北部向西南方向成半圆弧形一直延伸到云南西北部，是青藏高原民俗文化最为多样的地区，该区域少数民族分布多样，多元文化的地域特征明显，不论是服饰文化，还是饮食习俗，均充满了丰富多彩的多民族色彩，是中国乃至世界民俗文化的精品旅游带。目前，除了上述青海河湟谷地地区的藏族、土族、撒拉族等民俗外，甘南的临夏回族民俗，四川的康定、汶川等地的区别于西藏、青海的藏族民俗和羌族民俗等，还有云南纳西族、傈僳族、怒族、彝族等民俗，串成一条民俗文化的多彩走廊。青藏高原腹地主要是藏族民俗，大同小异，表现出藏族民俗文化的区域性和多样性。青藏高原北部的丝绸之路沿线主要是伊斯兰民俗文化，但同样表现出了特殊的地域性和多样性。

第二节　青藏高原文化旅游资源评价——以青海为例

青藏高原文化旅游资源丰富，类型多样，全面了解该区域文化旅游资源非常困难。本书根据现有的数据和材料，以点带面，对青海文化旅游资源加以评价，旨在为今后更全面地分析青藏高原文化旅游资源的实际状况，抛砖引玉。我们采用地理学研究方法，将文化资源的组合称之为景观，以期更加有效地表现文化资源的旅游特性[37]。

一、青海文化景观要素的定量分析

（一）文化景观密集度指标

文化景观密度是指每平方公里陆域面积上分布的文化景观单体个数。景观密集度指标反映的是各地文化景观的丰富程度，是青海（包括历史古迹、宗教寺院、方言等）文化景观格局的基础。

表 4-1　青海文化景观单体分布基本情况

指标系列		土地面积/km^2	单体个数/个	单体密度/（个/km^2）	排名
总计		720 000	1897	0.0026	
西宁	总数	7 472	240	0.0321	2
	占全省比重/%	1.03	12.65		
海东	总数	13 161	994	0.0755	1
	占全省比重/%	1.83	52.4		
海南	总数	45 896	196	0.0042	4
	占全省比重/%	6.37	10.33		
海西	总数	325 785	30	0.0001	8
	占全省比重/%	45.25	1.58		
海北	总数	39 354	125	0.0032	5
	占全省比重/%	5.45	6.6		
黄南	总数	17 921	99	0.0055	3
	占全省比重/%	2.49	5.2		
果洛	总数	76 312	64	0.0008	6
	占全省比重/%	10.6	3.37		
玉树	总数	188 794	149	0.0008	7
	占全省比重/%	26.2	7.85		

从表 4-1 景观单体数量的空间分布情况来看，数目最多的是海东地区，达 994 个，占全省总数的 52.4%，海西最少，占全省的 1.58%。景观单体的平均密度高于全省平均水平的有海东、西宁、黄南、海南、海北 5 个区域。其中最密集的是海东，比全省平均密度 0.0026 个/km^2 高出 2904 个百分点；海北基本与全省平均持平；玉树、果洛、海西 3 个州景观单体平均密度低于全省平均水平，最低的为海西，与平均密度相差将近 96 个百分点。

（二）景观特殊性指标

景观特殊性主要反映文化景观中不同景观类型在连续地理空间范围内

的分布情况和表现形态，从根本上说，景观特殊性指标所要表达的是资源空间分布中的唯一性、稀缺性特征。该指标包括两方面内容：①青海不同类型文化景观在空间上非均衡分布而形成的各区域景观类型差异；②各区域文化景观构成特殊性，即各类型景观占所在区域景观类型的比例情况。

1. 资源分布的特殊性

按景观单体类型分布情况来看，寺院景观主要分布在海东、西宁、海南和玉树，这 4 个地区的景观单体数占全省单体总数的 80%左右（图 4-2），具有明显的地域性差异。其中伊斯兰教寺院景观的地区性分异最为明显，海东、西宁、海北 3 个区域的伊斯兰教寺院单体个数占该类型总数的 89.81%；佛教寺院景观主要分布在海东、玉树、海南；道教景观主要分布在西宁和海东地区。方言景观主要分布在海东、黄南、海北、海南和海西，这三大区域的方言景观单体数量上分别列前三位。历史文化景观主要分布在海东、西宁、海南，这 3 个地区的历史景观单体数占全省总数的 80%左右，其中，历史遗址依次分布在海东、西宁、海南，墓群遗址依次分布在海东、海南、西宁。

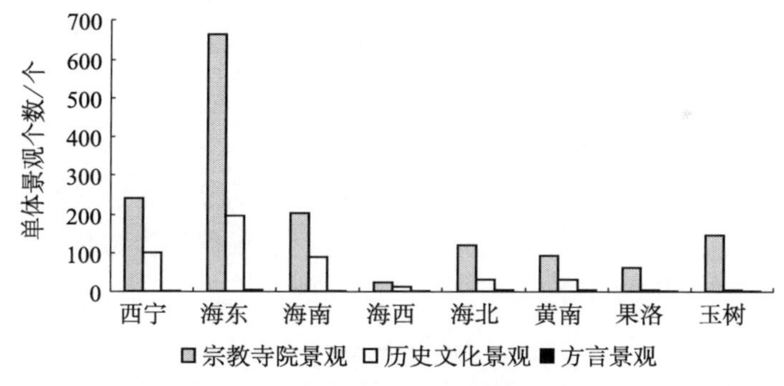

图 4-2 青海文化景观类型统计

从全省的景观类型来看，道观单体个数最少，其次为方言景观、古墓、遗址、佛教寺院、清真寺院。为便于对景观单体特殊性分布进行定量分析，本节在借鉴已有研究成果的基础上，引入“文化景观特殊性指数”概念，将景观类型总数由少到多分为 6 级并分别确定其权重值，再将各地区景观单体数量分别乘以景观特异性指数，其总和即为某地区或某一类型景观的特殊性指标结果，其公式为

$$ZH\text{（指标结果）} = \sum_{i=1}^{n} nX_i \qquad (n\text{ 为指数权重，}X_i\text{为景观单体数量})$$

从理论上来说，最终结果分值越大，该区域景观特殊性越显著，文

化景观类型的优势也就越明显（表 4-2）。

表 4-2 文化景观类型特殊性指数权重

类别	宗教寺院文化景观			方言文化景观	历史文化景观	
	佛教	伊斯兰教	道教		古墓	遗址
权重值	0.5	0.4	0.1	0.2	0.5	0.3

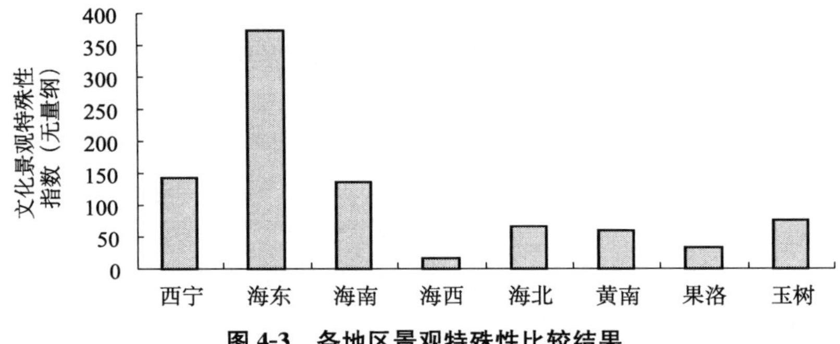

图 4-3 各地区景观特殊性比较结果

根据图 4-3，海东地区在 8 个区域中，景观特异性指数最高，也就是说，海东地区拥有的文化景观与其他地区相比，景观特征识别度最高，特色最为鲜明，地缘性特征最明显。其余依次为西宁、海南、玉树、海北、黄南、果洛、海西。

2. 景观构成的特殊性

根据区域景观资源的特殊性结果，再进一步分析青海文化景观构成情况，从而了解区域特殊性差别的具体内容。根据现有数据，各地区景观构成比例情况见表 4-3。

表 4-3 文化景观构成比例情况

地区	宗教寺院文化景观			方言文化景观	历史文化景观	
	佛教	伊斯兰教	道教		古墓	遗址
西宁	0.1	1.43	0.04	0.01	0.55	0.1
海东	1	3.31	0.03	0.05	1.05	0.24
海南	0.87	0.45	0.01	0.02	0.45	0.13
海西	0.07	0.08	0	0.02	0.07	0.03
海北	0.17	0.61	0	0.03	0.17	0.03
黄南	0.54	0.07	0	0.03	0.14	0.07
果洛	0.4	0	0	0.01	0.03	0
玉树	0.95	0.01	0	0.01	0.03	0

由表 4-3 可知，各地区文化景观拥有率和文化景观单体拥有量存在一定差异。佛教寺院和历史遗址在众多文化景观当中和各地区景观构成中占首位。

根据各地区景观单体构成的比例情况，前四位构成类型相同的区域统计如表 4-4 所示。类型构成差异性最大的地区为海西，差异性较小的地区分别为海东、西宁等地。

表 4-4 文化景观构成排名表

景观构成	州市排名
佛教寺院景观、历史遗址、道教、方言景观	1 海东、西宁、海南、黄南
佛教寺院景观、历史遗址、伊斯兰教景观	2 海北
佛教寺院景观、方言文化景观、历史遗址景观	3 果洛、玉树
伊斯兰教景观、方言文化景观、历史古墓景观	4 海西

3. 景观知名度评价

景观知名度指标体现了文化景观单体在省内以及更大范围内的景观特色和吸引力大小，是衡量某一地区文化景观品质和价值的标准之一。根据国家现有景观等级标准，对青海自然景观和人文景观按照国家级、省级、县市级分类见表 4-5。

表 4-5 文化景观知名度指标统计表

地区	佛教景观		伊斯兰教景观		道教景观		方言景观		遗址景观		古墓景观		总计
	省级	县级	省级	县级	省级	县级	省级	县级	省级	县级	省级	县级	
西宁	2	3	1	0	1	0	0	1	33	51	8	8	108
海东	8	13	7	6	1	2	1	3	56	104	9	28	238
海南	5	3	0	0	0	0	1	0	38	31	9	12	99
海西	0	1	0	0	0	0	1	0	7	4	3	1	17
海北	1	3	0	1	0	0	2	1	11	15	1	4	39
黄南	5	0	0	0	1	0	1	1	10	12	4	6	40
果洛	1	1	0	0	0	0	1	0	4	1	0	0	8
玉树	1	1	0	0	0	0	1	0	1	4	0	0	8

从表 4-5 统计结果来看，处于景观知名度第一等级（＞80）的区域为海东、西宁、海南，其文化景观资源类型丰富、全面，有全国范围内知名，或拥有构成全国名牌的景观优势；处于第二等级（30～80）的地区为黄南、海北，其文化景观类型较为丰富，大部分景观在省域范围内具有一定知名度；处于第三等级（＜30）的地区为海西、果洛、玉树，其文化景观类型相对单一，景观可供开发的空间和潜力较小。

（三）青海文化景观总体格局解析

1. 青海文化景观总体评价

研究文化景观的地缘性，不仅需要研究景观所处的地理、气候、交通、社会状况等因素，同时要研究文化景观本身的质量。

根据前文定量分析结果，对青海文化景观指标格局进行总结（表 4-6）。

表 4-6　青海文化景观指标排名统计表

地区	密集度排名	特殊性排名	知名度排名	综合排名
西宁	2	2	2	2
海东	1	1	1	1
海南	4	3	3	3
海西	8	8	6	8
海北	5	5	5	5
黄南	3	6	4	4
果洛	6	7	7	7
玉树	7	4	8	6

根据前文定性、定量分析结果，按照一定原则对青海文化景观类型进行分类，可以将青海 51 个县（市）文化景观分为 4 个文化景观地域分布带（表 4-7）。

表 4-7　青海文化景观类型分布带

类型分布带	类型名称	包括州市	类型主要特征
Ⅰ	河谷景观带	海东、西宁、海南、黄南	开放型
Ⅱ	山地景观带	海北	富足型
Ⅲ	高原景观带	玉树、果洛	生态型
Ⅳ	盆地景观带	海西	匮乏型

2. 青海文化景观格局总体特征

1）自然地理条件差异成为塑造地缘性文化景观的主要因素

青海文化景观在空间分布上并不均匀，自然条件差异是青海不同地区生产方式差异的主要原因。孕育文化的各种自然地理环境，让人类文化打上了自然印记而成为一种特殊现象。

2）以地方民俗为基础，独有的河湟谷地文化与高原文化并存

青海地理环境丰富多彩，各区域地理环境差异巨大，相应地，各地生存的各民族生活模式也各不相同，形成特殊的地域性文化景观。

3）传统文化景观与现代文化景观相混杂

青海的文化景观在空间分布上，没有呈现出严格的传统和现代区域的划分。随着经济水平的提高，青海各区域交往力度不断加大，一些传统景观诸如宗教文化景观、史前文化景观等与现代文化景观相混杂。很多古城风貌被现代城镇景观淹没，可能会导致传统文化景观逐渐失去其特色。

4）文化景观区域比例不协调，尚未呈现稳定的地域文化景观结构

青海文化景观的地缘性并非表现出一定的规律性特征，这对保持青海文化景观的稳定性产生了一定的影响。伴随经济建设和城市化的进程，很多特色的景观被破坏，异质景观的发展没有计划和控制，青海地方特色文化景观不断被改变。

二、青海文化景观差异性评价

（一）景观要素差异性分析的定量指标

目前学术界应用定量方法进行对文化景观的研究尚处于探索和实验阶段，主要借助景观生态学中的一些模型。本文在参考前人研究方法的同时[9～12]，提出了适合于本地区的景观要素差异性分析的定量指标。

（二）景观要素的密集度

景观密集度指标即每平方公里陆域面积上分布的文化景观单体个数。其结果反映的是各地文化景观的集聚程度。其公式为

$$M=\frac{1}{S}\sum_{i=1}^{n}N$$

式中，M 为景观要素的密集度；S 为区域面积；N 为景观单体个数。

（三）景观要素的多样性

景观多样性能够反映一个区域内文化景观的丰富度。从全省的景观类型来看，道观单体个数最少，随数量增多依次为方言景观、古墓、遗址、佛教寺院、清真寺院。为便于对景观多样性进行定量分析，借用本书前文所采用的“文化景观特殊性指数”概念，将景观类型总数由少到多分别确定其权重值（表 4-8），再将各地区景观单体数量分别乘以景观特殊性指数，其总和即为地区景观多样性结果。其公式为

$$V=\sum_{i=1}^{n}nX_i$$

式中，V 为景观要素多样性指数；n 为指数权重；X_i 为景观单体数量。

表 4-8　文化景观类型特异性指数权重

类别	宗教文化景观			方言文化景观	历史文化景观	
	佛教	伊斯兰教	道教		古墓	遗址
权重值	0.5	0.4	0.1	0.2	0.5	0.3

从理论上来说，最终结果分值越大，该区域景观多样性差异越显著，文化景观类型的优势也就越明显。

（四）景观要素的知名度

景观知名度体现了文化景观单体在省内及更大范围内的景观特色和吸引力的大小，是衡量某一地区文化景观品质和价值的标准之一。本文根据国家现有景观等级标准，对青海省人文景观要素按照国家级、省级、县市级等标准来研究其知名度。度量公式为

$$Vi = \sum_{i=1}^{n} qX_i \qquad (i = 1, 2, 3, \cdots, N)$$

式中，Vi 为景观要素知名度指数；q 为指数权重；X_i 为各景观等级数量。

各等级景观权重指数见表 4-9。

表 4-9　各等级景观权重指数

类别	国家级	省级	县（市）级
权重值	0.5	0.3	0.1

（五）文化景观差异性解析

根据前文指标的定量分析，对青海省文化景观差异性指标格局进行总结，结果见表 4-10。

表 4-10　青海省文化景观分异排名统计表

地区	密集度	排名	多样性	排名	知名度	排名	综合排名	地区	密集度	排名	多样性	排名	知名度	排名	综合排名
西宁市	1982	1	28.2	10	7.7	8	5	尖扎县	297	9	23	16	5.4	12	13
大通县	466	6	59.1	4	6.4	11	6	泽库县	26	23	8.2	27	1.3	28	26
湟中县	440	7	44.7	6	7.3	9	8	河南县	8	30	2.2	37	1	33	35
湟源县	161	12	10.7	22	4.3	16	15	玛沁县	5	33	3.7	33	1.1	31	33
平安县	760	5	23.8	14	5.1	13	10	甘德县	12	29	4.2	32	1	34	32
互助县	198	11	29.7	8	10.8	2	7	班玛县	41	18	13.2	20	2	25	21
乐都县	223	10	25.8	12	9.7	4	9	久治县	13	27	5.7	30	1	35	30
民和县	1550	2	117.3	1	11.6	1	1	达日县	6	32	4.7	31	1	36	34
化隆县	901	4	104.9	2	9.2	5	2	玛多县	2.4	36	2.7	35	1.3	29	36
循化县	954	3	70.9	3	8.2	7	3	玉树县	34	20	23.1	15	1.7	27	20
海晏县	50	15	9.3	25	4.5	14	16	称多县	18	25	12.7	21	1.3	30	25
祁连县	23	24	15.4	18	3	20	19	杂多县	6.3	31	10.2	24	1	37	31
刚察县	15	26	8.8	26	3	21	24	治多县	0.44	39	1.2	39	1	38	39
门源县	117	14	32.8	7	3.7	18	14	囊谦县	46	16	26.2	11	1.1	32	18
共和县	39	19	28.8	9	8.5	6	11	曲麻莱县	1.4	38	3.2	34	1	39	38

续表

地区	密集度	排名	多样性	排名	知名度	排名	综合排名	地区	密集度	排名	多样性	排名	知名度	排名	综合排名
贵德县	369	8	58.7	5	10.4	3	4	德令哈市	1.44	37	1.3	38	2	26	37
同德县	32	21	10.2	23	2.4	24	23	格尔木市	0.24	40	1	40	1	40	40
兴海县	31	22	18.7	17	4.3	17	22	乌兰县	12.9	28	5.9	29	2.7	23	28
贵南县	45	17	13.9	19	2.9	22	17	都兰县	3.4	35	7.1	28	4.5	15	27
同仁县	155	13	25	13	6.8	10	12	天峻县	3.5	34	2.5	36	3.3	19	29

根据以上结果，根据自然、人文、历史的不同将青海高原 42 个县（市）文化景观分为 5 个等级的地域景观分布带（图 4-4），从第一等级到第五等级文化景观类型依次由复杂向简单演变。

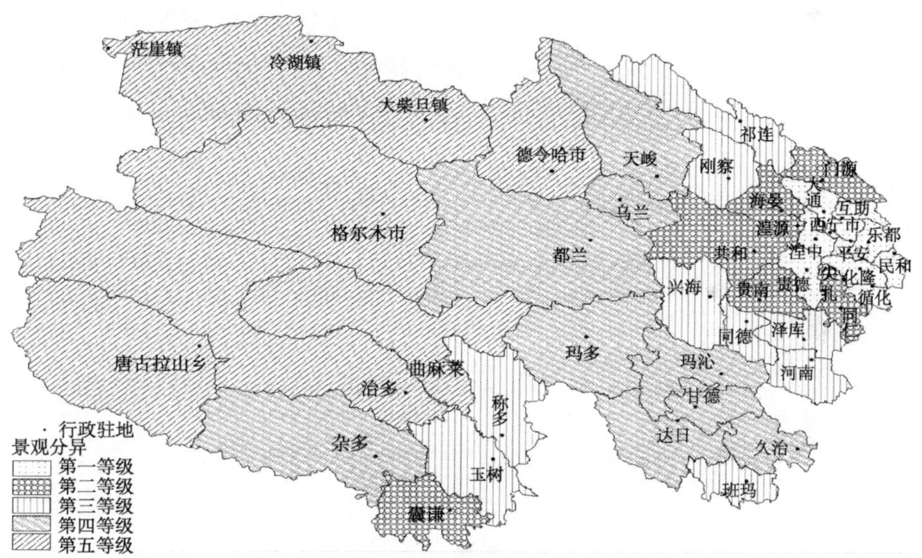

图 4-4　青海省文化景观类型分布示意图

从景观分布的总体情况来看，青海高原文化景观差异性主要表现为东西部差异。文化景观结构从东往西呈现出由丰富到单一的演变趋势，其分布呈现出“扇形状”——以丰富的东部河湟谷地文化景观分布区为核心，依次向西、北、南三方向逐渐演变成单一型景观分布带。

（六）文化景观差异性结果分析

（1）自然地理条件差异成为文化景观差异的基础。青海省文化景观在空间分布上并不均匀，自然条件差异是青海东西部生产方式差异的主要原因。东部地理环境和区位条件较好，地貌和地形复杂，区域文化景观丰富，西部以高原和盆地为特征的地理区域内文化景观较单一。

(2) 历史上青海多民族交融使区域文化景观具有多样性特点。青海高原文化景观的形成不仅受到所处自然地理环境的制约和影响，而且还受到不同时期、不同历史形态下的民族、政治、经济及生产方式等因素的影响。长期以来，青海东部地区有多个民族文化不断淀积和融合，该地区文化既继承了其原有土著居民的传统文化，也吸收了外来诸多民族的文化特征，从而形成了如今青海高原丰富多彩的多元文化景观。

(3) 各民族大杂居、小聚居分布的特点是青海高原文化景观密集度的重要表现。生活在青海高原的6个主要少数民族，他们共同生活和发展，其分布具有大杂居、小聚居的特点，由此伴生的文化景观也具有大杂居、小聚居的分部特点。例如，在藏民族集聚的地区，藏传佛教寺院较为密集，优势明显；在回族、撒拉族人口集中的地区，清真寺院分布密集；而在汉民族人口常住地区，道观、汉传佛教寺院居多。

(4) 优越的地域条件和开放的社会环境是衡量地区文化景观知名度高低的先决条件。地处青海东部的河湟谷地，这里区位条件较好，人类活动较为频繁，社会经济较为发达，开发历史较早。因此，这一区域在全区景观知名度排名上具有明显的优势且名列前茅。

(5) 青海高原东西部自然环境、民族数量、社会经济的差异，导致文化景观分布排列的差异性，其分布从文化景观丰富的东部河谷地带向文化景观单一的西部盆地、高原渐变。

通过以上对青海高原文化景观差异性的研究，青海文化景观的地域差异性明显，反映了景观分布的基本规律和现实，其分布现状合理地解释了青海高原地理环境与其地域民族文化发展、演变的相互关系，在东部地理条件较好、民族成分复杂、人口繁多的地区，文化景观复杂多样，在西部地理条件相对较差、民族单一、人口稀少的地区，文化景观简单。

第三节　青藏高原文化旅游资源开发探讨

一、青藏高原文化旅游资源开发的原则

1. 保护与开发相结合的原则

青藏高原独特的自然地理环境孕育了独特而又灿烂的文化资源，其独特的内涵和深厚的底蕴让游客充满了探索和求知的欲望。但是由于地域文化的差异性，尤其是游客和旅游目的地文化的巨大差异性，往往对旅游地的文化带来巨大的冲击，所以，如何处理好旅游文化资源的开发与保护的关系，成为目前旅游经济活动中的突出问题。

青藏高原的旅游业刚刚起步，长期以来封闭的地理环境和巨大的文化差异，有效地保护了地方文化。随着交通条件的改善和旅游业的发展，旅游资源被日渐广泛地认知和了解，物质性的旅游资源得到广泛地开发和利用，而旅游文化资源的挖掘和开发尚处于准备阶段。应该在充分调查和了解旅游文化资源的基础上，重点以保护和传承为主，适度开发，减少盲目性。在科学评估的基础上，保护为主，开发为辅，使青藏高原丰富多彩的文化资源得以传承和持续发展。

2. 地域性原则

旅游文化资源的产生和发展，是基于一定的地理环境和人文社会，离开了这种地域环境背景，文化也就失去了生命力。在旅游文化资源的开发中，我们常常会用异地复制的方式，而这一方式的结果是文化的原有品质和价值大打折扣，因此，旅游文化资源的开发一定遵循地域性原则。

青藏高原复杂的自然环境孕育了丰富多样的地域文化，生活在高原的各族人民或依巨石、或依山体、或依湖泊、或依草地，创造了巨石文化、神山文化、圣湖文化和草原文化，自然是文化创造的源泉，同时又是文化的载体，只有特定的地域环境条件，才能使文化具有灵魂。

3. 统筹开发原则

青藏高原地域文化的形成既有区域差异性，又受高原整体自然地理环境的制约和控制。因此，青藏高原文化旅游资源的开发要注重全区统筹规划，计划开发，相互补充，相互独立，突出展现相同民族文化的不

同地域性特色，展现出旅游文化资源的多样性。切不可实行互相照搬，没有个性的文化旅游资源的开发。

青藏高原广袤的藏族聚居区，虽然有相同的文化大背景，但各区域文化有着极大的差异性，西藏藏北和藏南的藏族文化有着巨大差异，青海的藏族文化内部也有着不同的区域特点。因此，同样是藏族文化旅游资源的开发，在青海东部、青海南部、西藏北部和西藏南部均有着不同的特色。挖掘藏族文化的特色是各区域藏族文化旅游资源开发的重要途径。对其进行统筹规划，可以突出各区域藏族文化的特色，避免旅游活动缺乏特色，同时又可以让游客充分了解藏族文化的区域特色和地方差异，对藏族文化的宣传和认知具有重要意义。

4. 公众参与原则

当地居民不仅是民族文化的创造者，同时也是民族文化的拥有者和传承者，旅游文化开发过程中，除了政府的积极引导，企业的广泛参与以外，更重要的是要让当地居民能够积极参与到旅游文化的开发和利用上来。当地居民的生活方式、民俗节日、宗教活动和日常风俗等都是可以开发利用的旅游文化资源，离开了居民，就等于没有了民族文化，文化的本质和灵魂也将丢失，文化的本质特色也会失去。因此，文化旅游资源的开发必须要坚持公众参与的原则。

青藏高原是经济后发展地区，当地诸少数民族的观念还比较传统，传统文化保留也相对完整，当地居民或公众的参与非常必要，也具有十分重要的意义。一方面青藏高原大多数地区经济落后，公众的广泛参与有利于地方经济的发展，也有利于当地居民脱贫致富；另一方面当地居民的参与可以保证民族文化旅游资源原汁原味的品质，保持原有的地方和民族特色，也有利于民族文化的传承和保护。

二、青藏高原文化旅游资源开发的构想

青藏高原文化旅游资源的开发要贯穿历史、贯通高原，根据历史脉络和高原环境，提出如下开发构想（图 4-5）。

1. 青藏高原北部以“丝绸之路”为纽带的文化旅游资源开发

青藏高原东北部、北部主要的文化走廊为“丝绸之路”，充分利用“丝绸之路”的文化联系和经贸活动，可以对青藏高原东北部、北部的自然、人文旅游资源进行统一规划和开发，形成长约 3000km 的以河湟

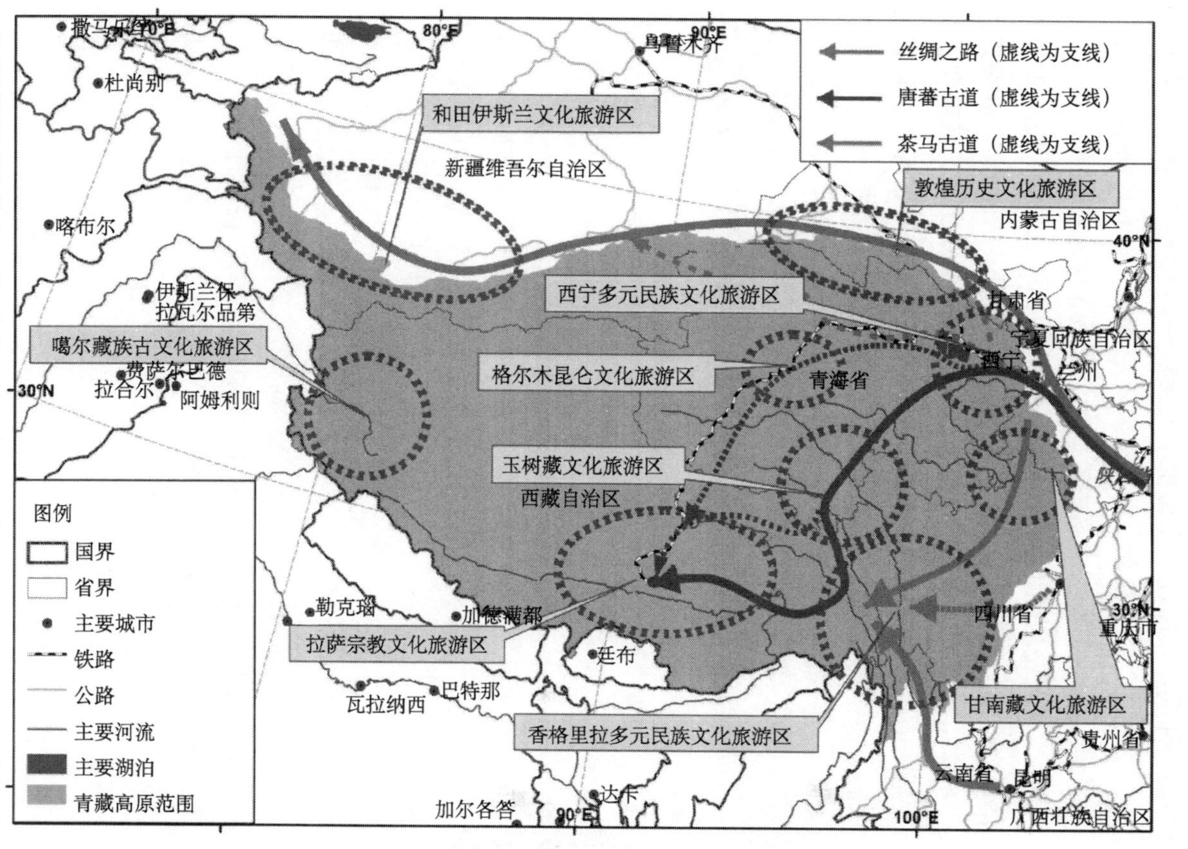

图4-5 青藏高原文化资源旅游构想示意图

谷地多元民族文化、敦煌历史文化、和田伊斯兰文化为核心的文化旅游资源带。该文化旅游带可以有机地联系青海、甘肃、新疆的旅游文化资源，同时又可以外联到中国丝绸之路旅游的大体系之中。该区旅游文化资源开发条件成熟，已经形成初步的旅游规模，同时，沿线自然景观丰富多样，文化性质差异较大，文化旅游资源丰富，具有极强的吸引力。

2. 青藏高原中部以“唐蕃古道”为纽带的文化旅游资源开发

“唐蕃古道”是唐代以来贯穿整个藏族聚居区的重要通道，也是藏族文化最为灿烂的文化旅游线路，“唐蕃古道”由一条主线和两条支线构成，贯穿了河湟谷地多元民族文化、玉树康区藏族文化、西藏宗教文化以及昆仑山的昆仑文化等。此道不管是北线还是南线，都具有良好的文化旅游资源，具有较大的开发价值。目前随着京藏高速、宁玉高速公路的建成，“唐蕃古道”将会成为重要的穿越青藏高原全区文化资源旅游走廊。

3. 青藏高原南部以“茶马古道”为纽带的文化旅游资源开发

青藏高原南部的“茶马古道”大致有 3 条线路，北线从西安经甘南、阿坝到达藏东南的昌都、拉萨等地，中线大致从成都经川西进入藏东南和西藏，南线主要是从云南昆明经丽江、迪庆进入藏东南等地，是经典的“茶马古道”。其中最具有开发价值的线路是北线和南线，北线贯穿我国藏族文化的“多康文化”，“藏彝走廊”，沿线文化旅游资源的内容丰富，形式多样，民风彪悍，文化民俗多样，如临夏（回族）、康定（藏族）、凉山（彝族）等民俗丰富。而且沿途自然景观变化巨大，各民族镶嵌在不同的自然景观之中，具有十分重要的旅游价值，尤其是对文化旅游资源的深度开发具有很高的价值；南线主要贯穿于云南西北部的大香格里拉和藏东地区，民族多元，传统文化保留完整，自然景观丰富、秀美，沿线分布有近 10 个少数民族，各民族民风纯朴、民俗多彩，是最灿烂的文化旅游走廊。尤其是大香格里拉景区的开发，主要展现了各民族丰富多彩的文化景观。

第五章
青藏高原生态旅游开发研究

青藏高原独特的自然和人文地理环境，对世界各地的旅游者都具有强大的吸引力。2006 年 7 月 1 日青藏铁路全线开通，极大地带动了青藏高原旅游业的蓬勃发展，掀起了青藏高原旅游新热潮。但大量游客涌入必然会对生态环境极端脆弱而敏感的青藏高原造成严重破坏。如何解决这一问题，已是迫在眉睫。生态旅游的兴起和发展，给这一问题的解决提供了良好的切入点。生态旅游是当今世界旅游业发展中的一个热点，在现代管理技术条件下，生态旅游是一个地区资源与环境、社会和经济可持续发展的最佳运作形式[38]。

第一节　青藏高原生态旅游开发战略

一、青藏高原生态旅游资源

1. 青藏高原生态旅游资源

国家在青藏高原上建立了一批不同级别的风景名胜区、自然保护区、森林公园、地质公园、湿地公园和文物保护单位等，广泛分布于青海、西藏、四川西部阿坝和甘孜、云南西北部、甘肃西南部和北部、新疆西南部西昆仑山北麓（表 5-1）。这些景区风光秀丽，生态价值极高，有一大批珍贵的野生动植物植资源和人文旅游资源。

表 5-1 青藏高原主要生态旅游资源

	青海	西藏	四川	云南	甘肃	新疆
世界遗产		布达拉宫（大昭寺、罗布林卡文化）	九寨沟风景名胜区、黄龙风景名胜区、大熊猫栖息地（自然）	丽江古城（文化）、三江并流（自然）		
国家级自然保护区	循化孟达、青海湖、可可西里、隆宝滩、三江源	雅鲁藏布江中游河谷黑颈鹤、芒康滇金丝猴、珠穆朗玛峰、色林错、羌塘、雅鲁藏布大峡谷、察隅慈巴沟、类乌齐马鹿	白水河、王朗、卧龙、九寨沟、小金四姑娘山、若尔盖湿地、贡嘎山、察青松多白唇鹿、亚丁、美姑大风顶、雪宝顶、海子山	高黎贡山、白马雪山	祁连山、莲花山、尕海—则岔、连城、盐池湾、安南坝野骆驼	阿尔金山、罗布泊野骆驼
国家森林公园	北山、察汗河、鹞子沟、坎布拉、群加、仙米、麦秀、哈里哈图	巴松湖、色季拉、玛旁雍错、班公湖、然乌湖、热振、姐德秀、	九寨沟、高山、海螺沟、九寨、措普、雅克夏、荷花海	飞来寺、新生桥	天祝三峡、腊子口、莲花山、曲舟沙滩、大峡沟、冶力关	克州冰川
国家风景名胜区	青海湖	雅砻河	黄龙寺—九寨沟、贡嘎山、四姑娘山、邛海—螺髻山	三江并流、玉龙雪山		
国家地质公园	坎布拉、年宝玉则、北山、昆仑山、格尔木察尔汗盐湖矿山、贵德	易贡、达扎、羊八井	海螺沟、大渡河峡谷、九寨沟、黄龙、四姑娘山	玉龙黎明—老君山、玉龙雪山	和政古生物化石	
湿地公园	青海贵德黄河清	拉萨拉鲁湿地国家自然保护区	四川若尔盖湿地公园			
“人与生物圈”计划		珠穆朗玛峰生物圈保护区	卧龙生物圈保护区、九寨沟生物圈保护区			

青藏高原上有全国文物保护单位88处，其中西藏35处，青海17处，四川13处，甘肃11处，新疆8处，云南4处。这都是生活在青藏高原上的各族人民在同高原严酷自然环境斗争中创造的优秀生态文化的结晶，也是极其珍贵的生态旅游资源。

2. 青藏高原生态旅游资源的特点

1）种类丰富，美学特征明显，具有垄断性

复杂多样的自然环境决定了青藏高原的旅游资源类型的多样化，再加上丰富多彩的文化形式，使得青藏高原的生态旅游资源具有独特的美学特征。在青藏高原的生态旅游资源中，大部分为青藏高原所特有，在国际和国内生态旅游资源中处于垄断地位。

2）生态旅游资源脆弱

青藏高原的许多生态旅游资源的所在地都属于自然生态系统比较脆弱的地区，其生态系统的完整性易受到外界因素的破坏。这些生态旅游资源所在地的人类生态系统由于长期处于较为封闭的环境，也表现出较强的脆弱性，很容易受到外来旅游行为和外来文化的冲击。

3）生态旅游资源已遭一定程度的破坏

旅游活动的开展，必然会影响到青藏高原生态旅游资源的原生性。在本课题进行实地调查的过程中，发现在很多的生态旅游资源所在地景区的基础设施以及垃圾处理设施等都达不到生态旅游的标准。旅游地生态环境已经遭到不同程度的破坏。

4）青藏高原生态旅游资源较集中地分布于交通干道沿线

受自然环境和旅游资源开发程度的影响，现已经探明的青藏高原生态旅游资源在分布上明显地表现出沿交通干道分布的特征。青海主要的生态旅游资源大多沿214国道和109国道分布。西藏的生态旅游资源也主要沿109国道、219国道和318国道分布。在西宁和拉萨等重要城市的周边，生态旅游资源的分布也相对集中。

二、青藏高原生态旅游开发战略

在区域旅游业开发中，需要首先确定本地区生态旅游的发展战略。旅游发展战略直接决定区域旅游开发的发展方向和发展效果。发展战略中最基本的两个问题是构建区域旅游的空间结构和建设鲜明的旅游形象。对青藏高原生态旅游的空间结构和生态旅游形象问题进行探讨，可为青藏高原生态旅游的开发提供基本的思路和参考。

（一）构建青藏高原生态旅游空间结构的理论基础

1. 增长极理论

增长极理论（growing polar）是由法国经济学家弗朗索瓦佩鲁于1950年提出的一种区域经济不平衡增长和发展的理论。该理论的核心是揭示产业结构空间分布的动态变化规律，即在区域经济发展过程中，增长的优势点往往先集中在主导产业上，然后波及其他产业，从空间上看，这类产业也是首先集中在某些条件优越的中心城镇，待发展壮大后，逐步向外围扩散，最后实现区域均衡发展[39]。

2. “点-轴系统”理论

“点-轴系统”理论是我国著名经济地理学家陆大道先生以克里斯塔勒（W. Christaller）的中心地理论、赫格斯特兰（T. Hagerstrand）的空间扩散理论及增长极理论为基础，通过对宏观区域发展战略的深入研究，于1984年首次提出的。这里的“点”是指各级中心地，即各级中心城（镇），是各级区域的集聚点，也是带动各级区域发展的中心城镇。“轴”是指由交通干线、通信干线、能源输送线和水源干线联结起来的“基础设施束”，对附近区域有很强的经济吸引力和凝聚力，而轴线上集中的社会经济设施通过物质流和信息流对附近区域有空间扩散作用[40]。“点—轴系统”理论反映了社会经济空间组织的客观规律，是区域开发的基础性理论，在我国国土开发和区域发展中广泛应用，对区域旅游开发同样具有非常重要的理论价值和现实指导意义[41]。

3. “核心-边缘”理论

最早完整提出“核心-边缘”理论的，是美国区域规划专家弗里德曼（J. R. Friedman）。1966年，弗里德曼在他的学术著作《区域发展政策》中，系统提出了“核心-边缘”这一理论。弗里德曼认为，任何一个国家都是由核心区域和边缘区域组成的。核心区域一般是指一个城市或者城市集群及其周围地区，工业发达、技术水平高、资本集中、人口密集、经济增长速度快。而边缘区域则是相对于核心区域来说，经济较为落后的区域，核心与边缘的界限不是固定的。

4. 旅游空间结构理论

旅游空间结构是指旅游经济客体在空间中相互作用所形成的空间聚集程度及聚集状态，它体现了旅游活动的空间属性和相互关系，是旅游活动在地理空间上的投影。国外对旅游空间结构研究始于1960年，如克里斯塔勒（Christaller）等运用区位论研究游憩活动与地理空间的结构关系，伦德格伦（Lundgren）等通过建立“核心-边缘”理论模型来强调在旅游行为中边缘地区对核心地区的依赖，Pearce在讨论旅游规划时，将空间系统按尺度区分为全国水平、区域水平和地方水平三个层次[42]。

在国内，陆大道认为，一定的区域可以通过最佳组织，形成最佳空间结构，实现最佳发展。同样，对区域旅游目的地空间组织结构的研究成为认识区域旅游资源组合、合理组织区域旅游产品线路、综合安排区域旅游开发的基础和核心。例如，吴必虎对旅游区划进行了研究，将北京市的旅游空间结构划分成3圈21区的格局。汪宇明认为，运用“核心-边缘”这种空间结构模型，在进行旅游资源的区域整合、景区土地利用功能配置与旅游圈层构造及促进区域旅游联动发展等方面可取得满意的实践成果。石培基等应用“点-轴”系统模型构建了西北地区的旅游开发结构，认为可以充分发挥城市对区域旅游的辐带作用，提高区域旅游的可达性，实现区域旅游的最佳发展。但总体来讲，我国对旅游空间结构的研究主要集中于旅游客源市场和旅游资源等内容上[43]。也有学者从旅游系统的观点出发，提出了旅游网络通道体系的概念，并对区域旅游网络化发展进行了探讨[44]。

结合基本的理论和国内学者的研究成果，本书认为，青藏高原生态旅游空间结构是一个网络化的体系，这个体系是地域旅游开发研究的重点。在这个体系内部，包含有诸多点要素、线要素和面要素，如旅游中心城市、旅游节点、旅游交通体系、旅游资源等。这个空间结构表现为立体的、分层次的网状结构，在构成自身旅游网络体系的基础上，旅游流以本级体系的旅游节点为中心向次一级的旅游节点辐射。青藏高原的生态旅游空间结构的网络体系是动态发展的，并处于不断的调整和优化之中。

（二）青藏高原生态旅游空间网络体系

1. 青藏高原生态旅游空间网络体系的要素

1）旅游中心城市、旅游景点

旅游中心城市、旅游点是青藏高原生态旅游空间网络体系中的点要素。旅游中心城市是指一定区域内旅游业集中发达，与其腹地有较为密切的旅游联系，并影响和制约该区域旅游业发展的城市。旅游中心城市在旅游网络体系中具有重要的作用，如形成鲜明的旅游形象，对旅游客源形成强烈的旅游吸引力、为区域旅游业的发展提供良好的旅游流集散条件等。旅游中心城市与旅游城镇在本质上属于同一个概念，旅游中心城市是旅游城镇的功能之一，旅游城镇是旅游中心地的实体。二者都是一个地区旅游活动集中的空间场所，也是地域旅游空间网络中的枢纽点，或者称为旅游节点。青藏高原的旅游中心城市主要指拉萨和西宁两个一级旅游中心城市及格尔木市、玛多玛查里镇、玉树结古镇、昌都镇、林芝八一镇、那曲、狮泉河与日喀则市等八个二级旅游中心城市。

旅游景点是指各种不同类型、不同级别、不同规模的旅游资源，本书涉及的旅游景点主要是指青藏高原范围之内的生态旅游资源，这些资源有些已经被开发为旅游景点，有些处于未开发状态。在已经开发的旅游景点具备一定的旅游基础设施，但其功能主要指向景区内部而不向外扩散。

2）旅游交通线路、旅游流

旅游交通是青藏高原空间网络结构中的线状要素。旅游交通从其涉及的空间程度和旅行范围可以分为三个层次[45]。其中，区域内的两个旅游交通层次包括旅游城市到风景区的交通和风景区内部的交通，本书研究的主要是青藏高原地域范围内从旅游中心城市到旅游景区之间的交通线路。

旅游流可简单理解为旅游者的流动，它是指在一个地域上由旅游需求的相似性而引起的旅游者空间移位现象。与旅游流相伴产生的其他复杂现象（如信息的流动、物品和劳务的交换、社会关系的发展演变等）构成了旅游世界丰富多彩的内容[46]。由于旅游者主要以旅游中心城市作为节点沿交通线路流动，本研究中将这一动态的要素与旅游交通线路结合起来。青藏高原区域内的交通方式主要为铁路交通和公路交通。

旅游交通线路和旅游流是青藏高原生态旅游空间网络体系中的线要素，是构成旅游网络通道体系的重要内容，旅游流主要沿交通线传播和扩散。合理、高效的旅游网络通道体系应是以最低的旅游消耗连接数量最多、等级最高的旅游中心城市、旅游点，使旅游流的流动尽可能的通畅快捷[47]。青藏高原生态旅游空间网络体系中的各要素需要通过一定的联系紧密结合起来，才能取得网络结构运行的最佳效果。

2. 青藏生态旅游空间网络体系的构成

青藏高原生态旅游空间网络体系包括两个一级旅游网络体系和八个二级生态旅游网络体系。

1）一级生态旅游空间网络系统

青藏高原的生态旅游空间网络的一级网络体系主要包括以西宁为旅游中心城市的环西宁生态旅游网络体系和以拉萨为旅游中心的环拉萨生态旅游网络体系。

西宁生态旅游网络体系的核心区包括西宁市方圆 200km 的范围、当日可以往返车程的地区。在本体系内部，以西宁为旅游中心城市，沿交通干线分别向青海海东地区、黄南地区、海北地区产生旅游流的辐射和扩散。西宁旅游圈核心区的生态旅游景点主要如下：西北方向的互助北山国家森林公园及北山国家地质高原、大通国家森林公园、察汗河国家森林公园、鹞子沟国家森林公园、老爷山及娘娘山和仙米国家森林公园、卡什卡雪峰；向东南方向有尖扎坎布拉国家地质公园、循化孟达自然保护区；向南有贵德“黄河清”国家湿地公园；向西有湟源宗家沟。在本区的边缘区分布的生态旅游点还有著名的青海湖、麦秀国家森林公园等[46]。这一生态旅游区的旅游流可进一步向西北扩散到祁连山的天然鹿场和甘肃甘南的甘加草原及桑科草原。这个生态旅游区内的旅游景点大多都有人文旅游资源的叠加，如“老爷山六月六花儿会”已经被列入首批国家非物质文化遗产名录；坎布拉国家地质公园的森林深处有著名的藏传佛教后宏期的发祥地——阿琼南宗寺。本生态旅游区也是青海人口分布密度较高的地区，城镇群比青海其他地区更为集中。因此，这个生态旅游网络体系的旅游点具有较高的品位和等级。

在这个旅游体系内，旅游流从西宁这个一级旅游中心城市向次一级的旅游节点流动，这种流动呈扩散型。另外，随着生态旅游基础设施的完善，还有些旅游者会选择从系统内的二级旅游节点向同一级旅游节点流动（图 5-1），这就构成了旅游流的网络化扩散。

西宁作为青海的省会城市和沿青藏线青藏高原的门户城市，也是青海唯一的一级生态旅游中心城市。相对于大尺度空间行为的旅游者而言，进入西宁之后，会以西宁为集散地，向青海省内和青藏高原的其他旅游区进行流动。

环拉萨生态旅游区以拉萨市为中心，沿 109 国道和 318 国道向林芝地区、日喀则地区、山南地区产生旅游流的扩散和辐射。该区的核心区

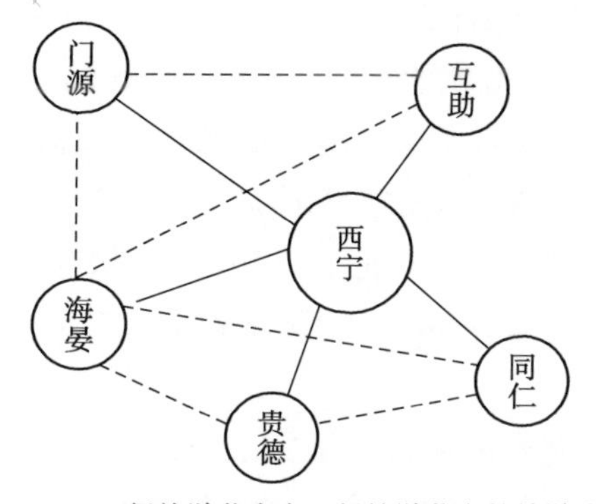

图 5-1　西宁生态旅游空间体系旅游流扩散简图

（图 5-2）内的生态旅游点主要有拉萨拉鲁湿地国家自然保护区；西北方向的纳木错湖、念青唐古拉峰；向东北有热振国家森林公园；向南有羊卓雍错、普莫雍错等。边缘区包括雅砻河风景区、山南的青瓦达孜山、拉姆纳、洛扎原始生态旅游景区等。

与西宁类似，作为一级旅游节点，相对于大尺度空间行为的旅游者而言，进入拉萨之后，会以拉萨为集散地，向西藏的其他次一级生态旅游网络体系进行流动（图 5-2）。需要说明的一点是，进入拉萨的大尺度旅游行为的游客，可以通过的交通线有川藏线、青藏线、滇藏线和青康线以及航空交通方式等多条路线。西藏的生态旅游空间网络体系中存在着由昌都、林芝、那曲等地到拉萨的游客流。另外，随着生态旅游服务设施的完善，在西藏的二级生态旅游网络体系之间也存在着游客流。

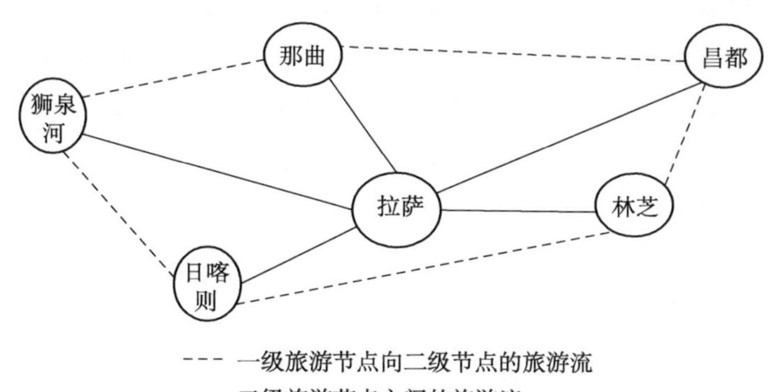

图 5-2　以拉萨为一级旅游节点的旅游空间网络体系简图

2）二级生态旅游网络体系

青藏高原的二级生态旅游网络系统共有八个。

（1）果洛生态旅游网络体系。这个体系的生态旅游资源以高山草原生态系统为代表，玛多大武是这个网络体系的旅游中心城市。该区重要的生态旅游景点有黄河源头卡日曲、扎陵湖、鄂陵湖、星宿海、黄河源国际狩猎场、玛柯河原始林区、阿里玛卿雪山和年保玉则国家地质公园等。

（2）玉树生态旅游网络体系。结古镇是这个体系的旅游中心。该区重要的生态旅游景点有长江源头的沱沱河自然风光、姜根迪如冰川、各拉丹东雪山、隆保滩黑颈鹤自然保护区、澜沧江源头自然风光、可可西里自然保护区和巴颜喀拉山。其中三江源国家自然保护区在青藏高原生态旅游空间网络体系中占有重要地位。

（3）格尔木生态旅游网络体系。该区以苍茫的荒漠戈壁生态系统和盐湖生态系统为特征，以格尔木市为旅游中心城市，重要生态旅游点有察尔汗盐湖、柴达木胡杨林自然保护区、柴达木梭梭林自然保护区、诺木洪农业生态区、昆仑山国家地质公园。德令哈市是这个生态旅游区的次一级旅游节点。

（4）昌都生态旅游网络体系。昌都地区位于西藏东北部，地处“三河一江”（昂曲、扎曲、色曲、澜沧江）地区。山高、谷深、水急、自然垂直地带性明显，是这里自然景色最突出的特点。这个区主要生态旅游点有三江并流的奇特景观、芒康滇金丝猴自然保护区、然乌湖、澜沧江河谷内的盐田风光和古普溶洞以及集惊、险、奇、美于一身的梅里雪山。昌都藏语意为“两河口”，因位于横断山区澜沧江的支流扎曲与昂曲的汇合处而得名，海拔 3232 米。昌都镇是这个区的旅游中心城市。

（5）林芝生态旅游网络体系。该区在雅鲁藏布江下游，静卧在喜马拉雅山脉、念青唐古拉山脉和横断山脉的怀抱之中，平均海拔 3100m，冬季平均气温 0℃以上，夏季平均气温 20℃左右。垂直地带性特征非常突出。原始森林景观保存完好，森林覆盖率达 46%。该区主要的生态旅游景点有尼洋河谷风光、鲁朗林海、南迦巴瓦峰、巴松错国家森林公园、千年古柏园、雅鲁藏布江大峡谷自然保护区、帕隆藏布峡谷、易贡国家地质公园、色季拉山国家森林公园、波密县境内的岗乡自然保护区。墨脱和察隅两个县风光秀美、原生态保存较为完整，都可整体成为生态旅游区。具有独特的民族风情的珞巴族、门巴族等少数民族长期在此聚居，为这一地区笼罩了一层原始而又神秘的色彩。八一镇是这个网络体系的旅游中心城市。

（6）日喀则生态旅游网络体系。冈底斯山和念青唐古拉山雄踞日喀则地区之北，喜马拉雅山从西向东绵延于南部，这两个高大山脉之间是自西向东奔流而过的雅鲁藏布江，形成“两山夹一谷”的独特地貌格局。受地形影响，日喀则地区的气候差异悬殊，雅鲁藏布江谷地属高原温带半干旱季风气候，冈底斯—念青唐古拉山以北大都属高原亚寒带季风半干旱、干旱气候，喜马拉雅山以南属高原温带季风半湿润气候，少数地区还具有高山亚热带气候的特点。这在一定程度上构成了该区生态旅游资源多样化的基础。珠穆朗玛峰自然保护区，具有从亚热带到寒带的自然景观和丰富多彩的生态系统以及独特的地质地貌特征，在保护区内还有奇异的人文景观。喜马拉雅山主脊山峰平均海拔 6200m，其中海拔 7000m 以上的山峰达 50 余座，其中 8000 m 以上的高峰有珠穆朗玛峰、洛子峰、马卡鲁峰、卓奥友峰和希夏邦马峰 5 座，是整个喜马拉雅山系的最高地段。喜马拉雅山主脊山北坡有冰川 217 条，著名的有绒布冰川、格重巴冰川、加布拉冰川、兰巴冰川等。希夏邦马峰北坡山势陡峭，布满冰裂缝，有规模巨大的冰塔林世界；南坡则是亚热带自然风光。色吾沟（南木林县）遍野灌木花草、周围山峰形态各异、沟形奇特，是西藏著名的伏藏谷。中尼边境口岸樟木镇所在地属亚热带湿润气候，樟木沟谷里森林茂密、悬崖峻峭、飞泉瀑布、鲜花盛开，是典型高山峡谷景观。该体系的旅游中心城市是日喀则市。

（7）那曲生态旅游网络体系。那曲地区地处唐古拉山脉、念青唐古拉山脉和冈底斯山脉环抱之中，著名的生态旅游点较多。具有高寒干草原荒漠景观的羌塘高原动物自然保护区主要为保护完整的高原自然景观和特有的高原动物区系。申扎自然保护区是我国面积最大、海拔最高的黑颈鹤自然保护区。世界上海拔最高的湖泊——纳木错，位于拉萨市北当雄县与班戈县交界处，海拔 4718m。色林错位于班戈县和申扎县交界处，为西藏第二大湖，四周还有格仁错、吴如错等 20 多个卫星小湖，组成了一个封闭内陆湖泊群。色林错四面群山环抱，湖盆平坦开阔，水草肥美，是藏北重要的畜牧业基地之一，也是以保护黑颈鹤及繁殖区生态系统的申扎湿地自然保护区所在地。当惹雍错是西藏第三大湖，湖南面的西藏著名的神山——达尔果雪山，终年积雪不化。当惹雍措湖盆地曾是象雄王朝王宫所在地。卓玛峡谷风景区位于那曲县古格乡境内，因特殊的地形而形成的小气候环境，构成了风光奇特的卓玛峡谷风景区。麦莫溶洞在那曲地区东部各县的群山峻岭中。桑丹康桑雪山和青嘎神山脚下的阿扎湖也是该区重要的生态旅游点。那曲是这个网络体系的旅游中心城市。

(8) 阿里生态旅游网络体系。阿里位于西藏西北部，北面与新疆毗连，西、西南面与克什米尔地区、印度、尼泊尔相邻。冈底斯山脉主峰冈仁波齐峰，海拔 6638m，周围发育了 250 多条冰川，面积达 150km^2，大量的冰川融水使这里成为了恒河、印度河和雅鲁藏布江等大江大河的发源地。玛旁雍错位于冈仁波齐峰和纳莫尼峰之间，有“圣水”连接“神山”的说法。玛旁雍错西面的拉昂错是咸水湖。班公湖位于中国与克什米尔交界处，湖面积 604km^2，东面 2/3 的面积属中国领土范围，湖水是淡水，西面 1/3 的面积属于克什米尔，湖水是咸水。湖畔有班公湖国家森林公园。纳木那尼峰矗立在玛旁雍错南面，与冈仁波齐峰遥遥相对。札达县境内的“札达盆地”，是一条长百余千米，平均宽 30km 的狭长盆地，象泉河（藏语称“朗钦藏布”）从盆地内缓缓流过，盆地内形成千姿百态的造型奇特的土林地貌，考证认为这里属于古象雄部落的都城遗址，古格王国、托林寺等名胜均在土林地貌区内。受旅游资源空间分布格局和交通线路等因素影响，该体系内的旅游流主要呈线状流动。狮泉河镇是这个网络体系的旅游中心城市。

3. 青藏高原生态旅游网络体系的总体模型

上述各级生态旅游网络体系通过旅游流的扩散结合起来，共同构成了青藏生态旅游空间网络体系，这个体系的整体基本模型如下（图 5-3）。

在这个总体模型中，西宁和拉萨是一级增长点，八个次一级生态旅游网络体系的重要节点城市是二级增长点。相对于上一级别的旅游网络体系，二级旅游网络体系也可以在模型内部抽象为“点”，但是在旅游业发展的实践中，在各个分体系内部，旅游客流沿交通线的流动构成本体系的“点—轴”发展模式，并以旅游中心城市为核心向边缘区扩散，从而带动本体系的旅游业发展和经济、社会的综合发展。各级网络体系随着旅游流的扩展和渗透地不断加强联系，从而形成一个不断优化、高效运行的青藏高原生态旅游综合空间网络体系。各个生态旅游网络体系在完善本系统内部生态旅游发展的同时，要积极参与到青藏高原整体生态旅游的开发中，并注意加强和其他各级别的生态旅游网络体系之间的竞争与合作，为青藏高原整体生态旅游空间网络结构的合理、高效地运

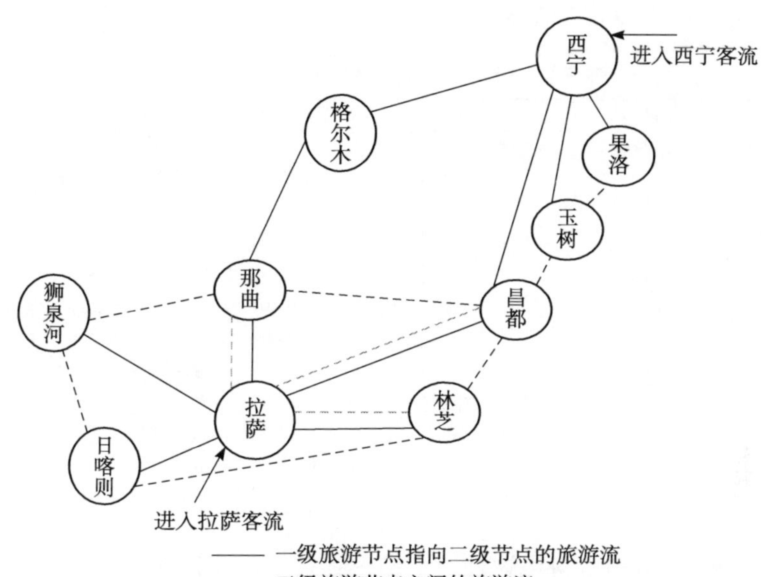

图 5-3　青藏高原生态旅游网络体系图

行起到积极的作用。在这八个点中，青海的玉树地区和西藏林芝地区，由于其生态系统的复杂和多样性以及其他先天条件的优越性，在生态旅游的开发上具有一定的优势，这两个地区生态旅游的开发和发展应该作为子部分中比较重要的部分来开发。

青藏生态旅游网络体系中的三条发展主轴是青康线（214 国道）、青藏线（109 国道）和川藏线（318 国道）等三条公路（表 5-2）。这三条公路交通线是进入青藏高原的主要陆地交通线，青藏高原主要的生态旅游点沿这三条交通线分布比较密集。这三条交通线连接着青藏高原主要的生态旅游网络体系，是青藏高原生态旅游空间网络体系中非常重要的线要素，更是青藏高原生态旅游业的发展的三条主要扩展轴。这三条扩展轴带动了沿线生态旅游经济和地区经济的发展和扩散。

五条辅扩展轴为西宁—茫崖（315 国道）线、西宁—阿坝线、那曲—日土（301 国道）线、昌都—那曲（317 国道）线和拉萨—日土（219 国道）线（表 5-2）。这五条交通线是青藏高原和甘肃、四川、新疆等沟通的重要途径，也是连接青藏高原各旅游节点的次级线路。这些线路沿岸生态旅游的发展，可以形成青藏高原生态旅游的发展辅轴，从而辅助带动青藏高原的次一级生态旅游网络体系的发展，构成青藏高原生态旅游业整体、综合发展的基础。

表 5-2 青藏高原生态旅游空间网络体系

要素	项目	等级	地理范围
点	两个增长极	一级增长点	西宁 拉萨
	8 个增长点	二级增长点	果洛 玉树 昌都 林芝 格尔木 日喀则 那曲 狮泉河
线	3 条主扩展轴	一级扩展轴	青藏线 青康线 川藏线
	5 条辅扩展轴	二级扩展轴	西宁—茫崖（315 国道）西宁—阿坝 那曲—日土（301 国道）昌都—那曲（317 国道） 拉萨—日土（219 国道）
网络体系	一级	西宁生态旅游网络体系、拉萨生态旅游网络体系	
	二级	果洛生态旅游网络体系、玉树生态旅游网络体系 格尔木生态旅游网络体系、那曲生态旅游网络体系 昌都生态旅游网络体系、林芝生态旅游网络体系 日喀则生态旅游网络体系、阿里生态旅游网络体系	

从这个模型中可得出这样一个结论：拉萨的生态旅游客源的流量远远大于青海，进入青海的一部分客源，会以西宁作为旅游集散地，沿青康线（214 国道）和青藏线（109 国道）产生分流之后进入西藏，进而再向西藏的其他生态旅游点扩散，这就使得西宁及至青海在一定程度上成为西藏旅游的“过境地”，导致了青海和西藏的旅游客源竞争，如何解决这一问题对青海提出了挑战。另外，还有一定量的游客是从川藏线（318 国道）进入西藏或者以航空方式直接由拉萨进入西藏，如何吸引这部分游客进入青海，扩展青藏高原生态旅游流的长度，也是青海生态旅游需要解决的问题。

此外，青藏高原生态旅游空间网络体系是随着青藏高原经济基础的发展及生态旅游客源结构的变化处于不断的动态调整和变化之中。因此，青藏高原生态旅游的发展应该被纳入到青藏高原整体经济发展战略之中进行综合的规划和开发。

第二节 青藏高原生态旅游形象探讨

一、基本理论

旅游开发的最终目的是吸引潜在的旅游客源到旅游地完成旅游消费

行为，实现对旅游地的经济贡献。旅游地的旅游感知形象在潜在旅游者的旅游决策中有着非常重要的作用，潜在的旅游者选择旅游目的地的过程很大程度上取决于旅游目的地的感知形象。旅游地形象主要研究人（主要指旅游者）对地域（旅游地）的感知形象，以及旅游地形象如何传播至人并对人的旅游决策和行为产生影响，是典型的旅游地理学研究课题，属于以“人地关系”为研究核心的地理学的一个特殊领域[48]。旅游地形象（tourism destination image）是旅游者对旅游目的地各种要素的感知和整体评价，是旅游地的综合整体特性在旅游者心目中的反映。在全面了解青藏高原区域旅游资源的特色及空间网络体系的基础上，建设本区域的生态旅游形象也是一个影响到青藏高原未来生态旅游发展方向的重要问题。

在国外，旅游形象又称为旅游目的地形象，对这一问题的研究开始于 20 世纪 70 年代。自 Mayo 提出旅游目的地形象的概念以来，不同的学者从不同的角度介入了对旅游形象的研究。Goodrich、Pearce、Phelps、Calantone、Echtner 和 Ritchie、Milman 和 Pizam 分析研究了旅游目的地感知形象的影响因素，认为旅游感知形象与旅游者或潜在旅游者的行为动机、旅游决策、服务质量的感受以及满意程度等因素存在密切关系。从 20 世纪 70 年代至今，国外关于旅游形象研究的学者和论著层出不穷。

国内关于旅游形象问题的研究开始于 20 世纪末期。在吸收国外理论研究成果的基础上，国内对旅游形象的研究也不断深入。陈传康在旅游形象设计的实践中，提倡抓住地方文脉进行形象设计导入，并将企业形象识别理念引入了旅游目的地形象策划中[49]；保继刚认为旅游者感知的旅游形象受到感知距离和目的地的人文事象等因素的影响[50]；吴必虎等则对中国居民的旅游目的地行为进行了研究[51]；李蕾蕾系统地介绍了旅游地形象策略的理论与实践，并运用地理学的地域空间的等级层次和地域分异规律，探讨了旅游者形成旅游目的地形象的基本空间过程和规律[52]；周志红、肖玲以地域的角度从三个方面提出了旅游地形象系统的层次性：地区形象、地段形象与地点形象，并论述了旅游地形象层次的转化规律及其在地区旅游发展与规划中的意义[53]。关于旅游目的地形象的建设，近年来的研究重点以城市旅游形象设计为中心，形象定位是旅游地形象设计的前提。领先定位法、比附定位法等是具体的旅游形象定位策略[48,52,54-55]；旅游形象定位的结果往往用主题口号来表达[52]。关于区域旅游地形象的问题，王衍用等注意到了同类旅游地之间的竞争关系，发现了资源级别较高的旅游地对资源级别相对较低的旅游地旅游发展的负面影响，提出了“阴影区”理论，并作了实证研究[55]；许春晓等回顾了过去的研究成果，提出了旅游地屏蔽现象问题，归纳了屏蔽现象的类型及性质，并对屏蔽度概念及其测量方法进行了概述[56]；李国平提出的游客感知“灰度区”与游客感知“光环区”的概念，制定出等级差别[57]，以及刘睿文提出的“旅游形象不对称作用”理论，对旅游形象的差别进行了进一步探讨[58]。以上旅游地形象的理论研究成果，是青藏高原生态旅游形象研究的基础。

二、青藏生态旅游形象探讨

关于青藏生态旅游形象问题的探讨，主要集中在青海和西藏两个省级行政区划范围内，这些研究试图通过解决这一问题为青藏生态旅游的竞争与合作奠定理论基础。

关于区域旅游形象的问题，杨振之在大量案例研究的基础上，针对旅游地形象策划，认为“形象遮蔽”与“形象叠加”是旅游地形象策划的基础[59]。“形象遮蔽”，是指在一定区域内分布着若干旅游地（风景区），其中旅游资源级别高、特色突出或者产品品牌效应大或者市场竞争力强的旅游地（风景区），在旅游形象方面也会更突出，从而对其他旅游地（景区）的形象形成遮蔽效应。“形象叠加”，是指在同一区域内不同的旅游地的差异化形象定位，使每一个旅游地具有各自的形象影响力，进而使这一区域产生一种叠加的合力，产生整合性的影响力。“形象遮蔽”会对旅游地产生重要的影响，同一区域内，不管旅游资源是否具有相似性，级别、品质高的景区一般会对其他景区形成“形象遮蔽”；旅游资源特色相似，两者或更多的旅游地都可以用同一形象，抢先树立起形象者由于品牌效应就会对其他旅游地形成“形象遮蔽”，资源特色相近，品牌影响力相差不大，市场竞争力强的景区对其他景区形成遮蔽。由于“形象遮蔽”，在一条旅游线路上往往会形成旅游目的地和旅游过境地。

在青藏旅游业发展的过程中，已经明显地表现出西藏对青海的遮蔽作用，青海和西藏都位于青藏高原，在地域上和旅游资源上存在一定的相似性。在游客的旅游形象认知中，一般偏于直接指向最具有代表性的旅游目的地。长期以来，青海的旅游形象位于西藏旅游形象的遮蔽下，成为相对于西藏旅游的“阴影区”旅游地。在现实开发中，这类旅游地往往只基于自己所认为的旅游本底特点进行旅游形象定位，忽视与周边旅游地的竞争关系，导致旅游形象模糊，没有特色，不能有效激发旅游者的旅游动机，不容易被旅游者感知和选择，在旅游目的地的空间格局上表现为优势旅游地更优、劣势旅游地更劣的“马太效应”。

1998～2006 年，青海旅游业各项指标均落后于西藏，尤其是国际旅游外汇收入与西藏的差距较大，到 2006 年，青海的国际旅游外汇收入为 1325 万美元，不足西藏 6094 万美元的 1/3（图 5-4）。相对于青藏铁路开通之后西藏旅游业迅速增温的情况而言，青海的旅游业增长较为缓慢。在青藏铁路开通之初，青海省旅游业就面临着“青藏旅游热了西藏，冷了青海”的局面，如 2007 年 1～6 月，西藏共接待旅游者 155 714 人/天，同比增长 109.55％，同期青海的旅游接待量仅为 13 340 人/天，同比增长－4％，远远低于西藏同期旅游接待量。青藏铁路的开通，大大缓解了青藏旅游交通瓶颈的问题，方便了更多的旅游者（包括生态旅游者）进入青藏高原，同时也加剧了西藏对青海旅游形象遮蔽，青海在某种程度上成为了西藏旅游（包括生态旅游）的过境地。西藏旅游（包括生态旅游）对青海的旅游竞争威胁将长期存在。这种旅游客源越来越向旅游形象鲜明的旅游目的地集中的情况，如果不加以调整，青海的旅游业发展将会受到严重影响。

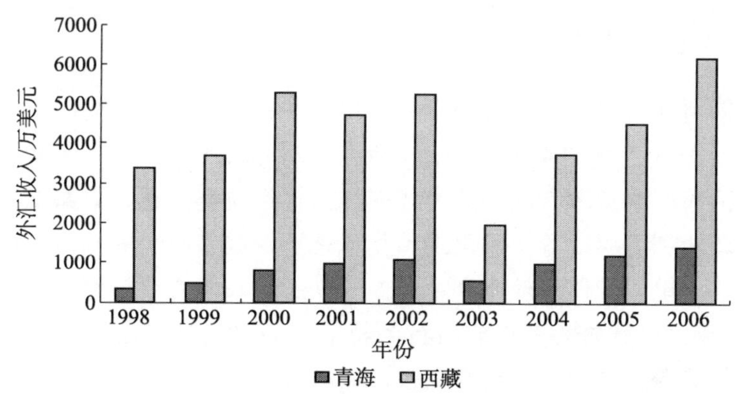

图 5-4　1998～2006 年青海、西藏国际旅游外汇收入情况

资料来源：中国旅游网统计资料

“形象叠加”主要解决区域范围内综合吸引力的问题，关键环节是差异化的形象定位及对这种差异化的形象进行整合，形成形象吸引力的合力。如何建立良好的合作机制，形成青藏旅游发展的合力，建立良好的旅游合作机制，是青藏旅游（包括生态旅游）开发中要面对的一个重要问题。

三、青藏高原生态旅游竞争与合作

区域旅游的竞争与合作，是区域旅游发展中越来越被关注的问题，也是旅游研究中的一个热点问题。近年来，在旅游开发过程中加强区域合作的思想得到了许多国家和地区的重视。在国内，旅游业经过多年的发展，加之区域经济一体化合作的推动，我国国内的区域旅游合作形成了基本的区域化格局，长三角、珠三角及环渤海三大区域旅游合作圈和西南、西北、东北、华中和中原五个区域旅游合作板块都达成了加强合作、共同培育区域旅游整体优势的共识，形成了较稳定的区域旅游合作态势。然而，旅游区域内部的次区域之间的旅游竞争依然存在。旅游业的特性决定了旅游业的合作是竞争性的合作。既竞争又合作，既自利又互利，是区域旅游线展线略中一个重要的特征。青藏高原是一个相对独立的旅游区域，生态旅游是青藏高原区域旅游中的一个子系统。在构建合理的生态旅游网络体系和建设良好生态旅游形象的基础上，建立合理的竞争与合作机制，对青藏高原的生态旅游开发有着非同寻常的意义。

（一）青藏生态旅游竞争与合作现状

如前所述，在青藏生态旅游网络体系中，地域空间格局决定了青海是旅游者进入西藏的重要过境地，就西宁和拉萨两个一级旅游节点而言，进入拉萨的旅游者的交通方式多样，包括航空交通、青藏线、川藏线、滇藏线和青康线等多种渠道。相比之下，进入西宁的旅游者的交通方式就比较单一，仅有航空和一条主要铁路、一条主要公路（兰州—西宁）。由于大尺度旅游者在旅游行为特征上最终指向旅游区域内最具有吸引力的旅游目的地，而拉萨在大多数旅游者的认知中，旅游形象的清晰度远远超过了西宁，进入青藏高原的大多旅游者认为，只有拉萨才能真正代表青藏高原的特征。所以在很大程度上，西宁只是沿青藏线进入西藏的旅游者的中转站，再加上西藏整体生态旅游形象对青海的遮蔽，青海进一步沦为了西藏的旅游过境地。而这两个一级旅游节点的旅游者数量，直接决定着青海和西藏两个省在一定时间段内的旅游者数量和旅游流的宽度和长度。这在一定程度上造成了青海和西藏的旅游经济指标的差异，使得青海省在生态旅游客源、生态旅游形象、生态旅游资源开发等方面面临着西藏旅游的竞争性威胁。

另一方面，经济全球化和区域一体化的浪潮使得每一个旅游地不再是一个孤立的单元，任何旅游地都不可能孤立发展，区域旅游合作已经成为旅游业发展趋势。旅游业作为一个关联程度极高的产业，必须贯彻“大旅游、大市场、大开放、大产业”的发展方针。因青藏铁路的开通而掀起的“青藏旅游热”还在持续，青海和西藏在旅游交通设施、整体旅游形象、信息和旅游资源开发等方面存在巨大的合作空间。在竞争的同时进行合作，建立良好的区域旅游（包括生态旅游）发展态势，已经是青藏旅游的必然选择。

（二）青藏生态旅游竞争与合作策略

1. 政府主导的区域生态旅游竞争与合作

政府主导的开发方式是我国旅游开发的经验，青藏高原的生态旅游竞争与合作同样需要在政府主导下进行。政府间通过协调，对生态旅游的理念和内涵达成共同认识，为后期生态旅游业的开发提供相应的保障，建立青藏生态旅游的协调机制，可大幅度提高青藏区域生态旅游开发的可操作性。

青藏旅游区域在生态旅游开发的过程中，应该争取中央政府在基础设施方面的投资及生态补偿，另外，中央政府对青海和西藏生态旅游资源所在地的税收和公共支出的财政政策也会极大地影响生态旅游的开发，青海和西藏有必要争取最大限度的政策优惠。青海和西藏还应将生态旅游规划纳入到当地整体经济发展规划中，开展长期的社区培训和能力建设项目，并负责生态旅游的规划和监督。同时，在政府的主导下，便于开展对生态旅游业界内部的企业和从业人员进行必要的指导和规范化管理，从而使他们的价值观和生态旅游的价值理念逐渐相一致。

旅游规划是旅游业发展的纲领和蓝图，是促进旅游业健康发展的重要条件。旅游规划是一种经济技术行为，即应用适当的经济、技术资源，特别是智力资源，以使旅游资源由资源优势产生经济、社会效益和生态效益的过程。生态旅游规划是旅游规划的一个分支，一般旅游规划的基本理论对生态旅游规划具有指导意义。但是生态旅游具有不同于一般旅游的特点，因此应该从生态旅游自身的特点出发来进行生态旅游规划。首先，生态旅游规划要有多学科专家的参与，尤其要注重生态系统理论和生态平衡理论、环境伦理学、景观生态学、生态经济和可持续发展理论的结合和应用。因此，青海和西藏应组织强大的生态旅游规划专家团队对青藏生态旅游进行规划。其次，生态旅游规划必须建立在对青藏生态环境和生态旅游资源非常熟悉的基础之上。近年来，青海和西藏旅游规划大部分由外来旅游规划单位承接，本土专家参与较少，有些规划的理念并不适合青海和西藏地域特征。青藏高原的生态旅游规划必须有本土专家的参与，规划要突出地方和民族特色，坚持“以独创名”，这样的旅游规划才有生命力，才能对青海和西藏旅游业的持续发展具有指导意义。通过生态旅游规划的实施，使生态旅游的意义不仅仅被生态旅游者所认同，更能被普通的大众旅游者甚至普通民众所认识和理解。在青海和西藏的生态旅游开发中，还应在区域合作基础上，突出区域生态旅游特色并将其体现于生态旅游规划中，并体现出青海和西藏生态旅游开发的竞争与合作的关系。

2. 生态旅游资源的开发：走出“形象遮蔽”，加强“形象叠加”

旅游竞争主要是源自旅游资源的竞争，旅游资源的开发方向直接影响到旅游的本底形象。因此，在青藏生态旅游的开发中，要尽量避免相似性资源的重复开发，在青海和西藏分别重点开发本区域内最具特色的生态旅游资源并建立特色旅游形象，产生差异化形象，从而避免“形象遮蔽”效应的强化，如青海的三江源生态旅游区和可可西里生态旅游区的资源特色和旅游形象是青藏高原其他省份所不可比拟的，可以进一步强化特色开发，而在“神山圣湖”旅游形象中，西藏的生态旅游区又胜出一筹，青海不宜过于强调开发这类生态旅游资源而加剧与西藏的竞争。另外，西宁作为西藏旅游的过境地，需要通过强化自身旅游形象，改善基础设施等方面的努力来完成由“过境地”向“目的地”的转化。旅游“形象叠加”效应的强化，可以扩大区域旅游的整体吸引力，因此需要青藏在生态开发中进行合作和整体定位，强化该区域在生态旅游者心目中的认知，将青藏高原建设成为国内乃至国际知名的生态旅游最佳目的地之一。

青藏地区的生态旅游的开发主题，可以定位如下：以高原生态旅游资源和民俗风情为依托，打造富有特色的“世界第三极”生态旅游地，强化“万山之宗、万水之源”及“物种王国”的整体生态旅游形象。在生态旅游形象的分担上，青海可以突出草原和水体的“万水之源”生态旅游形象，而西藏可以突出草原和山地以及“神山圣湖”和“植物王国”的生态旅游形象。

青藏高原生态旅游网络体系中的次一级网络体系的旅游开发中，也应该注意避免相似性和重复性开发所带来的竞争，加强差异化旅游开发和旅游形象定位带来的整体效应。总之，青藏高原的生态旅游开发应尽力做到通过差异性开发走出“形象遮蔽”，通过合作性开发加强“形象叠加”。

3. 线路组合：跨区域开发、建设“大环线”生态旅游线

旅游线路是旅游产品的表现形式之一。研究区域旅游竞争与合作，一个值得注意的问题就是处在同一旅游线路上的不同旅游地之间产业和产品的空间竞争与合作的关系问题，它是区域旅游竞争与合作的典型代表。而旅游线路的开发必然涉及跨区域的问题，这就要求青藏高原生态旅游网络体系中的旅游线路开发从一定程度上打破各级行政区划界限，实现旅游区域的竞争和合作。例如，青藏高原“大环线”生态旅游的开发（图 5-5）。

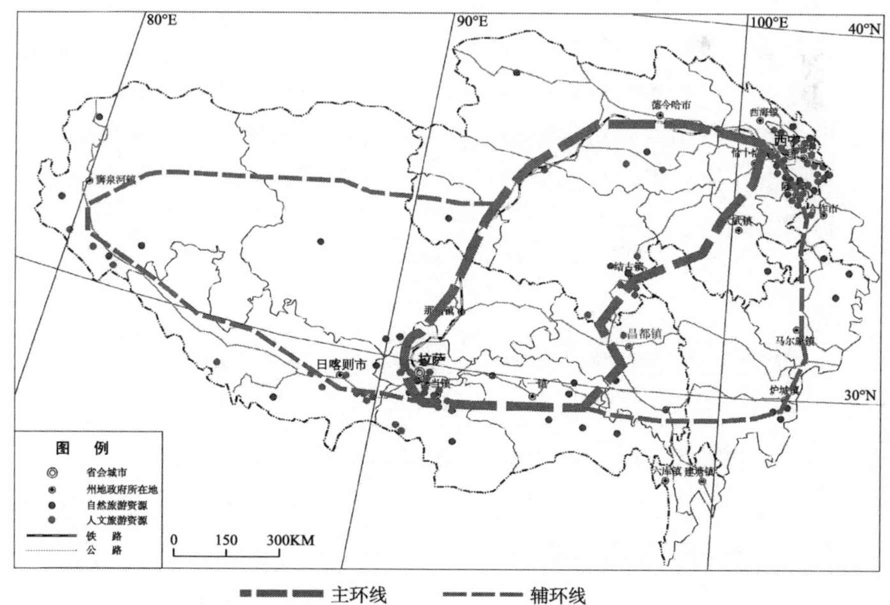

图 5-5 青藏高原生态旅游“大环线”开发简图

青藏生态旅游大环线在理论上是指由交通线连接的并在沿线分布具

有代表性生态旅游资源的环状线，这条线也包括了青藏生态旅游网络体系中的一级网络体系和重要的二级生态旅游网络体系，在一定程度上与三条主扩展轴重合。“大环线”生态旅游的开发目的，在于吸引进入青藏高原的生态旅游者能尽量长时间的在该旅游区域进行旅游活动，在旅游路线的选择上尽量不走重复线路，如选择从西宁进入青藏高原的游客，可以通过青海和西藏的合作，引导旅游者选择沿青藏线到拉萨，沿青康线离开青藏高原，对已经集中在拉萨的生态旅游者，可以引导其选择从青康线或者青藏线离开，从而延长旅游者在青藏高原的停留时间，增加旅游流的长度，扩大旅游消费量，对青藏地区产生积极的经济贡献。

“大环线”生态旅游开发不仅需要跨省级行政区域，更需要打破下一级行政区划界限，这就对各级地方行政部门、旅游产业内部的合作和竞争提出了新的要求。

4. 生态旅游市场开发：信息共享、整体营销

旅游市场营销是旅游产品价值实现的重要环节，也是旅游业发展的重要内容，旅游促销是旅游市场营销组合中重要的内容。广告、公共关系、销售推广和人员推销是最主要的促销方式，促销成本在旅游产品的成本构成中占较大的比例。青海和西藏在市场营销活动中通过信息共享进行联合营销活动，不仅可以节约成本，还可以推进青藏高原生态旅游形象的建设。青海和西藏在生态旅游营销组合的过程中，可以将生态旅游的理念和青藏高原生态旅游形象向潜在客源市场渗透，引导和培养目标市场的潜在旅游者向生态旅游者转化，从而更好地实现生态旅游理念的传播和实践。

第三节　青藏高原生态旅游开发设计

一、青藏高原生态旅游产品开发设计

1. 生态旅游产品的概念

旅游产品是指在旅游市场上，由旅游经营者向旅游者提供的，满足其一次旅游活动所需的各种物品和劳务的总和[46]。对旅游经营者而言，旅游产品是凭借旅游资源、旅游交通、旅游饭店等设施向旅游者提供满足其吃、住、行、游、购和娱乐等多种需求的服务；对旅游者而言，旅

游产品是花费一定的时间和精力所购买的经历和体验。生态旅游产品是旅游产品中的专项产品，是针对大众旅游对旅游地生态环境产生负面作用而产生和倡导的一种新兴的旅游产品，指的是以生态旅游资源为中心吸引物，按生态学目标和要求，实现环境优化组合、物质能量的良性循环、经济与社会协调发展的有较高观赏价值的旅游产品[38]。生态旅游产品既符合一般旅游产品的特点（如综合性、无形性、同一性、脆弱性、不可转移性等），也具有自身的特点，主要体现在以下方面：产品的资源取向上偏重于自然类型的旅游资源和保存完好的人文旅游资源，生态环境特征相对突出；产品功能上，追求人与自然的和谐发展和共生共利；产品的使用价值方面，突出环境教育和环境保护的功能，生态旅游产品是一种通过利用生态环境发展旅游、通过旅游开发保护生态环境的双赢性旅游产品；生态旅游产品的产品层次上具有高品位性、产品内容的专业性、产品的高消费性，生态旅游产品是旅游产品系列中位于高端的一种旅游产品形态。根据生态旅游者体验程度的高低，生态旅游产品可以划分为生态观光游和生态体验游。

2. 青藏高原生态旅游产品的开发设计

旅游产品的开发主要是根据市场需求，对旅游资源、旅游设施、旅游人力资源及旅游景点进行规划、设计、开发和组合。旅游产品的开发一般包括两方面的内容：一是对旅游地的规划和开发，二是对旅游线路的设计和组合。旅游地的开发主要指在当地经济发展战略的指导下，根据旅游资源的特征，对旅游资源进行开发，建造旅游吸引物，建设旅游基础设施，完善旅游服务，使得旅游资源地转变成为能够吸引旅游者停留并进行旅游活动的旅游目的地。旅游地的开发中，旅游资源的先天特性对旅游产品的开发方向具有决定性的作用。青藏高原独特的生态旅游资源是开发生态旅游产品的优越基础，结合生态旅游活动的特点和青藏高原生态旅游形象，青藏高原的生态旅游产品的开发可以从以下八个方面进行设计（表 5-3）。

表 5-3　青藏高原生态旅游产品表

生态旅游产品	生态旅游产品项目
草原生态游	草原观光游、草原休闲度假游、草原文化生态体验游、草原科考游
森林生态游	森林观光游、森林休闲度假游、森林浴体验游、科考科普游
水域生态游	水域观光休闲度假游、水域划船、垂钓、漂流游、科考等
湿地生态游	湿地观光游、湿地科考科普游

续表

生态旅游产品	生态旅游产品项目
山地生态游	山地观光游、山地科考科普游、高山雪原游、山地探险游
特殊景观观赏生态游	火山、地震遗迹体验游、滑坡、泥石流等遗迹体验游
历史文化游	古道观光游、历史遗迹游
民俗文化生态体验游	民居建筑、美食体验游、民俗节庆文化体验游

1）草原生态游产品

草原生态旅游产品是以草原生态系统为旅游客体的生态旅游产品。青藏高原分布着大面积的适应高海拔地区气候的高寒草原，主要分布在藏南、羌塘、青南高原、青海湖盆地及祁连山一带，青藏高原的高寒草甸主要分布在中东部的缓切割高原上。由于受严酷自然条件的影响，青藏高原的草原草地植被也比较特殊，优势植物是非常耐寒的旱生矮草本植物。每至盛夏，广阔的草原上绿草如茵、碧空如洗，这些与长期生活在这里的淳朴藏族牧民所保持的习俗与风情相结合，再加上特殊风格的建筑、历史文化等，充满了神秘色彩，使青藏高原草原生态旅游产品具有独特的吸引力。

著名的草原有藏北那曲草原、环青海湖草原、祁连草原、羌塘草原、青南草原、甘南草原、川西若尔盖草原等。青藏高原可以开发以下草原生态旅游产品（表 5-4）。

表 5-4　青藏高原草原生态旅游产品表

产品项目	旅游活动内容	主要目标市场	支撑景区
草原观光、休闲度假生态游	马背草原风光观赏，享受蓝天、绿地、白云，调节身心	草原自然风光、草原民俗爱好者组成的中、小旅游团或者散客旅游者	藏北那曲草原、环青海湖草原、祁连草原、羌塘草原、青南草原、甘南甘加、桑科草原、川西若尔盖草原、迪庆香格里拉等
草原民俗风情体验游	草原居民生活体验、特殊民族体育项目体验、历史遗迹观光		
草原科考科普游	草原生态系统学习、考察	小团队科学研究者、爱好者	

2）森林生态游产品

森林生态旅游是指旅游者在森林区内依托森林资源资源进行的以体验自然、认识自然、学习自然以及保健身心为目的的旅游行为和现象。森林又被称为“天然氧吧”，旅游者在森林中不仅可以呼吸富氧空气，还可以通过观赏森林生态系统的物种形态、群落结构，了解森林生态系统内部的物质、能量和信息的流动与循环，可以从中得到美的体验和享受、身心得以调节、接受到环境教育及提高环境保护的意识。旅游者在森林中的旅游活动，只有在对森林景观所在地的自然环境、居民生活、环境冲击最小时，才可以称为森林生态旅游。青藏高原森林垂直地带性明显、森林物种多样化，是开展森林生态旅游的理想之地。青藏高原已经有相当数量的林区被批准成为各级森林公园，这些林区是青藏高原本地居民和外来游客休闲度假、观光、避暑、运动健身以及开展科考等活动的生态旅游目的地。森林生态旅游在推动生态旅游发展的同时，还可以在一定程度上解决森林保护费用的问题。目前森林生态旅游的主要旅游客体是森林公园、各类自然保护区和风景名胜区中的森林等。青藏高原可以开发以下种类的森林生态旅游产品（表 5-5）。

表 5-5　青藏高原森林生态旅游产品表

产品项目	旅游活动内容	主要目标市场	支撑景区
森林观光生态游	森林植物形态观赏、野生动物、鸟类观赏	普通生态旅游者	各类、各级别的森林公园以及有特殊地貌分布的森林公园
森林休闲度假游	森林浴、林中散步、野营、野炊、采摘野果等	家庭、中老年、青年市场	
森林运动健身	林中山道登山、林中河流、山谷漂流等	青年、学生、爱好者	
森林科考科普游	野生动植物考察、标本采集、地质地貌考察	学生、科学、科普爱好者	

3）水域生态旅游产品

水域生态旅游产品是以各类水域（江河、湖泊、泉、河段风景）为旅游客体的生态旅游产品。水是自然界最活跃的构景要素，以水为要素的生态旅游项目有水体观光、垂钓、漂流、游泳等。青藏高原是一个水资源非常丰富的地区，水域生态旅游产品的开发可以从以下几个方面进行（表 5-6）。

表 5-6　青藏高原水域生态旅游产品表

产品项目	旅游活动内容	主要目标市场	支撑景区
水域观光休闲度假游	观赏湖泊、河段风光、水域垂钓、温泉疗养	普通生态旅游者	三江源头、雅鲁藏布江大峡谷、青海湖、纳木错等湖区、羊八井温泉
水域运动健身	划船、游泳、漂流等	青年旅游市场	
水域科考科普游	江河探源、高原水域物种考察等	学生、科研、科普爱好者	

4）湿地生态旅游产品

国际湿地公约采用广义的湿地定义，指不论其为天然或人工、常久或暂时性的沼泽地、湿原、泥炭地或水域地带，带有静止或流动的淡水、半咸水或咸水水体，包括低潮时水深不超过六米的水域。湿地由于其特殊的水文及地理特征，具有调节水循环、净化环境的基本生态功能。青藏高原的湿地分布较广，河流、湖泊附近的湿地水质较好，基本未受到污染，湿地是水禽和鸟类栖息的胜地，植物资源也很丰富。很多湿地是黑颈鹤、大天鹅、赤麻鸭等珍稀动物的栖息地和迁徙地。依靠这些丰富的湿地生态旅游资源，可以开展湿地观光生态旅游、科学考察和科普教育旅游，还可以依靠这些湿地资源开展以摄影等为主题的文化生态旅游活动。

5）山地生态旅游产品

青藏高原山地分布很广，山体高大，海拔较高，山地自然景观垂直带谱的类型复杂多样。受海拔高度的影响，青藏高原的山地常常有夏季积雪，形成特色景观。受气候的影响，青藏高原山地积雪逐年增厚，经过一系列物理作用，冰在重力作用下向下滑动形成山岳冰川。山岳冰川的寒冻风化作用和侵蚀作用，使所在地的山峰棱角分明，山脊呈现“刃”状，山谷呈“斗”状，山地在白雪和冰川覆盖下具有极高的观赏价值。在青藏高原山地地区，大自然的严酷与山地冰川的洁白、优美融合在一起，使得生活在山地附近的居民常常视高大的山峰为神山，对自然的崇敬和畏惧之情使得他们常常虔诚地拜倒在这些山峰和冰川之下，青藏高原的山地生态旅游产品也因此而增加了特殊的文化内涵。青藏高原山地生态旅游适宜于开发开展登山探险、冰雪旅游以及科学考察等生态旅游产品（表 5-7）。值得注意的是，由于自然条件的限制，青藏高原山地生态旅游产品对旅游主体的身体状况要求较高，对生态旅游产品开发者的专业素质要求也非常高，这种旅游产品是青藏高原生态旅游产品中最高端的一种。

表 5-7　青藏高原山地生态旅游产品表

产品项目	旅游活动内容	主要目标市场	支撑景区
山地观光游生态游	山地垂直带谱景观观赏、野生动植物观赏、冰雪山原景观观赏	中青年探险和山地旅游爱好者、科普爱好者	喜马拉雅山自然保护区、阿里玛卿雪山、念青唐古拉峰、冈底斯山（罗波峰）、昆仑山（玉珠峰、慕士峰）、唐古拉山（各拉丹冬峰）、喀喇昆仑（乔戈里峰）、桑丹岗桑雪山、梅里雪山、祁连山
登山探险游	登山、攀岩、野外生存训练等		
山地冰雪游	滑雪、滑冰等		
科考、科普游	冰川考察研究、地质构造考察		

6）特殊景观体验生态游

一些遭受重大自然灾害或者因人类活动影响而退化的自然景观，还有一些特殊的地貌，也属于生态旅游资源，可以作为环境教育和科学考察的对象，如地质遗迹、火山、地震遗迹和滑坡、泥石流等遗迹，土林、丹霞地貌等。以这些特殊的地貌景观作为旅游客体的生态旅游体验，不仅可以丰富旅游者的知识面，还可以从一定程上激发旅游者热爱自然、保护地球环境的责任感。青藏高原特殊的景观主要有昆仑山地震大地震遗迹、贝壳梁古海洋遗迹、万丈盐桥及盐湖景观、喇家自然灾害遗址、坎不拉国家地质公园、南八仙雅丹地貌、麦莫溶洞、札达土林、雅鲁藏布江大峡谷奇观、易贡国家地质公园等。

7）历史文化生态游

青藏高原历史悠久，古遗迹和遗址较多，在唐蕃古道沿线、茶马古道沿线及青藏高原其他地区分布着众多的历史文化遗迹。这些资源是青藏高原文化生态的重要表现。青藏高原主要的历史遗迹有乐都彩陶博物馆、西海郡古城遗址、结古寺、新寨玛尼堆、唐蕃会盟碑、古代象雄遗址、拉加里王宫遗址、江孜宗山抗英古堡遗址、帕拉庄园、日土岩画、卡若文化遗址等。通过以这些资源为对象的文化生态游，可以丰富游客的历史文化知识、增强游客的文化生态观。另外，游客对一些寺院的观光旅游行为，在一定程度上也可纳入历史文化生态游的范畴。

8）民俗文化生态体验游

长期以来，以藏族为主的众多少数民族聚居在青藏高原，不同的民俗文化在长期的交融中相互影响，形成了风格独特的民俗文化。在人类适应自然、改造自然的过程中逐步生成、塑造的民族文化中包含着先民对人与自然和谐共处关系的朴素认识，影响着他们对待自然的行为。比如藏民族的民俗中就有大量民俗体现着人与自然的和谐与统一美。民俗文化最直接的表现是各民族的饮食、服饰和建筑形式，间接的民俗文化体现在民族节庆、礼仪等方面。民俗文化生态旅游产品是青藏原生态旅游的特色所在。青藏高原可以开发以下民俗文化生态旅游产品（表 5-8）。

表 5-8　青藏高原民俗文化生态旅游产品

产品项目	旅游活动内容	主要目标市场	支撑景区
民俗体验游	民居参观、民族家庭生活体验、品尝民族美食、观赏民族歌舞、体验婚、丧葬等民俗	普通生态旅游者，面向国内发达地区、东亚及欧美国际旅游市场	森林、草原生态旅游资源所在地居民社区
民族节日庆典游	观看民族节日娱乐节目		拉萨等地“望果节”、土族“那顿节”及其他民族节日
购物游	参观民族特色工艺品制作过程、购买民族特色纪念品		拉萨八廓街、同仁年都乎村、西宁水井巷等

二、青藏高原生态旅游示范区建设

1. 生态旅游示范区的概念及意义

生态旅游示范区指生态旅游示范景区。生态旅游景区是指由一系列生态旅游点组合而成、具有生态美学特征的、具有较为明确的主题和功能的一个旅游地域系统。生态旅游景区是生态旅游景点、景物相对集中的地域，生态旅游景区的内部结构主要包括人（生态旅游者、社区居民、生态旅游服务者）、物（生态旅游景点、生态旅游服务设施）和旅游信息。生态旅游景区的开发和建设，必须符合和体现生态旅游的内涵和理念，是一种高标准、高投入的旅游开发方式。在青藏高原这样一个特殊的地域范围，受经济发展及各方面因素的影响，短期内进行全盘生态旅游开发是不可行的。而且由于生态环境的特殊性，一旦不恰当的旅游开发对生态环境产生负面影响，将很难恢复。

选择青藏高原部分生态旅游景区作为生态旅游示范区，运用生态旅游理论进行实证研究，不仅可以使生态旅游的相关理论在旅游发展的实践中得到检验和完善，也可以为其他生态旅游景区的开发和建设提供可借鉴的经验。

2. 青藏高原生态旅游示范区选择

在青藏高原地区，四川九寨沟和云南香格里拉生态旅游的开发和景区建设已经取得了较好的成果，在国内外具有较高的知名度。九寨沟在 2001 年获得“绿色环球 21 可持续标准体系”证书，是我国生态旅游的精品旅游区。这在一定程度上为青海和西藏的生态旅游景区建设提供了借鉴。然而，青海和西藏的地域特征和生态旅游资源的特征使青藏高原的生态旅游景区又有不同于这两个生态旅游景区的特点。因此，在生态旅游示范区的选择上，应该根据实际情况进行确定。青藏高原的生态旅游资源基础使其在建设一部分世界级的生态旅游示范区方面拥有先天性优势。在青海，可选择生态环境脆弱，但生态保存较完好、生态地位重要、开发条件较成熟旅游资源地作为生态旅游示范区先行开发，示范区之外的其他旅游地在开发条件成熟之前应采取限制性开发。在对青藏高原生态旅游资源进行调查和综合评价、构建生态旅游空间网络结构和综合考虑社会经济状况的基础上，谨慎选择生态旅游示范区。青藏高原的生态旅游示范区开发和建设可选择青海湖等景点优先进行。

三、青藏高原生态旅游商品设计

1. 生态旅游商品的概念

旅游购物是旅游者在旅游目的地的“吃、住、行、游、购、娱”等六大需求之一，也是旅游者旅游活动中产生的伴随行为。旅游商品的生产和供应是旅游业中创汇、创收的一个极为重要的途径。能否最大限度地吸引旅游者购物，是一个国家和地区旅游业是否发达的标准之一。旅游者的购物支出具有较大的需求弹性。目前，在旅游业较发达的国家和地区，旅游商品的销售收入占旅游销售总收入的50%～60%，而在我国的旅游商品收入只占旅游总收入的20%左右，有的省份只有10%左右，且呈现下降的趋势。这说明我国发展旅游商品的空间很大，因此，在旅游实践中，增加旅游购物的收入就成为发展旅游经济的一个重点，旅游商品的开发，也是一个地区旅游业开发的重要内容。生态旅游者在旅游行为上，具有高消费的特征，在青藏高原生态旅游实践中，旅游商品的销售对促进生态旅游资源所在社区的经济发展更是具有重要的意义。

旅游商品是旅游产品系列的组成内容，特指旅游者为实现其旅游需求，在旅游过程中所购买的以物质形态存在的商品。它包含两个要素：必须是旅游者购买的，必须是有形的商品。只有同时具备这两个要素的商品，才能称为旅游商品。当旅游者的旅游行为结束后，其购物行为与旅游无关，其所购商品就不再是旅游商品了。旅游者在旅游目的地所购买的商品，如民族艺品、传统工艺品、土特产品等，都是典型的旅游商品。它们虽然都有不同的意义和产生的背景，但在旅游者的眼里实质上都可说是“礼品”或是“物品”，这些商品是旅游者在旅游过程中最为常见的传统旅游商品。旅游商品一般分为特色旅游商品、旅游用品、旅游消耗品三类。其中，旅游用品一般指旅行箱包、服装、太阳镜、摄影摄像机、防寒暑用品、旅游鞋帽、登山器械，滑雪（水）器械、手杖、风雨衣、美容护肤品及常备急救药品、帐篷等；旅游消耗品主要指食品和旅游者在旅游过程中的其他日常消耗品。本书所指的旅游商品特指民族工艺品、传统工艺品、土特产品、食品及民族服饰等典型的特色旅游商品。青藏高原的地域生态特征和文化特色决定了青藏高原的生态旅游商品具有良好的基础。旅游商品的开发，对树立完善的青藏高原生态旅游形象及促进生态经济发展也具有十分重要的意义。

在很多情况下，生态旅游者的购物行为与普通旅游者相比，更趋向于在生态旅游景区所在地进行，但是依然很难区分生态旅游商品和一般意义上的旅游商品。因此，青藏高原生态旅游商品的开发是在旅游商品开发的范畴内进行研究的。

2. 青藏高原旅游商品的开发现状和问题

1）旅游商品品种较少、开发层次较低、未形成强大的产业体系

青藏高原一些旅游购物区和旅游商店出售的旅游商品品种较少。西藏主要以唐卡、藏式饰品等工艺品为主。青海的旅游商品开发比西藏相对成熟，除民族工艺品之外，冬虫夏草、牦牛肉干及一些特产药材的开发比较成熟。但总体上，相对于丰富的旅游商品资源而言，青藏地区的旅游商品种类较少，雷同性较强，加剧了旅游商品销售的内部竞争。旅游商品开发的层次较低，在商品的包装、设计及文化理念的渗透上，处于较低的层次，大量民族特色的旅游商品尚未挖掘开发，在青海和西藏销售的旅游工艺品有相当一部分来自于印度和尼泊尔等国家。另外，旅游商品的开发，并未建立在对旅游者购买行为特征分析的基础之上。此外旅游商品并未实现商品特色与民族地域特色的完美结合，旅游地所销售的大量旅游商品与国内其他地区大众旅游商品的同质性较强，难以突出特色，旅游商品开发并未形成强大的产业优势。例如，同仁“热贡艺术”旅游商品开发大部分是以个人或家庭为单位的小作坊式的加工方式，难以形成大规模、高效益的产业体系。

2）旅游商品的加工工艺粗糙

对于生态旅游者而言，原生态的、纯手工加工的旅游商品，具有较强的吸引力，能够刺激生态旅游者的购买欲望。但是，对饰品、服饰等旅游商品的加工，应该体现出传统工艺的精良和优美。在调查中发现，

青藏地区销售的大量藏式风格的旅游商品，是在江浙等地用仿造原材料进行规模加工而成的，无论是在文化内涵还是工艺上，都体现出粗糙和庸俗的一面。另外，这样的加工方式成本较低，对当地的手工艺品产生较大的价格竞争压力，也使青藏高原本地的旅游商品加工方式走向庸俗化和粗糙化。对于生态旅游者而言，这样的旅游商品难以引发其购买行为。

3）未实现旅游商品开发的区域整合

旅游商品市场同样存在区域内部和区域之间的竞争与合作问题，良好的区域整合，有利于形成区域内合理的旅游商品产业布局。青藏高原旅游商品的开发，在区域内部既存在着同质性较强的问题，也存在着盲目竞争的问题，如循化撒拉族对刺绣类旅游商品的开发，不仅没有突出本民族的特色，还对土族的民族旅游商品开发构成竞争性威胁。

4）未形成强大的旅游商品流通体系

旅游商品是有形的商品，旅游商品的购买行为，需要流通体系的支撑，完善、规范化的旅游商品市场，能够有效推动旅游商品的流通。在青藏地区，除拉萨和西宁这两个一级旅游节点城市之外，其余旅游节点城市和旅游景区很少有规范的、规模化的旅游商品市场，很多旅游商品的流通，以摊贩或者兜售的形式进行。这在一定程度上影响了旅游商品的流通。

四、青藏高原旅游商品开发思路

1. 加强旅游商品生产

青藏高原旅游商品的生产和加工，具有良好的原材料基础。宗教文化和民族文化使青藏高原的旅游商品又具有了特殊的文化内涵。旅游商品的生产可根据不同类商品的特点，建立不同的旅游商品生产基地。例如，藏毯等纺织类商品可以在工业发展的基础上，建立大型的集生产、加工、销售为一体的生产基地。对一些特产类的药材和高原特色食品的生产，也可采取在生产基地销售的模式，将某些工艺流程向外展示，在增强游客体验性的基础上扩大商品的销售。对藏饰品等劳动密集型的手工艺类旅游商品，在农户加公司的模式基础上，可以分散在旅游地社区居民家庭中进行生产。对一些藏传佛教文化类旅游商品，则要注意工艺的传承。在旅游商品的生产过程中，应尽量保持生产材料的本土性和原生性，突出青藏高原的地域特色。

旅游商品生产企业的布局，应从发挥旅游购物资源最大效益的角度出发，同时考虑运输等因素，尽量与旅游项目开发相呼应，从产供销一体化等多方面综合考虑。根据对旅游商品购物市场的调查，对原有旅游商品生产企业进行规模、产量、效益等方面的分析，结合区域旅游发展大方向和旅游业发展政策等因素，优先发展优势企业、培育后发企业、逐步取缔劣势企业。其次，尽量依托原有企业将旅游商品研发成果投入实践、扩大规模，逐步形成品牌商品生产基地。另外，根据旅游商品资源可开发利用程度和旅游商品研发成果，建立新的旅游商品生产基地。

在产品品种的开发上，注意突出民族性、地方性和特色性，以富有特色和质量保证的旅游商品促进青藏高原旅游形象的树立和促进旅游经济的发展。青藏高原可以重点开发以下旅游商品。①特色文化旅游商品，包括观赏型和特定用途的唐卡、堆绣等藏传佛教文化商品；②富有民族特色的服饰和饰品，如藏族腰刀、饰品和其他民族特色的饰品；③特色饮食旅游商品，如高原奶制品、肉制品等；④特色工艺品，如藏毯等；⑤特色药材，如冬虫夏草、高原枸杞、常规藏药和藏香等；⑥文化旅游商品，介绍青藏高原历史、文化、地理、旅游景点的书籍、画册、音像制品、宣传册和宣传折页等，这些文化用品的生产应注意印刷的精美和内容的充实，集实用性、纪念性和收藏性为一体；⑦旅游纪念品，结合当地文化特色，开发带有本地标志、具有纪念意义的系列产品，如邮政明信片、邮资门票、T恤、钥匙链、杯具和餐具等生活实用品，这类产品的开发应该结合特色性、实用性和时尚性，体现民族性和创新性等元素的结合。

2. 旅游商品的销售

旅游商品的销售与旅游商品的开发和生产是同等重要的，旅游商品的销售，能促进旅游商品生产业更快发展，增加全区旅游业经济效益。

（1）旅游商品的销售要注重“4PS”现代营销组合理论的应用，对旅游商品进行合理的定价、恰当的销售渠道的开发和促销方式的应用，建立合理的销售网络。在青藏高原建设大型的旅游商品销售集散地，在各主要旅游区建设与景区主题相适应的旅游商品购物设施，为游客提供旅游购物的良好购物环境和服务。

（2）加强对旅游商品销售服务规范管理。在市场经济条件下，对旅游商品的销售服务规范管理十分必要。通过对销售人员的培训，提高其综合素质，使其对景区开发主题和地域文化特色有所掌握，并能对旅游商品的文化内涵进行解释，这将更有助于旅游商品的销售和强化旅游地形象。同时还要注意对不同旅游者采取不同导购策略。此外，在旅游商品服务上应实行旅游商品邮寄、售后服务等。另外，在生态旅游开发中，应该加强对生态旅游地社区居民的旅游商品销售服务管理，规范个体摊贩的旅游商品销售服务质量，提高服务水平。

3. 实现区域旅游商品整合开发

区域旅游商品整合开发就是要对区域旅游商品生产和销售等各项内容进行有效合理的整合，不断优化其结构，达到区域旅游发展同步、促进区域经济发展的目的，以收到良好的经济、社会和生态效益。青藏高原区域内的各个地区要在旅游业同步发展的基础上，依据整合创新等原则，根据各个区县的实际情况，具体设计适合于自身旅游业结构的旅游商品和升级原有商品。减少区域之内的内耗性竞争，形成合理的青藏高原旅游商品生产和销售布局，建立青藏高原旅游商品合理的市场机制及流通体系。

五、青藏高原生态旅游线路设计

（一）旅游线路设计的基本理论

旅游线路设计是旅游产品开发的另一个重要内容。旅游线路的研究一直是旅游学界和业界研究的重点，它是旅游者、旅游企业和旅游规划部门共同关注的问题。一个地区旅游线路的开发水平、完善程度及销售成功与否，最终会影响到该地区旅游开发的成败。国外学者从 20 世纪 60 年代末开始，从空间角度探讨旅游线路的各种结构模型。国内关于旅游线路设计的研究开始于 20 世纪 90 年代。关于旅游线路的含义，马勇认为，旅游线路是指在一定的区域内，为使旅游者能够以最短的时间获得最佳的观赏效果，由交通线把若干个旅游点或旅游城市合理的贯穿起来，形成具有一定特色的路线[60]；阎友兵认为，旅游线路是旅游服务部门根据市场需求，结合旅游资源和接待能力，为旅游者设计的包括整个旅游过程全部活动内容和服务的旅行游览路线[61]。对于旅游线路的类型，保继刚、楚义芳等指出，从旅游线路跨越的空间尺度划分，旅游线路分为两种基本类型：一是大尺度的旅游线路设计，它实际上包含了旅游产品所有组成要素的有机结合与衔接；二是小尺度的线路设计，即旅游景区的游览线路设计[62]。本书的生态旅游线路设计指第一种，即大尺度的旅游线路。对旅游线路设计的影响因素、线路设计原则及线路设计步骤，国内学者也做了相关研究。管宁生提出旅游线设计的原则：对客源市场的需求和偏好有较好的研究和理解，有利于充分展现游线上各个景点的景色风貌、有利于充分发挥游线上个旅游景点的功能、有利于节省途中时间，避免走回头路、有利于旅游购物活动的实现、旅游节奏的松紧、景点游览的动静应有适当的交错等[63]。刘振礼提出的旅游线路设计的原则包括：市场原则、主题突出原则、小重复原则、顺序与节奏安排、留有余地和机动灵活，景点游览的顺序在总体上应该符合越来越好的趋向[64]。楚义芳提出旅游线路设计的步骤，如对相关基础设施和专用设施进行分析，设计出若干可供选择的线路和最优选择的线路等[62]。楚义芳提出的线路设计理论，是旅游线路设计方法由定性向定量化发展的一次飞跃。

在遵循旅游线路设计原理的基础上，结合生态旅游产品的特点，生态旅游线路的设计类型可以分为生态观光型、生态体验型、科普科考型及其他类型。生态旅游线路的设计应该遵循以下原则：①主题鲜明原则，与大众旅游线路相区别，游线上的旅游景点应该体现出对旅游者生态旅游体验的照顾；②市场导向原则，根据市场需求的特征和旅游者行为特征，设计迎合生态旅游者需求的旅游线路；③保护环境和环境教育的原则，这是生态旅游线路跟其他旅游线路最大的区别；④合理安排旅游经典顺序及旅游节奏原则，尤其是体验性生态旅游线路，要求旅游者在景区的活动安排有一定的自主性、旅游行程安排不能过于紧凑。

（二）青藏高原生态旅游线路设计

青藏高原地区属于不发达地区，这样的地区在旅游发展的初期阶段，往往优先开发国际旅游市场和国内发达地区旅游市场。这些客源市场的旅游者行为都属于大尺度空间行为，受时间和最大信息搜集原则的影响，在行为上有如下特点：力图到级别较高的旅游点旅游、尽可能游玩更多的高级别旅游点、力图采用环状路线旅游。根据旅游者的行为特征和青藏高原的生态旅游目的地空间结构，青藏高原的生态旅游线路设计应该在“大环线”旅游线路组合战略的指导下，突出青藏高原草原生态旅游和高原文化生态的特征，开辟以下旅游线路。

1. 青藏高原精品生态旅游线路

(1) 青藏铁路沿线生态旅游线沿青藏铁路，途经西宁、格尔木、那曲、拉萨4个旅游节点城市，游客能亲眼目睹、感受我国东部季风区、干旱荒漠区、高寒寒漠区、高寒草甸草原区、高山冰川区纯正的原始粗犷的生态景观。将这条旅游线路建成为具有休闲度假、民族风情、宗教朝觐、古文化探秘、体育登山、科学探险考察等多功能的旅游线路。

(2) 唐蕃古道生态文化旅游线沿青康公路，在昌都沿川藏公路抵达拉萨，是唐蕃古道的重要通道之一。从青海省会西宁出发，沿途经河湟谷地、青海湖盆地东岸至共和盆地、黄河源头区、玉树草原、藏东门户—昌都、西藏小江南—林芝，抵达拉萨。游客可以沿途领略粗犷、壮美的屋脊自然风光、浓郁的藏民族风情、神秘的藏传佛教文化、聆听文成公主赴藏和亲的动人故事。

(3) 丝绸之路南线青海道生态文化旅游线从西宁出发，沿青新公路，沿途经河湟谷地、青海湖盆地、柴达木盆地、沿塔里木盆地南沿的昆仑山北麓至喀什，长2746km。游客可以沿途观赏游览戈壁荒漠、盐湖沼泽等自然景观，藏族、维吾尔族、土族、回族、塔吉克族等浓郁的奇异民族风情，众多的古文化遗迹。

(4) 茶马古道生态文化旅游线是古代西藏同周边的四川、云南及内地经贸和文化交流的通道，其走向同现在的川藏公路、滇藏公路基本相一致，因而可分为茶马古道川藏生态旅游线和茶马古道滇藏生态旅游线。这一线路穿越横断山脉高山深谷区，道路陡峭崎岖，人类活动强度很小，自然生态环境保持优良状态，民族、宗教文化原始古朴，沿线的康定、大理、丽江、香格里拉、昌都、林芝等地，都是国内外知名的旅游景区（点）。

2. 青藏高原专项生态旅游线路

(1) 青藏高原中心腹地区屋脊自然风光生态游。该区域包括藏北高原（那曲、阿里地区）、青南高原（玉树、果洛、海南南部、黄南南部、唐古拉山乡），位于青藏高原的中心地带，平均海拔4700m以上，有“世界屋脊上的屋脊”之称，几乎全年处在冰雪环境之中，具有典型的世界“第三极”自然景观。该区可以开展世界屋脊自然风光游、科学考察探险游、体育登山极限游、神山圣湖朝觐宗教游、

(2) 喜马拉雅极高山地生态游。喜马拉雅山脉是世界上最高大、最年轻的山脉，8000m以上山峰有10座，超过7000m的山峰有50余座，

成为世界山峰的“王国”。这里是亚洲现代冰川活动中心，冰川融水成为恒河、雅鲁藏布江、印度河的发源地。该山体至今仍处于上升状态，对青藏高原甚至对周边自然地理有着极其重大的影响。该区是开展挑战极限体育登山、科学探险考察、极高山地科学研究等活动的最理想的区域之一。

（3）青藏高原北部干旱荒漠生态游。该区域包括柴达木盆地、阿尔金山地及昆仑山地北麓（塔里木盆地南沿）。该区域地处大陆腹心，干旱少雨，或高寒，形成干旱或高寒荒漠生态环境，其中柴达木盆地干旱荒漠自然景观极为典型，其盐湖、风力地貌、荒漠植被景观最具典型性和代表性。

（4）横断山地高山深谷生态游。流经横断山区的金沙江、澜沧江和怒江自北向南并行奔流约 170km 而不交汇，形成世界上罕见的“三江并流”奇观，该区是世界上生物物种最丰富的地区之一，且具有绚丽多彩的民族风情，是基本尚未开发的旅游处女地，现为国家级风景名胜区、世界自然遗产，成为令人神往的世界级旅游目的地。

（5）雅鲁藏布江谷地生态游。雅鲁藏布江谷地位于喜马拉雅山与冈底斯山—念青唐古拉山之间，谷地底部雅鲁藏布江从西向东流贯，上中游宽谷宽 10～15km，地势平坦，日照长，辐射强，夏暖冬温，为西藏重要的农业区，种植青稞、小麦、油菜、马铃薯及多种蔬菜，人口分布密集，是西藏的主要城镇分布区。该区历史悠久，被称为西藏藏族文明的发祥地。下游是世界上最壮观的雅鲁藏布江大峡谷，飞泉瀑布、生物、地貌等自然景观多姿多彩。

（6）青藏高原东缘（迪庆、甘孜、阿坝、甘南）藏乡生态游。该区位于青藏高原东部边缘地带，是云贵高原、四川盆地、黄土高原向青藏高原过渡地带，地形崎岖不平，高山峡谷，地势高差大。该区以藏族为主体，是羌族、彝族、回族等多民族聚集区。人类活动强度较小，保留较多原始的自然风貌，如九寨沟、黄龙、大熊猫栖息地、三江并流、丽江古城为世界遗产。该区有四姑娘山等 6 处国家风景名胜区，若尔盖湿地、贡嘎山等 18 处国家自然保护区，雅克夏、和政古生物化石等 22 处国家森林公园和地质公园，泸定桥、德格印经院等 21 处全国文物保护单位，旅游资源丰富多彩。

（7）青藏高原东北部森林、山地、草原季风区生态游。该区位于祁连山地东南部，海拔 1800～4000m，由青海省境内的河湟谷地、青海湖盆地及甘肃祁连山地北麓组成。河湟谷地、青海湖盆地自然条件优越，历史悠久，人口密集，城镇集中，是省内经济发达区。该区古代是唐蕃古道、丝绸之路南线青海道的必经之路，现兰青铁路、青藏铁路、青藏公路、青新公路、宁张公路横贯全区，战略位置重要。该区荟萃了全省2/3以上的旅游资源，在青藏高原旅游中占有重要地位。祁连山地北麓处在祁连山地区与河西走廊平地过渡区，山地区以牧业生产为主，平地区为绿洲农业区，也是古丝绸之路主道，人文旅游资源丰富，有张掖大佛寺、武威文庙等一批全国文物保护单位。

六、青藏高原生态旅游管理

（一）青藏高原生态旅游管理的内容和原则

任何旅游开发形式，都不可避免地会给旅游地的环境带来影响。生态旅游管理是通过不同的方式，使生态旅游得到有效的、科学的管理，从而使生态旅游持续、协调和健康地发展，取得良好的经济、社会、生态和旅游效益。生态旅游开发是系统运作的过程，如何将生态旅游开发所带来的负面影响降到最低，实现生态旅游系统的良性运行，需要在开发过程中综合考虑资源、环境、人才、市场、融资渠道等多方面因素及协调政府、旅游企业、旅游地居民、生态旅游者等利益主体之间的关系[65]。因此，生态旅游管理十分重要，有效的生态旅游管理是生态旅游良性发展的保障。在青藏高原这样生态特殊而脆弱的地区实施适合当地的生态旅游管理措施更为必要。

1. 青藏高原生态旅游管理的内容

生态旅游管理的对象是生态旅游系统。生态旅游管理应该考虑四个相关因素：自然与文化资源基础、生态旅游者需求特征、生态旅游设施类型、生态旅游区管理结构。杨桂华等认为，生态旅游管理的内容包括生态旅游行业管理、生态旅游社区管理和生态旅游区环境管理[45]。卢云亭认为，生态旅游管理的内容包括对旅游者的生态管理、生态旅游社区和生态旅游从业者的生态管理、旅游企业经营者的生态旅游管理、社区居民的生态管理和政府对生态旅游的管理[38]。在总结生态旅游管理和大众旅游管理的差异和共同点的基础上，结合前人的研究成果和青藏高原的特点及生态旅游开发的现状，本书认为青藏高原的生态旅游管理应该在政府的主导下，进行生态旅游行业管理、生态旅游区管理和生态旅游者管理。其中，生态旅游区管理包括对生态旅游景区环境的管理和旅游社区参与的管理，对生态旅游者的管理体现在对生态旅游者景区行为的管理并将其渗透于客源市场培养过程中。

2. 青藏高原生态旅游管理的原则

生态旅游管理必须遵循一定的管理原则：①政府主导的原则；②和谐人地关系的原则，生态旅游系统内部包括了人与自然之间的诸多矛盾，因此，必须注意在生态旅游管理中保持人和自然的高度和谐，使得生态旅游者和社区居民在享受旅游成果的同时尽可能地减少对旅游地的自然环境和人文环境的破坏；③经济效益、社会效益与生态效益相结合的原则；④旅游经济有效性与旅游地生态安全性相协调的原则。

（二）青藏高原生态旅游管理

1. 青藏高原生态旅游行业管理

生态旅游行业管理，是指与生态旅游产业相关的政府部门、企业及行业组织对生态旅游业在市场引导、产业秩序、行业服务等方面采取一定的手段对其进行规范和协调。在青藏高原地区，旅游业处于初级开发阶段，合理的生态旅游管理方式，将会避免青藏高原的环境受到大众旅游“粗放式”开发方式的破坏，对青藏高原旅游环境的保护起到未雨绸缪的积极作用。

生态旅游管理的主体是各级政府管理部门及行业管理组织。政府是生态旅游的主导性的调控者，政府拥有强有力的手段来影响生态旅游的发展：立法、规范（包括获取收入和分配收入）、协调政策和项目与基础设施、提供激励、规划和促销等。中央政府对生态旅游发展的作用主要表现在建立生态旅游得以有效运行的制度框架，包括法律法规、政策（环境和文化保护政策、经济政策、旅游政策等）、总体规划、部门设置等方面[54]。中央政府还可以从安全、政治、基础设施投资、财务激励等方面影响生态旅游行业的发展。中央政府的税收激励财政政策也会影响生态旅游业的发展。例如，在安圭拉岛，政府提供税收激励来鼓励小规模的开发和茅屋风格的住宿设施以及小旅馆建设，斐济政府通过建立生态旅游发展基金帮助和促进地方社区和企业开发生态旅游产品。在青藏高原这样的经济不发达地区发展生态旅游业，争取中央政府的基础设施建设性投资、税务优惠和生态补偿机制的倾斜，将对生态旅游业发展起到积极的促进作用。地方政府对生态旅游业具有更直接的作用，除了执行中央政府的生态旅游政策外，地方政府还可将生态旅游发展纳入当地经济发展的总体战略，确定当地生态旅游发展的目标并进行生态旅游的规划、经营、协调和管理。

行业组织或者行业协会对生态旅游业的管理既是政府管理职能的延伸，又是整个行业利益的代表。在国际和我国旅游业发展的过程中，旅游行业组织和行业协会都为协调和促进旅游业的发展起到了积极的作用。我国旅游协会 1994 年专门成立了生态旅游专业委员会。青藏高原地区应该积极建立和参与生态旅游相关行业组织以发挥行业管理和协调等方面的积极作用。

生态旅游行业管理的对象是生态旅游市场，目的是协调生态旅游需求者和生态旅游供给方之间的矛盾。青藏高原生态旅游行业管理的主要对象是为生态旅游者提供旅游产品的部门（生态旅游饭店、生态旅游交通部门、生态旅游购物部门、生态旅游景区等）的经营和运作行为。青藏高原的生态旅游行业管理应该在行政手段、经济手段和法律手段的引导下建立合理而规范的生态旅游市场秩序，为生态旅游企业的经营创造良好的市场环境。

2. 生态旅游区管理

1）生态旅游社区管理

从旅游学的角度看，社区是以共同生活的地域空间为基础，依托社区的旅游资源（包括现有的和潜在的），开展旅游活动，特别是作为主体参与社区旅游业发展，以较稳固的文化和心理因素为特征的有着共同利益的人群组成的共同体。生态旅游社区，是指在生态旅游目的地中具有相对稳定和完整的结构、功能、动态演化特征及一定认同感的社会空间，是生态旅游目的地社会的基本构成单元和空间缩影。生态旅游目的地的功能相对完备的一个村落，或者有共同归属感的村落都可以构成生态旅游社区。社区居民的民俗也构成了生态旅游目的地的旅游资源内容，青藏高原的大多生态旅游目的地以藏族社区为主，也有其他民族为主的旅游社区，如青海互助县威远镇小庄村的土族旅游社区[66]。

生态旅游社区管理的主要内容是对生态旅游社区加强管理，使其积极主动地参与到生态旅游业中来，实现生态旅游目的地经济、社会和环境的协调发展。

旅游发展中的社区参与是指把社区作为旅游发展的主体纳入旅游规划、旅游开发、利益分配等涉及旅游社区居民利益的决策及其执行过程中，既包括旅游社区的政府及非政府介入社区旅游业发展的过程、方法和手段，也包括社区居民参加社区旅游发展计划、项目及其他各类事务与公益活动的行为及其过程，是居民对社区旅游业发展责任的分担和对社区旅游业发展成果的分享。生态旅游社区参与能有效促进社区自身的发展，是实现和促进生态旅游发展的有效途径。但是在我国，由于政治文化传统中的民主意识淡薄、行政管理过于集中、资金缺乏及居民对旅游参与缺乏足够的理解等原因，在社区参与生态旅游方面与发达国家的社区参与程度差距很大。已经开始生态旅游尝试的那些地区，其社区的参与程度普遍很低，参与方式也相对单一。笔者在青藏高原腹地进行实地调查的过程中发现，生态旅游目的地的社区参与也存在非常严重的问题，如在三江源地区，生态旅游地发展几乎完全是在政府的主导下进行，当地居民的介入程度很低。但是，在这方面也有一定程度的积极探索，杨桂华在“颠西北香格里拉生态旅游示范区开发规划”中对社区参与的探索和界定以及四川九寨沟景区的社区管理和探索实践为青藏高原其他地区提供了借鉴[45]。生态旅游社区参与管理，除了积极引导社区居民的旅游参与热情之外，还要加强社区居民旅游参与技能的教育和培养，包括旅游知识教育、接受环境意识的教育、进行服务意识和旅游经营意识的培养。在青藏地区，社区旅游培训有必要在各级政府和行业的主导和协调下进行。目前，PRA（participatory rural appraisal）方法，又称参与性乡村评估，是社区旅游参与的一种有效的发挥集体智慧、充分发扬民主的分析问题、制定决策的工作方法，也是国外在生态旅游社区管理中广泛采用的一种方法。这种方法可以不断加强社区居民对自身与社区的理解，使他们与社区发展工作者一起制订行动计划并付诸实施。PPA 的核心是把发言权、分析权和决策权在一定程度上交给社区居民。这种方法也可为青藏高原生态旅游社区管理所学习、借鉴和采用，以取得最好生态旅游发展效果。

2）生态旅游区环境管理

生态旅游区环境管理是生态旅游管理的重要内容。生态旅游环境包括自然环境和社会环境，是生态旅游发展的基础，环境管理和保护也是生态旅游发展的核心目标之一。生态旅游在促进旅游目的地发展的同时，也给生态旅游区带来了负面影响。一方面给生态旅游区带来水体、土壤、植被、物种等方面的影响，给旅游目的地造成了生态压力；另一方面，生态旅游活动还会影响当地社区的文化环境，使得民俗文化被同化和庸俗化。生态旅游区环境管理的目的，就是使生态旅游对旅游区环境的积极影响最大化，消极影响最小化。

生态旅游区环境管理的技术措施主要有生态能源技术和环境污染处理技术。其中，环境污染处理技术包括水污染处理技术、大气污染处理技术和固体废物的处理技术。这些技术的实施需要在充足资金的保证下进行。生态旅游区环境管理的政策和法律措施包括对 ISO14000 国际公约的推行和对我国相关环境政策的执行。生态旅游区环境管理的基础工作是景区环境容量的测算和监控。

承载力/容量（carrying capacity）的概念最早于 1921 年在人类生态学研究中提出。Inskeep 认为，旅游容量是指在不破坏其形象和可持续性的前提下，某个地区或某种资源能够承受的最大使用限度[67]。另一个提出更早，至今仍然适用的定义由泰维提出：旅游容量是指某游憩场所所能提供的特定使用期（每年）内特定游客人数，这一人数水平对旅游地支持游憩活动的能力不会产生永久性的生物学、物理学上的损害，对游客满意度也没有明显的破坏。[68] McIntyre 认为，旅游容量是指在没有引起资源的负面影响、减少游客满意度、对该区的社会经济文化构成威胁的情况下，对一个地区的最大使用水平[69]。本书认为，生态旅游环境容量应该是一个合理值而不是最大值，最大值是生态旅游系统承载的极限，超过这个极限，将导致生态旅游吸引力和生命力的下降。青藏高原这样的生态旅游脆弱地区发展生态旅游，对生态旅游区容量安全阈值的确定应该选择一个合理值，这个值应该远小于生态旅游区最大容量，并在确定之后由相关部门执行严格监控。生态旅游容量的确定，可依赖的工具是生态旅游足迹法。

生态足迹（econological footprint，EF）最早由加拿大生态经济学家威廉瑞斯等提出，后来 Wackemage 在 1996 年完善的一种衡量人类对自然资源利用程度以及自然界为人类提供的生命支持服务功能的方法[70]。它通过测定一定区域维持人类生存与发展的自然资源消费量以及吸纳人类产生废弃物所需的生物生产性土地而积大小，与给定的一定人口区域的生态承载力进行比较，评估人类对生态系统的影响，测度可持续发展状况。该方法以其理论、方法的创新性及实践的可操作性，在可持续发展研究中日益得到重视，但其在旅游发展与环境保护研究中未得到应有的重视。在国内，该方法的研究还处在探索阶段，席建超等提出了旅游消费生态足迹的计量模型，并以北京市海外旅游者为例，对旅游消费生态足迹作了初步探讨[71]；李华应用生态足迹方法研究自然保护区不同开发阶段的旅游活动潜力评价[72]；杨桂华、李鹏引入旅游生态足迹的概念，简要介绍了旅游生态足迹的计算方法[73]；章锦河、张捷构建了旅游六大要素的生态足迹子模型，在 2002 年并运用模型对黄山市旅游进行了实证研究[74]。

依据生态足迹的理念，旅游生态足迹（touristic ecological footprint，TEF）是指旅游地支持一定数量旅游者的旅游活动所需的生物生产性土地面积。由于旅游地所支持的人口包括当地居民与旅游者，两者都消费当地自然资源所提供的产品与服务，因此旅游者的旅游生态足迹通过与当地居民生态足迹的"叠加"效应，共同对旅游地可持续发展产生影响与作用。定量测度旅游者与居民生态足迹的大小并进行效率差异比较，可以明晰旅游者与居民对当地环境资源影响与利用效益的差异性程度，为对居民进行生态补偿以及旅游景区的环境管理提供决策依据。

测度旅游地居民的生态足迹，应通过各种资源消耗的生物生产性面积计算、产量调整和等量化处理等步骤。生态足迹是一定区域人口数和人均物质消费的一个函数，表征为每种消费商品的生物生产性面积的总和。

由于旅游消费活动是一个连续的动态过程，贯穿于整个旅游活动之中，涉及游客在旅游过程中食、住、行、游、购、娱等各个方面，因此旅游生态足迹的测度是基于以下 3 个基本事实：①游客在旅行游览过程中，为了满足自身生理、心理和享受的需要而进行各种物质产品和服务的消费，同时产生旅游废弃物；②可以确定游客消费的绝大多数自然资源及其所产生的废弃物的数量；③这些自然资源和废弃物能转换成相应的生物生产性土地面积。根据旅游生态消费的特点，旅游生态足迹主要由旅游交通、住宿、餐饮、购物、娱乐、游览等 6 种旅游生态足迹类型组成。

通过对旅游地居民生态足迹均值和旅游者生态足迹均值的比较，可以确定合理的生态旅游容量阈值。青藏高原生态旅游区生态旅游容量安全阈值的确定，可以先在生态旅游示范区内进行实验性操作，然后再向全区推广，以实现对生态旅游区的合理管理。

生态旅游区环境管理还包括使用环保型的旅游基础设施材料以避免环境污染。此外，生态旅游区还应该采取多种措施保护生态旅游区的民俗文化受到外来旅游行为的冲击而被完全同化。

3. 生态旅游者管理

生态旅游者管理是指对生态旅游区旅游者行为的管理。生态旅游者管理包括两方面内容：一是根据生态旅游区容量安全阈值调控一定时间内游客在旅游区的分布格局；二是对生态旅游者行为的管理。旅游者行为管理内容主要根据生态旅游者行为特征及生态旅游的目标而确定。包括对保障生态旅游满意度及生态旅游者旅游安全、规范旅游者的旅游行为等方面，另外还有必要通过环境教育手段增强旅游者的环境意识和环境责任，不仅实现生态旅游地的生态旅游目标，也为推动全人类社会的环境保护和可持续发展做出贡献。

关于生态旅游区开发和管理，青藏高原地区还应积极联系世界自然基金组织（WWF）等非政府组织（NGO）以弥补资金等方面的不足。目前，中国资助和参与生态旅游项目的国际组织除 WWF 外，还有保护国际（Conservation International，CI）、绿色环球 21 中国代表处(Green Global 21 China Office)、美国大自然保护协会（The Nature Conservancy）等。

第六章

青藏高原挑战极限旅游探讨

第一节　青藏高原开展挑战极限旅游活动的条件

一、挑战极限旅游概念及其产生背景

（一）挑战极限旅游概念

挑战极限旅游是指人类在与自然的融合过程中，凭借现代高科技手段，最大限度地发挥自我身心潜能，向自身挑战的娱乐活动，从而使旅游者的身心得到和谐发展，丰富人们业余生活的一种旅游活动形式。大量的挑战极限旅游是以体育运动的形式表现出来，除体现“更高、更快、更强”的超越自我精神外，更要强调参与和勇敢精神，追求在跨越心理障碍时所获得的愉悦感和成就感，使人们实现返璞归真、回归自然、保护环境的美好愿望。因此，这种挑战极限的体育旅游形式，被世界各国誉为“未来体育旅游发展的新方向”。

挑战极限旅游的最大特点是促使人们离开都市传统的体育场馆，置身于户外荒野，纵情于山水之间，融入纯自然的环境中。它是以冒险形式所展现的极限运动，成为人们挑战自我（积极、勇敢、愉悦、刺激），从而达到“天人合一”的理想方式，满足和适应了旅游者的需求，所以目前国内外又广泛称这种运动“户外体育旅游运动”，包括登山、漂流、攀岩、冰雪运动、抢（横）渡江河湖泊、汽车拉力赛、越野跑等。这些动作中挑战极限旅游者投入大自然的怀抱之中，抛弃了现代文明带来的舒适与慵懒，拥有了与自然共存的能力，充分体会到一种回归人的本性与初衷、检验人的智慧与力量的乐趣[75]。

（二）挑战极限旅游产生的背景

挑战极限这一体育旅游运动形式，于20世纪60年代起源于经济发达的欧美各国，诞生不久就受到游客的青睐而风靡全球，经久不衰，成为目前很多人喜爱的一种体育旅游项目。众多社会学家研究认为，随着全球性知识经济的飞速发展，现代人生活节奏不断加快，人们工作压力越来越大，生活空间越来越小，原来的生存环境远不能满足人们日益增长的需求，人们对于过去的生活习以为常，缺乏新鲜感、刺激性，从而极力寻求更加强烈的刺激，以发泄压力、释放能量。那些久居大都市的人们，渴望到都市外的大自然的怀抱中，享受大自然的无穷魅力，向大自然寻求人类生存的本质意义，这促使人们冲出都市圈、融入大自然的怀抱中。人类早期的户外运动其实是一种生存手段，如采药、狩猎、捕鱼、战争等。第二次世界大战后，户外运动走出军事和求生范畴，成为人类娱乐、休闲和健身的新型生活方式。

挑战极限体育旅游运动，是包括多个单项运动的综合运动项目群，是一些难度较高、挑战性较大的组合运动项目的统称，目前流行的主要有滑板、直排轮、特技单车、轮滑、蹦极、攀岩、雪板、冲浪、自行车越野、街道疾降、跑酷、极限越野、滑水、溯溪等。目前国际上推出的“让人心跳极限旅游”流行项目，包括“高跳低开式”跳伞、超级快艇大赛、私人潜艇潜水游、参观活火山、失重飞行、潜入深海、方程式赛车、和鲨鱼一起潜水、非洲游猎、野营、游览北极等。近几年来，更多年轻人为求极端刺激，敢用生命来挑战的十大疯狂极限运动有火山滑板、车底溜冰、火车漫游、鳄鱼蹦极、悬崖跳水、自由式助力高跷、水下曲棍球、空气弹射、走软绳、太空球等。

二、我国挑战极限旅游发展简况

（一）国内发展概况

挑战极限体育旅游这一特殊旅游方式，自20世纪80年代传入我国，成为我国越来越多青少年喜爱的新兴运动项目之一。随着我国改革开放的进一步发展和一批山峰的开放，一大批外国登山者和探险者来华进行登山、山地穿越、徒步旅行、江河漂流、山地自行车、攀岩等极限活动，他们将户外运动的新概念带入中国，使国人耳目一新，国内的一些探险、旅游爱好者积极参与这些活动。大多数高校都有登山、攀岩等组织，社会上又有很多户外运动协会或俱乐部，参与人数以每年 30%以上的增速逐步上升。户外运动在全国范围内迅猛发展，也已成为全民健身中一个重要项目。

挑战极限体育运动是一项探险、挑战性的运动，包括徒步及器械穿越、负重行军、徒手及器械攀岩、洞穴探险、峡谷运动、河湖横渡、定向、野外生存、拓展、溯溪、速降、漂流、野外生存、攀冰、山地滑雪、登山等。我国体育界人士广泛认为，挑战极限体育运动是户外运动的一种表现形式，户外运动的定义为在假期或余暇时间，背起行囊到自然领域开辟自己的路，挑战身体的极限，感受一种超乎寻常的体验，是走到户外，融入自然，利用山林、湖泊、海滩、水库等自然资源进行的有趣的神秘探索的个性化旅行活动。中国登山协会目前开展的户外活动或比赛项目，包括高山探险、攀岩、山地户外运动和拓展四个大项。除高山探险活动外，攀岩、山地户外运动和拓展都有各自的比赛。但拓展尚未立项，因而比赛较少。由于高山探险、攀岩和户外运动的发展水平不同，其活动或比赛的层次也有很大差异。

我国在国内乃至国际上有较高知名度的挑战极限体育赛事活动如下。

2000 年在长白山第一次尝试登山越野挑战赛以来，已经形成年度全国锦标赛及各种挑战赛等户外赛事系列。

2005 年国家体育总局批准山地户外运动，是国家登山运动下面的二级项目，包括登山、攀岩、水上漂流、空中滑翔等，这一运动起步较晚，但发展迅速。首届全国山地户外运动赛于 2006 年在浙江安吉县举行，设跑骑交替、定点穿越、山地车、越野跑、竹筏渡湖、溜索、划船、速降等项目。

2007 年第二届全国山地户外运动锦标赛在贵州黔南州荔波县举行，境内自然条件非常适合开展山地户外运动，设山地车、登山、越野跑、皮划艇、划船、漂流、攀岩、越野技能等项目。

2008 年重庆武隆国际山地户外运动公开赛举行，项目有越野跑、山地车、峡谷穿越、山地车/赛跑交替、皮划艇、绳索越野技能、速降、溯溪、漂流、探洞等。该赛事现已成为国内唯一、亚洲最具影响力、规模最大、水平最高的顶级户外体育运动 A 级赛事，与“英国莱德加洛斯赛”、“澳大利亚艾科挑战赛”并称为世界三大山地户外运动赛事。

2009 年 5 月浙江宁海举行全国山地户外运动锦标赛，包括越野跑、跑骑交替、山地车、桥降、皮划艇、绳索越野技能、直排轮滑、古镇寻宝、智力拼图等项目。

目前，浙江安吉、贵州黔南州荔波、重庆武隆、浙江宁海为我国山地户外运动四大基地。

（二）青藏高原挑战极限旅游发展概况

青藏高原挑战极限山地户外运动赛事活动发展较快，登山探险、自驾车探险旅游、摩托车穿越、户外野营、骑乘马匹探险、牦牛探险、摄影旅游、狩猎旅游、冰雪旅游以及热气球巡回赛等特种旅游项目逐步开展起来。青海省体育部门从青海实际出发，开展的环青海湖国际公路自行车赛、中国青海高原世界杯攀岩精英赛、中国青海国际抢渡黄河极限挑战赛，均为国际挑战极限的高原山地户外运动，通过赛事活动向世人展示青海奇特的自然景色、淳朴的民风、悠久的高原文化，极大地推动了青海、乃至青藏高原旅游业的蓬勃发展。

1. 环青海湖国际公路自行车赛

环青海湖国际公路自行车赛是亚洲地区最大规模、最高级别、最具权威、世界上海拔最高的自行车赛事活动，现逐步成长为仅次于环法赛的世界三大赛事之一。其活动范围涵盖青海湖区及青海东部，并逐步向外延伸至甘肃省会兰州。首届环青海湖国际公路自行车赛于 2002 年 7 月举行，现已成功举办十届，比赛级别由原来的 2.5 级升为 2.3 级，赛区海拔大都在 2500～3000m，翻越海拔 4000m 的大山，是对参赛者心理与运动极限的严峻考验。

2. 中国青海高原世界杯攀岩精英赛

青海是我国有良好登山和攀岩条件的省份，2005 年成功举办了中国青海高原攀岩精英赛，在国内外产生很大反响。世界杯攀岩赛在亚洲地区仅有中国上海和新加坡两站，经国家体育总局、国际攀联（ICC）批准同意，青海举办“2006 年中国青海高原世界杯攀岩赛”。这是集竞技、娱乐、观赏于一体的世界级赛事，具有水平高、规模大、规格高的特点。至今青海已连续多届成功举办世界杯攀岩赛，确定了中国青海高原世界杯攀岩赛的国际地位。

3. 中国·青海国际抢渡黄河极限挑战赛

2005 年 8 月，在循化撒拉族自治县积石镇举行的“中国·青海抢渡黄河极限挑战赛”，吸引了来自美国、德国、韩国及中国台湾等 37 支代表队参加。惊心动魄的比赛场面、奇特的高原自然风光、多彩的撒拉族风情，在国内外产生了极大影响。之后，该赛事活动升级为国际性赛事，海拔高、水流急、水温低、氧气稀的特点是对参赛者的四大极限挑战，成为国际上著名体育赛事活动。

三、青藏高原开展挑战极限旅游活动条件分析

（一）世界独有的自然地理条件

1. 山脉纵横、冰峰林立、地貌多样、景色多彩

青藏高原特殊的地质地貌演化过程，其上分布有东西向大致平行的巨大山系，从北向南依次为阿尔金山—祁连山脉、昆仑山脉、喀喇昆仑—唐古拉山脉、冈底斯—念青唐古拉山脉和喜马拉雅山脉。这些山脉大都在 5000～6000m，其上分布有数以千计的冰峰雪山，据统计，人类已知的 14 座海拔 8000m 以上的山峰，全部位于喜马拉雅山脉和喀喇昆仑山脉。这里山峰林立，超过 7000m 的高峰有 70 多座，6000m 以上的山峰有 3000 余座。

青藏高原上有我国海拔最高的柴达木盆地、世界屋脊上的屋脊藏中高原（青南高原、藏北高原）、藏南谷地、雅鲁藏布江大峡谷、高山峡谷南北纵列的横断山地。气候、生物垂直带谱异常显著，从山地准热带到山地冰雪带的各种类型都有。内营力作用下山地、高原、盆地、谷地有序分布，在多种外营力作用下，地貌类型更加复杂多样，高原自然景色绚丽多姿、千奇百态，气势雄宏壮观。

2. 世界“第三极”自然景观

青藏高原地势高亢，海拔大都在 4500m 以上，大部分地域年均温 0℃以下，处处冰雪覆盖，冻土广布，冰川、冰缘、冻土地貌丰富，形成雷同南北极的“第三极”自然景观。这里海拔 4500m 以上，气压、空气密度、含氧量只有海平面的 59%～65%，沸点在 84～87℃，太阳辐射强度 628～796kJ/m^2，年日照时数为 2600～3000h，成为我国太阳辐射强度最大、光能资源最丰富的地区。

青藏高原有着特殊的气压场，盛夏季节一天之内的天气变幻莫测。从满天星斗的清晨至夜幕降临，雪花、阳光、狂风、暴雨、冰雹等天气交替出现，夜晚气温骤降至零度以下，甚至零下十多度，正午骄阳似

火，火辣的太阳光照使地面气温上升到20℃以上。“一年无四季，一日见四季”是高原天气变化的真实写照。多大风、夜雨、冰雹等也是高原气候显著特点。青藏高原处处显示出生命禁区的意境，严酷的气候条件成为挑战极限旅游的基础。

3. 江河纵横、湖泊棋布

青藏高原极其丰富的冰雪融水，成为我国乃至世界著名大河的发源地，世界著名的长江、黄河、澜沧江发源于青南高原面积不到 $1\times10^5 km^2$ 的土地上，以“三江之源”而闻名于世；雅鲁藏布江是世界上海拔最高的大河，是亚洲著名大河布拉玛普德拉河的上源，水能蕴藏量仅次于长江居第二位。狮泉河（印度河上源）、怒江（萨尔温江上源）、黑河是我国著名的内流河，青藏高原享有“江河之源”的美称。

青藏高原是世界上高原湖泊分布最密集地区，湖泊面积大于 $1km^2$ 的有876个，面积达 $3.61\times10^4 km^2$，占全国湖泊总面积的46.3%，湖泊率近2%，远高于全国平均水平。西藏大小湖泊1500多个，总面积 $2.4\times10^8 km^2$，约占中国湖泊总面积的1/3。湖内蕴藏有丰富的盐资源和天然鱼类，湖滨草原肥美，成为天然优良牧场。全国最大湖泊——青海湖，世界海拔最高的湖泊纳木错湖，世界最大的内陆盐湖察尔汗盐湖均位于此处。

4. 丰富的自然资源

青藏高原自然资源丰富多样，其中能源资源占有重要地位。青海和西藏水能资源蕴藏量 $2.2\times10^{10} kW$，占全国的37%，其中雅鲁藏布江大拐弯和黄河东部是国内水电资源富矿区；柴达木盆地是国内石油和天然气开发很有前景的地区。近年来，我国地质工作者对藏北高原 $1.6\times10^5 km^2$ 的羌塘盆地野外考察，发现了长约100km公里的古油藏带，可能蕴藏着一亿吨石油资源。还有十分丰富的太阳能、风能、地热能、可燃冰资源。

青藏高原有辽阔的天然草场，青海和西藏两省区天然草场16.42亿亩，约占全国草场面积的30.4%，成为我国乃至世界高原天然畜牧业基地。藏族同胞在长期的放牧实践中，培育出了一批适应高原生态环境的优良牲畜品种，如牦牛、藏系绵羊、藏山羊、马、驴等。

以盐湖为主的矿产资源也十分丰富。柴达木盆地是盐的世界，氯化钠、氯化钾、镁盐、氯化锂，还有锶矿、芒硝等均居全国第一位。

青藏高原是我国现代冰川集中分布地，约占全国冰川总面积的

83.8%、亚洲山地冰川面积的40%，是十分重要的淡水资源宝库，也是众多江河、湖泊重要水源补给区。

这里有珍稀高原野生动植物资源，具有代表性的有野牦牛、藏羚羊、藏野驴、岩羊、盘羊、白唇鹿、野骆驼、雪豹、黑颈鹤等，河湖中蕴藏量巨大的冷水性鱼类。青藏高原堪称世界上最高的野生动物天然乐园。

青藏高原是我国珍贵天然药材的产地，如冬虫草、贝母、雪莲、大黄、藏茵陈、藏红花、鹿茸、麝香、熊胆等，这些药质地优良、品味上乘、药味地道，在滋补强身方面有特殊功效。

青藏高原保留着原始、纯正、粗犷的自然风貌，具有独特的自然旅游资源。

5. 奇特的地质异常

青藏高原地质构造复杂多样，地壳活动频繁，最常见的是地震破裂带，因而地热显示点很多，各类温泉有1745处，其中西藏的地热资源约占全国的1/3，温度普遍高，如羊八井温度最高达172℃，青海贵德温泉最高水温93℃。西藏发现的泉华数量大，类型多样，按化学成分可分为硅华、钙华、硫华、盐华等，形成了奇特的地貌。

（二）神秘的人文景观

1. 悠久的高原历史

有关专家认为青藏高原可能是古人类发祥地之一。青藏高原发现的旧石器遗存，证实这里至少有3万～5万年的人类发展史。也发现大量新石器文化遗存，说明青藏高原与黄河流域文化有着千丝万缕的联系，甚至与西亚、欧洲、北非有着一定的联系。

古代，青藏高原曾建立过西王母古国、象雄王国、吐谷浑王国、南凉古国、吐蕃王朝、唃厮啰等政权，为青藏高原创造了灿烂的古代文明。

青藏高原自古以来，是东西方重要的交通要道，是闻名于世的丝绸之路南线青海道、唐蕃古道、茶马古道的主要通道，交通地位极其重要，沿途文化古迹及神话传说丰富，是极其珍贵的旅游资源，具有很高的旅游观赏和游览价值。

2. 以藏族为主体的多民族文化

青藏高原是我国多民族地区之一，有藏族、回族、羌族、纳西族、土族、傈僳族、彝族、撒拉族、维吾尔族等50多个少数民族，全国99%以上的藏族人口分布在这里，形成了以藏族为主体的多民族聚居区。各民族自古以来，在青藏高原繁衍生息，在同严酷自然环境斗争中，形成了各民族独有的民族文化，其中藏族、羌族、纳西族、土族等民族文化更是灿烂辉煌，成为华夏民族古文化的重要组成部分。

藏族文化博大精深，有着无穷魅力，包括民俗文化（衣着服饰、饮食、居住、行旅、礼仪、婚俗、节日、葬俗）、民间文学艺术（民间文学、音乐舞蹈、戏剧、绘画、巨石文化景观）、科学技术（藏医药、藏历、畜牧、建筑、宗教）等，在世界民族文化艺术中举世瞩目。藏族《格萨尔王传》是举世公认的中国藏族说唱文学巨著，是世界文学宝库中的一颗明珠，是藏族人民集体智慧的结晶；藏族歌舞多姿多彩；绘画艺术、巨石文化景观，让人惊叹不已；藏医药学历史悠久，在治疗高原疾病有奇特疗效，目前在治疗人类顽敌癌症、艾滋病等方面，有着广阔的前景；藏族在宗教学的贡献更是丰富多彩，驰名中外的佛教典籍《大藏经》，是世界文化的宝藏。

纳西族古老的东巴文化，其核心是保留至今的东巴文字，有1400多个单字，被誉为世界上保留最完整的“活着的象形文字”。东巴文化包括用东巴文字撰写的“东巴经”、“东巴舞谱”、“东巴书”、“东巴仪式”四大类。羌族历史可追溯至3000多年前的古羌人，现生活在川西的羌族，其生活习俗、宗教与祭祀、文学艺术等方面，具有古羌人“活化石”的价值。土族历史悠久，是古代在青海建立地方割据政权350年的吐谷浑的后裔，土族的民间文化艺术、宗教文化绚丽多彩。

3. 古老、神秘的宗教文化

青藏高原各少数民族几乎全部信教，藏族、土族、蒙古族、裕固族、羌族、门巴族、珞巴族等民族信奉藏传佛教，藏族群众中一部分人信奉本教；回族、维吾尔族、塔吉克族、撒拉族、东乡族、保安族等民族信奉伊斯兰教；汉族大都信奉道教，少量的信奉佛教、基督教、天主教等。宗教对各族人民的生产、生活及其对文化产生极其深刻影响。青藏高原上有全国文物保护单位88处，其中一半以上是宗教寺院，其中佛教寺院集中分布于西藏、青海、四川西部等地区，伊斯兰教集中分布于青海东部、甘肃西南部临夏州、新疆西南部昆仑山北麓喀什、于田、和田境内。古老、神秘的宗教文化是非常重要的旅游资源，对那些远离人类活动地、常人难以到达的寺院的探秘、朝拜、科学考察研究，可视为挑战极限旅游活动。

第二节　青藏高原开展挑战极限旅游的设想

青藏高原的自然和人文环境条件适宜开展如下挑战极限户外体育旅游活动。

一、登山旅游

（一）现代登山旅游运动

登山是指人们徒手或使用专门装备，从地势较低区域向高海拔山峰进行攀登的一项活动，分为登山探险（高山探险）、竞技攀登（攀岩、攀冰等）和健身性登山。从医学角度讲，经常参与登山运动，对人的视力、心肺功能、四肢协调能力、体内多余脂肪的消耗、延缓人体衰老延年益寿等多方面均有好处。登山是世界上历史最悠久、普及最广泛的体育运动形式。

作为挑战极限登山探险运动，起源于18世纪中欧洲阿尔卑斯山区。1786年8月8日法国医生巴卡罗与石匠巴尔玛结伴第一次登山上阿尔卑斯山最高峰勃朗峰（海拔4807m），揭开了人类挑战极限登山探险运动的序幕。次年，由青年科学家德·索修尔率领的19人登山队再度登上勃朗峰，迎来了阿尔卑斯山登山运动的黄金时代。此后，1857年世界第一个国家性的登山组织——英国登山俱乐部成立。19世纪中期开始，青藏高原成为探险者的乐园，法国遣使会会士谭卫道到青藏高原边缘山区采集标本，俄国人普热瓦尔斯基、斯文·赫定、科兹洛夫、约瑟夫·洛克、崔比科夫等人纷纷进入青藏高原腹地。其活动地区从阿尔卑斯低山区转向喜马拉雅高山区。截至1986年，世界上包括珠穆朗玛峰在内的8000m以上的14座高峰，相继为中国、英国、美国、意大利、日本等十多个国家的登山运动员所征服，国际登山史上称这一时期为“喜马拉雅的黄金时代”。登山运动作为现代体育运动项目之一，在国际上享有崇高的地位，越来越受到人们的青睐。

现代登山运动为人类探险体育运动项目，在高山探险运动基础上，衍生出登山健身、攀岩、攀冰、户外运动、拓展运动等一系列与其相关的运动，焕发出强劲的生命力。现代登山运动为典型的高山探险运动，要战胜高空飓风、极度严寒、缺氧、雪崩和冰崩等危险，对人类的体力、意志、毅力等是一个严酷的考验。同时，现代登山运动对推动和完善地学、冰川学、生物学、生态环境学等具有重要作用，它与人类的文明、进步有着天然的联系；现代登山运动是一个国家和民族荣誉的象征，显示了一个民族不畏艰险、勇敢向上的精神境界，是激发民族精神和民族荣誉感的重要手段；现代登山运动是一个国家经济、科技等综合实力的一个标志；现代登山运动逐渐成为一种独特的文化现象、一种新的健康的生活方式，使更多参与者更加热衷于高山环保、文明登山，爱山、护山，融入大自然，爱护大自然；现代登山运动在世界各国，从登山培训与服务、登山专用设备以及与其相关的产品，形成了一个巨大的产业链，在体育产业中占据越来越重要的地位，引起各个国家和政府的重视。

（二）我国登山运动的概况

我国是一个山地资源十分丰富的国家，世界上 14 座 8000m 以上的山峰，有 10 座在中国境内及边境线上。中华民族是一个爱山、崇拜山的民族，源远流长的传统文化中就包含着登山文化，古籍《汉书》中记载了人类历史上第一份描述急性高山病的宝贵资料。从古至今流传的“九九登高”的重阳节，已相传几千年。

新中国成立后，我国登山体育运动得到快速发展。1955 年 8 月，中苏混合登山队登上苏联境内帕米尔高原团结峰（6673m）、十月峰（6780m）。1956 年 7 月，中国 12 名登山运动员成功登上昆仑山第三高峰——慕士塔格峰（7546m）。1958 年，国家体委把登山列为正式的体育运动项目，并成立了中国登山运动协会，是我国最早的探险旅游组织，负责组织开展重大的国际、国内登山探险活动。1960 年西藏登山队成立，同年 5 月王富洲等 3 名登山队员从北坡首次登上珠穆朗玛峰，这是人类首次从北坡登上地球之巅，在中国乃至世界历史上具有划时代意义，对高海拔医学和生理学的研究具有重要意义。次年 6 月，有 4 名队员登上昆仑山脉海拔 7595m 的公格尔九别峰，女队员西绕和潘多创下了女子世界登山高度纪录。1964 年 5 月，有 6 名队员登上希夏邦玛峰（8012m），创造了一次登上 8000m 以上高峰人数最多的世界纪录。1975 年 5 月，中国科学考察登山队 9 名队员（其中一名是藏族女运动员潘多）攀登珠峰成功，创造了男女混合一次登上世界最高峰人数最多和女子登山高度两项世界纪录。1988 年，中日尼三国联合攀登珠穆朗玛峰，登山队员分别从南坡上北坡下和从北坡上南坡下，在 8848m 峰顶会师，登山队中有 8 名中国和日本医学工作者，他们在高原医学呼吸道和消化道的研究方面做出了贡献。2005 年 5 月为纪念我国女子首次登珠峰 30 周年，中科院等单位再次对珠峰进行综合科学考察，并重新测定了珠峰的高度为 8844.43m。2008 年 5 月 8 日 9 时 17 分，中国登山健儿把奥运圣火成功地带上世界之巅珠穆朗玛峰顶，并实现了五棒火炬手的顺利传递。

20 世纪 80 年代起，我国国力不断增强，人民生活水平不断提高，各种户外体育运动蓬勃展开，特别是登山探险活动进入了一个全新的发展阶段，涌现出一大批登山家、探险家、旅行家以及相应的民间组织、社团。1989 年中国探险协会成立，1993 年中国科学探险协会成立，1997 年新疆乌鲁木齐登山协会成立，全国不少省市区组建成立的登山机构如雨后春笋，为登山探险爱好者提供了便利的条件，形成了一批具有很高知名度的探险旅游目的地及特种旅游项目。

2002 年全国登山健身大会召开，成为我国群众性登山健身活动的助推器。目前，我国高山登山探险运动正在从专业化、纯官方化向民间化和社会化转变，成为社会性的体育活动；呈现多元化、规模化的发展态势，参与人群不仅有专业的运动员，还有国家职员、企业家、工人、教师、医务工作者、新闻记者、在校学生，甚至富裕起来的农民；组织机构进一步加强，由中国登山协会组织，派高水平教练指导，使登山运动更加规范和安全。据中国登山协会不完全统计，目前我国户外运动参与者已达 5000 万人，到 2008 年年底，专业从事户外运动的俱乐部已达 800 多家（不包括非专业团体），群众性登山健身在全国风起云涌。

（三）青藏高原开展登山运动的构想

1. 确立登山探险旅游在青藏高原挑战极限旅游中的龙头地位

青藏高原上山峰林立，各种不同高度的山峰形态各异、景色千奇百怪，在世界上开展登山挑战极限旅游有着得天独厚的优势，是开展登山体育旅游最理想之地。

自 20 世纪初以来，世界登山热从欧洲转向东方的喜马拉雅高山区，以珠穆朗玛峰为主的8000m以上山峰吸引了世界登山爱好者的眼球，攀登上珠穆朗玛峰及其他8000m以上山峰成为个人乃至国家最大的荣耀。登山探险旅游的开展具有世界意义。

2. 建立不同档次的登山基地

应在青藏高原上建立世界级、国家级、地区级不同档次的登山基地。

世界级登山基地，以8000m以上山峰和部分在世界有很高知名度的山峰为攀登对象，如新疆慕什塔格峰、西藏南巴瓦迦什峰等，虽高度在8000m以下，但在世界登山界知名度很高。可以在西藏设立2～5处世界级登山基地，扩充建设珠穆朗玛峰登山大本营，使其登山基础设施进一步完善。

国家级登山基地，以7000～8000m以下山峰为攀登对象，建立8～12个国家级登山基地，其中西藏境内建5～7个，青海、云南西北部、四川西部、新疆西南部西昆仑山区建3～5个登山基地。青海玉珠峰现已建成国家级登山基地。

地区级登山基地，以6000～7000m以下山峰为攀登对象，少数独特优势的6000m以下山峰也应给予考虑，主要满足国内市场需求，由各省区体育、旅游部门管理，大力开展全民登山体育健身旅游活动。

3. 建立具有高原特色的管理模式

应成立青藏高原登山协会，在国家体育总局登山运动管理中心直接管理下，接受中国登山协会技术指导，提供登山技术咨询、技术指导、登山设备、登山人才培养等。

建立符合青藏高原实际的营销策略，使青藏高原登山运动步入正常的运行轨道。青藏高原是以藏族为主体的多民族分布区，经济发展水平还很低下，人民生活水平不高，可以把登山旅游作为脱贫致富的一个重要途径和手段。青藏高原生态脆弱、敏感，在开展登山旅游过程中，应把生态环境保护自始至终贯穿在登山旅游的全过程。

4. 高素质登山人才的培养

从事登山事业的人，除了具备一副强壮的体魄，还要有吃苦耐劳、顽强拼搏、永攀高峰、为国争光的决心和信心，也必须要有较高专业知识水平、健康心理素质。在高素质登山人才的培养方面，西藏登山学校积累了丰富经验。这所学校建校十余年，毕业的不少人多次登上珠峰，为我国登山事业做出了贡献，成为我国登山人才的摇篮。青海、四川、云南等省的体育学校，根据市场需求，开办专门培养登山人才的培训班。

5. 建立完善的登山救助体系

青藏高原自然条件十分严酷，发生山难的因素复杂多样，滑坠、雪崩、滚石、泥石流、雷击、山洪等自然灾害，每时每刻都有发生的可能性，不可预见因素多。所以，建立并完善高原登山救助体系尤为必要。

二、攀岩旅游

（一）攀岩的由来

攀岩是从登山运动中派生出来的一项运动，是凭借人类原始的攀爬本能，借助各种装备进行安全保护，攀登自然陡岩峭壁或人工岩壁的运动，集健身、娱乐、竞技、观摩于一体，要求运动员身体素质全面，具备勇敢、顽强和坚忍不拔的精神，能够在各种不同的高度及角度的岩壁上轻松自如的完成各种惊险动作。由于攀登者在岩壁上稳如壁虎、娇似雄鹰，给人们以优美、惊险的享受，所以人们称攀岩为“岩壁上的芭蕾舞”。攀岩能充分满足人们回归自然、寻求刺激，并从中挑战自然、挑战自我的欲望，以其特有的魅力、突出的个性感染着人们，因而攀岩运动以很快的速度在全世界迅速发展。

远古时代的人类为了猎食、采集药材等在高山岩体上攀爬，是为了生存而进行的一种生产活动方式。历史上第一个有记录并使用装备的攀岩，是 1492 年法国国王查理三世命令属下攀登一座高为 304m 的石灰岩塔。17 世纪中期阿尔卑斯山区的攀岩活动较为普遍，1850 年登山者已经有一些简单的攀登工具，以帮助他们通过岩壁和一些冰河地形。而真正意义上的攀岩运动，起源于 20 世纪 50 年代的苏联，为军队中一项军事训练项目，1947 年成立攀岩委员会，1948 年举办了首届攀岩锦标赛，此后攀岩运动在欧洲盛行。1974 年攀岩被列入世界比赛项目，1985 年法国用人工岩壁进行攀岩比赛，它比自然岩壁在比赛规则上易于操作，也利于观众观看。1987 年国际攀登联合会（UIAA）规定，国际比赛必须在人工岩壁上进行，当年在法国举办了人工岩壁的首届比赛。1989 年首届世界杯攀岩赛分阶段在法国、英国、西班牙、意大利、保加利亚和苏联举行。此后，每年都举行攀岩世界杯赛。随着攀岩运动的蓬勃发展，“亚洲攀委会”于 1991 年 1 月 2 日在香港成立，第一届攀岩亚锦赛 1991 年 12 月在香港举行。

（二）我国攀岩运动的发展现状

我国的攀岩运动从20世纪80年代开始，首次于1988年在北京怀柔举办，1993年被国家体委列入正式比赛项目，从此全国每年举行一次。1997年在北京举行了“郎酒杯”全国攀岩邀请赛。1999年中国首届极限运动大赛在浙江湖州举行，攀岩以其独特的魅力成为该赛事的支柱项目。随着我国经济的快速发展，人们生活方式的改变，攀岩以其独特的魅力感染着越来越多的青少年，攀岩已成为目前一种时尚的行为，以攀岩为特别项目的各类形式的户外运动俱乐部也如雨后春笋般涌现。到2010年年底，我国已连续举行了18届全国攀岩锦标赛、多届亚洲攀岩锦标赛世界杯赛。这些赛事的成功举行，逐步建立了我国攀岩比赛的商业运作模式，为国内外攀岩选手提供了众多相互交流的平台，大大提升了中国攀岩的国际地位，吸引了无数中国百姓的眼球。

青海于2005年举办中国·青海高原全国攀岩精英赛，2006年起，经国际攀联（ICC）批准升格为世界杯攀岩赛，连续多年的比赛活动，积累了丰富经验，不仅促进了青海乃至全国攀岩体育运动的开展，还极大地提升了青海在国内外的知名度，大力促进了青海旅游业的发展。

（三）青藏高原开展攀岩旅游的构想

1. 建立自然岩壁攀登基地

青藏高原地域辽阔，有众多崇山峻岭，可供攀岩的悬崖峭壁处处可见，开展自然岩壁攀登在全国来说有绝对优势。可在青海东部河湟谷地区、祁连山地区，云南西北的迪庆、大理、丽江地区，川西阿坝、甘孜州，甘肃临夏州等地，选择岩性条件好、交通便利、自然和人文旅游风光奇特的地方，建8～15处设备优良的自然岩壁攀登基地。

2. 室内攀岩基地的建设

青海连续多年开展室内世界杯攀岩赛，积累了丰富经验，为进一步将攀岩运动发扬光大，可考虑在青海格尔木、西藏拉萨、云南迪庆、四川阿坝或甘孜州等处，建5～8处高档次的室内攀岩基地，使攀岩运动与登山运动（指高山探险）有机结合，并成为登山运动的重要组成部分。

三、漂流

（一）我国漂流体育旅游的回顾

漂流，顾名思义顺水流动，就是人们在水上活动，让人们充分体会到过险滩、闯激流的艰难，领略到人与自然搏击的情趣，观赏水面青山环绕的美景，使人们充分享受惊险、刺激以及完全区别于平凡生活的独特感受。

漂流在古代曾是人类一种原始的涉水方式，如爱斯基摩人的皮船，中国的竹木筏，主要是为满足人们生产和生存需要。后来漂流成为一项户外运动，第二次世界大战后人们把退役的充气橡皮艇作为漂流工具应用于水上活动，逐渐演变成今天的水上漂流运动。我国的漂流运动起于20世纪50年代，尤其是进入20世纪80年代以来，回归自然、挑战自然成为现代人们追求的时尚，漂流运动以其特有的运动形式成为现代人们融入自然、挑战自然的工具，因而在短时间内取得了很大的进步，激流皮划艇、障碍回旋、激流马拉松、皮艇球等项目应运而生，国内许多著名江河已开展皮划艇竞赛和橡皮艇的旅游，并迅速得到普及。其中中国长江科考漂流活动引起世界的瞩目。

长江是中国第一大河，世界第三大河，源头区域地势高，水流湍急，总落差达5400m，成为国内外漂流探险者征服的一个目标。1985年美国坎沃伦急流探险公司，出资30万美元购买长江首漂权获准。西南交通大学的尧茂书出于爱国之举，为了赶在美国人之前完成首漂，于当年6月北上长江源头姜古迪如冰川，独驾孤舟“龙的传人”号，只身进行长江第一漂，由于没有后勤救援，他在长江上游漂流1200km后，在金沙江通伽峡段不幸遇难。

1986年6～11月，中国长江科学考察漂流探险队、中国洛阳长江漂流探险队、中美联合长江上游漂流探险队，在海拔4500m的长江河源区，采集到各类水文、地质标本1000多件，拍摄3000多张照片，历时5个多月的顽强拼搏，闯过250多个险滩，从长江源头到达长江入海口附近的横沙岛，人类首次漂完6300km的长江全程，有10名队员遇难长眠于长江。1986年的长江漂流被美国《国家地理杂志》评选为全球25项最惊险、最精彩的探险活动之一。

1987年，河南黄河、北京青年、安徽马鞍山3支黄河漂流探险队，用 4 个月的时间完成了黄河全程漂流，被誉为“人类漂流史上前无古人的一次壮举”，这是中国人首次在没有动力情况下完成黄河的全程漂流探险，有 7 名勇士献出了年轻的生命。

对长江和黄河的全程漂流活动，极大地促进和推动了国内的漂流活动，此后国内涌现出一大批有影响的漂流活动，如 1993～1994 年长江源电视摄制漂流探险、1998 年中美怒江漂流（云南段）、1998 年珠江漂流探险、1998 年中国女子长江源科考漂流探险、1998 年雅鲁藏布江漂流探险、1999 年黄河源科考漂流探险、1999 年羊皮筏子黄河漂流探险考察、2001 年 9～10 月中美怒江（西藏段）漂流探险、2002 年中美雅鲁藏布江（仁庆顶峡谷段）及拉萨河漂流探险、2003 年中国汉江漂流探险、2004 年中国科罗拉多大峡谷科考漂流探险等。

国内民间户外漂流景点不计其数，掀起了全国性的漂流新热潮，有较高档次的至少在百余处以上，如北京怀柔龙潭河漂流、广西贝江漂流、湖南张家界激流回旋漂流、黑龙江响水河漂流、陕西秦岭峡谷漂流、河南尧山大峡谷漂流、云南红河中越界河漂流等，漂流工具为竹筏、橡皮筏、龙舟等。我国西部地区以羊牛皮筏为漂流工具。

发源于青藏高原上的大江大河，加上其支流达数百条，这些河流有流程长、水流量大且稳定、河道急流险滩多等特点，纯天然环境，加上严酷的生态环境，使这里的漂流旅游活动的刺激感和兴奋度远大于人为景点内的漂流。青藏高原是我国乃至世界开展挑战极限漂流旅游最为理想的区域。

（二）青藏高原开展挑战极限漂流运动的构想

1. 选择世界著名大江大河为漂流目的地

青藏高原上世界著名的大江大河有长江、黄河、雅鲁藏布江、澜沧江、怒江等。这些河流流经沿途的自然和人文风光奇特，流经地大都是历史悠久、人口稠密、经济、文化发达区，雅鲁藏布江、澜沧江、怒江为国际性河流。所以，以上述河流作为漂流目的地，在国内外享有很高的知名度。

2. 选择不同特性的河段建立各具特色的漂流目的地

1）选择知名大峡谷河段建立世界顶级漂流目的地

大峡谷河段漂流是为专业漂流人员提供的。青藏高原在国内外著名的大峡谷有雅鲁藏布江大峡谷，为世界上第一大峡谷，峡谷内原始森林、冰川雪原、温泉瀑布、江心绿洲、奇峰怪石、园林古树等自然景观多姿多彩，景色极为壮观；横断山三江大峡谷，金沙江、澜沧江、怒江三条大江在横断山区从北向南并列穿行，气势之雄伟壮观世界所罕见，被列入世界自然文化遗产名录；青海东部黄河大峡谷，从龙羊峡至寺沟峡长160km，峡盆相间串珠式地貌形态，峡谷一般长10～15km，宽仅百余米，急流险滩。宽谷小型盆地是省内重要农耕区，自然和人文风光奇特。

2）选择知名河流缓流河段作漂流目的地

知名河流缓流河段的漂流，是为广大漂流旅游爱好者提供的，一般有惊无险，便于爱好者充分领略漂流旅游的刺激性和愉悦感。可以选择拉萨盆地拉萨河段、山南谷地雅鲁藏布江从日喀则至米林（派乡）河段和青海东部黄河贵德、尖扎、循化、官亭宽谷小型盆地段作漂流目的地。此类河段漂流，自然条件较好，安全可靠性强，游客适宜范围广，各地可视条件因地制宜地开展活动。

3）选择知名河流全程或都分河段作漂流目的地

对漂流者来说，长江、黄河、雅鲁藏布江、澜沧江、怒江等从源头至入海处的全程漂流，是一项伟大成就。根据漂流者的爱好，可选择某一河段漂流作漂流目的地，如雅鲁藏布江、澜沧江、怒江等从源头至我国出境处，长江、黄河在青藏高原境内河段。也可根据漂流者的需求，选择某一河段的特定区域进行漂流。

3.“筏子”漂流

历史上，黄河上游段群众在河道上运送大宗货物的一种工具叫“筏子”，根据制作材料的不同有皮筏子和木筏子之分。运送的物品主要有羊毛、木材、肉类、药材等农畜产品。随着时代的变迁，“筏子”被汽轮帆船、汽车所替代，沿黄河老百姓心爱交通之物“筏子”成为历史的见证物，“筏子”把式一个个离开人间，越来越少。当今旅游业蓬勃发展，“筏子”应作为漂流工具，重新被开发利用。

4.加强安全措施

漂流是一项冒险性大、安全性差的特种体育旅游运动项目，所以要加强对漂流旅游者的安全管理，促进漂流旅游有序发展，保障旅游者人身及财产安全，实行“安全第一，预防为主”的方针。旅游目的地必须要有完善的安全救助措施。

四、科学探险考察

青藏高原以其年轻的地质发展历史、活跃的新构造运动、剧烈的环境演变、独特的生物多样性、丰富多彩的自然景观等诸多优势，成为当今世界地球科学、环境科学、生命科学等诸多领域科学家关注的热点地区，是新理论的策源地和科学技术竞争的前沿，成为当今世界人类探索大自然奥秘的大门，被喻为“打开地球动力学大门的金钥匙”。因此，世界各国的地球科学家们，不远万里、不辞辛苦，登上青藏高原进行科学探险考察，并取得了丰硕成果。

青藏高原上的羌塘高原、可可西里、雅鲁藏布江大峡谷、喜马拉雅等诸多山脉、山峰、湖泊、河流等，至今保留原始、纯正的自然面貌，是人类研究地球真实面目的理想区域，对这些区域地质、地貌、气候、水文、生物、土壤、冰川、冰土、矿产资源的研究，有极其重要的现实意义。青藏高原是多民族、多宗教区域，对各民族文化和各种宗教文化的研究，同研究自然景观一样具有同等的重要价值。

青藏高原在当今世界仍是一块神秘区域，青藏高原研究热正在兴起，将会有更多专业的研究者，怀着满腔热情登上这片神秘区域进行科学探险考察旅游。

五、冰雪运动

冰雪运动是气候寒冷、多冰雪的地区利用冰雪资源开展的一项具有地方特色的体育运动，成为很多国家冬季最为时尚的体育活动项目。冰雪运动内容形式繁多，对挑战人类生理极限，独有魅力。冬季奥运会成为全球性体育运动的一大亮点。第一届冬奥会于 1924 年在法国夏蒙尼举行，比赛项目有滑雪、滑冰、冰球、舵雪橇、冰球和冰壶。以后每 4 年举行一次，2010 年 21 届冬奥会在加拿大温哥华举行，中国队以 5 金 2 银 4 铜的成绩，名列第 7 位。冬奥会比赛项目不断增多，比赛水平不断提升，使冬奥会成为全球冰雪运动的最大盛会。

冰雪户外运动，群众基础广泛，主要有攀冰、雪地自行车、越野滑雪，高山滑雪、滑冰，高山速降，单板滑雪，极限轮滑。攀冰是由攀岩运动发展而来，是攀登高山、雪山的必修科目，更是登山运动的基本技能之一。攀登者利用冰镐、冰爪、绳索等在陡峭的冰瀑或冰挂上攀登，是集健身、娱乐、竞技、冒险于一身，能够考验与历练参加者的强健的体魄、无畏的勇气、坚定的信念和顽强的意志，是竞技与娱乐的完美集合。

攀冰运动于18世纪源于欧洲，20世纪90年代在北美和欧洲风靡一时，美国、英国和法国相继成立了攀冰俱乐部和攀冰训练学校，攀冰的人数不断增加。近年来日本、韩国等亚洲国家攀冰运动也得到逐渐开展，逐步发展成为一项世界性的冬季休闲娱乐活动。我国的攀冰运动起步较晚，1992年中国登山协会举办攀冰训练班，1999至2000年年初，首届全国攀冰锦标赛在北京延庆县龙庆峡风景区举行。2000年攀冰娱乐项目在哈尔滨冰雪大世界第一次与游客见面，2001年1月，第三届全国攀冰比赛在这里拉开战幕，以后每年举行一次。在全国各地，如黑龙江哈尔滨市、四川四姑娘山、新疆等，不同规模的攀冰运动精彩纷呈。

我国地域辽阔，北方地区冬季冰天雪地，开展冰雪运动条件优越。青藏高原绝大部分地域年均温0℃以下，到处冰雪覆盖，这里又是世界上现代冰川集中分布区之一，集中分布于喜马拉雅山等高大山脉和羌塘高原，冰川面积49 162km^2，占全国冰川总面积的83.8%，相当于亚洲山地冰川面积的40%。所以，青藏高原可建成世界上最大的天然冰雪运动场，一年四季均可开展冰雪运动，冰雪运动同登山运动一样，将会成为青藏高原上最具竞争优势的挑战极限体育旅游项目。

青藏高原开展攀冰、雪山攀登、高山滑雪、雪地徒步等冰雪运动的条件极为有利。选择海拔适宜、交通便利、地形地貌较为平缓、良好小气候环境地，建立不同档次和规格的冰雪运动场地，可以是综合型的也可以是多项或单一项的。冰雪运动与登山运动有机结合，使其相得益彰。

六、抢（横）渡河（湖）

抢渡，顾名思义就是抢时间迅速渡过江河或湖海之意，抢渡者是要付出艰辛的努力，甚至付出生命的代价。抢渡者同汹涌波涛的江河湖海水搏斗，可以创造出惊天动地的奇迹，如红军在长征时抢渡金沙江、大渡河、乌江等。北京体育大学教师张健因抢（横）渡河（湖）而闻名，

1988 年他横渡 29.5km 宽的琼州海峡；2000 年横渡 123.58km 的渤海海峡，创造了男子横渡海峡最长距离的世界纪录；2001 年成功横渡英吉利海峡；2001 年横渡长白山天池；2002 年横渡我国最深的淡水湖——云南抚仙湖；2003 年克服海拔高、水温低、紫外线强、湖水盐分腐蚀性强等困难，横渡青海湖；2005 年横渡我国南海岸的伶仃洋。

中国青海循化国际抢渡黄河极限挑战赛，已连续成功举办 6 届，以其比赛水域水温低、水流急、海拔高、氧气稀四大难点，创造了全国乃至世界水域比赛之最，这是第一个在世界“第三极”公开举行的大型国际水域赛事，引起了国内外游泳爱好者的关注。青藏高原是我国乃至世界上河流纵横、湖泊密集的区域，这里有世界著名江河，如长江、黄河、澜沧江、雅鲁藏布江、印度河上源——狮泉河、萨尔温江上源——怒江等。这里也有不少闻名国内外的湖泊，如青海湖、纳木错湖、玛旁雍错、羊卓雍错、巴松湖、泸沽湖、可可西里湖、鄂陵湖、扎陵湖等，都是比较理想的横渡湖泊。选择横渡世界最高湖泊纳木错，与攀登珠穆朗玛峰具有同等价值，甚至某些方面要超过攀登珠峰，因为至今还没有横渡纳木错的勇士，如果横渡纳木错成功，将可载入吉尼斯纪录。如果在海拔 4000m 的玉树草原举行抢渡长江上源通天河、藏南谷地举行抢渡雅鲁藏布江，对广大游泳旅游爱好者的挑战性将更加激烈，这是抢渡旅游者自身价值的重要体现，也将是他一生中非常荣耀的事情。

七、自行车比赛

自行车是人类普及最广的交通工具，以自行车为工具的体育运动项目深受人们的青睐。据记载，1868 年在法国巴黎圣克劳德公园内举行了世界上第一次自行车直道竞速比赛。1892 年由比、加、丹、英、法、德、荷、美等国家的自行车运动爱好者发起，组织了国际自行车运动协会，这是国际自行车联盟的前身。1893 年组织了首届世界业余自行车锦标赛，1895 年组织了首届世界职业自行车锦标赛。1896 年第一届奥运会上，自行车被列入正式比赛项目，1900 年正式成立国际自行车联盟。20 世纪 50 年代，山地车越野运动出现于法国，并逐渐在全欧洲流行。首次山地车赛于 20 世纪 70 年代在美国的旧金山举行，1991 年首次举行世界杯赛。1996 年被列入奥运会比赛项目。20 世纪 60 年代，自行车小轮车运动兴起，1981 年国际小轮车联盟成立，1982 年举行了第一届世界小轮车锦标赛。1993 年小轮车正式成为自行车运动大家庭的一员。2003 年国际奥委会批准小轮车为 2008 年北京奥运会比赛项目。

国际公路自行车赛是历史久远的体育竞技项目之一，中外闻名的环法自行车赛、环意自行车赛、环西班牙自行车赛，是世界三大国际公路自行车赛事。其中，环法自行车赛诞生于 1903 年，每年夏季 7 月举办，是全球公路自行车运动中影响最深、规模最大、比赛水平最高的国际自行车大赛。

自行车于 19 世纪末进入我国上海市场，后来在全国迅速推广普及，使中国成为“自行车王国”。自行车运动 20 世纪初传入中国，1952 年第一届全军运动会上，首次将自行车列为比赛项目。1959 年建成我国第一座自行车赛车场——龙潭湖赛车场。1963 年成立中国自行车运动协会，1979 年加入国际自行车联盟。先后举办世界级公路自行车赛事活动，如环青海湖国际公路自行车赛、环海南岛国际公路自行车赛、环南中国海国际公路自行车赛、环中国国际公路自行车赛、环千岛湖国际公路自行车赛、环鄱阳湖国际自行车大赛等，特别是在青藏高原上连续十届成功举办的环青海湖国际公路自行车赛，在国际上产生了深刻影响。

青藏高原开展挑战极限公路自行车赛事活动，有得天独厚的自然、人文地理条件，应对环青海湖国际公路自行车赛进一步培育提升，使其早日跻身于世界最著名的公路自行车赛事活动之一。积极创造条件，开辟西宁经格尔木至拉萨沿青藏公路世界屋脊公路自行车赛，赛程 2000km，沿途平均海拔 4000m 以上，穿过戈壁、沙漠、盐沼地、寒漠、高寒草原，翻越东昆仑山、唐古拉山、念青唐古拉山等高大山脉，特别是东昆仑山口至羊八井之间的千余公里，平均海拔在 4500m 以上，唐古拉山口、风火山口超过 5000m，穿越可可西里和藏北高原“无人区”，具有缺氧、低温、大风、温差大、紫外线强等极为严酷的自然条件，参赛时间 20～25d，对参赛者体力损耗很大，上述条件是对参赛者极大的挑战极限考验。在此基础上，进一步创造条件，开辟拉萨经林芝沿川藏公路至昌都，然后沿青康公路经玉树至西宁的环青藏高原核心区域世界屋脊公路自行车赛，这一环世界屋脊腹地的公路自行车赛，在世界上绝无仅有、无与伦比。

八、徒步探险旅游

徒步探险旅游是凭借人体双脚进行野外旅游的一种方式，是步行、攀登、重量训练和增氧健身的组合，它灵活自由、老少皆宜、简便易行，使观光游览、健身、锻炼人的意志和毅力等有机结合起来。旅游者边走、边游、边看，不受时间或季节限制，因而成为全民普及的全球性健身旅游活动。

青藏高原挑战极限徒步旅游正在兴起，青海省体育局开展的徒步穿越柴达木盆地挑战极限活动，正在逐步成长为一项旅游品牌，受到徒步旅游者的青睐。这一穿越从柴达木盆地南端的诺木洪出发，穿越戈壁盐碱地、梭梭林、风沙地、盐湖、沼泽、芦苇塘，抵达海西蒙古族自治州首府德令哈市，全程135km。徒步旅游者经受了常人难以忍受的风吹日晒、缺氧、疲劳等磨难，具有很强的挑战性，被中央电视台“完美假期”栏目评为“中国十大完美旅游线路”。冬季青海湖冰面上徒步旅游，长江源头生命禁区徒步、自行车骑行、源头取水活动，低温、缺氧、道路崎岖，是对每个参赛者的严峻考验。

青藏高原创造条件，应开辟如下四条挑战极限徒步旅游线路：①从西宁出发沿青藏公路至拉萨的世界屋脊挑战极限徒步探险游；②从西宁出发沿青康公路至昌都，从昌都沿川藏公路至拉萨的唐蕃古道挑战极限徒步探险游；③从昆明沿滇藏公路至拉萨的茶马古道挑战极限徒步探险游；④从西宁出发沿青新公路至喀什的丝绸之路南线青海道挑战极限徒步探险游。

沿青藏公路、唐蕃古道、茶马古道、丝绸之路南线青海道四条徒步探险旅游线路，沿途自然风光奇特，历史文化价值极高，在国内外享有很高知名度，开发潜力大。

九、极限越野跑

越野跑是在野外环境中进行的一种中长距离的赛跑。野外长跑时，由于我们需要蜿蜒前行，避开崎岖路段，大腿内、外侧肌肉及臀屈肌可以得到更好的锻炼，更多地锻炼腰腹部，可使双腿、后腰和腹部更加强壮。同时，越野跑也是锻炼毅力、耐心、恒心的良好渠道，通过在跑步过程中，不断攻克心理和生理的难关，从而可以达到超越自我的目的，也可以造就良好的意志精神力。目前，常规越野跑、跑酷、定向越野跑等方式，正在世界各地推广。在野外环境中较长距离、较长时间赛跑的同时，也可以同外界秀丽的景色直接接触，感受大自然的无穷美感，使心情无限美好，从而有利于身心健康。

跑酷，一词来自法文的“parcourir”，直译就是“到处跑”。其中就有“超越障碍训练场”的意思。它凭借自身的力量穿越任何障碍物，或到达一个目的地。跑酷不仅是一门运动的艺术，也是一种生活方式，跑跳攀爬中，自由灵魂在运动中无限伸展，因而喜欢跑酷的人在我国越来越多。

定向越野跑，这种运动形式最早诞生在 19 世纪末 20 世纪初的欧洲北部，这里地面广阔而崎岖不平，覆盖着一望无际的森林，散布着无数的湖泊，城镇、村庄稀疏散落。所以，人们要到达一个目的地，需要穿越莽莽林海、湖沼、山丘地形物。如果在这一环境下，不具备辨别方向、选择道路和越野行进的能力，就无法到达目的地，地图和指南针是必备设备。定向越野跑活动设备简单，活动场地灵活多样，能培养和锻炼人的勇敢顽强精神，提高人的智力、体力水平，因此被列入军队或地方院校的“必修课”，并且很快在民间流传开来。有些国家以家庭为单位进行比赛，使用不同交通工具进行定向运动比赛，如乘摩托车、自行车、独水舟或骑马等。

青藏高原挑战极限越野跑，特别要突出地域特色。青藏高原是以藏族为主体的多民族地区，藏文化博大精深，成为青藏高原文化的核心，而宗教文化又成为藏文化的灵魂，宗教文化中对山、水、日、月、树木等自然物的崇拜占有极其重要地位，藏族对神山、神湖的朝拜，成为藏文化极其重要表现形式。藏族同胞深信不疑的认为，高原上的神山、神湖居住着威力无穷的神灵。为了求助神灵保佑，死后灵魂进入天堂，他们不惜巨大代价围绕神山、神湖磕长头朝拜，沿途自然条件严酷，没有顽强的体力和毅力是难以支持下来的。冈仁波齐、阿尼玛卿山、玛旁雍错、羊卓雍错、青海湖等是青藏高原上驰名海内外的神山、神湖。从这里我们得到启示，环绕著名神山、神湖开展挑战极限越野跑，将可成为国际体育旅游颇有影响力的赛事活动，将会吸引更多对藏族宗教文化感兴趣的体育旅游爱好者积极参与。为了积累经验和树立典型，建议创建青海湖挑战极限越野跑赛事活动。青海湖是我国面积最大、最美的湖泊，是著名的神湖、昆仑文化中的最大瑶池，环湖有二级公路，全程长360km，公路上一年四季可以看到磕长头朝拜青海湖的藏族同胞，湖区基础设施建设初具规模，为创建青海湖挑战极限越野跑赛事活动奠定了良好条件，这一赛事活动将同环青海湖国际公路自行车赛、青海高原世界杯攀岩赛和青海国际抢渡黄河极限挑战赛一起，成为青海乃至青藏高原在国际上享有盛名的体育赛事。

十、汽车拉力赛

汽车拉力赛，是在一个国家内或者跨越国境的多国内举行的多日、分段的汽车比赛，即将出发地到终止地之间的路程分成若干个行驶路段和赛段，并在沿途设有给养站和休息站。比赛的路面没有明确的规定，可能是平坦的柏油公路，但更多的是荒山野岭高低坎坷不平的崎岖山路，也可能没有固定路面沙地、沼泽地、砂石地……比赛时，路线上不断绝其他车辆通行，参赛汽车每天行驶的路程及到达的时间均有明确限定。路线上还设检查站检查参赛汽车是否在规定时间内通过，这样既检验车辆性能质量，又考察驾驶员技术水平。拉力赛时间短的只有几天，长的可持续几十天。参赛汽车在行驶过程中，受到一定的时速限制，须按规定时间抵达各路段的终点，行驶中要遵守当地的交通规则，违者将被扣分。拉力赛结束后，以跑完全程累积时间最少、被扣分数最少的汽车和驾驶者为胜出者。

世界首次汽车拉力赛于1900年在英国举行，全程约1600km。世界上路程最长的拉力赛，是1977年从英国伦敦到澳大利亚悉尼的拉力赛，全程长约3.1×10^4km，历时46d。目前世界著名的汽车拉力赛有巴黎至达喀尔拉力赛、欧洲的蒙特卡洛拉力赛和东非萨法里拉力赛等。我国举行的第一次汽车拉力赛是1907年北京至巴黎拉力赛，得到了清政府的认可，从北京至巴黎，沿途经过张家口、蒙古、西伯利亚、乌拉尔，横跨波兰、德国，抵达巴黎，全程12 000km，旅途漫长，自然条件恶劣，是一次极富挑战性的超长途行程。

世界最著名的汽车拉力赛巴黎—达喀尔拉力赛，是以非洲撒哈拉沙漠为舞台，其艰险程度超出人们的想象，过程异常艰苦，比赛中要穿过沙丘、泥浆、草丛、岩漠地。白天要经受40℃以上的高温，晚上又要在0℃以下的低温中度过。赛车经常出现故障，一旦迷失方向，将面临断油、断粮，甚至出现放弃赛车的尴尬局面。比赛期间世界180个国家和地区的电视、广播、报纸以及杂志广泛报道，受到全球5亿以上人口的热切关注。2010年中国（三亚）国际热带雨林汽车越野挑战赛中，车手们穿越了热带雨林区，陡坡、水塘、泥塘、河道、山谷等艰苦恶劣的环境，为三亚旅游宣传开辟了一条全新的渠道。

汽车拉力赛首先需要一个十分广阔的活动空间，这个空间地形地貌等自然条件复杂多样，车手们每时每刻将会遇到意想不到的困难，只有在这种环境中，才能充分展示车手们高超的驾驶技艺和顽强拼搏的大无畏精神，才能真正验证参赛车辆的性能质量。青藏高原空旷的区域内，极其复杂多变的自然地理环境是汽车拉力赛最理想的场所。从西宁至拉萨汽车拉力赛，全程约2000km，沿途经过长约800km浩瀚的柴达木盆地，其干旱程度并不比非洲撒哈拉沙漠逊色；翻越海拔4700m的东昆仑山口，穿过平均海拔4600m长约800km的可可西里“无人区”；其间要翻越海拔5000m以上的风火山口和唐古拉山口；穿过平均海拔4500m长约600km的藏北羌塘高原“无人区”。沿途荒漠戈壁、盐沼、沙漠、寒漠、沼泽，翻越数座冰峰雪山，穿越数十条河流，特别是低温、缺氧、强烈的紫外线照射、大风、雷雪交夹、反复无常的天气变化等极其恶劣的气候，其艰险程度可谓世界之最。因而，西宁至拉萨汽车拉力赛在世界的知名度，定将会超越世界最著名的巴黎—达喀尔汽车拉力赛。

十一、溯溪探险旅游

溯溪，是由峡谷溪流的下游向上游溯河而上，要克服各种地形障碍，溯水到达河流源头的一项挑战极限探险旅游活动，实际上是以探源为目的新兴户外旅游活动。这种活动最早是在欧洲阿尔卑斯山脉一带以登山的方式流行，后演变为相对独立的溯河而上的户外运动。20世纪60～70年代在日本盛行，后传入我国。溯溪过程中，溯行者须借助一定的装备，具备一定的技术，去克服诸如急流险滩、深潭飞瀑等许多艰难险阻，充满了挑战极限性。也正是由于地形复杂，不同地方须以不同的装备和方式行进，使得这项活动富于变化而魅力无穷。溯溪活动需要同伴之间的密切配合。只有强大的团队精神，才能完成艰难的任务，这是对溯行者是一种考验，同时又可得到一种克服困难后的自信与成就感。

青藏高原有十余条在国内外著名的河流，加上较大型支流可达百余条，是国内进行溯溪探险旅游的理想目的地。其中长江、黄河、雅鲁藏布江、澜沧江、怒江等，流经地区历史悠久、人口稠密、经济发达，大都为其流域地人民的母亲河而成为世界名河。由于受到多种因素的限制，其源头至今没有被确定。一条大型河流源头的确定，被视为一次地理大发现。组织溯溪探险旅游爱好者，从河流下游溯河而上，考察沿河自然和人文风光，至源头观赏自然地理景观，探测河源将会得到意想不到的精神收获。

十二、狩猎探险旅游

狩猎旅游是以狩猎为目的的一种特殊旅游方式。在一些经济发达的国家，狩猎爱好者把狩猎视为高尚的娱乐活动，他们不惜耗费巨资长途跋涉从事狩猎旅游活动。为适应国际旅游市场的需求，一些野生动物资源丰富的国家和地区，开辟天然狩猎场以吸引狩猎旅游爱好者前来狩猎旅游，以获得十分可观的经济收入。非洲扎伊尔南部大草原是著名的狩猎旅游者的乐园；纳米比亚境内的纳米布—诺克卢夫特天然狩猎场是世界上最大的狩猎场。目前，全球性生态环境日趋恶化，大量野生动物不断遭到毁灭性的捕杀，种群数量以惊人的速度在减少，使得各国政府都采取了保护野生动物资源的行政管理措施，严格规定了猎期和猎取量，准猎证售价高昂，盗猎者则处以严厉惩罚。这种有控制的狩猎活动不至于破坏天然狩猎场的生态平衡，使狩猎旅游也得以持续不断地健康发展。

青藏高原茫茫草原、高耸的冰峰雪山、荒漠戈壁、河湖广布，形成复杂多样的生态环境，加上这里人口稀少，极少有人类的干预活动，为各种高原野生动物的栖息繁衍创造了适宜条件，使这里成为野生动物的乐园，生存有大量属于国家保护的高原珍稀野生动物，国家建立自然保护区严格加以保护。但有些野生动物因受到保护而繁殖速度过快，数量太多，反而使当地生态环境失去平衡，给当地群众的生命财产、生产生活造成一定灾难，如狼数量的增加，因食物短缺而伤害人类、伤害家畜事件不断发生；野牦牛、黄羊等数量的增加与家畜争草场的情况十分普遍；兔、旱獭等数量的增加，对草原的破坏严重。在国家有关政策法规的指导下，开展对野生动物资源的合理开发利用，对那些数量增加过快、不利于当地生态平衡、不利于当地经济发展的野生动物，严格控制其数量的增加，制定科学合理的狩猎旅游规划，开展狩猎旅游不仅能增加经济收入，而且能促进狩猎地生态平衡、经济发展。

青海省经国家有关部门批准，开辟都兰国际猎场、黄河源国际猎场，可供狩猎的野生动物有藏野驴、藏原羚、岩羊、雪鸡等，接待了来自美、英、德、意等几十个国家的狩猎爱好者，获得了良好的经济效益，成为国内外知名度较高的狩猎旅游地。青藏高原上国家级自然保护区有 36 处，约占全国总数的 11.7%，使高原珍稀野生动物得到了有效保护。建议在保护区内建立为旅游服务的狩猎场，根据国内外旅游市场的需求，各地可建不同规格档次的狩猎场，以保持各自然保护区生态平衡。狩猎场必须严格贯彻执行国家法律法规，严格禁止借狩猎旅游之名，滥捕滥杀野生动物的违法行为。

十三、以畜力为交通工具的探险旅游

牦牛、马、驴、骡、骆驼等都是青藏高原重要食草性畜力，是人类从远古时期不断驯化野生动物的结果。这些畜力古代曾是农牧业生产、交通运输和军事等活动的主要动力。随着社会经济变革，生产力水平的发展，科技水平的提高，动力机械的发明和广泛应用，畜力除了在极少数边远贫困地区有较重要的功能外，在很多地区现实生活中所起的作用越来越少。畜力更多的用于旅游和生产乳肉、皮张等，饲养量正在逐步减少。

牦牛是生活在高海拔地区的哺乳动物，是高寒地区的特有牛种和草食性反刍家畜，主要产于青藏高原海拔 3000m 以上地区。牦牛适应高寒生态条件，耐粗、耐劳，善走陡坡险路、雪山沼泽，能游渡江河激流，有“高原之舟”之称。牦牛全身是宝。藏族人民衣、食、住、行、烧、耕都离不开它，喝牦牛奶，吃牦牛肉，烧牦牛粪，其毛可做衣服或帐篷，皮是制革的好材料。它既可用于农耕，又可在高原作为运输工具。牦牛还有识途的本领，善走险路和沼泽地，并能避开陷阱择路而行，可作旅游者的前导。

随着现代交通业的快速发展，人们使用舒适、快速、便捷的汽车、飞机、轮船等交通工具，马、驴、骡等畜役交通工具在城市基本绝迹。

就连经济欠发达的农村地区，畜役也逐渐被拖拉机、小车、自行车、摩托车等现代化交通工具替代，过去曾普遍使用的马、驴、骡、牦牛等，只能在动物园里才能看得到。目前，只有那些公路一时还难以到达的十分偏僻农村、牧区，才会普遍利用马、驴、骡、牦牛等畜役交通工具。畜役交通工具具有灵活、安全、方便等优势。

随着现代旅游业的发展，更多的旅游者热衷于户外运动，特别是要到那些人迹罕至的地方进行挑战极限探险旅游。这些地方大都是边疆少数民族地区，经济发展水平低，交通条件差，人民生活水平不高。这里的旅游风光原始、奇特，极富吸引力，但因交通条件限制，游人无法到达旅游目的地。这时可以以马、驴、骡、牦牛等作为交通工具，实现游人到达旅游目的地的愿望，如游人要到长江、黄河、澜沧江等河源地探险考察旅游，这里没有公路，车辆进不去，只有乘骑良马才能到达。游人要到那些远离现代人类活动地的古文化遗迹探险考察，交通条件极为不便，只有乘骑马、驴、骡、牦牛才能到达。对于那些出生在城市，进出门乘车上学回家、上下班的人来说，以牦牛、马、驴、骡、骆驼等畜役为交通工具的旅游，更具新鲜感、刺激性。

青藏高原上牦牛、马、驴、骡、骆驼等是老百姓的重要畜役，也是非常重要的旅游资源，如藏族聚居区一年一度的“赛马会”，蒙古族群众的“那达慕”，“马”在这两个活动中都唱“主角”。最激动人心的场面是赛马，剽悍的草原汉子骑着骏马于飞驰中耍枪、射击、拾哈达、悬体、倒立，在疾驰的马背上表演着一个又一个惊险动作，场外观众不时鼓掌喝彩，使整个场面人欢马嘶，气氛热烈之极。每年草原上隆重举行的“赛马会”和“那达慕”盛会，吸引了无数国内外游客前来游览观光，在国际上享有一定知名度。

十四、摩托车挑战极限越野比赛

摩托车比赛是借助于摩托车从事比赛的运动项目。摩托车具有体积小、速度快、机动性强、越野性好、操纵简便等特点。开展摩托车运动可以锻炼体魄，培养机智、勇敢、顽强的良好作风，体现人与机械的完美结合，集挑战、技巧和娱乐于一体，现已成为世界各国大力开展的一个运动项目。

摩托车运动发源于19世纪末至20世纪初，当时欧洲一些生产摩托车发达的国家，为了展示检验比较他们各自制造的摩托车的性能质量，举行了一些摩托车比赛，从而逐步形成了这项运动竞赛项目。1904 年在巴黎举行了一次长 54km 的摩托车国际比赛，参加比赛的 5 个国家发起成立“国际摩托车运动俱乐部联合会”。1949 年更名为“国际摩托车运动联合会”，1979 年在瑞士蒙特勒国际摩联大会，中国被接纳为会员国。

目前，国际上举行的大型摩托车比赛，项目繁多，内容惊险，比赛优秀选手多来自于摩托车制造业发达的英、德、意、奥等国。第二次世界大战后日本摩托车制造业高速发展，摩托车运动水平进入世界先进行列。摩托车运动在中国从 1952 年开始起步，1956 年国内不少城市建立了摩托车运动俱乐部，摩托车运动在我国蓬勃开展起来。

摩托车运动比赛项目多，大致分为越野和多日赛、公路赛、场地赛、旅行赛 4 大类，我国目前普遍开展的有越野、超级越野和公路赛。越野赛的场地是要选择在自然地形地物上进行，超级越野赛主要是选择在人工修筑的场地进行，目前我国开展的摩托车运动比赛，多数情况下是将越野和超级越野有机结合起来进行。

青藏高原有开展摩托车挑战极限越野比赛的优越条件。低温、缺氧、大风、紫外线强等严酷的自然条件，加上复杂多样的地面自然障碍物，首先是对摩托车运动员体能、技能、战术、心理、毅力等综合实力的考验，然后是对参赛摩托车性能质量的严格检验。线路的选择可以从西宁至拉萨，同汽车拉力赛线路相同。摩托车公路赛，可以同环青海湖国际公路自行车赛的线路相同，这方面有较成功的经验可以借鉴，且沿线有良好的基础服务设施。

十五、古文化探幽旅游

青藏高原上有一批反映高原灿烂文化的珍贵古文化景观，如古遗址遗迹、古城堡、宗教寺院、墓葬地、古道、古民风习俗、古建筑、古村落等，散发出浓郁的地方和民族特色，是生活在青藏高原的先民及后来的各族人民，在同严酷自然环境的斗争中所创造的世界屋脊文化的结晶，是中华民族优秀文化的重要组成部分。青藏高原享有中华古彩陶文化、昆仑文化和藏文化发祥地的美称。丰厚的古文化旅游资源为开展古文化探幽旅游提供了条件。

青藏高原古文化探幽旅游，要注意如下事项。

（1）青藏高原地域辽阔，古文化景观大都呈分散状态，有的位于远离城镇的高山深谷区，那里自然、交通、生活条件都很差，要充分作好吃苦的思想准备。食宿最好自理，如果自驾车困难就少得多。有些旅游目的地，往往没有公路，自驾车也难以进入，需要当地居民以牦牛、马、骡、驴等畜役为交通工具帮忙，在使用畜役时也必须注意安全。

（2）古文化景观分布区，大都是少数民族居住地，语言习俗不通，将会给我们的旅游带来很多困难，必须聘请懂当地民族语言和熟悉当地习俗的人当向导，以尊重当地各民族的风俗习惯和宗教礼仪。

（3）古文化旅游地大都地势较高，具有低温、缺氧、大风等恶劣气候条件，必须要做好防冻保暖措施，严防感冒，事先应充分准备衣服、药物。出发前与当地旅行社、旅游相关部门保持密切联系，一旦出现意外事故而自己无法解决时，必须及时向当地旅行社、旅游相关部门发出求助信号，以尽快得到他们的必要援助。

十六、摄影采风旅游

青藏高原原始、纯正、博大、粗犷的自然风光，丰富的文化遗存，多彩的民族风情和古老浓厚的宗教文化组成的人文景观，对来自异国他乡的摄影家、作家、记者、游客、旅行家，有着特殊的诱惑力，使他们不远万里、不辞辛苦，登上这片遥远而神秘的人类处女地。用他们手中的照相机，把美丽的风光留在相机里，拿起笔端把自己深切的感受写在纸上，从而揭开青藏高原的神秘面纱，给世人以极大的艺术享受和感染力，其中一举成名者不乏其人。青藏高原是他们工作生活的乐园、展示才华的沃土。

第三节　青藏高原挑战极限旅游安全保障系统的构建

一、建立安全保障系统的重要意义

户外运动最本质、最具魅力之处就在于它的挑战性和刺激性，这是人类的天性。而伴随户外运动而来的是很大的危险性，即挑战性和危险性并存，安全是户外运动最大的阻碍因素。据中国登山协会发布的资料，登山中发生的事故常见的有滑坠、雪崩、高山病、掉入裂缝、冷冻伤、缺氧、疲劳造成全身衰竭、滚石、泥石流、雷击、山洪、野兽咬伤等，轻者造成身体的损害，重者造成残疾以至死亡。自1957年开始到2007年年底，50年的时间里，在中国内地发生的遇难人数总计为136人，其中登山遇难者55人，占总人数40%。2007年在户外运动中遇难29人，重大伤害的12人，发生重大险情的有400多人，涉及全国21个省、直辖市、自治区，总人数比2006年大幅上升；2008年中国登山户外运动遇难共20人，因北京奥运会，户外运动出行人数和次数减少，遇难人数也相应减少；2009年，中国内地的山难中遇难的人员44人，另有14名外籍人员在中国登山时遇难。

二、国内外建立旅游安全保障系统的概况

1. 国外

国外的登山运动至今有100多年的发展历史，以登山为主的户外运动已经很普及，政府为了正确地引导和规范户外运动的发展，已经建立了一套成熟的安全保障体系，主要分预防机制与事故紧急处理机制两部分。新西兰的研究人员建立了与伤害事件有关的各种因素的数据库，进行广泛严密的数据分析，找出了防范伤害事故和有效救援的要点及技术手段，针对性地开展各种宣传教育活动。研究表明遇难人数与宣教力度（经费投入）呈反向变化，宣教力度大时遇难人数少，力度减小时遇难人数增加。

欧洲许多国家建有完备的登山救援体系，救援体系是全社会保障体系的一部分，并得到政府的“优惠”政策，救援协会、救援中心的办公地点由政府提供；救援协会购置车辆、器材等享受免税；救援志愿者参加培训和救援工作时，他所就职的部门须无条件支持，不扣薪水；援助工作与军队、警察、保险、医疗等部门密切合作，救援中广泛使用的直升机由军队提供，救援狗由警方提供等。

美国是世界上登山运动最发达的国家，1950年就成立了全国性的登山探险安全保障体系，救援体系在国民观念、机构、通信、交通、技术保障各方面都非常先进，救援协会已经成为和消防、公安、医疗等紧密联系的一部分，负责户外登山探险的救援，与每一个美国人的生活息

息相关，各州有它的分会，各州的救援协会均设有多个救援中心，求救的电话号码 911。救援协会所有成员全是志愿者，每个救援中心有数十名志愿者。在业务上救援中心归地方警察局领导。救援中心一般由两个部门组成，一个是事务部，它的主要任务是寻求社会资金的赞助；另一个部门为技术部，主要负责到事故地点进行救援。

2. 国内

我国的登山运动从 20 世纪 80 年代末起步，近十余年来登山组织迅速增多，登山人数剧增，发展速度惊人，但山难不断增加，如新疆登山探险遇难的人数近 20 人之多，95％以上为国外登山者；1991 年 1 月 2～3 日，中日联合登山队攀登梅里雪山，因发生特大雪崩，17 名队员全部遇难；1998 年 8 月 15 日，香港地区岳峰攀石会 10 名队员攀登新疆博格达峰，因迷失方向，加上天气变坏，至今未发现失踪者踪迹；2000 年 5 月，北京、广东两支共 9 名业余登山队攀登青海玉珠峰，登山队在距顶峰 100m 时突遭特大暴风雪，有 5 人遇难。到目前为止，我国还没有建立起一套符合我国实际的切实可行的登山安全保障体系。这一情况引起了国内众多相关组织、专家及相关专业人士的高度重视，纷纷发表见解从不同角度探讨构建这一安全保障体系的问题。

截至目前，我国现有两家经营旅游救援业务机构，一家是由中国国际旅行社联合相关单位共同成立的中国国际旅行救援中心，于 1991 年 2 月成立，在境内外已初步建成一个救援网络；另一家是 1999 年 9 月 10 日成立的广州紧急救援中心，该中心与中国人寿保险公司合作，紧急情况下投保游客可获得该中心的救援。新疆维吾尔自治区组建有一支民间的户外探险救援组织，并成功组织数次有影响力的救援行动。我国的旅游安全保障体系正在逐步形成。

三、青藏高原挑战极限旅游安全保障系统的建立

挑战极限旅游运动，以参与者、组织者为主体，还涉及医院、公安、卫生防疫、消防、武警、保险、户外运动俱乐部等社会和政府的多个机构，共同组成了一个完整的安全保障系统，这个系统由多个子系统组成。[76]

1. 安全政策法规系统

户外安全政策法规系统是户外安全保障系统的基础，指导并规范着

户外安全保障体系中的预警、控制、施救行为等，为户外安全管理提供法律依据，包括宏观性的政策法规，即全国性政策法规，微观性政策法规，即地方、行业性法规条例和俱乐部、企业规章制度。它能够从政策法律的权威性和强制性的角度来规范和控制户外从业人员的行为，强化和提高户外从业人员的安全意识和防控意识，唤醒和提高户外参与者的安全意识。同时通过户外安全政策法规系统，还能够唤起和提高广大社会公众户外安全问题的关注，提高社会大众户外安全防控的意识和能力，促进户外社会安全管理的开展，最终为户外运动的大众化推广提供保障。

2. 安全教育系统

充分利用电视、广播、报纸、网络等媒体，大力宣传安全户外的观念、有关安全常识，增强安全风险意识。安全教育应包括普及教育和专业教育两方面，普及教育是对广大民众户外运动安全教育，激发参与者的安全意识，并对相关责任团体的安全管理起到舆论监督作用。专业教育主要是通过院校培养专业的户外运动从业人员，户外运动是含体育学、管理学、环境学、地形学、气象学、生物学、关系学、心理学的一门综合性学问，只有通过专业化的长期训练，才能培养大量合格的专业人才。

3. 安全救助系统

结合中国实际和国外的成功经验，建立一支以政府力量为主、以社会力量为辅的安全救助体系，这个救助系统首先建立各种层次的紧急救助指挥机构，其主要职能是负责辖区紧急救助体系建设工作，并组织、指挥、协调突发危机事件的紧急救助工作；每一个救助指挥机构都必须有一个高科技的综合信息联动系统，使其成为紧急救助指挥调度中心；建立技术装备保障系统，如先进的车辆、侦检设备、防护器材、通讯设备等，才能实现紧急救助的准确、快捷、高效性；建立和完善救助组织，救援机构由直接机构和间接机构组成，直接机构指那些直接参与现场救援的部门，如旅游、景区、居民（事故发生地）、医疗、政府职能部门（公安、武警、消防等）；间接机构指那些间接参与到救援事故的部门，如保险、媒体、通信等，实现职业性与非职业性、专业性与非专业性的紧密结合；建立紧急救援的激励机制和监督机制，救援工作必须坚持以人为本，把人的生命视为首要价值，在救援中有功人员给予精神上的表彰和物质上的奖励，对牺牲的人员大力宣传英雄事迹，并提供补偿和抚恤。

4. 安全预警系统

安全预警系统担负着安全信息的搜集、分析、对策制定和信息发布等功能，是政府发布户外安全信息、进行户外安全预控的组织机构，以维护户外运动俱乐部和户外运动爱好者的切身利益，维护旅游消费者的知情权，保障我国户外运动的顺利发展。预警系统应包括体育局、气象局、公安局、卫生局和信息发布机构等职能体系，包括自然灾害预警、参与者危险行为预警、综合信息预警。自然灾害预警是指对可能发生的各种自然灾害，如洪水、台风、泥石流等现象预防警报与信息发布，这项工作主要由气象局部门来完成。综合信息预警是指对整体状况信息的发布，如治安、卫生健康、社会治安、政治局势等。

5. 安全控制系统

（1）旅游地相关部门应做好以各登山团体领队、所聘用高山协作及向导资质的严格审核工作，并对游客的自身风险等级评定进行审核。

（2）旅游地经营者应加强基础设施建设，为游客提供行、游、住、食、娱、购等全方位的服务；提高餐饮服务质量；加强交通、通讯等基础设施建设，实现大本营通信信息的畅通；就地取材，建立永久性的住宿设施，加强娱乐设施的建设，以缓解登山者的精神压力，丰富登山文化生活。

（3）建立医疗救助中心。在登山期间，可以给游客提供医疗方面的信息，同时还可以给患者游客提供简单、及时的医疗救助，以及必要的心理咨询。

（4）气候气象预报。建立自动的气象观测站，及时获取、更新数据，及时发布气象信息，并对观测数据做好历史积累，为中长期预报提供依据，应将有关信息无偿提供给游客。

6. 物资供应保障系统

物资供应是保障登山运动能否成功的关键所在，所以在登山之前必须做好充足的物资保障工作。

1）团体配备的物资

团体配备的物资包括帐篷、雪桩、雪铲、雪锯、登山绳索、五金工具、厨具及成品半成品食品、工具修理箱、急救箱（充足的医疗救护药品）和其他配备（如标杆、气压高度计、地图、罗盘针、无线电通话机、环保用具）等。

2）个人配备的物资

个人配备物资依据气候特点而定，尽量做到轻便、多功能、保证基本需要，包括功能较齐全的登山背包、服装、四肢用品（手套、袜子、帽子等）、睡眠配备（睡袋、防潮垫等）、登山配备（冰镐、安全吊带、冰爪、钩环和绳环、攀升器、滑雪杖、雪鞋、雪橇等）、其他配备（通信器材、望远镜、指北针、雨具、太阳镜等）和生活用品（毛巾、肥皂、卫生纸、牙刷、梳子、防晒剂等卫生用品，摄影器材、收音机、软片、书本、杂志等个人娱乐用品）。

7. 旅游保险系统

登山探险旅游组织机构，必须协助登山游客购买高山意外保险，各保险公司应推出相应的高山险种供登山者选择购买。

组织机构应购买相应的责任保险，在此基础上应该增加旅游救助保险。旅游救助保险是一种由国际救援中心机构与国际保险公司合作、由救援机构向投保旅游者实施紧急救援服务、费用完全由保险公司支付的一种保险形式。改变了以往保险只销售保单、事后理赔而不提供救援服务的传统模式。目前，中国人寿、中国太平洋保险公司已与国际救援中心联合推出旅游救助保险，在登山游客遇到意外事故时实施紧急救援，事后开展理赔工作。

第七章

青藏铁路对青藏高原旅游业的影响

第一节　青藏铁路及沿线旅游资源

一、青藏铁路

（一）概况

青藏铁路东起青海省会西宁，西南至西藏首府拉萨，全长1956km（图7-1）。其中一期工程西宁至格尔木段，长814km，于1979年建成，1984年正式投入运营，途经青海湖盆地、海西首府德令哈，与青藏、青新、敦格等公路干线相交；二期工程格尔木至拉萨段，长1142km，起于格尔木至拉萨，于2001年6月29日开工建设，2006年7月1日正式通车并试运营，基本沿青藏公路，途经纳赤台、五道梁、沱沱河，翻越唐古拉山入藏，经安多、那曲、当雄、羊八井至拉萨，新建线路1110km（青海境内562km，西藏境内548km）。目前开通了北京、上海、广州、重庆（成都）、兰州、西宁至拉萨的列车。青藏铁路海拔4000m以上的地段960km，多年连续冻土地段550km，冻土地段时速达100km，非冻土地段时速120km，是世界上海拔最高、线路最长、融入景点最多、最富有挑战性的铁路线。它开创了中国铁路新时代，是我国实施西部大开发战略的标志性工程之一。其后方连接亚欧大陆桥通道和北京—兰州通道，是我国铁路网中的一条重要干线。

青藏铁路的建设，突破了高寒缺氧、多年冻土、生态脆弱三大世界

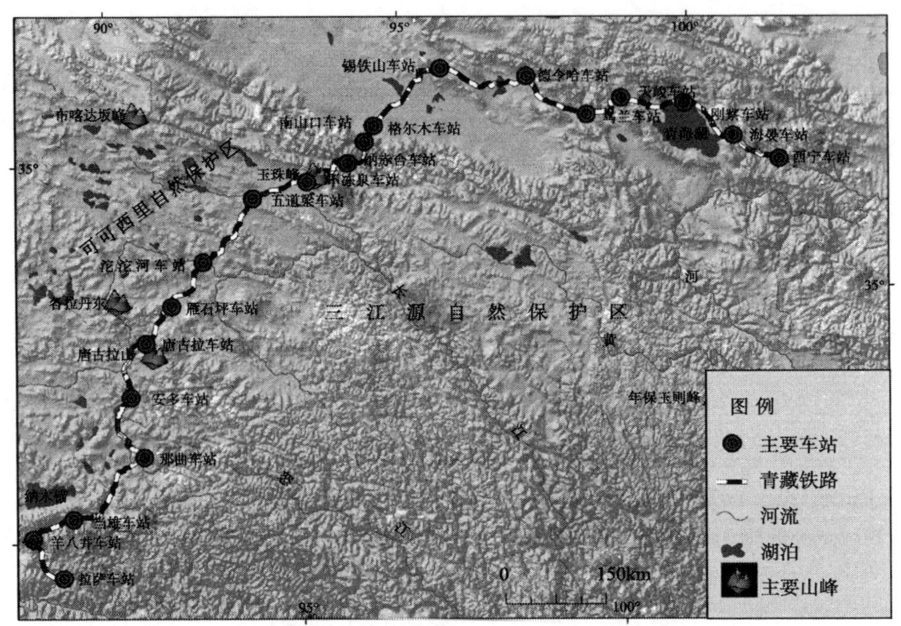

图 7-1 青藏铁路沿线示意图

性难题，实现了生命极限、生理极限及技术难关的大跨越，是世界交通史上的伟大创举，创造了许多世界铁路之最：

青藏铁路是世界上海拔最高、路线最长、穿越冻土里程最长的高原铁路；

唐古拉车站，海拔 5068m，是世界海拔最高的车站；

昆仑山隧道全长 1686m，是世界上最长的高原冻土隧道，海拔约 4600m；

风火山隧道全长 1338m，轨面海拔 4905m，是世界上海拔最高的隧道；

清水河大桥，海拔约 4600m，全长 11 703.62m，是世界高原冻土地段最长的铁路桥；

安多县准轨铁路最高点 5072m，比原来世界纪录秘鲁境内最高点还高 255m；

冻土地段时速 100km，非冻土地段时速 120km，是目前世界高原冻土铁路时速最高水平；

青藏铁路世界一流的高原生态铁路，设有 32 个野生动物通道[77]。

（二）青藏铁路修建的重大意义

1. 结束了西藏没有铁路的历史

青藏铁路是西藏建设史上最伟大的工程，结束了西藏没有铁路的历史，将西藏首次纳入全国四通八达的铁路网络，完善了青藏高原地区交通网络乃至全国铁路网布局，增强了整个青藏高原的可进入性，并打通了我国陆路连接欧亚大陆桥的捷径。青藏铁路海拔为世界之最，故称“天路”。

2. 极大地促进了青藏高原地区社会经济的快速发展

青藏高原长期以来，由于严酷的自然地理条件和特殊的社会历史发展背景，交通条件很差，严重制约了社会经济的发展，人民生活水平贫困，脱贫致富难度很大。青藏铁路的修建无疑在青藏高原上开辟了一条经济、快速、大能力、全天候的运输大通道，加强了高原内部与外界的社会经济文化联系，推动了人流、物流、信息流的有效流通，为社会经济发展注入了新的活力，缩小了其与我国内地的差距，有助于全国的协调发展。

3. 为青藏高原资源开发插上翅膀

青藏高原是我国资源最富饶的区域之一，金属矿产、盐湖、水电、石油天然气、新能源（太阳、风、地热）、草原、旅游等资源，特别是旅游资源得天独厚。青藏铁路的建成，为资源开发创造了极为便利的交通条件，为青藏高原资源优势向经济优势转化提供了保障，特别为青藏高原旅游业的发展奠定了基础，并营造了良好的旅游“硬环境”。

4. 巩固国防、加强民族团结战略意义

青藏高原位于我国西南边陲，与十多个国家和地区接壤，边界线长达数千千米。青藏高原是我国藏族同胞聚居区，这里世代居住着以藏族为主体的几十个少数民族。青藏铁路的建成，在巩固我国西南边陲、加强我国各民族团结等方面都具有重要战略意义。因此青藏铁路是一条和谐线，有助于推动我国和谐社会的建设。

二、青藏铁路沿线旅游资源

（一）旅游资源的禀赋状况

青藏铁路沿线是未曾开发的极品旅游荟萃带，它们在地域上呈连续、完整分布，几乎囊括了青藏高原所有的旅游资源类型及特色。沿线分布的一批国家级旅游资源有青海湖国家风景名胜区；4A级以上景区（点）有布达拉宫、西藏博物馆、大昭寺、罗布林卡、青海湖、昆仑文化园、互助土族故土园、塔尔寺旅游区；国家级自然保护区有拉鲁湿地、羌塘、色林错、孟达、青海湖、可可西里、隆宝、三江源；森林公园有坎布拉、北山、群加、哈里哈图、尼木；贵德黄河清国家级湿地公园；拉萨、西宁、格尔木为国家优秀旅游城市；布达拉宫（包括大昭寺，罗布林卡）是世界文化遗产。青藏铁路沿线集生态、宗教、民族风情、江河探险、登山、狩猎、徒步、科考等旅游资源于一体，我国“十二五旅游规划”提出要把青藏铁路沿线建设成为具有世界影响力的旅游产品与线路[78]。

青藏铁路沿线旅游资源分类见表7-1。

表7-1　青藏铁路沿线旅游资源分类表[79]

类别	著名旅游资源名称
地文景观	祁连山、日月山、岗什卡雪峰、岗则吾结峰、东昆仑山、玉珠峰、布喀达坂峰、格拉丹东雪山、唐古拉山、念青唐古拉山、念青唐古拉峰、青嘎神山、桑丹岗桑雪山、柴达木盆地、羌塘高原、湟水谷地、拉萨河谷地、地质公园（坎布拉、北山、阿什贡、格尔木昆仑山）
水域风光	青海湖、西王母瑶池、布哈河、色林错、当惹雍错、沱沱河、通天河、姜根迪如冰川、湟水、拉萨河、纳木错、错那湖、羊八井温泉、察尔汗盐湖、茶卡盐湖、可鲁克湖、托素湖、格尔木河、藏北湿地、拉鲁湿地、黄河清国家湿地公园、昆仑神泉、考肖图冰瀑布
生物景观	羌塘草原、金银滩草原、祁连山草原、柴达木荒漠植被、可可西里、三江源、隆宝滩、青海湖鸟岛、森林公园（坎布拉、北山、孟达、哈里哈图、木尼）
天象与气候景观	“海市蜃楼”、昆仑六月雪、“一日见四季、十里不同天”天气高原气候、西宁夏都避暑
遗址遗迹	喇家遗址、柳湾遗址、马厂遗址、沈那遗址、西海郡遗址、热水墓葬、吐蕃古墓群、诺木洪遗址、拉萨曲贡遗址、象雄古国遗址、帕邦卡遗址
建筑与设施	日光城——拉萨、布达拉宫、大昭寺、八廓街、罗布林卡、西藏博物馆、宗角禄康公园（龙王潭公园）、药王山摩崖造像、唐蕃甥舅会盟碑、布达拉宫广场、拉萨火车站、贡嘎机场、藏北重镇——那曲、孝登寺、羊八井地热电站、夏都——西宁、盐湖城——格尔木、塔尔寺、瞿昙寺、西宁东关清真大寺、万丈盐桥、两弹基地、青藏铁路、青藏公路、黄河谷地水电走廊
旅游商品	宗教用品；藏毯、藏刀、服装等日用生活品；虫草、藏红花、藏茵陈等藏药；昆仑玉、少数民族刺绣、热贡艺术等工艺品；藏式食品、清真食品、青稞酒、青盐等；浓郁高原特色的土特产品
人文活动	“花儿”、传统藏戏、草原歌舞、赛马节、藏历年、雪顿节、那达慕、纳顿节、环青海湖国际公路自行车赛、中国青海国际攀岩赛、青海国际抢渡黄河极限挑战赛、青海湖国际诗歌节

（二）旅游资源的特点

1. 自然旅游资源原始粗犷、雄浑壮观

青藏铁路穿越了我国三大自然地理区，其中青海东部为季风区、柴达木盆地为干旱区、羌塘高原为高寒区，沿线景观具备明显的地域分异规律，盆地、草原、荒漠、雪山、江河、湖泊等自然景观多姿多彩，展示了自然景观的原始、粗犷、纯正性。青藏高原地势高亢，以地球上其他地方所无法比拟的高度突兀于地球之巅，形成雷同南北极的“第三极”冰雪自然风光，青藏铁路似“天路”以大尺度跨越在“第三极”，横穿柴达木盆地、青藏高原腹地羌塘高原、世界大河长江、世界著名大山昆仑山、唐古拉山、冈底斯山脉，展示了雄浑壮观的宏大气势。

2. 人文旅游资源的古老神秘性

青藏铁路沿线的柴达木盆地、沱沱河沿、可可西里采集到旧石器，证实这里3万～5万年前就有人类活动。古代柴达木盆地区建立过西王母古国，被认为是中华民族昆仑文化的发祥地。西藏藏北高原建立过象雄古国，是本教文化的发祥地。昆仑文化、本教文化，均为华夏文化、西藏文化之源头，为中华民族5000年文明的重要组成部分。古代柴达木盆地的吐谷浑王国，以拉萨为中心的吐蕃王朝，对青藏高原古代文明做出重大贡献。

青藏铁路沿线是多民族聚集区，以藏族为主体的各民族文化异彩纷呈。宗教文化以藏传佛教为主，分布有大昭寺、哲蚌寺、塔尔寺等一批世界名寺，以其雄伟壮观的建筑，精美的艺术而闻名于世。创立于明末清初昆仑山道教混元派（亦称昆仑派），在全球华人中颇具影响，每年千里迢迢来此朝拜者络绎不绝。

3. 唯一性、垄断性、不可替代性

青藏铁路沿线有一批世界独一无二的极品旅游资源，与国内外同一类型旅游资源相比属于上乘，如青藏铁路、羌塘高原上特有的藏羚羊等珍奇野生动物、万山之祖的昆仑山、三江之源（长江、黄河、澜沧江）、世界上最高的宫殿——布达拉宫等。这些都是世界上极品旅游资源，具有唯一性、垄断性、不可替代性和不可复制性的特点，它们以其独特的魅力和神秘的色彩向国内外游客散发着无尽的诱惑力及吸引力。

4. 丰富多样性

青藏铁路沿线自然和人文旅游资源丰富，地文景观、水域风光、生物景观、天象与气候景观、遗址遗迹、建筑与设施、旅游商品、人文活动等 8 种旅游资源类型均有分布。自然旅游资源中，地貌类型复杂多样，有山地、盆地、谷地、高原；海拔高度 1650～6000m，因而气候类型多样，季风区、干旱区、高寒区的气候特点及相对应的自然景观十分显著；这里还是藏羚羊、野牦牛、藏野驴等高原珍稀野生动物生活的乐园。人文旅游资源中，宗教文化、民俗文化、古文化均有大量分布。青藏铁路沿线旅游资源，几乎囊括了青藏高原旅游资源的精华，为开展观光、探险、科考、古文化、宗教、民俗、购物等各种旅游活动奠定了坚实基础。

5. 脆弱性、生态价值极高

青藏铁路沿线平均海拔 3500m 以上，近 1000km 在海拔 4000m 以上地域通过，具有低温、干旱、缺氧的环境特点，冰缘冰土广布，生态环境严酷脆弱。一旦被破坏，在短期或很长时间内难以恢复。青藏铁路沿线分布的青海湖、可可西里、三江源、拉鲁湿地、羌塘、色林错等自然保护区，堪称青藏高原自然保护区的典型代表，具有极高的生态价值。不仅对高原本身，而且对全国乃至全球有着特殊生态价值，而对我国东部地区、中南半岛的影响尤为直接。

（三）旅游区划

根据青藏铁路沿线旅游资源的类型、空间分布、地域组合特点，旅游资源被划分为旅游区、旅游小区二级，现有 5 个旅游区，13 个旅游小区（表 7-2，表 7-3）[79]。

表 7-2　青藏铁路沿线旅游区划系统表

旅游区	旅游小区
以西宁为中心旅游区	中国夏都——西宁市区旅游区 西宁市辖县旅游区（大通、湟中、湟源） 河湟谷地旅游区（互助、民和、乐都、循化、尖扎、贵德）
柴达木盆地旅游区	青海湖盆地旅游区 盆地明珠——德令哈 中国盐湖城——格尔木 中华万山之祖——昆仑山
可可西里旅游区	可可西里自然保护区、三江源自然保护区
藏北高原旅游区	藏北重镇——那曲 藏北高原无人区
以拉萨为中心旅游区	拉萨市区风景名胜区 拉萨市辖县风景名胜区

表 7-3 青藏铁路沿线旅游资源开发空间结构

名称	旅游景观	旅游功能
以西宁为中心旅游区	青海省博物馆、塔尔寺、瞿昙寺、东关清真大寺、馨庐、森林地质公园（鹞子沟、察罕河、北山、坎布拉等）、青海湖风景名胜区、岗什卡雪峰、老爷山、两弹基地、日月山风景区、丹噶尔古城、大通明长城、土族和撒拉族风情、柳湾彩陶博物馆、纳顿会、喇家遗址、街子清真大寺、西路红军革命旧址、十世班禅故居、孟达自然保护区、贵德文庙和玉皇阁、黄河清湿地公园、扎麻隆凤凰山昆仑文化园	古文化游、河湟文化游、自然风光观赏游、宗教朝觐游、民族风情游、盛夏避暑度假游、购物休闲游、科学考察游、挑战极限体育游
柴达木盆地旅游区	盆地明珠——德令哈、可鲁克湖、托素湖、中国盐湖城——格尔木、万丈盐桥、盐海景观、贝壳梁、南八仙雅丹地貌、干旱荒漠自然景观、昆仑神泉、考肖图冰瀑布、东昆仑山口、昆仑山地质公园、蒙古族风情、香日德绿洲农业、哈里哈图森林公园、察尔罕盐湖、热水吐谷浑古墓、塔温塔里哈遗址	古文化（昆仑文化）游、宗教朝觐游、民族风情游；绿洲农业、工业游；科学考察、探险游；狩猎游
可可西里旅游区	三江源自然保护区纪念碑、长江源头各拉丹冬雪峰、姜根迪如冰川、澜沧江源头区、可可西里野生动物、多彩湖泊景观、北京奥运会吉祥物-藏羚羊、寒漠生态景观	科学考察、探险、体育登山、观赏高山野生动物等
藏北高原旅游区	藏北重镇——那曲镇、孝登寺、羌塘自然保护区、申扎自然保护区、色林错、纳木错、当惹雍错、象雄国遗址、柏尔贡巴寺、达果雪山、卓玛峡谷风景区、麦莫溶洞、桑丹岗桑雪山、赞丹寺、青嘎神山、草原八塔	科学考察、探险游；观赏高原野生动物游；藏北草原民族风情游；古文化旅游
以拉萨为中心旅游区	布达拉宫、罗布林卡、大昭寺、小昭寺、唐蕃会盟碑、哲蚌寺、色拉寺、八廓街、西藏博物馆、布达拉宫广场、拉萨火车站、帕邦遗址、拉萨清真寺、拉萨关帝庙、龙王潭公园、药王山、雪顿节、甘丹寺、聂唐寺、热振寺、楚布寺、直贡梯寺、曲贡文化遗址、羊八井地热、松赞干布故乡——甲玛赤康	宗教文化旅游为主，兼湖泊、河流、地热田等自然景观、宗教朝觐、科考探险、体育登山、自然观光游为一体

第二节 青藏铁路开通后青藏高原旅游业发展 SWOT 分析

一、优势分析

（一）极大地改善了旅游发展的宏观环境

1. 根本改善了青藏高原旅游的可进入性

青藏铁路未开通前，进入西藏的交通仅靠公路和航空，但因气候和公路路况安全等问题，公路和航空局限性大，有“出国容易进藏难”之说，交通成为青藏旅游发展的瓶颈。青藏铁路建成，形成了铁路、公路、飞机联动的立体交通网络，大大改善了青藏高原旅游的可进入性。青藏铁路因其大运量、低成本、快速、安全等优势，非常适合长距离、地形复杂和高海拔地区的旅行；青藏铁路对青藏高原旅游业的发展有重大意义。

以青海省铁路客运分配系数进行分析，铁路客运产品的分布为：商务旅游业和旅游业各占 9.84%，农林牧渔服务业占 1.50%，金属加工制造业占 1.10%，而其他行业所占比重均小于 0.1%。由此可见，青藏铁路客运产品以旅游和商务旅游为主要客源（表 7-4）。

表 7-4　青海省铁路客运产品分配表

主要行业	分配系数/%	主要行业	分配系数/%
商务旅游业	9.84	批发和零售贸易业	0.09
旅游业	9.84	煤炭开采和洗选业	0.09
农、林、牧、渔服务业	1.50	谷物磨制业	0.06
金属加工制造业	1.10	饲料加工业	0.06
水的生产和供应业	0.09	汽车零部件及配件制造业	0.05

2. 有助于提升青藏高原旅游知名度

青藏铁路的建成，是中国人民完成的一项伟大事业，展示了中国人民勤劳勇敢和聪明才智，是中国科技水平在国际上的一次充分展示，在国际交通史上有着无与伦比的地位。青藏铁路的建成，彻底打破了西方少数人认为西藏不可能通火车的断言。数以千万计的游客从全国乃至世界各地，通过现代化水平的青藏铁路进入青藏高原腹地拉萨旅游，这在全球产生重大影响，无形中提升了青藏高原旅游知名度和旅游形象。

3. 旅游淡季和旺季得到缓解

青藏高原旅游业受气候的影响而表现十分明显的，季节性一年四季在时间分配上极不平衡，一般 5～9 月，气温较高，是旅游旺季，全年 90%以上的游客集中在这个时段；10 月以后至第二年 4 月，气候寒冷，为旅游淡季，游客不到全年 10%，旅游业几乎进入“冬眠”状态，大部分旅游工作者成为季节性失业者。青藏铁路线建成后，由于铁路具有冬季定时运营、保暖等优势，高原冬季宗教朝觐、民族风情、购物等旅游市场被逐步打开，严格意义上旅游旺季和淡季趋于缓和，也在很大程度上延长了旅游季节。

4. 扩大了旅游产业规模

青藏铁路建成营运后，青藏铁路沿线及其辐射区域内的旅游产业规模不断扩大，同时带动了相关产业的发展，使旅游业宏观经营环境得到根本性的改善。直接为旅游服务的食、住、行、游、购、娱等行业步入正常运行轨道。客源市场的不断扩大，为当地政府和民众带来丰厚的经济效益。随着青藏铁路的开通，旅游业蓬勃发展，各级政府及旅游企业在旅游经营理念及管理上有了一个大的飞跃，逐渐与国内发达地区和国际接轨，不断加强自身建设，不断完善旅游管理体系。青藏铁路开通后，青海省星级饭店、旅行社的数量发生很大变化（图 7-2、图 7-3）。

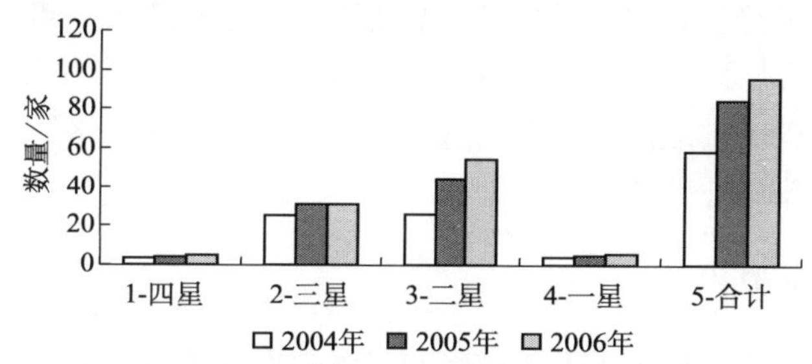

图 7-2　2004～2006 年青海省星级饭店数量

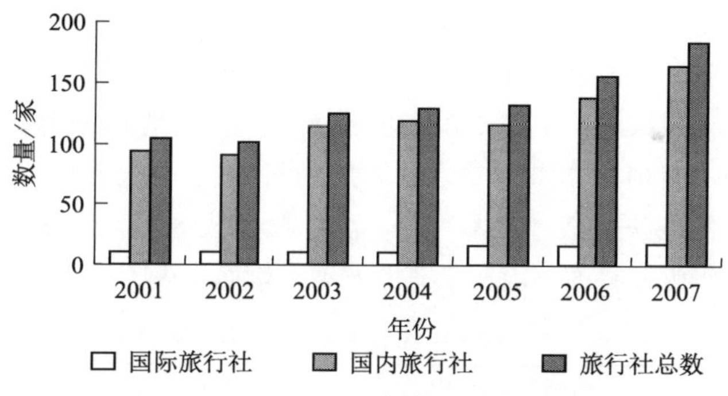

图 7-3　2001～2007 年青海省旅行社数量

5．改善了旅游投资环境

青藏高原旅游资源得天独厚，蕴涵着巨大的商机。但过去以交通为主的落后基础设施，严重制约了将资源优势转为经济优势的步伐，影响了客商投资的积极性。青藏铁路的建成，根本改变了位居青藏高原上的青海、西藏交通瓶颈状况，改善了投资环境，迎来了经济快速发展的黄金时期。随着游客数量猛增而旅游收入大幅度上升，旅游业作为西藏支柱产业的地位进一步牢固树立。有关部门预测，青藏铁路开通后，通过铁路、航空进藏的旅客和商务人员每年在 2×10^{6} 人次以上，资金流量达2×10^{10}元，加上内地企业来西藏经商投资，资金的流入量大幅增加。

（二）促进铁路沿线旅游带的形成

青藏高原地域辽阔，自然条件严酷，旅游资源在地域上分布分散，景点单一，受交通条件制约，大部分旅游景区（点）可进入性差，开发利用程度较低，缺乏竞争优势，资源优势不能尽快转化为经济优势。青藏铁路开通后，青藏高原内部一批高品位的旅游景区（点）联结在一起，使高原上西宁、格尔木、拉萨三个城市由分散变得集中，从而打造了一条充满神秘色彩的世界顶级旅游线路。从青藏高原外部来说，青藏铁路使青藏高原同高原周边区域乃至全国的旅游网络得以形成，青藏高原旅游同我国西部地区乃至全国旅游形成了一个统一整体，极大地促进了青藏高原旅游业的快速发展。

（三）市场优势

随着我国政府西部大开发战略的实施和青藏铁路等交通基础设施的进一步完善，青藏高原旅游市场有了更广阔的发展空间。

1. 青海省旅游市场发展状况

青海省旅游业发展起步晚、发展水平低，1995 年前客源市场以海外游客为主。青藏铁路西宁—格尔木段投入使用，对青海省旅游业发展起了重要作用，使格尔木继西宁之后，成为省内又一旅游中心城市。2006 年 7 月 1 日青藏铁路格（尔木）拉（萨）段建成通车，青藏铁路全线贯通，青海省旅游业将面临前所未有的发展大机遇（表 7-5、图 7-4）。

表 7-5　1996～2007 年青海省旅游情况

年份	旅游总收入/亿元	国内旅游收入/亿元	国内游客/万人次	外汇收入/万美元	入境游客/万人次	旅游直接从业人员/人
1996	4.5	4.29	150	205	1	—
1997	3.9	3.63	150	270	1.2	
1998	3.57	3.29	160	276	1.6	3 000
1999	4	3.65	160	393	2	5 000
2000	10.55	9.88	317.7	740	3.26	8 000
2001	13.25	12.44	370	902	3.97	12 000
2002	15	14.1	418	998	4.35	16 000
2003	14.63	14.25	394.3	472.92	1.77	19 000
2004	20.20	19.47	509.20	912	2.89	22 000
2005	25.73	24.84	633	1 102	3.52	25 000
2006	35.69	34.63	810.34	1 325.1	4.22	28 000
2007	47.38	46.11	996.6	1 590.6	5.001	31 000

资料来源：青海省旅游局，《青海旅游统计年鉴》，2008 年

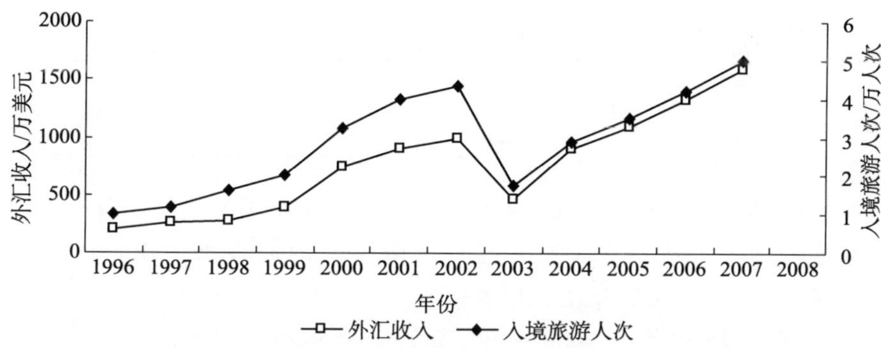

图 7-4 1996～2007 年青海省旅游外汇及入境旅游变化

首先，入境旅游市场有一定发展。1996～2002 年青海省入境游客（外国人及中国港澳台同胞）人次逐年递增，2003 年由于“非典”影响猛降 59%，2004 年恢复增长 63%。青藏铁路全线开通后的两年内，入境游客人次呈持续稳定上升态势，2006 年为 4.22 万人次，同比增长 20%，2007 年达到 5.001 万人次，同比增长 18.5%。2005 年全国国际旅游外汇收入同比增长 13.82%，同年青海省外汇收入同比增长为 21%，2006 年、2007 两年外汇收入同比增长均为 20%。青藏铁路开通后，青海省入境市场增长速度高于全国平均水平且发展比较稳定。

入境游客在消费水平和消费结构等方面也发了很大变化，2007 年入境过夜旅游者人均每天花费 179.79 美元，同比增长 9.43%，入境过夜旅游者在境内停留时间与上年基本持平或略下降。从 2006 年入境旅游者在青花费构成表 7-6 可以看出：由于铁路的低价位、全天候运营等优势，入境游客旅游交通费用相对减少，其他消费，如餐饮、娱乐、购物等相对增加，青藏铁路的全线运营进一步优化了青海省入境游客的旅游消费结构。

表 7-6 2006 年入境旅游者在青海省的花费构成

构成	花费/万美元	所占比重/%
长途交通	522.11	39.4
飞机	420.07	31.7
火车	41.08	3.1
汽车	60.96	4.6
住宿	296.83	22.4
餐饮	148.42	11.2
景区游览	72.88	5.5
娱乐	31.8	2.4
购物	196.12	14.8
市内交通	17.23	1.3

续表

构成	花费/万美元	所占比重/%
邮电通信	13.25	1.0
其他	26.5	2.0
总计	1325.14	100

青藏铁路全线开通，极大地刺激了国内旅游市场的发展，青海省以其明显的过境优势，于 2006 年接待国内游客 810.34 万人次，比 2005 年增长 30%，比 1996 年增长了 5 倍多。2007 年接待国内游客 996.6 万人次，同比增长 23%。1996～2007 年，国内游客年均增长 18.79%。

国内外游客人次的急剧增加，旅游创收基本保持逐年递增的态势，见图 7-5、图 7-6。青海省旅游总收入（包括国内旅游收入和外汇收入），呈显著上升趋势，特别是青藏铁路的开通使 2006 年旅游总收入达 1996 年的 7 倍多，同比增长 39%。2007 年的旅游总收入为 47.38 亿元，同比增长 32.8%，年均增长率为 23.9%。

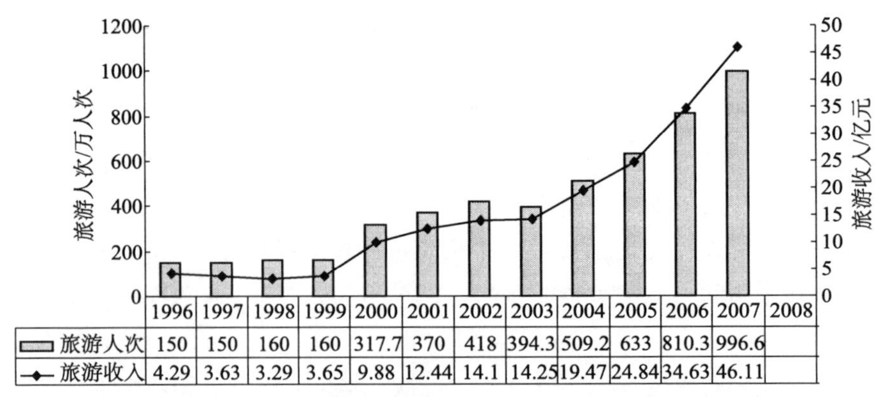

图 7-5　1996～2008 年青海省国内旅游人次及旅游收入年际变化

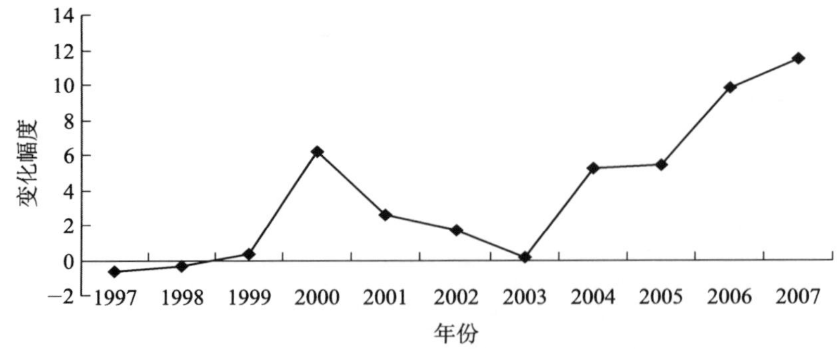

图 7-6　1997～2007 年青海省国内旅游收入年际变化

在旅游客源地构成上，自 2005 年开始，青海省原有传统主力客源市场广东、北京、上海的客源比例下降，中西部地区近地缘市场客源上升幅度达到 10%以上，江苏、河南、山东等中东部经济发达地区的客源市场有 5%左右的上升幅度（表 7-7）。

表 7-7　2005～2006 年青海省旅游客源地构成

2005 年入省游客客源地排名			2006 年入省游客客源地排名		
排序	地区	所占比重/%	排序	地区	所占比重/%
1	甘肃	16.4	1	甘肃	15.2
2	陕西	14.1	2	陕西	10.3
3	四川	12.5	3	北京	9.1
4	江苏	7.1	4	广东	7.1
5	北京	6.1	5	四川	7.0
6	河南	5.3	6	山东	6.8
7	山东	4.6	7	河南	6.7
8	广东	3.6	8	江苏	4.6
9	浙江	3.2	9	河北	4.0
10	宁夏	2.6	10	上海	4.0
11	其他	24.5	11	其他	25.2

在旅游消费水平上，来青游客人均消费水平呈逐年递增态势，青藏铁路开通后的两年内增长幅度最大，2006 年与 2007 年同比增长分别为 8.9%、8%（图 7-7）。

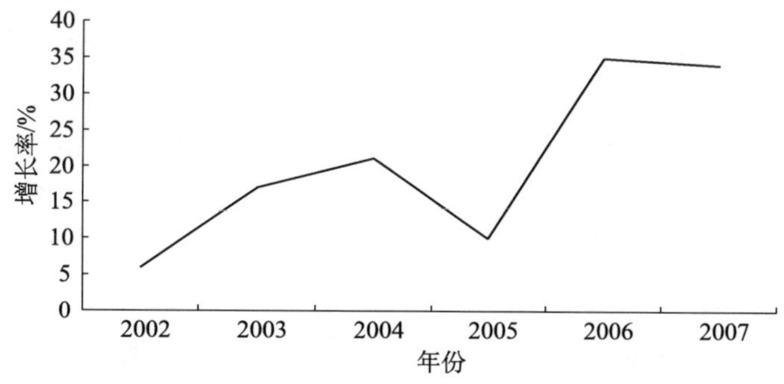

图 7-7　2002～2007 年青海省旅游消费水平变化

旅游业提供就业机会这一功能十分显著。青海省于 1997～2006 年 10 年，旅游业吸纳的就业人数是最初的 10 倍还要多。青藏铁路的全线开通更加有力地拉动了青海省旅游业的发展，为其提供了广阔的就业市场和丰富的就业机会（图 7-8）。

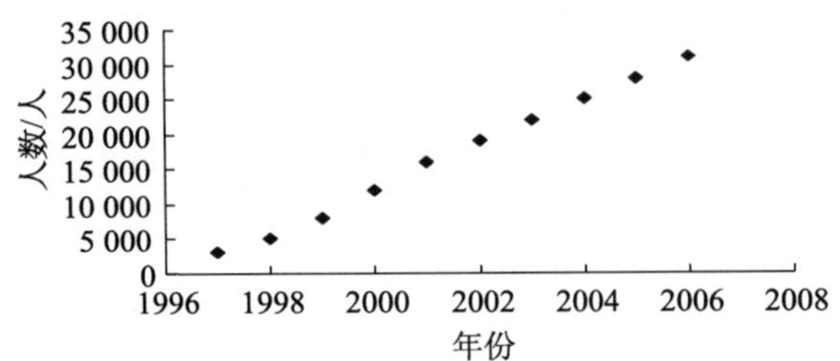

图 7-8　1996～2008 年青海省旅游直接从业人员变化

2. 西藏旅游市场发展状况

西藏旅游市场发展状况如表 7-8 所示。

表 7-8　1995～2007 年西藏旅游发展情况

年份	游客总人数/万人次	国际游客/万人次	国内游客/万人次	旅游总收入/万元	国内旅游收入/万元	外汇收入/万美元	第三产业总产值/万元	GDP 总值/万元	所占比重/%
1995	20.7	6.8	13.9	21 375	6 340	1 130	19.39	56.11	34.6
1996	32.6	7.5	25.1	23 258	7 835	2 955	26.46	64.98	40.7
1997	36.7	8.2	28.5	25 974	10 338	3 172	31.13	77.24	40.3
1998	38.7	9.6	29.0	26 491	10 998	3 302	39.99	91.50	43.7
1999	44.9	10.8	34.0	57 000	22 234	3 630	47.86	105.98	45.2
2000	60.8	14.9	45.9	67 462	25 834	5 226	54.37	117.8	46.2
2001	68.6	12.7	55.9	75 053	37 053	4 638	69.65	139.16	50.1
2002	86.7	14.2	72.5	98 777	55 899	5 166	89.56	162.04	55.3
2003	92.9	5.1	87.8	103 723	88 028	1 891	96.76	185.09	52.3
2004	122.3	9.6	112.7	153 195	122 817	3 660	123.30	220.34	56.0
2005	180.5	12.1	167.9	193 524	157 536	4 443	139.65	251.21	55.6
2006	251.2	15.5	235.7	277 072	228 929	6 094	160.01	291.01	55.0
2007	402.9	36.5	366.4	485 160	383 152	13 529	188.82	342.19	55.2

资料来源：《西藏统计年鉴》(1995～2007)

青藏铁路二期工程格拉段的开通运营，使西藏旅游市场出现空前繁荣的景象，它改写了西藏无一寸铁路的历史。西藏从 2006 年下半年至今基本保持旅游业高效、快速的发展态势。

西藏独特的高原自然风光和人文旅游资源，对境外旅游有着特殊吸引力，但由于交通条件的制约，境外旅游人数增长缓慢。2006 年 7 月 1 日青藏铁路格拉段开通，进藏旅游成本降低，还更加安全、舒适，为入境旅游提供了发展机遇，2006 年接待入境游客比上年增长了 3.4×10^4 人次，增幅 28%，2007 年比 2006 年增长了 2.1×10^5 人次，同比增长 135.5%，入境旅游者增长率位居全国首位。入境游客的逐年增加，使旅游外汇收入大幅度增加，除 2001 年、2003 年等特殊年份外，旅游外汇年均增长率为 23%（图 7-9）。

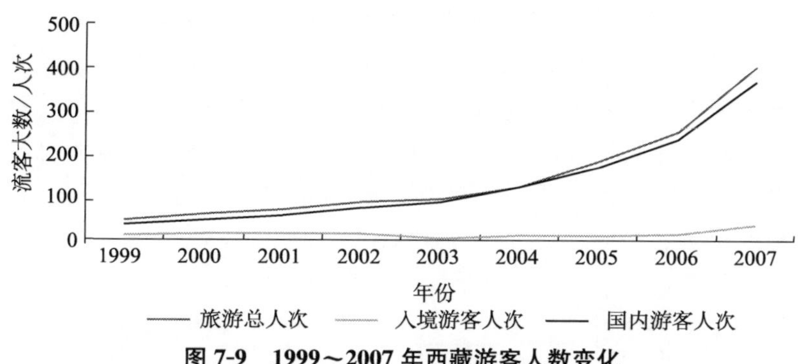

图 7-9 1999～2007 年西藏游客人数变化

西藏入境旅游客源地的构成也发生很大变化，2007 年的入境游客中，外国游客同比增长 63.5%，占入境游客量的 92.3%，其中亚洲、美洲、欧洲游客同比分别增长 70.2%、53.6%和 66%。中国港澳台市场增长迅猛，2007 年 1～5 月比上年同期增长 200%，占入境游客量的 7.6%。日本首次超过美国成为西藏第一大入境客源国，西藏全年接待日本游客达到了 7.8×10^4 人次，比 2006 年同期增长 520%，占入境游客总人次的 21%。亚洲入境市场增势强劲，传统的欧美市场占主导地位的格局开始被打破。同时西藏入境旅游者的消费水平也在不断增加，2007 年入境旅游者在藏每天人均花费 154 美元，从而大大促进了外汇收入的增加（图 7-10）。

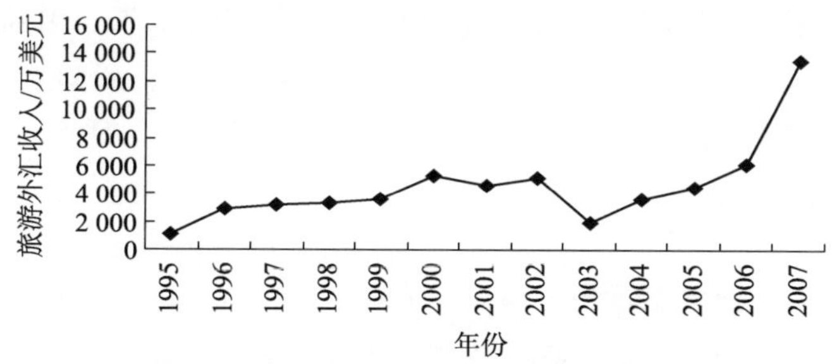

图 7-10 1995～2007 年西藏旅游外汇收入

国内旅游市场分析如下。

青藏铁路开通前，交通条件直接制约着西藏国内旅游的发展，影响了西藏旅游产业的收入。青藏铁路格拉段开通后，入藏交通成本降低，且安全、舒适，车厢内有供氧设备，游客在海拔 4000m 以上地段不会因缺氧而产生强烈的高原反应。这为西藏带来极大的旅游诱惑力，一时来自全国各地的游客似潮水般涌入西藏这片遥远、神秘、神奇的旅游处女地。2006 年、2007 年西藏旅游收入同比分别增长 40%和 55.5%，年均增长率 31.4%。国内旅游收入呈现稳定增长趋势，2006 年、2007 年同比分别增长 45%、67%。从图 7-9～图 7-11 可以看出，西藏旅游总人次、总收入、外汇收入，均呈现出持续增长趋势。2007 年旅游总收入、总人次增长幅度最大，同比分别增长 60%和 75%，远远高于全国平均增长幅度[80,81]。

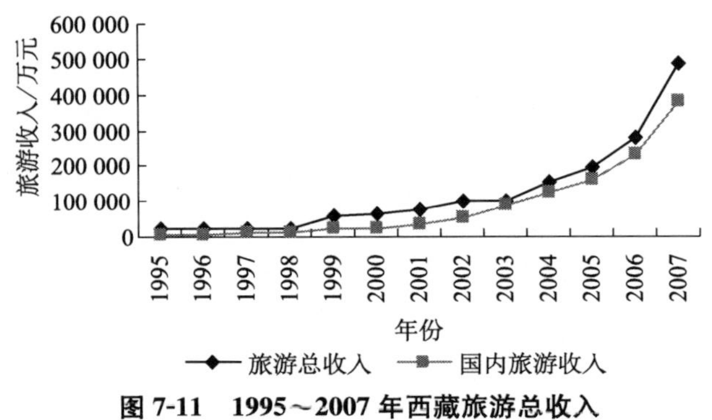

图 7-11　1995～2007 年西藏旅游总收入

青藏铁路开通使旅游消费结构发生了很大的变化，之前进藏旅游消费构成中，交通花费占旅游总消费的 50%～70%，铁路开通后，交通花费占旅游总消费的 20%～40%，吃、住、游、购、娱的花费占总消费的 2/3 以上。在今后旅游总消费中，交通花费所占比重将不断下降。据民航部门提供的资料，自 1965 年拉萨开通航班以来，国航、西南、川航三家进藏的航空公司，运行 40 多年来机票基本不打折，青藏铁路开通后，机票打折幅度达 6 折或 6.5 折，个别航班甚至打到 4.5 折。

（四）产品优势

创新的新产品就是旅游资源，它丰富了旅游产品体系，促进旅游形式向多样化方向发展。青藏铁路本身就是高科技交通旅游新产品，同于一般旅游产品，是个整体概念，是由多种成分组合而成，以服务形式表现的组合产品，如青藏铁路是由火车、路基面、桥梁、涵洞、车站及其服务等组成，其中唐古拉车站是世界海拔最高的车站，昆仑山隧道是世界上最长的高原冻土隧道，风火山隧道是世界上海拔最高的隧道，昆仑山隧道是世界上最长的高原冻土隧道，清水河大桥是世界高原冻土地段最长的铁路桥。这些都是珍贵的旅游资源，共同组成了青藏铁路这个整体概念。

铁路旅游作为铁路交通运输和观光旅游的合成体，又表现出一般旅游产品所不具备的特性，如可移动性、联动性、辐射性及带状分布性等特征。

（五）改善了旅游产业空间格局，利于区域旅游平衡发展

西宁和拉萨分别是青海和西藏的政治、经济、文化及旅游中心城市。格尔木是青海西部工业城市，青藏铁路没有建成前，是青海通往新疆、西藏的中转站和枢纽，既是西宁物资、客流运往西藏的“门户城市”，也是拉萨物资、客流运往青海的“门户城市”，构成了西宁—格尔木与拉萨—格尔木双核结构。

青藏铁路开通后，铁路沿线三大城市西宁、格尔木、拉萨之间的人流、物流、信息流等可通过铁路而无需格尔木中转直接输送到拉萨，实现了两省区间的自由流通，格尔木连接两省枢纽地位下降，西宁—格尔木以及拉萨—格尔木双核结构弱化。西宁和拉萨互为“门户城市”，形成西宁—拉萨直接互相响应机制，这是“共轭双核结构”形成的必要条件。格尔木由于行政隶属、产业内在联系等原因，与西宁联系紧密，从而自然融入到以西宁为中心的旅游圈。青藏铁路的开通，进一步提升了拉萨作为全区旅游中心的地位，铁路沿线安多、那曲、当雄等地将被带动而成为新的旅游区域中心。铁路沿线及周边旅游资源将得到全面开发，区域旅游将得到平衡发展。

（六）旅游扶贫优势

旅游资源蕴藏丰富的地区往往也是贫困地区，那里的自然和人文旅游资源因人为干预少，保留着原始、粗犷、纯真面貌，往往成为旅游者向往的目的地。在那些旅游资源奇特的贫困地区，旅游业的发展不仅将旅游资源转化为经济效益，而且增强了贫困地区的“造血功能”。青藏铁路沿线旅游资源丰富，但生态环境严酷，又处在我国边疆少数民族地区，人民生活水平低下，至今不少地区温饱都得不到解决。青藏铁路建成后，旅游者进得来、出得去的根本问题解决了，为当地旅游业的发展奠定了基础。旅游业的发展为贫困人口提供了就业机会，带来了经济收入，同时，也改变了其“贫困文化”，来自外界先进的思想、文化使贫困地区与外界的沟通进一步加强，潜移默化的影响着贫困地区人们的社会心理状态、价值观念、生活方式及文化特征，实现了贫困地区由单纯“输血”到主动“造血”的变化。

二、劣势分析

（一）生态环境十分脆弱，一旦遭到破坏难以恢复

青藏铁路大部分路段在海拔 4000m 以上，地势高亢，长期低温缺氧，生态环境极其脆弱，高寒植被一旦被破坏，在长期内恢复困难。在当今全球“温室效应”的影响下，气温普遍上升，冻土融化加速、土地沙化、草地退化、水土流失的趋势更加严峻，从而导致物种生存条件恶化，生物多样性受到威胁。“青藏高原生态地质环境遥感调查与检测”项目专家组的最新调查结果显示，青藏高原生态环境在 30 年中出现了明显恶化的趋势，冰川大面积消退，平均每年减少 147.36km^2。随着青藏铁路进入高原腹地，大量游客的涌入，人类活动的加剧，水、空气、噪音污染是不可避免的。少数不法分子的盗猎行为，也给高原野生动物带来新的威胁。

（二）社会文化环境受到冲击

长期以来，青藏高原由于极其严酷的自然条件，特别是交通屏障的影响，基本上处于与世隔绝的封闭状态，本土文化和自然环境保持相对“原始”状态，具有宗教色彩的雪域文化更是这样。青藏铁路建成，青藏高原交通屏障不复存在，大量旅游者的涌入，外界形形色色的文化形态的进入，同当地本土文化之间发生碰撞，当地居民无时不在吸收外来文化。在经济发展相对落后的旅游地，客源地文化势能的释放使弱势的旅游地文化受到强烈冲击，从而导致旅游地社会文化发生潜移默化的变迁，这将会给保留并发扬光大青藏高原原汁原味的特色文化带来严峻挑战。青藏高原本土文化是其旅游赖以存在的基石之一，本土文化变味使其旅游魅力降低，最终会动摇青藏高原在全球的旅游地位。

（三）社会经济环境压力增大

按照旅游地生命周期理论，青藏高原旅游长期以来基本处在探查阶段，少数地域进入发展阶段的初期。由于西藏旅游基本处在初级状态，为旅游业服务的食物供给、床位、交通设施载客量、水电及商品供应等资源很有限，容纳游客数量也很有限。青藏高原的气候导致旅游季节性非常明显，90%以上游客集中于旺季，淡季旅游业处于“冬眠”状态。青藏铁路建成后，5～9 月旅游旺季时，拉萨市人满为患、不堪重负，

游客食、住、行、游、购、娱的旅游需求难以满足，如此多而密集的游客群，给旅游目的地的社会经济环境带来巨大压力，影响当地居民的正常生产生活，使得目的地居民对游客产生抵触心理，进而影响到旅游者愉悦体验的获取。

（四）阴影效应的产生

青藏铁路开通后，沿线的青海和西藏两省区是旅游业的直接受益者，所不同的是青海为旅游过境地，西藏为旅游目的地，两者在空间上形成了竞争关系。青海作为旅游过境地的空间竞争力不强，在旅游形象、产品、实力等各个方面较之西藏都存在有一定差距。加之青海旅游资源与西藏旅游资源具有一定的替代性，导致青海旅游业因西藏旅游业的相对强势产生了明显的阴影效应，这不利于区域旅游的和谐发展。

青藏铁路沿线无疑是一条黄金旅游线路，沿线之外的旅游资源也很丰富且品位极高，但因其可达性差，缺乏有利的开发条件而被冷落，未能展示它们的旅游魅力。而沿线旅游资源可达性好，存在明显的比较优势，所以优先得到开发。沿线之外的旅游资源由此产生了阴影效应。

（五）西藏“神秘”旅游形象受到挑战

青藏高原，特别是位居高原腹心区域的西藏，其地势高耸、雪域绵绵，具有高寒、缺氧的生存环境，受到交通条件的严格制约。人们对西藏有着独特的敬畏感，加之藏传佛教的古老神秘形象，使得西藏在西方旅游者心中是“香格里拉”式神秘形象，在国内旅游者心中是“宗教”式神秘形象。青藏铁路开通后，更多的游客可安全、舒适、便捷、快速到达西藏中心拉萨，西藏的神秘面纱逐步被揭开，西藏作为雪域高原和藏文化圣地的独特魅力和神秘色彩逐渐消退。这将对青藏高原和西藏旅游吸引力的持久性产生影响，对青藏高原旅游业的可持续发展提出了挑战。

三、机遇分析

（一）面临大发展的机遇

中国稳定发展的经济和良好的政治秩序，为旅游业提供了一个良好的发展环境。20世纪末中国将旅游业确立为国民经济新的增长点，旅游业面临着前所未有的发展机遇。据世界旅游组织预测，中国将在2020年成为世界第一位旅游接待大国和第四位客源输出国。1996～2007年，中国的入境旅游、出境旅游和国内旅游发展速度，远远高于预测的年均增长8%的增幅。中国旅游业在经济社会发展中的促进作用日益明显。目前中国已经形成了世界上规模最大的国内旅游市场，“旅游消费全民化”的时代已到来。此外中国旅游业已形成世界第四入境旅游目的地，并呈现持续增长的趋势，国际客源市场丰富。中国旅游业伴随青藏铁路的开通势必会有更强势的发展，尤其是青藏高原地区的旅游业面临着前所未有的发展机遇。

（二）西部大开发的历史机遇

加快中西部地区的发展是我国的重大国策。西部大开发有助于西部地区基础设施建设、生态环境建设、发展科技与教育、进一步扩大对外开放，这对于西部地区优势产业之一的旅游业无疑是一次重大的发展机遇。同时，西部大开发实际上是国家对西部发展的一项政策性倾斜。国家资金投入重点的转移，以及资金、优惠政策流必然引起人才流，从而加快西部开发建设，缩小东西部不均衡发展。此外国家对青藏铁路旅游开发重视度极高。因其所蕴藏的旅游发展潜力巨大，开发外部环境良好，“十一五”期间，青藏铁路沿线旅游是国家旅游局重点发展的九大旅游区域之一。我国“十二五旅游规划中”提出：“把青藏铁路沿线建设成为具有世界影响力的旅游产品与线路。”

（三）构建和谐社会的大环境

和谐铁路的标志是运能充足、装备先进、安全可靠、节约环保、服务优质、内部和谐。青藏铁路作为西部大开发战略的标志性工程，是藏族同胞与全国各族人民的连心路，是雪域高原迈向现代化的腾飞路，也是勤劳智慧的中国人民不断创造非凡业绩的奋斗路。青藏线作为一条和谐线，是构建青海和西藏和谐社会的重要动力，青藏铁路担负着构建和谐社会大环境的历史使命。

（四）合作和创新是当今世界旅游发展的两大趋势

区域合作是目前世界经济发展的总趋势。青藏两省区有着很多共同点，合作的基础和动力强劲，合作前景广阔。青藏铁路建成，促进了青藏铁路经济带和青藏高原经济带的形成，而且进一步推动了区域联合，形成统一规划、整体发展的大旅游环境，为青海和西藏两省区共同打造青藏高原旅游品牌，开展横向联合和合作提供了千载难逢的契机和载体，成为合作的强力纽带和桥梁。目前，青藏两省区已制订出未来旅游规划，并达成旅游开发协议，将联合打造青藏铁路世界顶级旅游带。位居青藏高原边缘地带的四川、云南、甘肃等省，同西藏联手将目光瞄准"大香格里拉"旅游资源的开发，未来十年将联合打造"大香格里拉"生态旅游区。

（五）宏观市场经济环境，国内统一市场基本形成

随着国内统一市场的基本形成，我国目前的宏观市场经济环境得到了很大的改善，资源配置逐步实现市场化。资金、技术、劳动力等各种资源自由流动，主要靠市场来配置，形成市场竞争机制，资源利用率提高，促使经济粗放型向集约型转变。青藏铁路是青藏高原连接国内市场的有效通道，并为其带来了资金、技术、劳动力以及经济思想和经营理念等。

四、挑战分析

（一）青藏铁路运营和维护工作的挑战

青藏铁路这一伟大工程建设过程中，突破了高寒缺氧、多年冻土、生态脆弱三大难题，但它位居青藏高原腹地，其运输环境和运输设施有其自身的特殊性。青藏铁路有近 1000km 是在海拔 4000m 以上地段行驶，冰缘冻土环境广布，气温上升会造成地面冻土融化，路基下陷，使路况处于不安全状态。铁路沿线自然灾害频繁、低温缺氧、风沙肆虐、紫外线强等原因，都增大了铁路运营维护工作的难度，国家每年需要投入大量的人力、物力和财力对其进行维护，同时还要引入高科技因素，以保证未来青藏铁路的正常运营。

（二）对青藏高原旅游产业要素的不平衡提出了挑战

旅游是个系统工程，旅游目的地的旅游产业要素，如食、住、行、游、购、娱，应该处于一个相对平衡状态，这样能有效推动当地旅游业的有序

发展。首先，青藏铁路以航空及公路运输无法比拟的全天候、大运量、舒适、安全等优势，成为大量的客流进入青藏高原的通道。大量游客的到来需要相应的食、住、游、购、娱等基础旅游设施供给，但这些设施供给远远满足不了游客需求，对旅游产业要素的不平衡提出了挑战。游客到了拉萨还要到日喀则、山南、那曲、林芝、昌都等地旅游，首先碰到的就是交通问题。青藏铁路建成，与高原其他旅游产业要素不平衡、不匹配，对高原旅游业发展提出了挑战。其次，当地旅游企业、旅游行业管理部门思想跟不上形势的急剧变化，青藏铁路建成并极大推动旅游业的同时，也对体制不顺、活力不够、创新力不足等方面提出严峻挑战。最后，青藏铁路的开通使得青藏高原旅游业逐渐融入国内统一市场中，但青藏高原旅游业有其自身特点，在管理体制方面更要有创新发展。

（三）生态环境与旅游开发存在矛盾

青藏高原生态环境极其脆弱敏感，旅游资源大都分布在生态环境脆弱敏感区。青藏铁路开通后，各级政府为发展当地经济，对旅游资源的开发利用给予高度重视，使资源优势转化为经济优势。旅游资源的开发势必会打破原先的生态平衡，开发的程度、内容及科学与否都会直接或间接影响到生态环境。那些开发行为不当的旅游企业，为了追逐经济利益最大化，往往以牺牲环境为代价，获得高额的旅游经济效益。这就给青藏高原旅游业的发展提出了严峻挑战。

（四）入世后，国内与国外旅游市场竞争的挑战

加入 WTO 促使我国旅游业与世界旅游业接轨，国外有实力的旅游企业将进入我国旅游市场，它们拥有雄厚的资金、先进的信息技术、完善的管理机制和优质的服务品质。这对于刚刚步入旅游快速发展阶段的青藏高原来说，既是机遇，又是挑战。青藏铁路开通为青藏高原旅游市场提供了便利，这对青藏高原旅游市场的发展也造成了一定的威胁，这个威胁更多的来自于国内旅游市场参与竞争。

（五）外来文化的挑战

青藏高原是个多民族多宗教信仰的地区，世居青藏高原的藏族、羌族、纳西族、土族等，有着悠久的历史，灿烂的民族文化。特别是藏族在独特的高原自然条件下形成了特有的民族心理、文化、传统及

习俗，藏文化博大精深，是中华 5000 年文化的重要组成部分。多姿多彩的青藏高原民族文化，是高原旅游资源的灵魂。青藏铁路开通后，外来文化的介入以及产生的“文化采借”行为，很大程度上会影响藏文化的传承以及民族心理的平衡。受经济利益的驱使，宗教文化旅游、民族文化旅游商业化进一步加剧，各族群众及教徒市场意识增强，价值观不断改变，不少寺院的僧众参与旅游业。青藏铁路开通后，大量游客涌入使外来文化介入，原汁原味的高原文化受到外来文化的挑战冲击。

（六）旅游产品生命周期的存在

青藏高原旅游长期以来由于交通屏障而处于封闭半封闭状态，目前处于刚刚起步阶段，大量极具价值的旅游资源未经开发，基本保持原始的状态。青藏铁路开通后，由于可进入性的提升，在较短时间内，旅游业很快步入发展阶段，极力改善旅游服务设施、加强宣传促销、拓展市场，使游客量与基础旅游服务设施保持平衡状态。虽然青藏高原旅游距巩固、停滞、衰落、复苏阶段还有一段距离，但青藏高原因其独特的地理环境因素的制约，在生命周期方面仍面临着极大的挑战。

第三节　青藏铁路开通后青藏高原旅游业发展

一、青藏铁路运营与高原旅游业发展的相关分析

（一）青海客运量与旅游人数相关分析

运用 SPSS 统计分析软件对青藏铁路全线开通后（1996～2007 年）青海总客运量、铁路、公路、民航及旅游人数间相关系数作了统计分析（图 7-12），并得出相应的分析结果（表 7-9）。

铁路客运量与旅游人数、总客运量之间的相关系数分别为 0.815 和 0.868，经查相关系数检验临界值表得出：当 $f=10$ 时，$0.815>r_{0.01}=0.7079$ ，$0.868>r_{0.001}=0.8233$，这表明铁路客运量与旅游人数、总客运量相关概率分别为 99%和 99.9%，呈极显著相关。

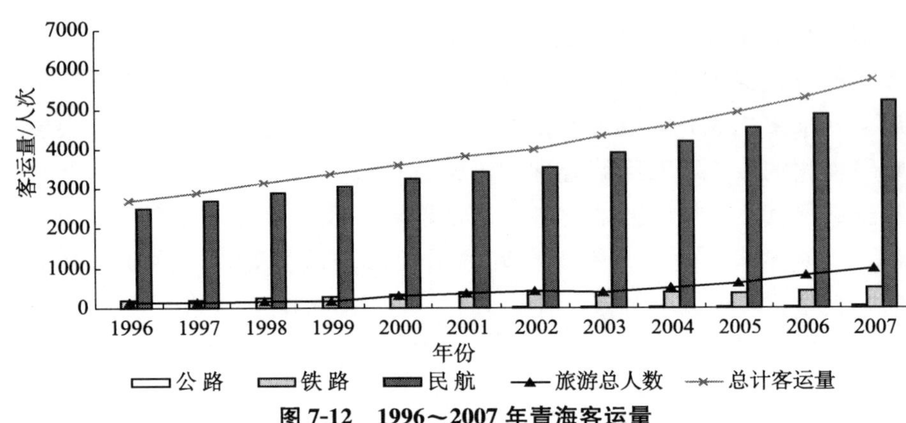

图 7-12　1996～2007 年青海客运量

资料来源：《青海统计年鉴》，2008

表 7-9　1996～2007 年青海省总客运量及铁路、公路、民航客运与旅游人数间相关

	铁路	公路	民航	旅游人数	客运量
铁路	1.000	0.840**	0.764*	0.815**	0.868**
		0.001	0.004	0.001	0.000
公路	0.840*	1.000	0.973**	0.973**	0.999**
	0.001	.	0.000	0.000	0.000
民航	0.764*	0.973**	1.000	0.991**	0.967**
	0.001	0.000	.	0.000	0.000
旅游人数	0.815**	0.973**	0.991**	1.000	0.972**
	0.001	0.000	0.000	.	0.000
客运量	0.868**	0.999**	0.967**	0.972**	1.000
	0.001	0.000	0.000	0.000	.

*显著，且通过 0.05 显著性检验；**极显著，且通过 0.01 显著性检验

为凸显格拉段的开通运营对青海总客运量及旅游人数的影响，本书选取 1996～2005 年数据进行统计分析得出以下相关系数矩阵（表 7-10）。

表 7-10　1996～2005 年青海总客运量及铁路、公路、民航客运与旅游人数间相关

	铁路	公路	民航	旅游人数	客运量
铁路	1.000	0.788*	0.704*	0.779*	0.831**
	.	0.007	0.023	0.008	0.003
公路	0.788*	1.000	0.980**	0.961**	0.997**
	0.007	.	0.000	0.000	0.000
民航	0.704*	0.980**	1.000	0.977**	0.970**
	0.023	0.000	.	0.000	0.000
旅游人数	0.779*	0.961**	0.977**	1.000	0.962**
	0.008	0.000	0.000	.	0.000
客运量	0.831**	0.997**	0.970**	0.962**	1.000
	0.003	0.000	0.000	0.000	

*显著，且通过 0.05 显著性检验；**极显著，且通过 0.01 显著性检验

铁路客运量与旅游人数、总客运量的相关系数分别为 0.779 和 0.831，经显著性检验呈极显著相关。但格拉段开通后，即 1996～2007 年的相关系数显示，0.779<0.815，0.831<0.868，可见，青藏铁路西格段自开通运营至今，使青海省的总客运量及旅游业发展受益匪浅。随着格拉段的建成运营，青藏铁路与旅游业发展相关性更强，铁路对旅游发展的作用将更加显著，铁路客运量的增长对总客运量以及旅游人数的增长有巨大的推动作用。

（二）西藏客运量及旅游人数相关分析

1996～2007 年西藏客运量及运输结构见图 7-13。

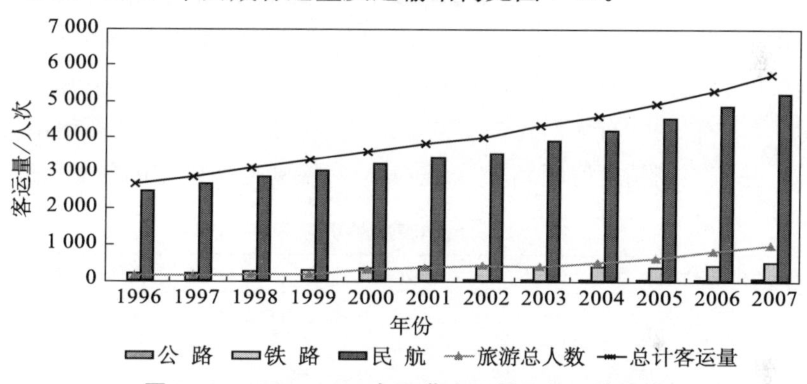

图 7-13 1996～2007 年西藏客运量及其运输结构

从表 7-11 可以看出，青藏铁路开通后，西藏总客运量与旅游人数之间的相关性为 0.981，经显著性检验，呈极高度相关。

表 7-11 1995～2007 年西藏总客运量与旅游人数间相关

	客运量	旅游人数
客运量	1.000	0.981**
		0.000
旅游人数	0.981*	1.000
	0.000	

*显著，且通过 0.05 显著性检验；**极显著，且通过 0.01 显著性检验

二、基于 GM（1，1）模型的西藏国内旅游人次预测对比

灰色预测是现有状态向未来延伸的预测，包括数列灰预测、灾变灰

预测、季节灾变灰预测等多种预测方法，其中数列灰色预测是最普遍、应用最广泛的一种预测方法。一般情况下，灰色预测为了获得可信的结果，要求建模数据具有全信息性。旅游市场预测是一种灰色系统，它既包含许多已被人们确知的因素，也包含许多大量人们正在分析或还未认知的因素，可以建立灰色预测模型。GM（1，1）模型是最简单的数列灰预测模型，它是一元线性回归模型的演化，对时间序列变量的预测具有便捷、灵活、精确度相对较高等优点[82,83]。因此，本书选择 GM（1，1）模型对青藏高原旅游业发展进行预测。

鉴于国内旅游市场比入境旅游市场相对稳定，且西藏国内市场受 2003 年“非典”等突发因素影响较少，本书将西藏国内市场作为预测对象要更加科学合理。通过建立 GM（1，1）灰色预测模型，利用 matlab 软件自动生成数据分别预测青藏铁路开通前后西藏国内旅游人次发展情况，并利用“有无对比法”建立对比表格进行分析，从而得出分析结果；并按预测精度等级划分（表 7-12），检验得出模型的预测精度。

表 7-12　预测精度等级划分表

小误差概率 p 值	方差比 c 值	预测精度等级
>0.95	<0.35	好
>0.80	<0.5	合格
>0.70	<0.65	勉强合格
$\leqslant 0.70$	$\geqslant 0.65$	不合格

如果检验合格，则用模型进行预测，即用

$\hat{x}^{(0)}(n+1)=\hat{x}^{(1)}(n+1)-\hat{x}^{(1)}(n)$，$\hat{x}^{(0)}(n+2)=\hat{x}^{(1)}(n+2)-\hat{x}^{(1)}(n+1)\cdots$作为 $x^{(0)}(n+1),x^{(0)}(n+2)\cdots$ 的预测值。

（一）青藏铁路未开通状况下，西藏国内旅游人次发展趋势

为确保预测的精确性，选取 2001～2005 年的西藏旅游国内旅游人次数据作为分析基础（表 7-13）。

表 7-13　2001～2005 年西藏国内旅游人次发展情况

年份	2001	2002	2003	2004	2005
旅游人数/万人次	55.9	72.5	87.8	112.7	167.9

$$x^{(0)}=\{x^{(0)}(1),x^{(0)}(2),\cdots,x^{(0)}(5)\}=\{55.9,72.5,87.8,112.7,167.9\}$$

由于

$$x^{(1)}(i)=\sum_{m=1}^{i}x^{(0)}(m),\qquad i=1,2,\cdots,n$$

所以有

$$x^{(1)}=\{x^{(1)}(1),x^{(1)}(2),\cdots,x^{(1)}(5)\}=\{55.9,128.4,216.2,328.9,496.8\},$$

$$B=\begin{bmatrix}-92.1500 & 1.0000\\ -172.3000 & 1.0000\\ -272.5500 & 1.0000\\ -412.8500 & 1.0000\end{bmatrix},Y_5=\begin{bmatrix}72.5\\ 87.8\\ 112.7\\ 167.9\end{bmatrix}$$

$$B^{\mathrm{T}}=\begin{bmatrix}-92.1500 & -172.3000 & -272.5500 & -412.8500\\ 1.0000 & 1.0000 & 1.0000 & 1.0000\end{bmatrix}$$

$$B^{\mathrm{T}}B=1.0e+0.05\times\begin{bmatrix}2.8291 & -0.0095\\ -0.0095 & 0.0000\end{bmatrix},(B^{\mathrm{T}}B)^{-1}=\begin{bmatrix}0.0000 & 0.0041\\ 0.0041 & 1.2332\end{bmatrix}$$

$$B^{\mathrm{T}}Y_5=1.0e+0.05\times\begin{bmatrix}-1.2184\\ 0.0044\end{bmatrix}$$

则

$$\hat{a}=\begin{bmatrix}a\\ u\end{bmatrix}=(B^{\mathrm{T}}B)^{-1}B^{\mathrm{T}}Y_5=\begin{bmatrix}-0.2989\\ 39.2373\end{bmatrix}$$

所以

$$u/a=-131.2723$$

得到 GM（1，1）预测模型为

$$x^{(1)}(i+1)=187.1723e^{0.2989i}-131.2723$$

$$\begin{cases}\hat{x}^{(0)}(1)=\hat{x}^{(1)}(1)\\ \hat{x}^{(0)}(i)=\hat{x}^{(1)}(i)-\hat{x}^{(1)}(i-1),i=2,3,\cdots,n\end{cases}$$

进行后验差检验：

首先计算原始数列 $x^{(0)}$ 的均方差 S_0

$$\overline{x}^{(0)}=\frac{1}{n}\sum_{i=1}^{n}x^{(0)}(i)=99.3600,$$

$$S_0^2=\sum_{i=1}^{n}[x^{(0)}(i)-\overline{x}^{(0)}]^2,\qquad S_0=\sqrt{\frac{S_0^2}{n-1}}=43.6452$$

然后计算残差数列 $\varepsilon^{(0)}=x^{(0)}(i)-\hat{x}^{(0)}(i)$ 的均方差 S_1，同时也可得到残差的平均值为 1.8734。

$$S_1^2=\sum_{i=1}^{n}[\varepsilon^{(0)}(i)-\hat{\varepsilon}^{(0)}]^2=134.6763/4=33.6691$$

$$S_1=5.8025$$

由此计算方差比

$$c=\frac{S_1}{S_0}=0.1329$$

小误差概率

$$p=\{|\varepsilon^{(0)}(i)-\bar{\varepsilon}^{(0)}|<0.6475\cdot S_0\}$$
$$|\varepsilon^{(0)}(1)-\bar{\varepsilon}^{(0)}|=1.8734<28.2603$$
$$|\varepsilon^{(0)}(2)-\bar{\varepsilon}^{(0)}|=5.4205<28.2603$$
$$|\varepsilon^{(0)}(3)-\bar{\varepsilon}^{(0)}|=1.9955<28.2603$$
$$|\varepsilon^{(0)}(4)-\bar{\varepsilon}^{(0)}|=7.7255<28.2603$$
$$|\varepsilon^{(0)}(5)-\bar{\varepsilon}^{(0)}|=6.1741<28.2603$$

后验差检验$c=0.1329<0.35$，$p=5/5=1>0.95$，预测精度等级为好（表 7-14、图 7-14）。

表 7-14　2001～2005 年西藏国内旅游人次发展 GM（1，1）模拟

序列	原始值 $x^{(0)}$（i）	预测值 $\hat{x}^{(0)}$（i）	残差 $\hat{\varepsilon}^{(0)}$（i）	相对误差/%
1	55.9	55.9	0	0
2	72.5	65.2061	7.2939	10.06
3	87.8	87.9221	−0.1221	−0.14
4	112.7	118.5521	−5.8521	−5.19
5	167.9	159.8525	8.0475	4.79

（二）青藏铁路开通状况下，西藏国内旅游人次的发展趋势

表 7-13 为西藏国内旅游人次原始数据，选取 2001～2007 年青藏铁路通车前后西藏旅游人次的数据作为分析基础（表 7-15）。

表 7-15　2001～2007 年西藏国内旅游人次发展情况

年份	2001	2002	2003	2004	2005	2006	2007
旅游人数/万人次	5.9	2.5	7.8	12.7	67.9	235.7	366.4

$x^{(0)}=\{x^{(0)}(1), x^{(0)}(2), \cdots, x^{(0)}(7)\}=\{55.9, 72.5, 87.8, 112.7, 167.9, 235.7, 366.4\}$

由于

$$x^{(1)}(i)=\sum_{m=1}^{i}x^{(0)}(m),\qquad i=1,2,\cdots,n$$

所以有

$x^{(1)}=\{x^{(1)}(1), x^{(1)}(2), \cdots, x^{(1)}(7)\}=\{55.9, 128.4, 216.2, 328.9, 496.8, 732.5, 1098.9\}$

$$B=\begin{bmatrix}-92.1500 & 1.0000\\ -172.3000 & 1.0000\\ -272.5500 & 1.0000\\ -412.8500 & 1.0000\\ -614.6500 & 1.0000\\ -915.7000 & 1.0000\end{bmatrix},Y_5=\begin{bmatrix}72.5\\ 87.8\\ 112.7\\ 167.9\\ 235.7\\ 366.4\end{bmatrix},$$

$$B^{\mathrm{T}}=\begin{bmatrix}-92.1500 & -172.3000 & -272.5500 & -412.8500 & -614.6500\\ -915.7000 & & & & \\ 1.0000 & 1.0000 & 1.0000 & 1.0000 & 1.0000\\ 1.0000 & & & & \end{bmatrix},$$

$$B^{\mathrm{T}}B=1.0\mathrm{e}+006\times\begin{bmatrix}1.4992 & -0.0025\\ -0.0025 & 0.0000\end{bmatrix},$$

$$(B^{\mathrm{T}}B)^{-1}=\begin{bmatrix}0.0000 & 0.0009\\ 0.0009 & 0.5272\end{bmatrix},$$

$$B^{\mathrm{T}}Y_5=1.0\mathrm{e}+005\times\begin{bmatrix}-6.0223\\ 0.0104\end{bmatrix}$$

则

$$\hat{a}=\begin{bmatrix}a\\ u\end{bmatrix}=(B^{\mathrm{T}}B)^{-1}B^{\mathrm{T}}Y_5=\begin{bmatrix}-0.3610\\ 24.6244\end{bmatrix}$$

所以，$u/a=-68.2116$，得到GM（1，1）预测模型为

$$x^{(1)}(i+1)=124.1116\mathrm{e}^{0.3610i}-68.2116$$

$$\begin{cases}\hat{x}^{(0)}(1)=\hat{x}^{(1)}(1)\\ \hat{x}^{(0)}(i)=\hat{x}^{(1)}(i)-\hat{x}^{(1)}(i-1),i=2,3,\cdots,n\end{cases}$$

进行后验差检验：

首先计算原始数列 $x^{(0)}$ 的均方差 S_0：

$$\overline{x}^{(0)}=\frac{1}{n}\sum_{i=1}^{n}x^{(0)}(i)=156.9857$$

$$S_0^2=\sum_{i=1}^{n}[x^{(0)}(i)-\overline{x}^{(0)}]^2,\ S_0=\sqrt{\frac{S_0^2}{n-1}}=111.2610$$

然后计算残差数列 $\varepsilon^{(0)}=x^{(0)}(i)-\hat{x}^{(0)}(i)$ 的均方差 S_1，同时得到残差的平均值12.0571。

$$S_1^2=\sum_{i=1}^{n}[\varepsilon^{(0)}(i)-\bar{\varepsilon}^{(0)}]^2=1024.5/6=170.75$$

$$S_1 = 13.0671$$

由此计算方差比

$$c = \frac{S_1}{S_0} = 0.1174$$

小误差概率

$$p = \{ | \varepsilon^{(0)}(i) - \bar{\varepsilon}^{(0)} | < 0.6475 \cdot S_0 \}$$

$$| \varepsilon^{(0)}(1) - \bar{\varepsilon}^{(0)} | = 12.0571 < 72.4144$$

$$| \varepsilon^{(0)}(2) - \bar{\varepsilon}^{(0)} | = 6.4836 < 72.4144$$

$$| \varepsilon^{(0)}(3) - \bar{\varepsilon}^{(0)} | = 1.6758 < 72.4144$$

$$| \varepsilon^{(0)}(4) - \bar{\varepsilon}^{(0)} | = 10.4347 < 72.4144$$

$$| \varepsilon^{(0)}(5) - \bar{\varepsilon}^{(0)} | = 3.5271 < 72.4144$$

$$| \varepsilon^{(0)}(6) - \bar{\varepsilon}^{(0)} | = 5.0154 < 72.4144$$

$$| \varepsilon^{(0)}(7) - \bar{\varepsilon}^{(0)} | = 26.2268 < 72.4144$$

后验差检验 $c=0.1174<0.35$，$p=5/5=1>0.95$，预测精度等级为好（表 7-16、图 7-15）。

表 7-16　2001～2007 年西藏国内旅游人次发展 GM（1，1）模拟

序列	原始值 $x^{(0)}$（i）	预测值 $\hat{x}^{(0)}$（i）	残差 $\varepsilon^{(0)}$（i）	相对误差/%
1	55.9	55.9	0	0
2	72.5	53.9593	18.5407	25.57
3	87.8	77.4187	10.3813	11.82
4	112.7	111.0776	1.6224	1.44
5	167.9	159.37	8.53	5.08
6	235.7	228.6583	7.0417	2.99
7	366.4	328.1161	38.2839	10.45

用模型预测 2008～2010 年西藏国内旅游人次数据如下：

2008 年西藏国内旅游人次为 470.7 万人次。

2009 年西藏国内旅游人次为 675.3 万人次。

2010 年西藏国内旅游人次为 969 万人次。

（三）青藏铁路（格拉段）开通前后旅游模拟的对比

利用青藏铁路有或无对比法，对无铁路情况下的西藏国内旅游人次与青藏铁路开通后的西藏国内旅游人次进行比较（表 7-17，图 7-14）：

表 7-17　2001～2010 年西藏国内旅游人数发展 GM（1，1）模拟及预测

（单位：万人次）

年份	无铁路情况下		有铁路情况下	
	原始数据	预测数据	原始数据	预测数据
2001	55.9	55.9	55.9	55.9
2002	72.5	65.2061	72.5	53.9593
2003	87.8	87.9221	87.8	77.4187
2004	112.7	118.5521	112.7	111.0776
2005	167.9	159.8525	167.9	159.37
2006		215.5411	235.7	228.6583
2007		290.6301	366.4	328.1161
2008		391.8960	402.94	470.7
2009		528.4000	534.68	675.3
2010		712.5000	685.3	969.0

从表 7-17、图 7-14 可以明显看出：在无铁路的情况下，西藏国内旅游人次逐年增加，但增幅较小，在有铁路的情况下，西藏国内旅游人次也呈现逐年增加，但增幅较大，预测值远小于实际值，说明预测结果有待于进一步改善。

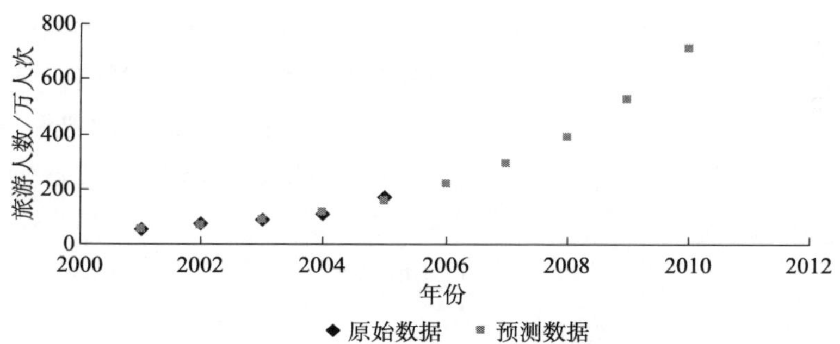

图 7-14　2001～2005 年西藏旅游人次模拟曲线

三、青藏铁路运营与青藏高原旅游业开发战略研究

（一）青藏高原旅游开发原则

1. 市场导向、政府主导原则

青藏铁路开通后，国内外游客对青藏高原旅游需求发生很大变化。在以市场为导向的原则下，旅游开发必须要作好充分的市场调查及预测，以旅游市场需求变化为依据，以最大限度地满足旅游者需求为标

准，针对不同区域、不同层次、不同消费者群体市场需求有选择的确定开发重点，实现效用最大化。根据青藏铁路沿线旅游资源的自身特点和市场需求情况，旅游开发应该以高原自然生态和纯朴自然风光为特色，以发挥民族风情、生态旅游为核心，兼有观光旅游、登山探险、科学考察和度假休闲旅游等多种功能，建立面向海内外客源市场、高品质的生态型国际型旅游区。客源市场定位要以境外市场为导向，以国内市场为基础，立足国内市场，积极开拓境外市场，争取国内市场与境外市场共同发展。

由于市场自身存在的缺陷，政府的主导作用是不容忽视的。青藏铁路沿线的青藏高原旅游业的发展，目前仍存在诸多不利因素和挑战，如旅游市场经济体制不完善；青藏铁路的修建、运营及维护工作十分艰巨；环境承载力、旅游容量有限；民族心理及文化受冲击；旅游开发与环境保护的矛盾；旅游者、当地居民、旅游供给者之间的利益关系以及旅游相关部门、相关企业、旅游地之间的关系等需要理顺。充分发挥政府协调、组织、管理、调控等职能是解决以上问题的必由之路。

2. 可持续发展原则

按照陈传康等在区域旅游发展战略问题上提出的四种类型的旅游发展战略（表 7-18），青藏高原旅游发展应遵循保护性开发战略，坚持预防为主、保护优先，进而谋求经济、社会、环境三大效益的协调发展。将青藏铁路建成“高原绿色生态长廊”，然后根据市场需求，进行适量、科学、合理开发，将“青藏线”建设与景区景点开发融为一体，将沿途自然景观与人文景观相融合，最终建成人口、资源、环境和谐统一、共同发展的生态环境示范线。

表 7-18　旅游发展规划模式[49]

模式	旅游资源	区位条件	区域经济背景	主要开发措施
1	+++	+++	+++	全方位开发
2	+++	++	+	国家扶持，适度超前发展
3	+++	+	+	保护性开发
4	+	+++	+++	恢复古迹或高级别人造景观

+++为优，++为中，+为差

3. 创新原则

旅游开发过程中所遵循的创新原则，多指旅游产品在开发设计方面的创新。旅游产品包括旅游资源、旅游设施、旅游服务、旅游环境和旅游商品等，对旅游产品采用高科技手段进行包装创新，使其具有更强的吸引力，能吸引更多的客源。随着游客消费心理的日渐成熟和散客旅游的日益增多，旅游需求多样化趋势突出，那些千篇一律、缺乏特色的大众化的旅游产品对游客的吸引力在日渐减弱，因而创新旅游产品显得尤为重要。

青藏高原旅游资源有着得天独厚的优势，这在国内外都是无法比拟的，旅游产品创新有着极强的比较优势。但就青藏铁路沿线的青海和西藏来说，旅游产品有着很强的相似性，不利于这两个省区乃至整个青藏高原旅游业的可持续发展。两省区乃至每一个景区，应加强创新意识，从市场需求出发，跳出传统思维，立足各区域旅游资源多样化的特点，组合旅游产品，科学规划个性化旅游产品，丰富产品内容，避免旅游产品单一或高雷同度。青藏铁路是世界顶级旅游资源，现国内开通了多条青藏旅游专列，游客需求的多样化，要求服务质量、水平方面要不断创新，从而将铁路旅游推向更高的层次。

（二）青藏高原旅游开发思路

1. 点轴渐进扩散式开发

点轴渐进扩散式开发最适用于那些旅游资源丰富、旅游业发展程度不高、旅游开发空间结构还不完善的地区，特别是区内中心城市作用大，又有便捷交通干线的地区[40,41]。点轴渐进扩散式开发模式适宜青藏铁路沿线旅游资源开发，这是实现区域旅游发展打造世界屋脊旅游品牌的最佳选择。

点轴渐进扩散式开发的过程，是由“点”到“线”，再由“线”到“面”的过程。首先将青藏铁路沿线选择旅游资源丰富、接待能力较好、旅游业发展相对较成熟的西宁、格尔木和拉萨作为旅游开发的一级点；继而将铁路沿线辐射带动功能较强、旅游发展开发潜力巨大、旅游业已初具规模且开发条件良好的区域作为二级开发点，如青海的祁连山、黄南同仁、玉树，西藏的那曲、日喀则、山南、林芝等地，这样滚雪球式依次向外扩散。随着青藏铁路后续线路的延伸，各级节点辐射范围的不断扩大，青藏高原区域旅游业将以青藏铁路为主线，从点到线再到面均衡展开，形成全面发展态势。

2. 加强区域合作，走区域旅游联合之路

青藏铁路建成通车后，青海为旅游过境地和西藏为旅游目的地的区分更加明显，两地在一定程度上形成了空间竞争关系[84]。青海与西藏两省区旅游资源存在很大的相似性，因而在旅游开发过程中，就旅游形象宣传促销、争夺客源市场等方面形成了激烈竞争。青海作为旅游过境地的空间竞争力不强，在形象、产品、产业、实力等各方面较西藏都有一定差距。但青海旅游起步早于西藏，位居高原东北部，距我国东部经济发达地区近。因此在资源保护与开发、产品推出与创新、旅游宣传及政策制定等方面，青海的旅游发展模式与发展经验均可以为西藏提供一定的借鉴。处理好青海与西藏两省区旅游地之间的竞争与合作关系，开展两省区的合作，对青藏高原区域旅游发展将起到巨大作用。在旅游开发及规划过程中，坚持差异性开发战略，凸显各自的个性，根据不同区域选择相应的开发模式和营销策略，从而既可以突出自身的特点，又可以兼顾各方利益，最终达到共赢的目的。

其次，开展区际旅游合作及跨国际区域旅游合作。青藏铁路线开通，拉萨至日喀则、亚东、林芝、山南等铁路支线的延伸，格尔木至敦煌、库尔勒铁路建成，为青藏高原区域与周边的甘肃、新疆、四川、云南等省区之间的区际旅游合作提供了便利条件。青藏高原与南亚的印度、尼泊尔、缅甸等国相接壤，应充分利用边境与边界优势，创造条件努力开发有特色的跨区域、跨国界旅游线路，形成区域间季节、设施、资源的优势互补。

青藏高原开展区域、区际乃至跨国旅游合作广景广阔，通过旅游资源开发、旅游线路设计、旅游产品宣传促销、旅游设施修建维护、旅游环境改善等多方面的区域旅游合作，能够有效地开拓青藏高原旅游市场，使市场各要素在区内、区际及跨国区域间自由流通，进而提升整个青藏高原区的旅游竞争实力，实现旅游的可持续发展[85]。

第八章

青藏高原旅游开发与生态安全

第一节　青藏高原旅游生态安全

一、青藏高原生态环境基本特点

（一）高耸的地势

青藏高原是由印度板块与亚欧板块碰撞、挤压，地壳变形而隆起的巨大高原。它与地球上最近一次强烈的、大规模的地壳变形运动——喜马拉雅造山运动密切相关。平均 70km 厚的地壳，即超出正常大陆地壳 2 倍厚度的地壳插入地幔软流圈中，使板块碰撞与高原隆起蕴涵着巨大的地壳力和地表动力，不仅对形成高原本身的地质构造、地貌形态、生态环境等具有决定性作用，而且对高原周边甚至整个亚洲大陆的环境变化产生着影响[3]。青藏高原平均海拔超过 4000m，而且有许多超过雪线、海拔 6000～7000m 的山峰，它以高出周围地区 5000m 的巨大高度突兀于大气对流层中部，而成为我国西高东低的地势中最高的一级台阶，是亚洲许多大河的发源地。

第四纪以来，新构造运动强烈，高原南部及东南部是频繁活动的地震区，又是强大的地热带，抬升活动一直延续至今。在原边缘普遍存在着地势抬升、河流深切的地形，河流纵剖面有显著的裂点和谷中谷的形态。另外，高原内部寒旱化趋势增强、湖泊消退、水系变迁、内部夷平、外部陡切以及土壤剖面分化简单、矿物风化程度浅等都显示出高原自然地理过程的年轻性。

（二）亚洲大气环流系统的交汇场

青藏高原的动力和热力作用迫使大气环流分支绕行或爬坡，并随季节不同而变动，各种环流路经高原时被“加工、改造”，从而变形、消失或增加。“青藏高压”是一个强盛的大陆性环流系统，它不仅控制着高原面上的气候与生物过程，也在高原周围辐散形成下沉气流而强烈影响附近地区的气候。由于巨大的海拔阻挡，西风气流在青藏高原西端分支，其北支造成新疆、甘肃、内蒙古一带出现高压，使得亚洲荒漠北移并具有温带性质。冬季，高原阻止西伯利亚与极地冷气流向南扩散，从而加强和维持了亚洲温带荒漠，使草原地带向东南扩展，中国东部森林被压缩，热带森林界限被迫南移。印度洋上空的西南季风在向北移动时，遇到高原的屏障作用而向东偏移，给高原以东的中国东南部低纬度地区带来了丰沛的夏季降水，润泽了东亚亚热带与热带森林。高原的存在增强和维持了太平洋的夏季风，给中国东部森林地区造成大量降雨，并使其可长驱北上到达中国东北，使中国东北和远东的温带针阔混交林茂盛发育。同时，青藏高压还对造成南亚热带降水的东风急流、太平洋热带气旋（台风）、印度洋热带气旋（孟加拉国风暴）等有着重要影响。

（三）太阳辐射强、气温低、日较差大

青藏高原地势高亢，空气稀薄、大气干洁，太阳总辐射高达540～800kJ/（$cm^2 \cdot a$）。比同纬度低海拔地区辐射高50%～100%。但高海拔导致的相对低温和寒冷也非常突出。高原面上最冷月平均气温达－15～－10℃，与我国温带地区大致相当。暖季，我国东部夏季风盛行，最热月平均气温大多在20～30℃，且南北差异不大，唯独青藏高原成为全国最凉的地区，7月平均气温与南岭以南的1月平均气温相当，比同纬度低地降低15～20℃。高原上气温日较差比同纬度低地大一倍左右，具有一般山地与高山的气温特点。因受强烈大陆性气候的影响，高原气温年较差也不小，与我国同纬底低地接近，表明它与热带高山有着根本不同的温度特点。因此，尽管气温较低、气候寒冷，但由于形成低温的原因不同，加上强太阳辐射和显著的热力作用，对自然地理过程及植物生长发育而言，高原上温度条件和高纬度低海拔区的相同气温有着不同的意义。

（四）冰雪与寒冻风化作用普遍

由于青藏高原巨大的海拔高度，温度低成为高原气候的主要特点，这有利于冰川、冻土的产生，产生独特的冰缘与寒冻风化作用。青藏高原是世界上中低纬度地区最大的冰川作用中心，现代冰川广布，冰川面积达 49 162km^2，冰川储量约 5×10^{8}m^3，约占全国的 4/5。第四纪古冰川地貌遗迹广布于极高山区周围，部分地区成为构成景观的重要因素。高原上冻土分布广泛，多年冻土连续分布于高原中北部，厚达 80～120m，成为中低纬度地区最大的冻土岛。据研究，这里的冻土是晚更新世末次冰期寒冷气候的产物，从冰川冻土的角度看，在某种意义上可以认为青藏高原的腹地至今仍未脱离冰期。

强烈的太阳直接辐射使白昼高原上地表和近地面空气强烈增温，而夜间迅速冷却，一年内有较长时间出现正负温度的交替变化。因而，冰缘冻融作用及寒冻风化作用普遍，对高原土壤和微地形的形成有重要的意义。

（五）与高原环境相适应的动植物

青藏高原的隆起一方面保留了一些古老的生物种类，同时也产生了许多新的种属，它是构成生物资源宝库的组成部分。无论是动物中的兽、鸟、爬行类、两栖类、鱼和昆虫，还是植物中的维管植物、苔藓，或是真菌、地衣和水生生物等都有许多新发现和新纪录。青藏高原上动植物区系分属于不同的系统，动物方面高原内部属古北界区系，东南部属于东洋界区系，植物方面相应地分属于泛北极区的青藏高原植物亚区和中国-喜马拉雅森林植物亚区，即历史古老的喜暖湿种类占据东南部，而较年轻的耐寒种类则分布于高原内部。喜马拉雅山是南北植物分布上的明显屏障，而横断山脉的纵向谷地则便于南北交流，且垂直分带明显，类型繁多，是世界高山植物区系极丰富的区域，又是第四纪冰期中动植物的天然避难所，保存了许多第三纪以前的种类，成为现代不少种类的分布中心，如植物中的杜鹃属、动物中的噪鹃等。

因强烈隆起，高原内部旱化增强，形成高原特有的动植物构成，如植物中的垫状驼绒藜、紫花针茅、小蒿草等；动物中的藏羚羊是高原上唯一的特化属，牦牛则是第四纪冰期中冰缘环境下发展起来的种类。从构成自然景观外貌的植被来说，高原上广泛分布着高寒灌丛草甸、高寒草原、高寒荒漠以及高寒草甸植被等类型。动物则为高地森林草原—草甸草原—寒漠动物类群，它们都显示出高原的独特性。对高原生物区系的组成、分布及其形成演化所进行的系统研究表明，高原脊椎动物特有属少，整个区系虽不古老，但存在众多特有种，第四纪冰期并未使所有生物种类绝灭；高原的抬升导致新的植物区系的形成，一些区域成为植物科属的分化和分布中心。由于高原上存在着古老的人类文明，所以也具有高原特有的农业与林业作物、牧草和家畜的种属。

（六）垂直变化普遍并与水平地带紧密结合

青藏高原不仅边缘高山环绕、高差悬殊，而且高原内部也广布许多山脉，起伏不小，因此垂直自然带普遍发育，可以归纳为季风性系统与大陆性系统两类性质不同的带谱。另外，范围巨大的青藏高原受大地势结构和大气环流特点的制约，形成自东南向西北由暖湿至干旱的水平分异梯度，表现为森林—草甸—草原—荒漠的地带性变化。这种区域差异又和垂直带变化紧密结合，显示出高原的独特性。根据自然景观不同和大地貌的差异，青藏地区可以划分为若干个分异明显、各具特色的自然地理区。

在高原内部，以高寒草甸、草原和荒漠为主体的高原垂直带呈现水平地带的变化，它具有强烈的大陆性高原的特色，在本质上异于低海拔相应的自然地带。可以认为青藏高原上的自然地带是亚欧大陆东部相应水平地带在巨大高程上的变体，地势和海拔引起的水热条件的不同是变异的主导因素。

（七）自然生态环境脆弱

青藏高原自然环境具有高寒特点，环境状态较为极端，水热相对不足，生态环境脆弱。由于现今不断增强的人类活动和全球变暖的自然背景，高原自然生态环境的脆弱性表现得十分明显，土地沙化趋势明显、高原草原植被退化严重、湖泊萎缩、冰川退化、物种生存条件恶化、生物多样性降低等。

（八）人口密度小，人为影响对自然环境的影响弱

受自然条件的制约，青藏高原上人口稀少，人口密度约 4 人/km^2，相当于全国平均人口密度的 1/25。在高原自然环境发展演变的历史过

程中，人为因素的作用和影响不仅不能与我国东部季风区相比，而且也远比西北干旱区微弱。有些地方还保留着天然的原始状况，特别是在高原内部腹地，往往人迹罕至。青藏高原是我国开发程度最低的区域，自然资源的利用仍处于初期阶段，土地利用以畜牧业为主，农林次之。

高耸的地势也造就了青藏高原独一无二的旅游资源，中纬度面积巨大的高山冰川、全球最为年轻而庞大的喜马拉雅山系及其全球最高峰——珠穆朗玛峰，横亘千里的辽阔高原面及其高原内部的几条巨大缝合带形成的山脉。高耸的地势、辽阔的高原，及其常年低温的气候条件，使冻土广布、水分蒸散相对微弱，地表河流纵横、大河源头汇聚、湖泊众多；高原自然环境的复杂性，使得高原自然植被景观组合多种多样，高山草原、高山草甸、高寒荒漠等草原植被占主导地位，同时也有高寒性森林、灌丛等植被存在。

二、青藏高原的生态旅游

生态旅游是近些年来倡导的一种全新的旅游理念，是强调人类与自然和谐相处，对地球生存环境关注的结果。国外有学者认为生态旅游是指到相对原始的自然区域，以欣赏、研究自然风光和野生动植物为目标，并能为保护区筹集资金，为当地居民创造就业机会，为旅游者提供环境教育，从而有利于自然保护的旅游活动；国内也有学者认为生态旅游的本质是强调以自然生态环境为基础，以注重生态环境保护为主基调的一种旅游模式或旅游活动[86]。

国际生态旅游协会认为，生态旅游是具有保护自然环境和维护当地人民生活双重责任的旅游活动。生态旅游以可持续发展作为理论基础，以对自然景观的保护为主要内容[87]，强调人与自然的和谐，在旅游开发活动中不破坏环境，并使后代人有机会与可能享有与当代人同样的自然景观与人文景观。在继承前人自然-社会景观，开发和建设新的自然-社会景观的同时，生态旅游也强调自然景观和历史人文景观的有机结合，使游客在享受自然-人文复合景观的旅游活动中，体验原始的自然风光[88]。因此，生态旅游既是一种体验旅游目的地原始自然资源的旅游活动，又是一种对旅游目的地的自然环境加以保护的旅游开发方式。

青藏高原的自然生态环境的独特性和脆弱性等特点，决定了青藏高原的旅游开发必须走可持续发展之路，坚持生态旅游的理念。青藏高原的自然环境具有全球独一无二的特点，而特殊自然环境下的高原文化在全世界范围内充满了神圣和神秘感，尤其是藏族文化，对外界具有巨大的诱惑力。高原的自然生态环境和人文文化都具有较强的稀缺性和脆弱性，自然生态环境的脆弱性在前面有所论述，而人类文化的脆弱性也是显而易见的。在目前全球化的大背景下，地球已经变成地球村，全世界各区域呈现出前所未有的趋同化。各地区的经济活动、社会结构、行为方式等方方面面都表现出高度的一致化。在全球化大潮的影响下，西方社会的科学技术、思维行为方式对全球各地区的土著文化都产生了巨大的冲击，各地区的土著文化都面临萎缩，甚至消失的危险。而青藏高原的本地文化无疑也面临巨大挑战，其文化的脆弱性由此也可见一斑。生态旅游的倡导和发展对保护高原自然-人文景观，降低外界的干扰具有巨大的意义。从这个意义上说，生态旅游是高原旅游业发展的必然之路，其紧迫性要远远高于其他区域。

三、青藏高原的旅游生态安全

旅游生态安全概念来自于生态安全，是生态安全的一种外延。所谓生态安全，是指一个国家生存和发展所需的生态环境处于不受或少受破坏与威胁的状态，即自然生态环境能满足人类和群落的生存与发展需求，而不损害自然生态环境[87]。生态安全强调区域自然生态环境状况能够维系其经济社会可持续发展，它是国家安全和社会稳定的一个重要组成部分。保障国家和区域生态安全，是生态保护的首要任务。

生态安全的概念目前存在着广义和狭义两种理解。广义生态安全，在国际上普遍是指人的生存环境不受威胁的状态，即健康、安乐、生活保障、享有社会基本权利、适应环境变化等，包括自然、经济和社会生态安全三部分组成的一个复合人工生态安全系统。狭义的生态安全是指自然和半自然生态系统安全，即生态系统完整性，是指一个国家或区域生存和发展所需的生态环境处于不受或少受破坏与威胁的状态[89]。本书的生态安全是狭义的范畴，是指青藏高原的生态环境条件可以支撑发展高原生态旅游的需要，或者高原目前存在的环境资源和环境问题还不足以限制高原生态旅游的发展。即旅游生态系统处于健康状态，其功能能够满足旅游业持续发展的要求。换言之，旅游业发展不会造成生态系统质量的降低，生态环境不存在退化和崩溃的危险。

具体来说，青藏高原的旅游生态安全包括高原旅游资源安全（是指在旅游开发中，旅游资源的固有属性和价值包括自然生态价值、美学价值、历史文化价值和科研价值等不受破坏，旅游开发活动是在资源固有属性和价值范围之内进行的）、旅游环境安全（指旅游资源处于一种原生态和不受破坏的环境下，对原有的生态环境系统的干扰是在环境功能自身可以承受的范围之内的一种运行状态）和区域生态功能保护和维护（区域生态功能是人类赖以生存的基本条件，而具有特殊生态条件的区域，其生态功能具有独特的旅游价值，旅游者在对区域生态的体验中，认识自然、欣赏自然、享受自然，进而宣传与保护自然生态，从而提升了区域生态功能的保护和维护效果。旅游是一种高级的精神享受，是在物质生活条件获得基本满足后出现的一种精神追求，因此旅游者具有“求新、求知、求乐”心理的共性。由游客自发形成对区域生态功能的保护和维护是完全有可能的，这对自然生态环境独特而脆弱的青藏高原来说尤为重要）。其中旅游资源安全是基础，是旅游业得以发展的源泉；旅游环境安全是条件，为旅游资源安全提供了有利条件；而区域生态功能保护和维护则是结果，是旅游者参与旅游活动情感体验的结果。

应当看到，青藏高原发展生态旅游核心内容是旅游生态安全，在高原发展生态旅游的发展中要不破坏高原独有的自然生态环境，保护其生物多样性，保障高原旅游资源的安全和运行环境，使旅游者在旅游活动中的精神享受和环境教育相融合、精神愉悦和保护环境的理念相融合，最终实现高原生态功能的保护和提升。

第二节　青藏高原旅游生态安全实证分析——以三江源为例

一、典型区的选择

三江源地区位于青海南部，是青藏高原的核心地带，是青藏高原最具有代表性的地区之一。该区域是全球著名三大河流——长江、黄河和澜沧江的发源地，故名为三江源，并被列为三江源国家级自然保护区，生态意义非常重要。该区又是藏族同胞的世袭居住区，有着独特的高原人文景观。行政区域包括玉树（玉树、治多、杂多、囊谦、称多和曲麻莱）、果洛（玛沁、玛多、达日、久治、班玛和甘德）的全部，以及海南（兴海、同德）、黄南（泽库、河南）和海西（唐古拉山乡）的部分地区，共计16个县和1个乡。按照长江、黄河和澜沧江流域面积计算，三江源区面积为3.18×10^5km^2。

二、评价体系的建立

1. 评价的原则

1）科学性原则

科学性原则即所选择的评价指标能较科学、真实、客观的反映区域旅游生态安全基本特征，同时所选指标要概念清晰、含义明确，而且各指标可以进行量化，以便于评价结果定量化分析。

2）可操作性原则

可操作性原则即评价指标具有易获得性，要求数据多来自官方统计资料或报告，使得数据来源与数据统计具有良好的接口，能最大程度利用统计资料，使评价体系具有可操作性。

3）系统性原则

旅游生态安全是人地耦合关系在生产实践领域的具体体现，是对人地耦合关系定量评价的具体运用。人地耦合关系是一个社会-经济-自然复合系统，它具有强烈的综合性、复杂性和层次性，这就决定了旅游生态安全评价体系具有综合性、复杂性和层次性。因此评价体系既要能反映社会-经济-自然各个子系统，又能反映耦合系统的整体属性。

4）动态性原则

现今青藏高原旅游生态安全状况是高原自然环境和旅游行业长期演化和相互作用结果，因此在评价指标的选择上尽量选取长时段、多时相的评价指标，这样有利于评价结果的科学性和准确性，以提供青藏高原旅游生态安全演变和今后发展趋势的线索。

2. 评价方法

旅游生态安全评价是区域生态安全评价的延伸和具体应用，区域生态安全的评价是进行旅游生态安全评价的核心和基础，因此本书以区域生态安全的评价为基础和突破点。区域生态安全的评价的方法多种多样，本书采用 PSR 评价模式，即压力（pressure）-状态（state）-响应（responce）评价模式。该模式是 20 世纪 80 年代由加拿大政府、经济合作与发展组织（OECD）与联合国环境规划署（UNEP）共同提出一种区域生态环境评价的指标体系[90]。该模式由三部分组成：压力模块是指区域环境由于人为和自然的变化和驱动导致生态环境自身发生负反馈的可能，它不仅包含了人类社会不合理的活动对自然环境的破坏，还包含了自然环境自身的变化导致整个生态环境向不利方向发展的趋势和可能。例如，气候变化由自然驱动，气候变化又影响了其他干旱、洪涝、泥石流等自然灾害的发生，从而对区域生态安全造成了影响；状态模块是指表征区域自然生态环境目前所存在和运行的状态，大致包括环境质量、资源现状及其生态功能的基本情况；响应模块是指面对由人为和自然的压力导致的环境问题，人类社会目前所采取的对策与措施及其行动的综合。

可以看到区域生态安全是压力、状态和响应的函数。区域的生态压力越小，状态越好，响应越明显且措施得当，则生态越安全，安全等级越高，反之亦然。因此，在进行生态安全评价时，分别将压力-状态-响应等级化，得到表 8-1 压力-状态安全等级情况。本书评价以县域为单元，唐古拉山乡具有特殊性，也作为一个评价单元。表 8-1 中所示的压力-状态等级含义举例如下：压力等级为低、状态等级为高，则对应的压力-状态安全等级为高，其余类推。

表 8-1　压力、状态等级对应的压力-状态安全等级划分标准

压力等级	状态等级				
	高	较高	中等	较低	低
低	高	高	较高	中等	中等
较低	高	较高	较高	中等	较低
中等	较高	较高	中等	较低	低
较高	中等	中等	较低	较低	低
高	中等	较低	低	低	低

再将得到的压力-状态安全等级与响应等级按照表 8-2 的对应方法进行等级化，得到区域生态安全等级。其含义举例如下：压力-状态安全等级高，同时响应等级为高的，对应的区域生态安全等级则高，反之则低。

表 8-2 压力-状态安全等级与响应等级对应区域生态安全等级划分标准

压力-状态安全等级	响应等级						
	高	较高	中等	较低		低	
高	高	高	较高	中等		中等	
较高		高		较高	较高	中等	较低
中等		较高		较高	中等	较低	低
较低		中等		中等	较低	较低	低
低		中等		较低	低	低	低

得到区域生态安全等级后，将区域旅游资源等级和生态安全等级，按照表 8-3 的办法进行等级化分类，就可以得到区域旅游生态安全等级评价图 8-1。其根据主要有：其一旅游生态安全是区域生态安全的延伸，二者有密切的关系，尤其在三江源地区区域生态安全是旅游生态安全的基础；其二在本区许多旅游资源并没有得到充分的开发，甚至一些旅游资源还未进行开发，因此旅游资源等级越高，被开发的可能性就越高，而面临的旅游生态压力就越大，旅游安全状况就可能降低，故旅游资源等级越高，其旅游生态安全则越低。

表 8-3 压力、状态等级对应的压力-状态安全等级划分标准

旅游资源等级	生态安全等级				
	高	较高	中等	较低	低
1 级（低）	高	高	较高	中等	中等
2 级（较低）	高	较高	较高	中等	较低
3 级（中等）	较高	较高	中等	较低	低
4 级（较高）	中等	中等	较低	较低	低
5 级（高）	中等	较低	低	低	低

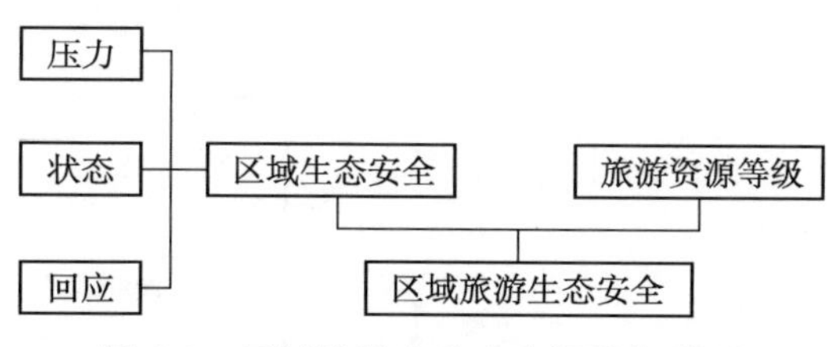

图 8-1 区域旅游生态安全评价概念图

3. 评价指标

根据压力-状态-响应模式及其评价原则，分别选取各个模块的评价指标（图 8-2）。从图 8-2 可见：压力模块又包含了人口-经济压力、生态环境压力和气候变化压力，其中县域的人口密度用来表征人口压力，由于三江源地区主要产业为畜牧业，选取县域从事第一产业的人数来表征人类经济活动对生态环境的压力指标；生态环境压力主要指目前三江源地区面临的主要生态环境问题，包括沙漠化、黑土滩灾害及鼠害等；气候压力是指目前的全球变暖等气候变化，对三江源地区生态环境可能造成负向变化的压力，用年均气温倾向率和旱灾发生概率来作为气候变化对区域生态造成压力评价指标。

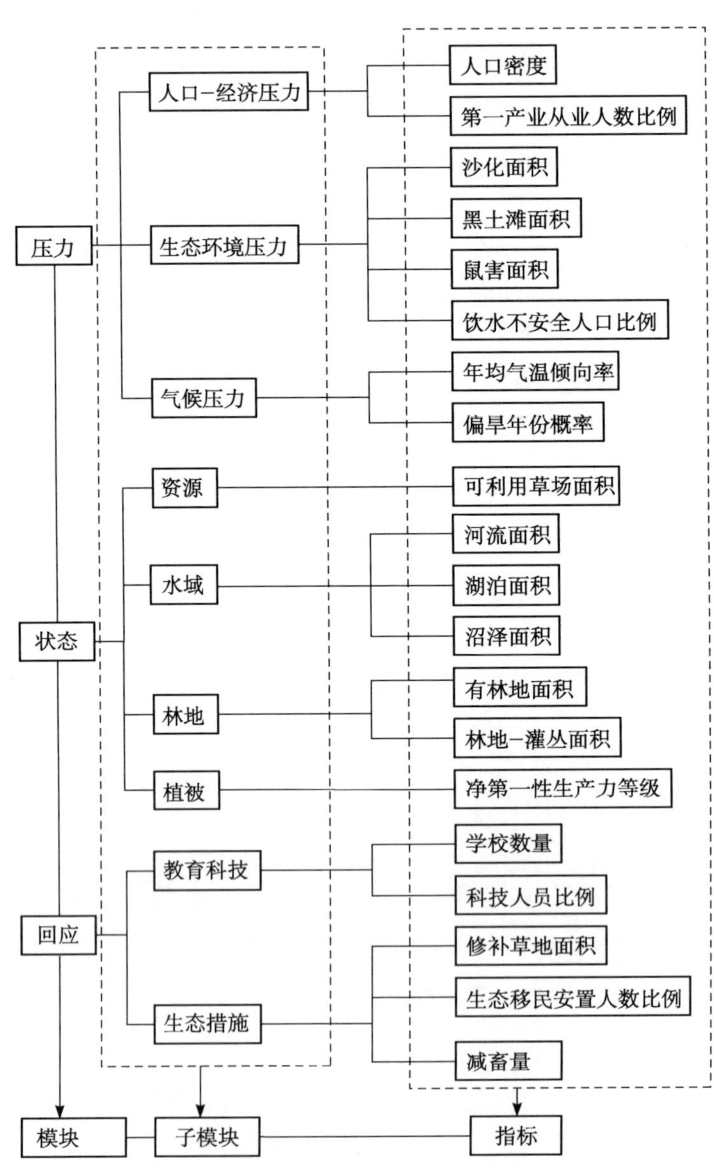

图 8-2　压力-状态-响应模式评价模块及其指针

状态模块包括植被、水域、资源和林地等子模块，这些子模块具有重要区域生态服务功能，可以用来代表区域生态环境功能的运行状况。草原植被是该区的主要指标类型，是区域生态环境最主要的体现，采用植被净第一性生产力作为评价指标；水域是三江源地区具有重要生态价值的景观，其变化对三江源地区的生态安全具有举足轻重的影响，其评价指标为河流、湖泊和湿地的面积；林地的评价指标有林地面积和林地-灌丛面积占总面积的比例；资源以可利用草场面积占总面积的比例作为评价指标。

响应模块包括教育-科技和生态措施两个子模块，其中教育对区域生态环境具有潜在的长远影响，因此以学校数量作为教育的评价指标；由于三江源区出现了较严重的生态环境问题，当地小区已经采取了修补草地、生态移民及其减少牲畜数量的办法来应对生态问题。

4. 评价指标的数据来源和评价方法

以上 20 项评价指标资料来源于多种渠道，人口、产业、学校和科技人员比例等指标数据来自于统计年鉴[91]，生态环境压力资料主要来自于三江源科学考察报告[92,93]，年平均气温倾向率、偏旱年份概率等气象指标采用动态数据，即采用 1960～2006 年的气象观测资料；三江源水域面积数据主要由遥感数据解译得到；生态措施等资料来自于政府工作报告和文献[94]。将各个模块的评价指针进行聚类分析和数值标准化，结合三江源各县域具体情况，做到定量与定性相结合，数据与实际相结合；在此之上将三江源 17 个评价单元按照进行分类与赋予等级。最后可以把赋予等级的各个模块，按照本章第一节第二部分所述的评价方法进行等级化，最终得到区域旅游生态安全等级。

三、三江源生态压力、状态及其响应的评价

1. 区域生态压力

对三江源各县域生态压力模块各指标进行聚类分析，可以把 17 个县乡分为五类。

分类一：唐古拉山乡。

分类二：玉树、治多、杂多、囊谦、称多、曲麻莱、玛沁、久治、班玛、甘德、兴海。

分类三：达日、泽库、河南。

分类四：玛多。

分类五：同德。

对各指标进行标准化分析，从图 8-3 可见：从沙化面积、鼠害程度、饮水不安全、人口比例、年均温倾向率和偏旱年份概率来看，分类四都表现出较高的标准化数值，表示生态问题较为突出，压力最大，这与目前众多的监测和研究结果是一致的。紧居其二的是分类五，人口压力、沙化面积和全球变暖的响应程度是非常显著的；分类一的生态压力总体居于分类四、五之后，第一产业的从业人口和全球变暖敏感程度对本区压力较大；分类三的生态压力前四类为小，但高于分类二；而分类二标准化数值都较小，甚至呈相对的负值，表现出较小生态压力。因此，生态压力等级和聚类结果有如下对应关系（图 8-4）。

分类一：中等生态压力。

分类二：低的生态压力。

分类三：较低的生态压力。

分类四：高的生态压力。

分类五：较高的生态压力。

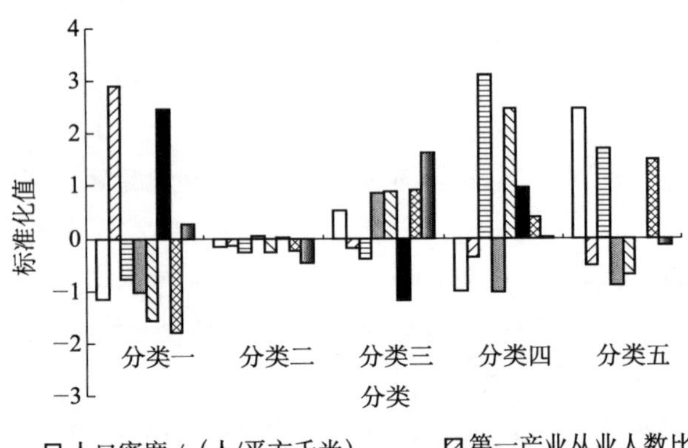

图 8-3　三江源生态压力评价指标聚类结果标准化值

图 8-4 反映出，在三江源，玛多的生态压力最大，同德次之，唐古拉山乡的生态压力中等，生态压力较低的有达日、泽库、河南，生态压力低的包括玉树、治多、杂多、囊谦、称多、曲麻莱、玛沁、久治、班

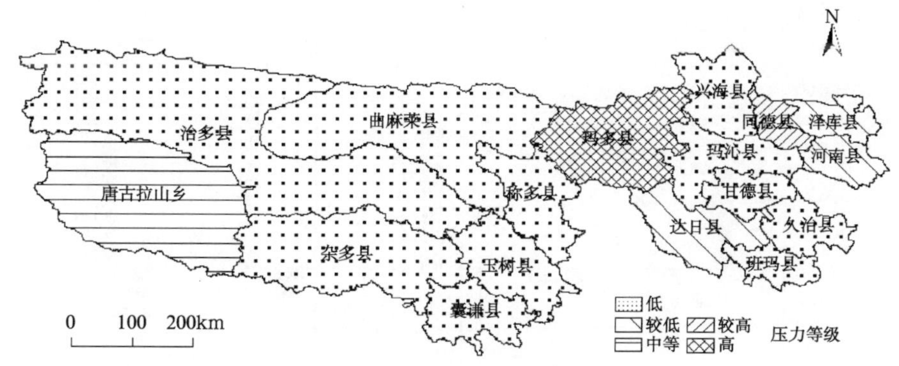

图 8-4 三江源生态压力等级分布

玛、甘德、兴海等县。

2. 区域生态状态

对三江源各县域生态状态模块各指标进行聚类分析，可以把 17 个县乡分为五类。

分类一：唐古拉山乡。

分类二：玉树、杂多、曲麻莱、玛沁、久治、玛多、甘德、兴海、达日、泽库、河南。

分类三：称多、治多。

分类四：囊谦。

分类五：班玛。

对各指标进行标准化分析，从图 8-5 可见：分类四拥有较高的河流面积比例、林地发育面积也较高，反映了其目前很好的生态运行状态；分类五也有较高森林、灌丛发育，说明生态状态较佳；分类三有面积较广阔湖泊和湿地，它们都有较重要的生态服务功能，由于资源利用状况欠佳和林地较少，故生态状态中等；分类二具有生态功能的水域、林地等指标标准化数值都很低，生态状态最差。故生态状态等级与聚类结果有如下对应关系（图 8-6）。

分类一：较低的生态状态。

分类二：低的生态状态。

分类三：中等生态状态。

分类四：高的生态状态。

分类五：较高的生态状态。

从图 8-6 可见：囊谦生态状态最好，等级最高；班玛生态状态较高，

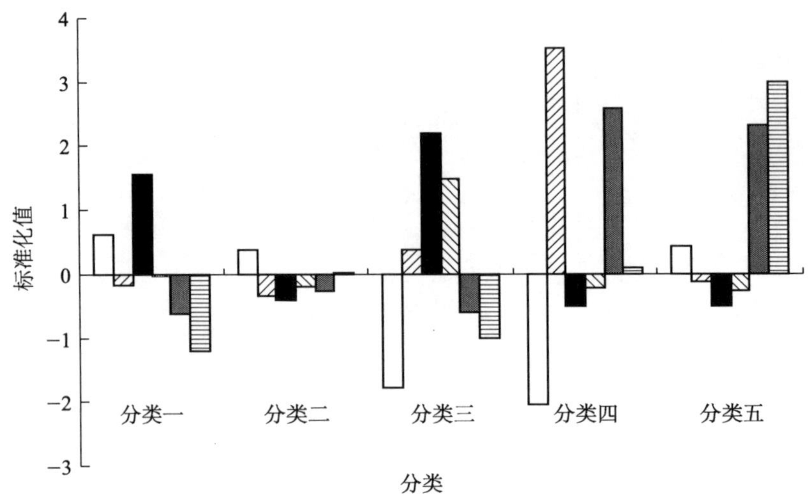

图 8-5　三江源生态状态评价指标聚类结果标准化值

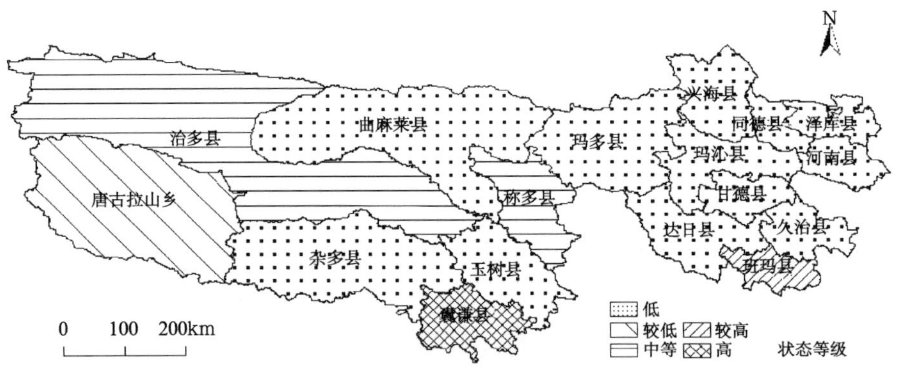

图 8-6　三江源生态状态等级分布

称多、治多居中；唐古拉山乡的生态状态较低，而玉树、杂多、曲麻莱、玛沁、久治、玛多、甘德、兴海、达日、泽库、河南生态状态最差。可以看到三江源区目前多数地区生态运行状态较差，环境状况不容乐观。

3. 区域生态响应

对三江源各县域生态响应模块各指标进行聚类分析，可以把 17 个县乡分为五类。

分类一：唐古拉山乡。

分类二：玉树、同德、泽库、兴海。

分类三：称多、治多、杂多、曲麻莱、班玛、久治、玛多、囊谦。

分类四：玛沁。

分类五：甘德、达日、河南。

对响应模块各指针进行数值标准化分析，从图 8-7 可见：综合来看，分类二响应等级最高，减畜量、科技人员的比例和修补草地比例等各项措施都比较突出；分类三响应等级为较高，生态移民的数量较大；分类一的生态响应居中，除修补草地措施较突出外，其他生态措施并不明显；分类四科技人员比例较高，但减畜量等生态措施标准化数值很低，生态回应较低；分类五的各项生态措施都不突出，故响应等级为最低（图 8-8）。

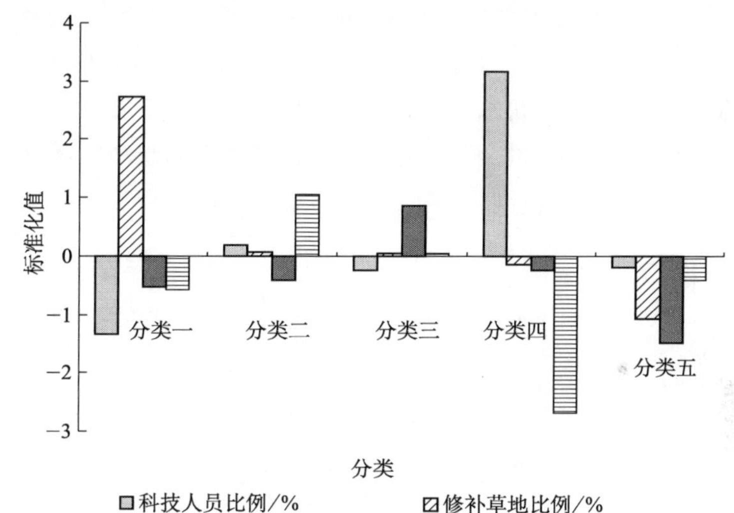

图 8-7　三江源生态回应评价指标聚类结果标准化值

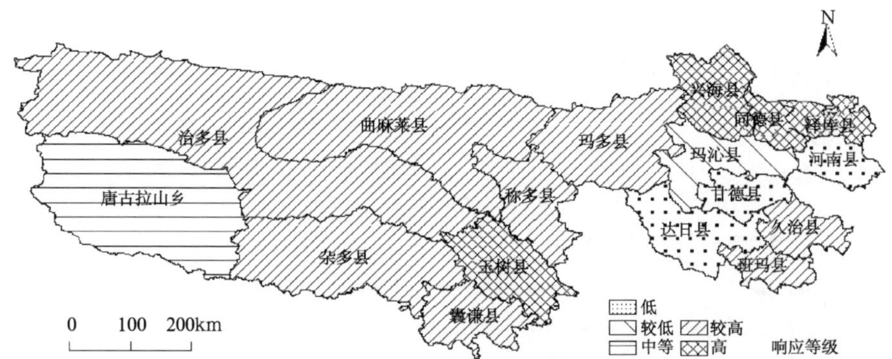

图 8-8　三江源生态响应等级分布

图 8-8 表明：玉树、同德、泽库、兴海的生态响应等级为高，说明这几个县域面对生态问题，响应较为显著，采取了较为明显的应对措施；生态响应较高级别的有称多、治多、杂多、曲麻莱、班玛、久治、玛多、囊谦；唐古拉山乡、玛沁的响应等级分别为中等和较低；甘德、达日、河南的生态响应等级最低。从中可以看到，三江源区有一半以上的县域已经采取了比较显著的生态措施来应对生态问题。

四、三江源生态安全的评价

1. 压力-状态安全等级

按照上述的评价方法，将上面得到的生态压力等级和生态状态等级再进行等级化，得到压力-状态安全等级（表 8-4、图 8-9）；该等级分为五个级别，高等级意味着区域生态压力较小，状态较为稳定，反之亦然。

表 8-4　三江源区压力-状态安全等级

地区	压力分级	状态等级	压力-状态安全等级
唐古拉山乡	中等	较低	较低
玉树县	低	低	中等
杂多县	低	低	中等
称多县	低	中等	较高
治多县	低	中等	较高
囊谦县	低	高	高
曲玛莱县	低	低	中等
玛沁县	低	低	中等
班玛县	低	较高	高
甘德县	低	低	中等
达日县	较低	低	较低
久治县	低	低	中等
玛多县	高	低	低
河南县	较低	低	较低
泽库县	较低	低	较低
同德县	较高	低	低
兴海县	低	低	中等

2. 三江源生态安全等级

根据上述的评价方法，将三江源每个评价单元的生态压力-状态安全等级与生态响应等级按照表 8-2 的方法进行等级化，得到表 8-5。三江源区各县域生态安全等级分为五级，其中等级为高表示该县域生态压力小、生态状况保持较好、运行较为稳定，对压力的响应也较为得当，生态系统的服

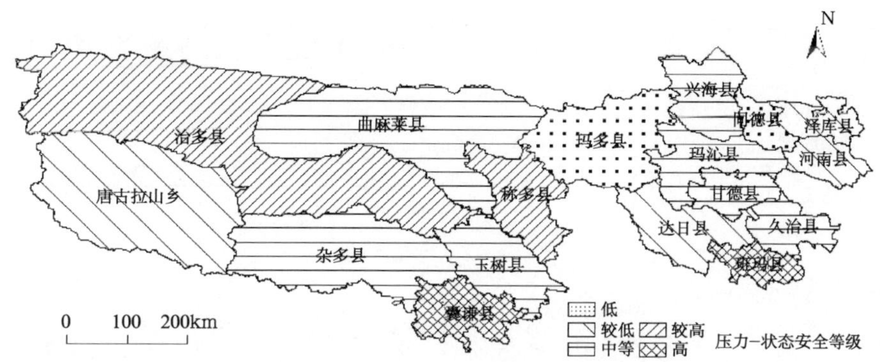

图 8-9 三江源生态压力-状态安全等级分布

务功能基本完整，受到干扰和破坏甚微。较高等级表示遭受较小的生态压力，生态状态能得以保持、运行正常，对生态压力的响应有一定的对应措施，生态系统服务功能较为完善，一般干扰下可恢复，生态问题并不显著。中等生态安全等级指示了生态系统已经受到一定强度的生态压力，生态环境的破坏已经显现，生态系统结构有所改变，生态系统服务功能已有退化，生态问题已经比较明显的表现出来，但生态系统基本运行正常。较低的生态安全意味着生态系统遭受了较强的生态压力，环境遭受了较大的破坏和干扰，生态系统服务功能退化明显，面对生态干扰较难自然恢复，有较严重的生态问题。低等级生态安全区域生态压力极为显著，生态环境已经被严重破坏，生态系统结构残缺，功能退化，更为严重的是面对生态压力和生态退化，当地并未采取措施或采取措施力度不够。

表 8-5 三江源区生态安全等级

地区	压力-状态等级	响应等级	生态安全等级
唐古拉山乡	较低	中等	较低
玉树县	中等	高	较高
杂多县	中等	较高	较高
称多县	较高	较高	较高
治多县	较高	较高	较高
囊谦县	高	较高	高
曲麻莱县	中等	较高	较高
玛沁县	中等	较低	较低
班玛县	高	较高	高
甘德县	中等	低	低
达日县	较低	低	低
久治县	中等	较高	较高
玛多县	低	较高	较低

续表

地区	压力-状态等级	响应等级	生态安全等级
河南县	较低	低	低
泽库县	较低	高	中等
同德县	低	高	中等
兴海县	中等	高	较高

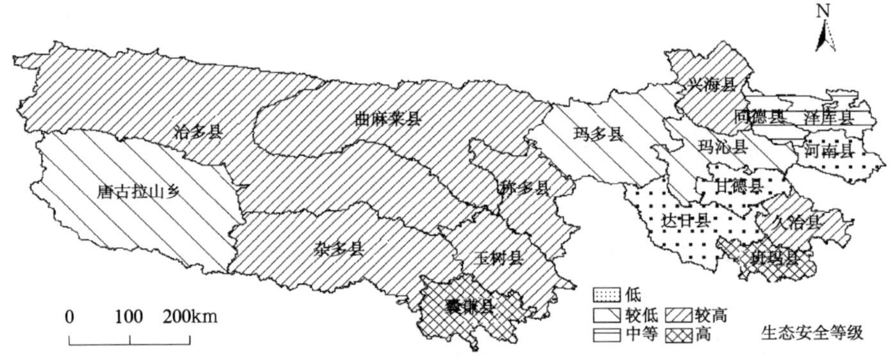

图 8-10　三江源生态安全等级分布

图 8-10 表明：在三江源地区，班玛、囊谦的生态安全等级高，这两个地区面临的外部开发压力较小，生态环境未遭受明显破坏，较好的保留了原有的生态状况，又加之该地区降水充沛，生态环境较为优越，因此生态安全等级也很高。生态安全等级较高的有玉树、称多、治多、杂多、曲麻莱、久治、兴海，这些地区生态环境面临一定生态压力，但生态系统运行正常，同时当地已经采取了恢复生态的措施。同德、泽库生态安全等级为中级，唐古拉乡、玛多和玛沁生态安全处于较低级别，唐古拉山乡生态压力很大，而生态响应并不显著。玛多面临很大的生态压力，生态系统结构遭受一定破坏，生态功能退化。但当地的生态响应也非常明显，生态移民等措施的实施，大大缓解了生态安全的严峻形势。生态安全等级最低的是甘德、达日、河南，这些地区有一定的生态压力，生态状态维持在较低水平，而相应措施却非常有限，导致生态安全等级最低。

五、三江源区旅游生态安全评价

1. 三江源区主要旅游资源类型及其等级划分

三江源区拥有十分丰富的旅游资源，旅游资源数量庞大、类型多样、高原特色浓厚。其自然风光具有高旷博大、雄险纯真的显著特点。冰雪世界、冰川和冰缘冻土地貌广布，高原天气瞬息万变，河流纵横交错，湖泊星罗棋布，野生动物众多，这些旅游资源基本保留了原始的自然面貌，成为国内外探险旅游者向往之地。三江源也是一座保存完好的自然博物馆，是地学、生物学、生态学、医学、环境学等诸多领域进行研究的天然场所。同时，生活在高原的藏族，在历史的发展长河中创造了博大精深的藏文化，包括生活习俗、婚俗、葬法、文化艺术、科技、建筑、宗教、天文历算、藏医药学、巨石文化等。由于三江源区旅游资源数量多，类型也较多，本节在进行旅游资源生态安全评价时，首先选取旅游等级较高，开发潜力较大的旅游资源进行评价；其次对县域评价单元的点状、线状和面状资源进行评价，而对分布范围横跨全区或者数个县域的旅游资源不做评价；最后主要选取水域风光、生物景观、遗址与遗迹、建筑与设施景观等旅游资源类型进行评价，而对天象与气候景观、民族风情等景观不予考虑。基于以上标准，本节选取了三江源区80个旅游资源进行类型及其等级评价分析（表8-6）。旅游资源的类型和等级划分的评价方法主要采用专家打分法。

2. 三江源区旅游资源生态安全评价

根据本章第一节第二部分所述的评价方法，按照表8-3的旅游资源与生态安全等级矩阵，可以得到三江源区各旅游资源的生态安全等级（表8-6）。

表8-6 三江源区旅游资源类型及其生态安全等级

序号	名称	主类	亚类	旅游资源等级	生态安全等级	旅游生态安全等级
1	阿什姜寺	建筑与设施	综合人文旅游地	三级	高	较高
2	班玛藏族雕楼建筑	建筑与设施	居住地与社区	三级	高	较高
3	班玛红军遗迹	遗址遗迹	社会经济文化活动遗址	二级	高	高
4	灯塔寺	建筑与设施	综合人文旅游地	三级	高	较高
5	多可河林场	生物景观	树木	二级	高	高
6	格萨尔王莲花生殿	建筑与设施	综合人文旅游地	三级	高	较高
7	格萨尔温泉群	水域风光	泉	一级	高	高
8	玛可河草场	生物景观	草原与草地	二级	高	高
9	玛可河峡谷	地文景观	地质地貌过程形迹	一级	高	高
10	曲库温泉	水域风光	泉	二级	高	高
11	白玉温泉	水域风光	泉	一级	较高	高
12	冬措湖	水域风光	天然湖泊与池沼	一级	较高	高
13	隆格寺	建筑与设施	综合人文旅游地	三级	较高	较高
14	年保大滩	生物景观	草地	二级	较高	较高

续表

序号	名称	主类	亚类	旅游资源等级	生态安全等级	旅游生态安全等级
15	日尕玛措湖	水域风光	天然湖泊与池沼	一级	较高	高
16	月牙湖	水域风光	天然湖泊与池沼	一级	较高	高
17	黄河奇石	地文景观	地质地貌过程形迹	一级	较高	高
18	赛宗山	地文景观	综合自然旅游地	一级	较高	高
19	赛宗寺	建筑与设施	综合人文旅游地	三级	较高	较高
20	兴海黄河谷地	地文景观	综合自然旅游地	一级	较高	高
21	尕哇白塔	建筑与设施	景观建筑与附属型建筑	三级	较高	较高
22	嘉塘草原	生物景观	草原与草地	二级	较高	较高
23	桥北遗址	遗址遗迹	史前人类活动场所	二级	较高	较高
24	赛巴寺	建筑与设施	综合人文游地	三级	较高	较高
25	赛康寺	建筑与设施	综合人文旅游地	三级	较高	较高
26	三江源纪念碑	建筑与设施	景观建筑与附属型建筑	三级	较高	较高
27	歇武当巴温泉	水域风光	泉	一级	较高	高
28	歇武寺	建筑与设施	综合人文旅游地	三级	较高	较高
29	雅砻江	水域风光	河段	一级	较高	高
30	巴麦寺	建筑与设施	综合人文旅游地	三级	高	较高
31	白扎林场	生物景观	树木	二级	高	高
32	白扎盐场	建筑与设施	综合人文旅游地	三级	高	较高
33	采久寺	建筑与设施	综合人文旅游地	三级	高	较高
34	达那七峰	地文景观	综合自然旅游地	一级	高	高
35	达那温泉	水域风光	泉	一级	高	高
36	嘎丁寺	建筑与设施	综合人文旅游地	三级	高	较高
37	尕尔寺	建筑与设施	综合人文旅游地	三级	高	较高
38	格萨尔王及大将灵塔	建筑与设施	景观建筑与附属型建筑	三级	高	较高
39	吉曲十八弯	水域风光	河段	一级	高	高
40	江西林场	生物景观	树木	二级	高	高
41	觉拉寺	建筑与设施	综合人文旅游地	三级	高	较高
42	拉翁村	建筑与设施	居住地与社区	三级	高	较高
43	囊谦藏式碉楼群	建筑与设施	综合人文旅游地	三级	高	较高
44	囊谦猕猴栖息地	生物景观	野生动物栖息地	二级	高	高
45	囊谦王族墓	建筑与设施	归葬地	三级	高	较高
46	诺巴塘遗址	遗址遗迹	史前人类活动场所	二级	高	高
47	然察大峡谷	地文景观	地质地貌过程形迹	一级	高	高
48	香龙沟峡谷	地文景观	地质地貌过程形迹	一级	高	高
49	不冻泉	水域风光	泉	一级	较高	高
50	岗日莱峻生态基地	生物景观	野生动物栖息地	二级	较高	较高
51	江荣沟原始森林	生物景观	树木	二级	较高	较高
52	卡日曲	水域风光	河段	一级	较高	高

续表

序号	名称	主类	亚类	旅游资源等级	生态安全等级	旅游生态安全等级
53	五道梁	地文景观	综合自然旅游地	一级	较高	高
54	约古宗列保护区	生物景观	草原与草地	二级	较高	较高
55	扎曲	水域风光	河段	一级	较高	高
56	巴塘草原	生物景观	草原与草地	二级	较高	较高
57	巴塘热水沟温泉	水域风光	泉	一级	较高	高
58	格萨尔王广场	建筑与设施	景观建筑与附属型建筑	三级	较高	较高
59	公主温泉	水域风光	泉	一级	较高	高
60	江嘉多德圣山	地文景观	综合自然旅游地	一级	较高	高
61	君拉日邦神山	地文景观	综合自然旅游地	一级	较高	高
62	龙青寺	建筑与设施	综合人文旅游地	二级	较高	较高
63	龙喜寺	建筑与设施	综合人文旅游地	二级	较高	较高
64	桑周寺	建筑与设施	综合人文旅游地	二级	较高	较高
65	晒经台	地文景观	地质地貌过程形迹	一级	较高	高
66	晒经台东遗址	遗址遗迹	史前人类活动场所	二级	较高	较高
67	当曲上游湿地保护区	水域风光	天然湖泊与池沼	一级	较高	高
68	野狼滩动物群观赏区	生物景观	野生动物栖息地	二级	较高	较高
69	野牛滩	生物景观	草原与草地	二级	较高	较高
70	杂曲	水域风光	河段	一级	较高	高
71	《甘珠尔》石刻城	建筑与设施	景观建筑与附属型建筑	四级	较高	高
72	巴荣滩	生物景观	草原与草地	二级	较高	较高
73	邦永湿地保护区	水域风光	天然湖泊与池沼	一级	较高	高
74	楚玛尔河	水域风光	河段	一级	较高	高
75	错仁德加湖	水域风光	天然湖泊与池沼	一级	较高	高
76	恩钦生龙荣大峡谷	地文景观	地质地貌过程形迹	一级	较高	高
77	风火山口	地文景观	综合自然旅游地	一级	较高	高
78	可可西里纪念碑	建筑与设施	景观建筑与附属型建筑	三级	较高	较高
79	客甲尕哇雪山	地文景观	综合自然旅游地	一级	较高	高
80	珠姆浴池	水域风光	天然湖泊与池沼	一级	较高	高

从评价的 80 个旅游资源点分布来看，班玛有 9 处，久治有 6 处，兴海有 4 处，称多有 9 处，囊谦有 20 处，曲麻莱有 7 处，玉树有 11 处，杂多有 4 处，治多有 10 处。

其中，旅游生态安全高等级的旅游资源点有玉树县巴塘热水沟温泉等 42 处，较高等级的有玉树藏族自治州杂多县昂赛森林灌木保护区等 38 处景点。从旅游生态安全来看，三江源地区绝大部分旅游景点的旅游生态安全在中等等级以上，只有 12.9％的旅游景点旅游生态安全处在较低或低等级水平，安全等级在较高以上的景点达到总数的 58.5％，因此一半以上的三江源地区旅游资源旅游生态安全水平是较好的。

3. 县域尺度旅游生态安全评价

前面对 80 个三江源区的旅游资源点进行了旅游生态安全评价，为了宏观区域规划和旅游区划的需要，县域尺度的旅游生态安全评价也是非常必要的。因此我们在对 80 个旅游资源点评价的基础上，进一步对县域旅游生态安全进行评价。

构建县域旅游生态安全指数 I，生态安全指数用来定量反映各县域评价单元的旅游生态安全，其中安全指数越高，则该评价单元旅游生态安全水平越为“安全”，公式如下：

$$I = (\sum_{i=1}^{n} x_i/n) \pm 1 \tag{1}$$

式中，q 为评价县域的第 i 个旅游资源点旅游生态安全等级的权重系数；x_i 为第 i 个旅游生态安全等级旅游资源点个数；n 为该县域总的旅游资源点数。各旅游生态安全等级的权重系数如表 8-7 所示。

表 8-7　旅游生态安全等级对应的权重系数

旅游生态安全等级	1	2	3	4	5
权重系数	0.067	0.133	0.2	0.267	0.333

对三江源地区 178 个旅游资源点（表格略）分县域按照上述公式的算法，得到各县的旅游生态安全指数（表 8-8）。再以各县的旅游生态安全指数为主要依据，同时结合各县的实际情况（产业发展、人口、交通状况等），把 17 个评价单元旅游生态安全分为从低到高五个等级。其中班玛、兴海为等级最高，久治、同德、称多、囊谦、玉树、治多、杂多和曲麻莱等 8 县为较高等级，河南、泽库为中等，甘德、玛多、玛沁等 3 县为较低等级，有唐古拉山乡和达日为低等级（图 8-11）。

表 8-8　三江源区县域旅游生态安全等级评价

地区	各等级资源点数量/个					旅游生态安全指数	旅游生态安全等级
	低	较低	中等	较高	高		
唐古拉山乡	1	4				0.12	低
班玛			1	4	6	0.296 97	高
达日	3					0.066 667	低
甘德	2		6			0.166 667	较低
久治		1		3	4	0.283 333	较高
玛多	1	1	8			0.18	较低
玛沁		4	7			0.175 757	较低
同德			1	3		0.25	较高

续表

地区	各等级资源点数量/个					旅游生态安全指数	旅游生态安全等级
	低	较低	中等	较高	高		
兴海				3	3	0.3	高
河南			5			0.2	中等
泽库		1	1	2		0.216 667	中等
称多			2	8	2	0.266 667	较高
囊谦			2	10	9	0.288 889	较高
曲麻莱		1	4	4	4	0.256 41	较高
玉树		1	5	16	5	0.261 729	较高
杂多		1		6	2	0.266 667	较高
治多		2	2	6	11	0.282 54	较高

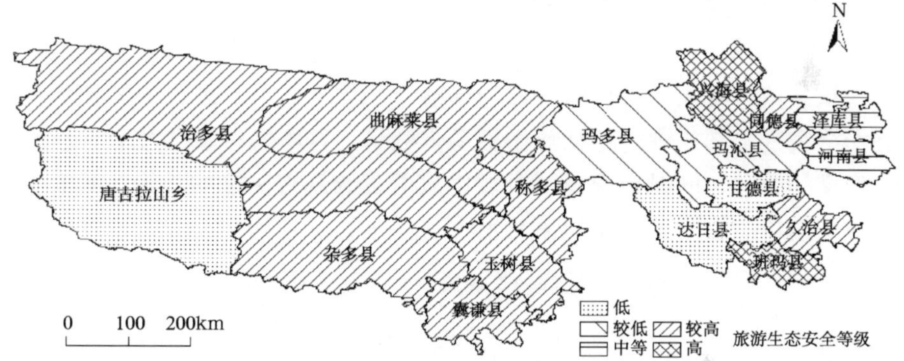

图 8-11 三江源旅游生态安全等级分布

第三节 基于旅游生态安全的青藏高原旅游开发

青藏高原生态环境的特殊性，吸引了大批海内外游客。但青藏高原的自然环境具有脆弱性，大规模的旅游开发势必会对高原的生态环境造成干扰和破坏。因此在保障区域生态安全状况下开展旅游活动势在必行，基于旅游生态安全的青藏高原旅游开发是本区旅游开发的基础和前提。三江源地区作为高原腹地的典型区，应用旅游生态安全理论来开发当地旅游资源，是发展区域旅游业的重中之重。

根据前文所述的区域旅游生态安全评价，基于旅游生态安全的三江源区旅游开发（以下简称旅游开发）包括两个层面。从开发空间来看，包括县域尺度和景点尺度；从开发时间和开发规划来看，包括优先开发、正常开发、有限开发和限制开发。优先开发是指可以纳入当前产业规划中，进行大力开发的旅游资源。正常开发是指当地生态安全基本能保证旅游资源的开发，旅游开发可以正常开展。有限开发是指可以纳入产业规划，但在开发中要十分注意当地的生态环境，只有在满足一定条件下，才能开发的旅游资源。限制开发是指旅游生态安全等级较低，目前保留现状，不宜进行开发的旅游资源。这两个层面包括了旅游开发的空间和时间，因此将二者结合，就可以使三江源地区的旅游产业在空间和时间上得到科学有序的开发。

一、县域尺度的旅游开发

从县域尺度来看，旅游开发遵循两个原则，其一是评价单元旅游生态安全级别，其二评价单元旅游资源点数量。这样既符合了旅游开发生态安全的原则，同时也保证了县域内旅游资源具有一定的规模，具有开发应用的价值。由此制定以下标准（表 8-9）。

表 8-9　三江源区县域旅游开发类型标准

旅游开发类型	标准
优先开发	旅游生态安全等级较高以上，旅游资源数量≥20
正常开发	旅游生态安全等级较高以上，旅游资源数量在 10～20
有限开发	旅游生态安全中级等级，旅游资源数量在 5～10
限制开发	旅游生态安全等级较低或低，旅游资源数量≤5

需要注意的是，一些县域并不能同时满足表 8-9 的条件，这种情况下优先以旅游生态安全等级主，以资源数量为辅来确定判断标准。从表 8-10 中可见：优先开发区主要集中在玉树藏族自治州的玉树、囊谦、治多三县，正常开发区有曲麻莱、称多和果洛藏族自治州的班玛，有限开发区包括久治、玛沁、同德、兴海、泽库、河南、兴海和杂多，限制开发区主要集中在果洛的达日、甘德、玛多和格尔木市的唐古拉山乡。

表 8-10　三江源区县域旅游资源开发

县域	旅游资源计数/个	旅游生态安全等级	开发类型
唐古拉山乡	5	低	限制开发
班玛	11	高	正常开发
达日	3	低	限制开发
甘德	8	较低	限制开发

续表

县域	旅游资源计数/个	旅游生态安全等级	开发类型
久治	8	较高	有限开发
玛多	10	较低	限制开发
玛沁	11	较低	有限开发
同德	4	较高	有限开发
兴海	6	高	有限开发
河南	5	中等	有限开发
泽库	4	中等	有限开发
称多	12	较高	正常开发
囊谦	21	较高	优先开发
曲麻莱	13	较高	正常开发
玉树	27	较高	优先开发
杂多	9	较高	有限开发
治多	21	较高	优先开发

二、旅游资源点旅游开发

从旅游资源点尺度来看，旅游开发有两个基本原则，其一是资源点所处区域生态安全的水平，生态安全等级越高，则开发对生态环境影响相对越小，越应优先开发；其二是旅游资源点的等级，等级越高，则开发价值越大，应处于优先开发地位。由此制定旅游资源点旅游开发类型的评定标准（表 8-11）。由于各旅游资源点差异很大，许多资源点并不完全遵从标准，所以在具体评价中应以生态安全等级为主，旅游资源等级为辅，同时考虑资源点的旅游资源生态安全。

表 8-11　三江源区县域旅游开发类型判断矩阵

旅游资源等级	生态安全等级				
	高	较高	中等	较低	低
1 级（低）	有限开发	有限开发	有限开发	限制开发	限制开发
2 级（较低）	有限开发	有限开发	有限开发	有限开发	限制开发
3 级（中等）	正常开发	正常开发	有限开发	有限开发	有限开发
4 级（较高）	优先开发	正常开发	有限开发	有限开发	有限开发
5 级（高）	优先开发	优先开发	正常开发	有限开发	有限开发

根据表 8-11 的判断矩阵，对表 8-6 中 178 个三江源地区的旅游资源点的旅游开发类型进行评价。其结果如表 8-12 所示。

表 8-12　三江源区各旅游资源点旅游开发

优先开发	野马滩湿地、《甘珠尔》石刻城、藏娘佛塔、达那寺、尕尔寺峡谷、贡萨寺、黄河源头、结古寺、可可西里、昆仑山、澜沧江源头、勒巴沟、隆宝滩黑颈鹤栖息地、玛可河林场、年保玉则、索南达杰自然保护站、文成公主庙、新寨嘉那嘛呢石城、星宿海、雅拉达泽雪山、玉珠峰、约古宗列曲（21）
正常开发	阿什姜寺、巴麦寺、白玉寺、白扎盐场、班玛藏族雕楼建筑、采久寺、长江源头第一桥、当卡寺、当头村、灯塔寺、嘎丁寺、尕藏寺、尕朵觉吾神山、尕尔寺、尕哇白塔、格萨尔王广场、格萨尔王及三十大将灵塔、格萨尔王莲花生殿、格萨尔王莲花生殿、结古镇藏式店铺、结古镇虫草市场、觉拉寺、可可西里自然保护区纪念碑、拉布民俗村落、拉翁村、隆格寺、墨云旅游示范村、囊谦藏式碉楼群、囊谦王族墓、赛巴寺、赛康寺、赛宗寺、三江源自然保护区纪念碑、歇武寺（33）
有限开发	长江源头等 105 个
限制开发	阿热龙休玛沟、冬格措纳湖、哈龙沟、河南草原、黄河第一湾、黄河官仓峡、黄河峡谷溶洞、勒那冬则、玛曲甘德段、纳合青玛滩沙漠、尼卿班玛仁托山、宁木特峡谷、赛日昂约山、圣湖、下赛野滩湿地、夏赛义日山、星星海、雅拉达则峰、野马滩湿地（19）

第九章

青藏高原旅游地生命周期分析

——以青海湖旅游景区为例

第一节 青海湖旅游景区生命周期分析

一、旅游地生命周期理论

旅游地生命周期理论是描述旅游地演进过程的重要理论，是地理学研究旅游的主要成果，现在已成为旅游研究者们关注的热点之一。它可有效指导旅游地的规划、开发和管理，以延长旅游地生命周期，确保旅游地的可持续发展。这一理论的产生可上溯到 1939 年 E. Gilbert 对英国海滨旅游胜地成长过程的研究，而旅游地生命周期理论的概念则是由德国学者里斯塔勒（W. Christaller）1963 年在研究欧洲旅游发展时提出的。1980 年由加拿大学者巴特勒（R. W. Butler）提出的旅游地发展的 S 形曲线（图 9-1）提出了旅游地演化的全过程由探查、参与、发展、巩固、停滞、衰落或复苏阶段的六阶段组成[95]，从而成为被国内外学者公认并广泛应用的理论。

（1）探查阶段：旅游地发展初始阶段，特点是旅游地只有零散的游客，没有特别的设施，其自然和社会环境未因旅游的产生而发生变化，旅游地保持原始状态，零散的游客起着探查的作用。

（2）参与阶段：经探查阶段的积累，旅游人数逐渐增多，出现有组织、有规律的旅游活动，这一阶段开始注意旅游基础设施建设当地居民为旅游者提供简便旅游设施，旅游业投资主要来自本地区。

（3）发展阶段：经过参与阶段的尝试，本地区旅游业发展表现出很大潜力，醒目诱人的旅游广告吸引了大量旅游者，较为成熟的旅游市场

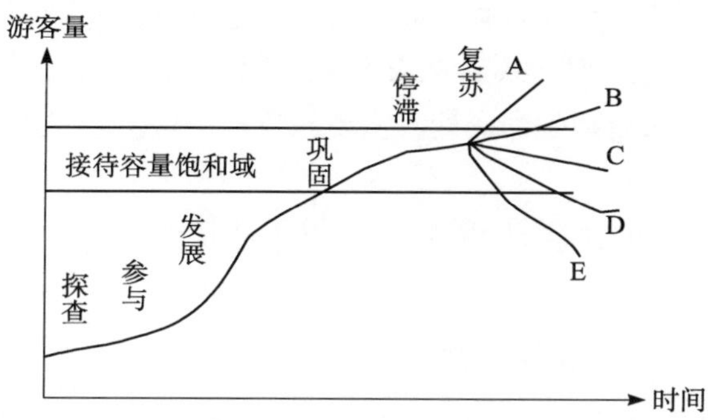

图 9-1 旅游地生命周期[95]

逐步形成，外来投资者增加，给旅游地带来大量先进的旅游基础设施和服务，旅游地自然、人文面貌的改变已较显著。

（4）巩固阶段：旅游人数保持持续增长态势，旅游地大部分经济活动与旅游业紧密联系起来，当地政府和大多数居民感受到旅游业的重要性。但旅游业所带来的负面影响日益凸现，如道路受阻，游人“抢占”当地居民生活空间和公共服务设施，噪声污染等问题，使旅游地居民的正常生活受到干扰，常住居民开始对旅游产生反感和不满，增长率呈现下降趋势。为缓和这种局面，当地政府进行大量旅游广告宣传，开拓新的旅游市场，从而进入旅游的巩固阶段。

（5）停滞阶段：游客量达到最大，已经达到或超过旅游容量，环境、社会、经济问题随之而至。旅游地依赖回头客，接待设施过剩，保持游客规模需付出大量努力。自然和文化的吸引物可能被“人造”设施取代。

（6）衰落或复苏阶段：旅游者流失，旅游地依赖邻近地区的一日游和周末旅游的旅游者来支撑，旅游地财产变更频繁，旅游设施被移作他用，地方投资重新取代外来投资占主要地位。另外，旅游地也可能进入复苏阶段，完全新的旅游吸引物取代原有旅游吸引物。

在复苏阶段，又有 5 种情况可能发生（图 9-1 曲线 A、B、C、D、E）。曲线 A 指深度开发卓有成效，可促使游客再增加和市场再扩大。曲线 B 指较小规模的改造和调整，持续对资源吸引力的保护，游客量可以较小幅度地增长。曲线 C 指再调整各种容量水平，可遏制游客量下滑的趋势，使之保持在一个稳定的水平。曲线 D 指过度利用资源导致的竞争能力降低游客量显著下降。曲线 E 指战争瘟疫或其他灾难性事件的发生会导致游客量急剧下降，这时要想游客量再恢复到原有水平极其困难。

旅游地生命周期理论符合旅游地发展演化的一般规律。旅游地开发应利用该理论，通过对比性研究，以空间尺度代替时间尺度，从而了解旅游地的发展演化过程，找出旅游发展的限制因子，并进而通过人为主动的调整，延长旅游地生命周期，实现旅游地的可持续发展。

二、青海湖旅游景区生命周期分析

（一）青海湖旅游景区概况

1. 自然地理环境

青海湖旅游景区位于祁连山地东部青海湖盆地内，盆地四周被海拔4000～4500m的巍巍高山所环抱：北面是崇宏壮观的大通山，东面是巍峨雄伟的日月山，南面是逶迤延绵的青海南山，西面是峥嵘嵯峨的橡皮山，盆地底部是烟波浩渺的青海湖，海拔3200m。举目环顾，从山下到湖畔，则是广袤平坦、苍茫无际的千里草原。烟波浩渺、碧波连天的青海湖，像是一盏巨大的翡翠玉盘平嵌在高山、草原之间，构成了一种山、湖、草原相映成趣的壮美风光和绮丽景色。

景区属冷温性半干旱气候，年均温0℃以上，7月平均气温12.4℃，盛夏季节气候凉爽，降水量350mm，80%集中于5～6月，全年空气清新、日照充足。源自于四周高山区约50余条河流，呈向心状水系流入湖内，最大的布哈河，长300多km，年径流量占入湖总径流量的2/3。景区是青藏高原生物多样性最丰富的宝库，计有野生动物213种，其中普氏原羚、雪豹、藏野驴、鸟禽等国家珍稀动物，是极度濒危动物普氏原羚的唯一生存地，青海湖裸鲤（湟鱼）的唯一产地，鸟类南北迁徙的主要通道和驿站。

青海湖位于我国三大自然地理区域交汇点的位置，每年约$4.05\times10^9m^3$的水蒸发到大气中，对湖周边及更远的广大区域，起着“生态环境总调节室”的作用，对阻挡来自西部风沙灾害对青海东部、乃至对甘、宁、陕等省区的袭击，具有极高的生态价值。近几十年来，受全球性气候变暖和人类活动的影响，青海湖水位持续下降，流域内生态系统退化加剧。据监测，近50年来，青海湖水位下降了3.78m，水面积减少362.3km^2。近年来，青海省省政府实施人工降雨等措施，青海湖水位略有上升，但只能起到延缓水位下降趋势的作用。生态专家研究认为，百余年后青海湖水位下降使湖水面积缩减至3500km^2时，湖面蒸发量与入湖径流量趋于平衡，水位将再不会下降，但青海湖由咸水湖变为盐湖，鱼类荡然无存，以鱼类为食料的鸟类自然也无法生存，青海湖的生态环境将发生根本性的变化。

2. 人文地理环境

青海湖景区面积约 5000km²，行政区划隶属海南藏族自治州共和县、海北藏族自治州海晏县和刚察县、海西蒙古族藏族自治州天峻县。区内为多民族居住地区，以藏族为主，还有蒙古族、回族、土族、撒拉族、满族等。青海湖区是青海省的主要畜牧业基地，各族群众以畜牧业生产为主要产业。

景区历史悠久，据史学考证，这里史前是羌人活动地，建立过西王母古国。公元前 985 年周穆王同西王母瑶池相会便在这里，青海湖被称为西王母最大的瑶池，据说天峻县西王母石室是西王母居住过的洞穴。公元 4 世纪，辽东鲜卑族慕容氏一支吐谷浑人迁徙来到这里，建立吐谷浑王国。西汉末年，王莽在青海湖畔设立西海郡，青海东部广大地域被纳入中央封建王朝的统一版图之中。青海湖区是闻名世界的丝绸之路南线青海道和唐蕃古道上的交通要道，现有青藏铁路、青藏公路、青新公路、西久公路从区内通过。这里发现古城址 10 余处，著名的有西海郡古城、伏俟城等，伏俟城是吐谷浑王国后期长达 120 多年的国都。青海湖在历史上被视为“仙海”、“神湖”而被崇拜，唐代天宝年间，青海湖被赐封“广润公”而实行“遥祭”，清代朝廷派大臣亲临青海湖，举行十分隆重的祭海活动。青海是我国岩画分布最多的省份之一，青海湖景区是省内古代岩画分布最集中的区域，这些作品出自羌人、吐谷浑人、吐蕃人之手，均有较高的历史研究和艺术观赏价值。青海湖区是省内藏族主要聚集区之一，藏传佛教气息浓厚，明代建“仰华寺”，以后相继建立沙陀寺、白佛寺、刚察大寺等名寺。

青海湖景区以高原湖泊为主体，兼有草原、雪山、沙漠等自然景观，人文景观也绚丽多彩。青海湖区现为国家级风景名胜区、国家级自然保护区，被联合国列入《国际重要湿地手册》，加入了《水禽栖息地国际重要湿地公约》。青海湖为我国最美五大湖之首，青海湖景区是青海省唯一的 5A 级景区，是“我国西部重要的生态旅游胜地”，具有发展成为世界一流景区的资源品质和潜力。因此，以青海湖旅游景区为例研究青藏高原旅游地生命周期演化，具有典型性与代表性。

（二）青海湖旅游景区景点简介

青海湖旅游景区旅游景点[47]见图 9-2。

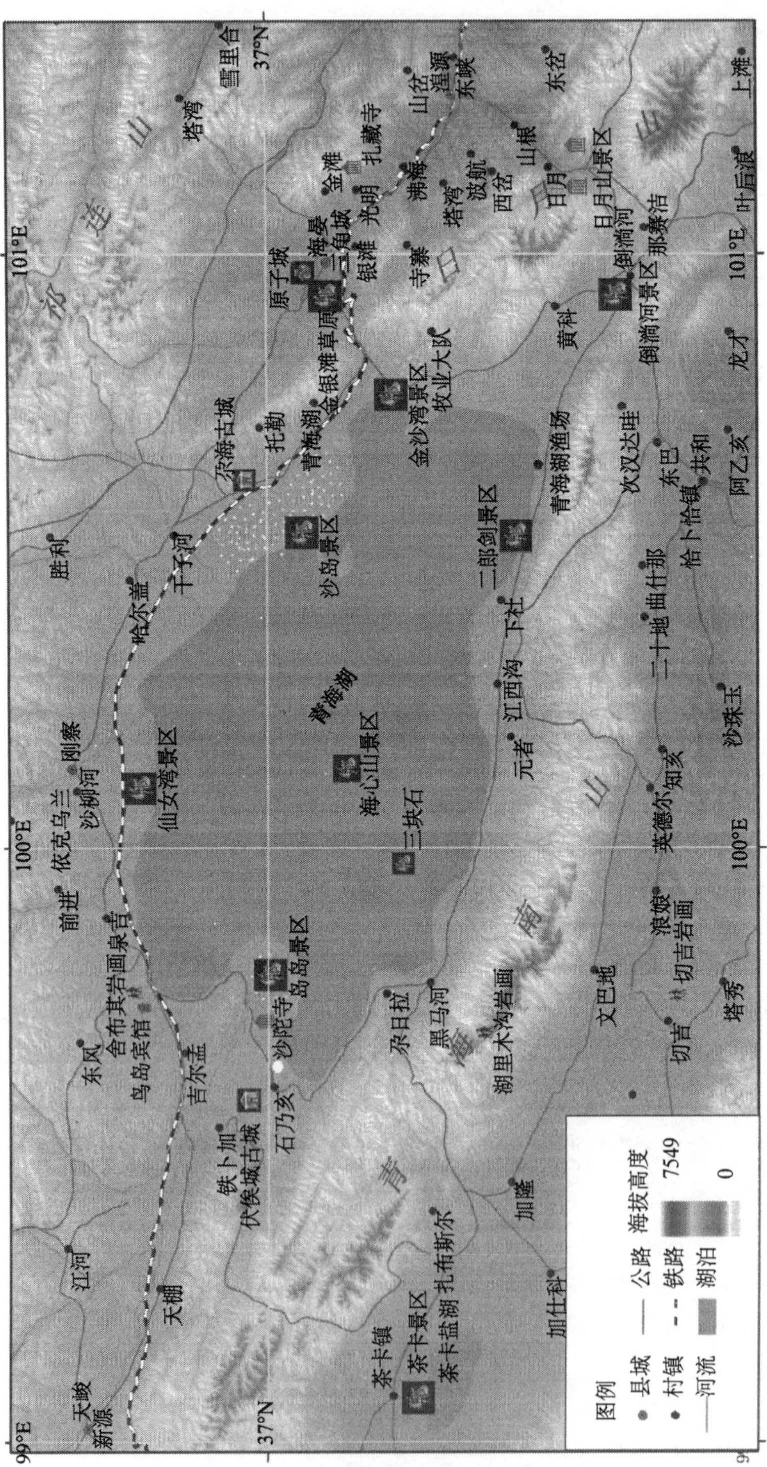

图9-2　青海湖旅游区示意图

1. 青海湖

青海湖古代被称为“西海”，藏语叫“错温波”，意思是“青色的湖”，蒙古语称它为“库库诺尔”，即“蓝色的海洋”。它是中国最大的内陆咸水湖泊，也是全国最大湖泊，被喻为“青藏高原生态环境心脏”。

青海湖岛屿有海心山和三块石，原鸟岛、蛋岛及东北部的沙岛与陆地相连，湖东岸由北而南出现了尕海、新尕海、海晏湾和耳海四个子海。青海湖区原来是一处河湖共存的淡水湖，属黄河水系。第四纪中、晚更新世，强烈的新构造运动使周围山体强烈隆升，湖区断裂下陷，现今日月山抬升堵截了布哈河流入黄河的通道，使青海湖由外流湖成为了内陆湖。全新世冰后期青海湖经历了复苏、发展（高湖面）和近期水位下降的三个过程。湖水性质复杂，矿化度为 15.5g/L。湖内鱼类以鲤科青海湖裸鲤（湟鱼）为主。

青海湖一年四季景色各异：春天，数十万只候鸟从几千里外的南方纷纷飞来，在青海湖岸繁衍生息。夏秋季节，蓝天、白云、碧海、百花、绿草和牛羊绘制成一幅青海湖神奇迷人的美丽画卷。隆冬季节时，这里成为银装素裹的冰雪世界。春季解冻时冰块相互挤压塌陷，发出巨大的轰鸣声，形成千奇百怪的壮观冰体形态。

2. 二郎剑景区（原 151 基地）

二郎剑景区位于青海湖南部，又名“海带”，藏族人称之为“海虎”，是一蜿蜒深入青海湖中的狭长陆地提带，宽约百步，长约 25km，自南向北没入海中，因酷似一把长剑而得名。原为我国第一个鱼雷发射试验基地。现凭借奇特的地形、草原、沙滩等自然景观，成为著名旅游地，除食宿设施外，还设有小型博物馆、奇石馆、二郎剑湖滨休闲娱乐广场、鱼雷发射台、民族帐房宾馆、横渡青海湖纪念馆等旅游设施。

3. 鸟岛景区

鸟岛景区由蛋岛和鸬鹚岛组成。布哈河入湖处的海西山，面积仅 0.27km^2，高出湖面 6～7m，鸟蛋遍地而得名“蛋岛”；东面的海西皮，面积 4.6km^2，高出湖面 60 多 m，岛的东侧有一突兀巨石矗立在湖中，顶部不足 30 m^2 的面积上，筑满了数不清的鸬鹚窝巢，故称鸬鹚岛。每年 3、4 月份，高原上冰雪开始融化，这时侨居南国热带地区避寒的斑头雁、棕头鸥、鱼鸥、鸬鹚等 20 余种候鸟，成群结队，越过青藏高原来到这里安营筑巢，繁育后代；四五月份开始产卵育幼，六七月份幼鸟羽毛不断丰满；秋初，它们携领幼仔开始起程返回南方。据有关部门调查，青海湖鸟类共189种，15万多只，是鸟的乐园，鸟的世界，成为青海湖旅游景区的王牌景点，青海湖成为我国八大鸟类保护区之首。

4. 海心山

海心山俗称湖心岛。古时称仙山或龙驹岛，距青海湖南岸约30km，面积1.14km^2，岛的形状酷似螺壳。山顶高出湖面77m，海拔3266m。海心山地势较为平坦，岛上怪石嶙峋，沙洲点点，野花纷披，鸟禽聚集，是青海湖的一大游览胜地。

历史上海心山因产“龙驹”而闻名，故称“龙驹岛”。这里四周环水，远离尘世，据记载，早在汉代就建有寺庙，至今有罗汉堂、僧舍、古佛塔等佛教文化遗存。岛上绿草如茵，野花烂漫，淡水清泉，环境幽雅。登顶端眺望青海湖全景，可观赏月出日落的壮观景色。

5. 沙岛

沙岛位于青海湖东北部海晏县境内，面积18km^2，是湖中最大的岛屿，高出湖面58m。沙岛原来是湖中小岛，因湖沙垄突出水面接受风沙堆积而成，恰似一个新月形沙丘漂浮在水面上。它与湖东岸连绵起伏的沙山，构成青海湖区独特的沙漠景观，与蓝天、碧水、黄沙混为一体，是优良的游泳场所。现沙岛不断扩大，东北端已与湖岸相连，围成一个33km^{2}的沙岛湖。沙岛景区开展有骑马、沙地摩托车、水上摩托艇游览、沙雕观赏等娱乐观光旅游项目。青海湖沙岛国际沙雕艺术节颇受国内外游客青睐。

6. 日月山

日月山属祁连山支脉，最高峰阿勒大湾山海拔4455m，青藏公路通过的日月山哑口海拔3 520m，是青海湖东部的天然屏障。由于红色砂岩广泛出露，唐朝时叫赤岭。日月山闻名遐迩，唐代文成公主进藏和亲从这里通过，至今仍有许多美好动人传说。日月山是省内乃至我国很重要的自然地理分界线，是省内农业区和牧业区分界线，我国季风区和非季风区、外流区和内流区的分界线，也是黄土高原的最西边缘。登山远眺，东西两侧地理景观截然不同。日月山历来是由内地去青海西部、西藏、新疆南部的咽喉通道，唐时为唐蕃分界岭，是唐蕃通道上的重要边防关隘和贸易集市，也是中原汉族与少数民族友好往来的桥梁。

7. 两弹基地——原子城

原子城位于海北藏族自治州西海镇，始建于1958年，是我国第一个原子弹和氢弹的研制基地（国营221厂），在这里先后进行过16次核试验，被人们誉为“原子城”。1995年5月15日，该基地完全退役，经国务院批准更名为西海镇，成为世界上唯一主动退役的核武器研制基地。2005年，原子城被中央文明委确定为全国爱国主义教育示范基地。有张爱萍将军题字的“中国第一个核武器基地”的退役纪念碑，碑高16.15m，象征1964年10月16日15分我国成功爆破第一颗原子弹。现青海原子城国家级爱国主义教育示范基地建成。

8. 金银滩草原

金银滩草原位于海北州海晏县境内，面积1200km^2，海拔3200m。金银滩草原分为金滩和银滩，北面草滩上盛开着一种叫金露梅的金黄芳香的小花，故称金滩；南面草滩上是洁白如银的银露梅盛开，故称银滩。每年7～9月鲜花盛开，百鸟飞翔，景色迷人。

金银滩草原从古至今发生了许多让人们难以忘怀的故事：西汉末年建西海郡古城，迄今有1 900多年历史，出土的“虎符石匮”具有我国汉代石雕浑厚古朴的艺术风格，为文物之瑰宝，现金银滩草原是国家级文物保护单位。20世纪40年代初，西部歌王王洛宾在这里创作了《在那遥远的地方》这首蜚声中外的民歌。中国第一个原子弹和氢弹在这神秘之地研制成功。“金银滩草原”这个名字震撼全球。

（三）青海湖旅游区生命周期阶段划分

青海湖旅游景区是一个开放型的旅游区域，据统计，青海旅游者中有84.2%的游客会选择该景区游览观光。本书以青海省1996～2008年旅游人数为基础，经计算得到青海湖旅游景区这个时间段的旅游人数(表9-1)。

根据青海湖旅游景区20多年旅游发展的历程、历年景区游客人数、本区社会经济发展等指标，其旅游生命周期可划分为三个阶段。

表 9-1　青海湖旅游景区接待游客一览表

年份	接待游客人数 /万人次	年增加量/万人次	年增长率/%
1996	127.14	—	—
1997	127.31	0.2	0.13
1998	130.09	3.3	2.18
1999	136.45	7.55	4.89
2000	270.25	158.91	98.06
2001	314.88	53.01	16.52
2002	355.62	48.38	12.94
2003	333.49	−26.28	−6.22
2004	431.21	116.05	29.30
2005	535.95	124.4	24.29
2006	685.86	178.04	27.97
2007	843.35	187.04	22.96
2008	762.01	−96.61	−9.65

1. 探查阶段（20 世纪 70 年代至 1986 年）

1986 年以前，前往青海湖旅游景区只是少量的科考、调研人员，每年大约有几百人次，有极少量青年学生背包旅游者，人数较多的是环绕湖区磕长头的宗教朝觐者。

2. 参与阶段（1987～1999 年）

随着青海省对外开放力度的加大、发展旅游业意识的不断增强，相关单位参与青海湖景区旅游发展的研究，海南藏族自治州旅游局率先在二郎剑（原 151 基地）设立藏族风情园接待前来青海湖旅游的散客，其规模不断扩大，影响力不断向外波及。1987 年青海湖旅游景区开始适度收费。鸟岛于 1992 年被列入国际重要湿地名录，1994 年青海湖被批准为国家级风景名胜区，1997 年晋升为国家自然保护区。青海湖旅游景区知名度在国内外的不断提升，以接待散客游人为主，并逐渐接待国内外团体游客，游客数量开始增加。

3. 发展阶段（2000 年至今）

随着我国政府西部大开发重大战略的实施，青海省省委、省政府对旅游业发展的高度重视，景区基础旅游设施不断完善，对外旅游宣传力度加强，外来投资者明显增加，游客数量开始大幅度上升，一个成熟的旅游市场在逐步形成，稳步地由参与阶段向发展阶段过渡。2002 年

"环青海湖国际公路自行车赛"的成功举办，国内外众多媒体对赛事活动的报道，使游客数量大幅增长，旅游业走向快速发展时期。

（四）青海湖旅游景区旅游市场趋势分析

本书数据主要来自于景区管理部门。为了数据准确齐全，具有连贯性，本书取1996～2008年数据，绘制出青海湖旅游景区历年游客量的变化曲线（图9-3）。以时间为自变量 X（第一年取值为1，第二年取值为2，依次类推），历年游客量为因变量 Y，利用SPSS统计软件进行曲线拟合，其中Cubic（三次函数）拟合性最好，其 R^2 统计量值为0.958，回归方程为

$$Y = 137.833 - 21.8765X + 8.6179X^2 - 0.218X^3$$

根据该曲线函数模型得到青海湖旅游区2009～2013年游客量预测值分别为922.48、1012.96、1101.06、1185.47、1264.88万人次。

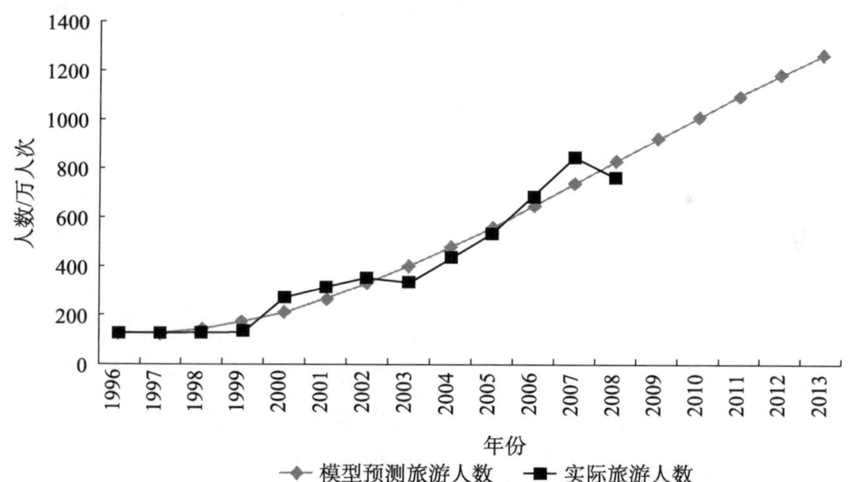

图9-3 青海湖旅游区历年实际旅游者与预测值变化曲线

上述预测结果表明，在当前正常发展的前提下，青海湖旅游景区旅游人数仍然将会以大于5%的速率增加，依据巴特勒（R. W. Butler）的旅游地生命周期理论，青海湖旅游景区将逐步会由高速发展阶段进入巩固阶段。因此，如何准确把握影响青海湖旅游景区生命周期的关键的因素，采取有效措施加以引导，调控延长发展和巩固阶段，是该旅游景区成为青藏高原旅游业大发展的战略基地和21世纪旅游换代产品基地的关键所在。

第二节　青藏高原旅游生命周期分析

一、影响因素的分析

影响旅游景区生命周期的因素多种多样，而且不同景区影响因素差异很大，但需求因素、供给因素、生态因素、效应因素、环境因素则是共同性的因素[96]。

1. 需求因素

一个旅游地的形成总是和游客的需求息息相关，游客的需求决定了旅游地的产生、发展和消亡。所以，需求因素是决定旅游地生命周期最重要的因素之一。当今全球性知识经济飞速发展，现代人生活节奏不断加快，而人们工作压力却越来越大，生活空间越来越小，特别是久居大都市的人们，渴望到一个全新的环境去寻找新的刺激，以发泄压力、释放能量。所以，更多游客心理特点是猎奇探险、户外荒野挑战极限旅游活动，回归大自然，冲出都市圈、融入大自然怀抱中，享受大自然的无穷魅力。青藏高原给全世界每一位游客提供了一个极富诱惑力全新旅游新世界。

青藏高原以 4000～5000m 的高度、250 万 km^2 的辽阔面积突兀于地球中纬度地带，享有“世界屋脊”、“世界之巅”美称，形成了世界独一无二的奇特自然景观。生活在这里的以藏族为主体的各族人民，长期在同严酷自然环境的斗争中，创造了灿烂的高原古代文明，这里是中华昆仑文化和藏文化的发祥地，留下大量十分珍贵的古代遗迹。博大精深的藏文化，成为中华民族文化的重要组成部分；还有纳西族象形文字、羌族的祭祀文化、土族於菟舞均被称为人类历史文化和艺术的“活化石”。青藏高原宗教氛围浓厚，派系繁多，信仰人数之多，寺院建筑之宏伟壮观，是世界上任何一个地域所无法比拟的。因而，青藏高原在世人看来是一个非常神秘的地方，一般人难以到达。古代只有极少数人处于政治、宗教、探险之目的，进入青藏高原。新中国成立后，我国先后建成青藏、川藏、新藏、滇藏等公路，但由于青藏高原地势高亢，低温、缺氧等恶劣的自然环境，加上交通瓶颈，一般游人仍难以前去游览，因而有“出国容易进藏难”的说法。青藏高原对国内外游客是一片充满神奇、神秘的地方，因而具有很强的诱惑力。2006 年 7 月 1 日青藏铁路全线贯通，制约赴青藏高原腹地的交通瓶颈被打开，于是国内外游客似潮水般涌进青藏高原腹地拉萨等地游览观光，青藏高原成为全球旅游者心驰神往的旅游目的地。

2. 供给因素

当今更多的游客刻于追求探险猎奇的挑战极限户外旅游形式，他们向往阳光明媚、空气清新的海滩，也十分向往人迹罕至、鲜为人知的世外桃源，在这里他们可以看到从未看到过的全新世界，听到从未听到过的新鲜故事，以满足他们旅游心理需求。青藏高原是地球上海拔最高的高原，有“世界屋脊”和“地球之巅”之称，至今每年以较快的速度还在隆升，山脉纵横、冰峰林立、地貌多样；高原上广大区域年均温 0℃以下，处处冰雪覆盖，冻土广布，冰川、冰缘、冻土地貌广布，形成雷同南北极的“第三极”自然景观；江河纵横、湖泊棋布，世界上诸多大江大河发源于这里，素有“江河之源”美称；高原野生动物不仅种类多，数量庞大，享有野生动物乐园之称，是世界生物多样性最丰富的区域之一；特殊复杂的地质演化过程使这里矿产丰富，探明储量的矿产有近 70 余种，铬、铜、铅、锌、水晶、石棉、盐湖、石油、天然气等在全国占有重要地位；新能源（太阳能、风能、地热能）、天然草场、水电、冰川等资源得天独厚。青藏高原以它高旷、博大、原始、粗犷的独有自然地理条件，为世界一流的挑战极限旅游活动提供了条件，成为当今广大游客心驰神往的旅游目的地。

3. 生态环境因素

青藏高原地势高亢，生态环境表现出极大的脆弱性和敏感性，一旦遭到破坏，较长时间难以甚至无法恢复，旅游业的发展与生态环境关系极为密切。所以要延缓青藏高原旅游生命周期，必须把保护生态环境放在首要位置。目前，青藏高原生态环境向恶化方向发展，草原退化、冰川大量消融、生物种群数量减少等十分明显。有关专家研究认为，青藏高原约有 90％的草原有不同程度的退化，鼠害、虫害加剧，黑土滩面积不断扩大，如青海湖区，草地退化面积达 $6.9\times10^5\mathrm{hm}^2$，草地退化以每年 3％的速度递增，沙丘和风沙面积每年平均以 $10\mathrm{km}^2$ 的速度在蔓延。

青藏高原现代冰川近百年来处在退缩状态，特别是 20 世纪 80 年代以来，多数冰川普遍转入后退，如贡嘎山海螺沟现代冰川在1990～1995年，平均以每年17m的速度后退，1998年后，平均后退速度增至18.3 m。中国地质调查局青藏高原生态地质环境遥感调查与监测显示，近30年来青藏高原冰川年均减少131.4km^2，近年来有加速消减趋势。

有资料表明，近200年来青藏高原濒于灭绝或已灭绝的鸟类有110种，兽类200多种，两栖类30多种以及植物500余种。据最保守估计，每一天地球上要灭绝一个物种，在青藏高原每年至少有20多个物种灭绝。因此，保护青藏高原的生物多样性刻不容缓。生态环境恶化原因除了自然因素外，与人类活动的不断加剧有直接关系。青藏高原在近30年的时间，原有5×10^5km^{2}的无人区锐减了2×10^5km^2，野生动物生存空间越来越小，生存环境不断恶化。

4. 效应因素

旅游是一种综合的复杂的社会现象，这种现象所能产生社会的、经济的和环境的各种影响，即称旅游效应，是在旅游开发过程中，旅游者、旅游产业、旅游目的地三者之间的社会交换而引起旅游目的地社会、经济和环境的各种变化。

旅游发展最明显的效应，是对旅游目的地经济发展的促进作用。旅游业发展带动旅游目的地交通、食品、轻工、房地产、宾馆饭店、餐饮、娱乐等相关产业的发展，还对增加外汇、货币回笼、增加就业、城市建设、文物保护、科技文化交流等方面有促进作用，对旅游目的地的社会、经济、生态有着意想不到的积极效应。但消极效应也是客观存在的，在各地表现的程度、形式不尽相同。大量游客的进入，外来文化对旅游地文化强大的冲击力，旅游地原汁原味的文化慢慢变味，甚至被外来文化所吞没。旅游开发过程中，由于指导思想不正确，往往在经济利益驱动下，旅游活动过于商业化，为了吸引、招揽游客，打着弘扬、挖掘当地优秀文化旅游资源的幌子，那些封建、迷信、低俗、淫秽的东西被视为当地文化的精华，优秀文化反而被认为是糟粕。大量游客的涌入，使旅游地人口剧增，道路不畅，餐饮等服务设施被“抢占”，当地居民生活空间大大缩小，旷日持久的喧闹噪声，使旅游地居民的正常生活受到严重干扰。游客涌入宗教圣地，除了少量信教游客，大量游客出于好奇心，大吵大嚷，嘻嘻哈哈，指手画脚，他们的言谈举止与宗教寺院肃穆、清静气氛极不协调，破坏了宗教气氛，干扰正常的宗教活动，引起教徒们的不满。一些游客的不文明行为，如对文物古迹、旅游服务设施、城市道路通讯线路等的破坏，也是触目惊心的。

5. 环境因素

环境因素由旅游地内部组织环境、外部经营环境和外部大环境组成，共同构成的多元环境因子成为决定旅游地生命周期的重要因素。其中，旅游地（旅游目的地）环境是决定旅游地生命周期的关键因素。在旅游地未得到开发之前，环境相对来说是封闭式的空间地域结构，是维持自身物质、能量、信息、人口等循环的超稳定结构系统，是在自然状态下的自循环性和自流通性系统。旅游地一旦得到开发，就成为一个强势的动态开放系统，这个系统不断与外界进行物质、能源和信息交换，外界影响因素的变化会引起系统的变化。随着旅游者的涌入、旅游产业的建立，旅游地系统便会发生一系列变化，这是由旅游产业、居民、环境因素（社会的、经济的和自然的环境）决定的。旅游业对旅游地产生了各种效应，这种效应表现为旅游地经济结构发生转变，经济发展水平不断增强，当地居民生活水平不断提升，生活方式也发生变化，生态环境状况不断改善，广大居民朝着一种全新的生活方式迈进，旅游地系统向良性方向发展。如果旅游地系统结构不协调，旅游地系统向恶性方向发展，产生消极效应，说明这种旅游发展模式不能维持下去。

从外部大环境讲，旅游地为旅游者提供优质的旅游景物、优质服务，以满足旅游者的需求，给旅游地带来经济的、社会的和环境的各种旅游开发效应。游客的满意度对旅游地起着“宣传效应”，从而影响旅游地客源市场，并进而影响旅游开发效应的大小。旅游地也通过各种途径拓展客源市场，影响旅游者的出游决策和本地旅游者数量。因此，旅游地的环境和客源地旅游者的出游决策，是旅游地生命周期的两大决定性因素。

二、旅游生命周期调控策略

1. 坚持“科技兴旅”的方针

国家“十一五”战略规划中明确提出：“加强产业创新能力建设，提升旅游产业科技水平”，鼓励旅游产业中的自主创新，提升现代科技在旅游业中的应用。青藏高原旅游业能否在未来日益激烈的市场竞争中占有一席之地，关键取决于“科技兴旅”方针能否贯彻落实。实施科技兴旅，关系到旅游产业发展的现代化水平和从业人员的整体素质的提高。青藏高原应加强“科技兴旅”基础理论研究，制定《科教兴旅规划》，设立旅游学科研究课题，调动社会力量，加强旅游业重大问题及热点、难点的研究，能够形成一批有影响力的旅游基础理论和应用研究成果，为高原旅游产业大发展提供可靠的理论支撑和科研保障。用信息化促进旅游行业技术进步，提高旅游服务和旅游装备的科技含量，积极推动旅游新领域、新业态的发展。树立“科技兴旅”的思想，加大发展生态旅游的科技投入，加强旅游生态环境保护的基础性和应用性研究，加快旅游行业对现代装备制造、新能源新材料新工艺、节能减排、安全监控等先进技术的应用。

2. 加强生态环境建设及保护的监督管理

旅游业不是“朝阳产业”、“无烟工业”，旅游业发展往往以牺牲环境为代价获取经济利益，旅游发展与生态关系极为密切。青藏高原是世界上生态环境最为脆弱和敏感的区域，所以延缓青藏高原旅游生命周期，必须把保护生态环境放在极其重要位置。

青藏高原生态环境保护，是全国人民的大事，从国家层面上讲，要加大自然保护区建设力度，青藏高原自然保护区建设应具有典型性、完整性和科学性。截至目前，青藏高原建立了一批国家级自然保护区，如三江源、可可西里、雅鲁藏布江大峡谷、三江并流、九寨沟黄龙、阿尔金山罗布泊野骆驼、若尔盖湿地等共计 36 处，占全国 309 处国家级保护区的 11.7%；国家风景名胜区 8 处，占全国 187 处的 4.3%；国家森林公园 29 处，占全国 710 处的 4.1%；国家地质公园 16 处，占全国 183 处的 8.7%。青藏高原极自然保护区的范围应进一步扩大，坚持生态旅游的方向，严格控制进入高原的游客数量，加强对旅游区生态环境的管理和监督，坚持“在保护中开发，在开发中保护”的原则。坚持国际《生物多样性公约》原则，严格执行我国政府颁布的《环境保护法》、《野生动物保护法》、《森林法》、《渔业法》等一系列与生物多样性保护有关的法律法规，还有必要制定《青藏高原生态保护法》，形成人人保护环境的文明共识，确保青藏高原生态可持续发展，这是青藏高原旅游业永续发展的关键。

3. 发展生态旅游，延长旅游区生命周期

生态旅游是一种高层次的特种旅游形式，它强调认识自然、享受自然和保护自然的科学理念，将观光、度假、科考、探险、科普教育等活动融为一体，具有多学科、多层次、多功能的特点。总结世界那些生态环境脆弱区旅游发展的经验教训，发展生态旅游是最佳选择，因为开展生态旅游，有利于保护资源、生态环境、野生动植物、景观，引导消费结构朝有利于环境保护的方向发展，对促进旅游区经济、社会、民族文化发展等具有积极作用，可以有效地达到延长旅游地生命周期的目的[97]。

青藏高原是世界上生态环境极其脆弱、敏感且生态价值极高区域，所以发展生态旅游是旅游业发展的必然选择。应强化“没有良好的生态环境，就没有旅游业的可持续发展”的意识，提升各族群众生态保护理念，引导游客减少对环境的破坏，变“被动”保护环境为“主动”保护环境。开展生态旅游，首先要从生态旅游自身的特点出发来制定生态旅游规划，注重生态系统和生态平衡理论、环境伦理学、景观生态学、生态经济和可持续发展理论的结合和应用。同时，应建立生态环境监测网络，进行环境影响评价管理，内容涉及对植物与植被、动物及其栖息地、环境空间的质量进行评价，对地质、地貌、水文以及对人文环境的影响进行评价，建立生态旅游示范区，从而为决策部门提供合理的决策依据。

4. 发掘民族文化旅游资源，提高旅游文化内涵

文化是旅游业的灵魂。开发人文旅游景点不仅可以缓解自然景点的容量压力，提高游客游览质量，而且可达到丰富旅游内容、活跃游客文化生活、延长游客停留时间的目的。青藏高原民族文化旅游资源极其丰富，如灿烂的古文化、神秘的宗教文化、绚丽多姿的各民族文化等，对异国他乡的旅游者有着特殊的吸引力，使他们耳目一新。还有大量极其珍贵的文化旅游资源，有待进一步发掘。

应把提升文化内涵贯穿到吃、住、行、游、购、娱各环节和旅游业发展全过程。结合城镇规划与设计，加快特色旅游城镇、特色旅游街区、特色旅游地建设。旅游开发建设要加强自然文化遗产保护，深挖文化内涵，普及科学知识。设计开发具有浓郁地方文化特色的旅游商品和纪念品，鼓励扶持各地区打造特色鲜明的旅游餐饮文化品牌，规划建设以地区文化为特色的主题旅游饭店，旅游经营服务要体现人文特质。要发挥文化资源优势，打造一批具有地方特色和民族特色的演艺、节庆等文化旅游产品。充分利用博物馆、纪念馆、体育场馆等设施，开展多种形式的文体旅游活动。

5. 突出旅游区特色，做好宣传促销工作

旅游宣传是提高旅游地知名度的有效办法，也是延长旅游地生命周

期的重要手段。面对日趋激烈的市场竞争，针对客源市场采取有效的宣传措施显得更为重要。因此，要积极实施“组织模式多元化”、“促销方式多样化”、“年度宣传主题化”、“运作机制创新化”的旅游宣传促销四大战略，以创新作为旅游宣传促销的灵魂。利用网络引导旅游文化建设，丰富旅游文化内涵。以多媒体技术丰富旅游地和旅游产品宣传的文化要素，利用会展、体育赛事、文化庆典等活动，倡导科技文化旅游。青海省一年一度举办的“环青海湖国际公路自行车赛”、“中国·青海国际攀岩赛”，西藏拉萨一年一度的“藏历新年”、“雪顿节”等，文化品位极高，可以利用各种传播媒介和促销手段向国内外进行多层次、全方位的宣传促销，以提高这些活动在客源市场上的知名度和吸引力。

6. 建立渐进阶梯旅游模式

青藏高原低气压、缺氧、低温的旅游环境，会使来自低海拔地区的游客发生缺氧等一系列高原不适应症，海拔越高这种症状越强烈。一般在海拔3000m以下无症状或症状不明显；3000～5000m将有头痛、头昏、气短、心慌、胸闷、鼻衄等症状，但大都无生命危险；5000m以上，机体不能完全代偿，就会出现生命危险。所以，低海拔区域的人，在较短时间内进入高海拔区旅游，将产生较为强烈的高原缺氧反应，并对人机体产生一定程度的损伤。实践证明，游客从低海拔进入高原高海拔区域旅游，应以渐进阶梯式进入，如来高原旅游的北京游客，先进入海拔1500m的兰州游览1～2天，再进入海拔2260m的西宁游览3～5天，然后进入海拔2800～3000m的柴达木盆地游览3～5天，使游客的机体逐步对高原环境有一个适应过程，最后进入4000m以上高海拔地区旅游，高原缺氧反应将大大缓解，可以获得较为理想的高原旅游效果，对人机体的损伤也将大大减少[98]。

青藏铁路全线贯通，由于车内有密封供氧先进设备，经过从昆仑山口至羊八井之间近千公里海拔4000～4500m以上的严重缺氧区，几乎所有游客都能安然无恙地到达拉萨。但游客到拉萨后，由于拉萨3700m的海拔，缺氧环境仍会影响正常的旅游活动，缺氧这一难题对于大多数游客来说难以解决。所以，开展渐进阶梯旅游模式是高原旅游最为科学的一种方式。

7. 旅游人力资源的建设

旅游人才是旅游业发展的首要资源，在青藏高原旅游业发展中显得尤为重要。随着我国旅游业的快速发展，青藏高原上的青海、西藏、四川西部、云南西北部等区，旅游业出现强劲发展势头，旅游人才队伍不断发展壮大，并形成了一定的规模优势，各民族组成的旅游人才为高原旅游业发展做出了巨大贡献，但远远满足不了快速发展的高原旅游业的需求。人才总量严重不足，整体素质低，旅游教育支撑不足，人才保障机制和开发机制滞后。

根据我国乃至世界旅游发展形势，青藏高原将很快成为世界旅游新热点，而各类旅游专业人才严重短缺，特别是少数民族旅游人才奇缺，将严重制约高原旅游业的快速发展，所以加速旅游人才的培养，是关系到青藏高原旅游业发展的关键所在。青藏高原旅游人才奇缺，需要采取多种途径加以解决。目前当务之急要引进人才，从东部发达地区选派一批优秀旅游人才对口支援。其次，青海、西藏、四川、云南等省区高等院校，应根据市场需求有计划的培养旅游人才，以培养当地各民族的旅游人才为主。最后，有序开展现有旅游从业人员的培训，如选派有较高文化水平、有培养前途的中青年旅游骨干到内地大型旅游骨干企业、重点旅游职业院校和旅游培训机构学习深造，要大量的利用旅游淡季，开办培训班提升旅游从业人员的素质，建立健全旅游人才管理体制，加速创新人才的培养，尊重他们的聪明才智，敢于大胆提拔重用，使优秀旅游人才脱颖而出。

8. 加强行业、区域联合

旅游产业是各行业中凝聚力最强的一个行业，旅游产品的内在特点要求旅游业发展实施行业、区域联合，可以实现“资源共通、客源共享、市场共推、形象共塑、产品共建”，使区域协作发展协调，最后达到利益共赢的目标。旅游部门应与文化、工农业、商业、体育、林业等部门紧密合作，形成旅游产业融合发展的大格局。

由青海、西藏、四川西部、云南西北部、甘肃西南部和新疆昆仑山北麓等组成的青藏高原，与周边的新疆、甘肃、四川、云南、贵州等省区，均属于我国西部地区，青藏高原和这些省区在地缘、经济、文化等多方面有较大的关联性，应把青藏高原连同周边的这一广大区域作为一个统一整体，进行旅游总体规划或旅游发展总体布局，打破省区行政界限，实现旅游交通、旅游产业、旅游市场、旅游信息、旅游管理和生态保护一体化，将使我国西部地区旅游业发展更加科学化，提高预见性，克服盲目性，进而充分发挥各地旅游资源的优势，获取最佳的经济、环境、社会效益。

青藏高原连同周边的这一广大区域总体旅游规划中，应重点突出如下几个方面：首先，突出该区域本质的旅游特色，如西部自然风光、久远的西部历史、灿烂的宗教文化、多彩的民族风情等。第二，突出该区域回归大自然的自然美、原始美、粗犷美，坚持“以野取胜”，使其具有强大的竞争力。雪山、草原、荒漠戈壁、寺院、民风习俗等，这些都是未经人为加工和修饰的“原汁原味”的资源，具有当代旅游者所追求的时尚旅游韵味。第三，突出旅游发展与生态保护相结合，这一广大区域位于我国西部大陆腹地，生态环境脆弱和敏感性是其共同特点，在旅游发展过程中保护生态环境是共同的首要任务。

9. 旅游公共保障体系的建立

旅游公共保障体系是以旅游管理部门为主的相关公共部门为满足旅游公共需求，向国内外旅游消费者和从业者提供的公共产品与服务。进一步完善旅游公共保障体系，是我国加快旅游战略产业发展、建设旅游强国的客观需要和迫切要求。旅游公共保障体系建设，首先是加强公共基础设施建设，包括旅游交通、旅游通信、城市游客集散中心、游客服务中心、旅游安全以及资源环境保护等基础设施建设，以提高旅游业整体竞争能力。由于自然条件严酷，经济基础十分薄弱，加上在特殊的社会历史发展背景下，青藏高原旅游公共基础设施建设还存在供给严重不足、体系极不完善、资金投入严重匮乏、体制机制不健全等诸多问题，严重制约了青藏高原旅游业的发展。

从目前国际旅游热点看，挑战极限户外体育旅游发展速度很快。户外体育旅游活动是走出家门，在野外或在大自然环境中进行的、与自然界紧密结合的新兴体育旅游形式，它是以自然环境为场地的带有探险性质或体验探险的体育旅游方式。青藏高原是我国乃至世界开展挑战极限户外体育旅游不可多得的地方。从 20 世纪 80 年代起步，青藏高原登山热不断升温，登山人数逐年剧增，但因旅游安全和救援体系建设十分薄弱，我国登山运动蒙受了极大损失。建设青藏高原旅游安全保障体系，健全旅游安全预警机制和突发事件处置机制，积极打造集旅游安全法规、旅游安全预警、旅游安全控制、旅游应急救援、旅游保险“五位一体”的旅游安全保障机制刻不容缓。

第十章

西宁市、拉萨市旅游容量分析

旅游业曾被认为是一种无污染、高产出的产业。但随着旅游者数量增多、活动范围扩大，旅游对生态环境的负面影响逐渐显露出来，人们意识到无节制、盲目的发展旅游，会带来大量的环境污染和生态破坏，不仅危及旅游业自身的发展，也会危及旅游地的自然生态系统安全。旅游环境容量的评估是解决这一问题的有效途径，旅游环境容量评估的主要任务是识别旅游活动对生态环境系统可能造成的影响及其“阈值”。“阈值”的计算目前多采用旅游生态足迹法，它是较为有效的方法。本书采用此方法对青藏高原上的西宁和拉萨旅游环境容量进行研究，为这两个城市旅游业的健康发展提供必要的科学依据。

第一节　旅游环境容量的评估理论与方法

一、旅游环境容量的内涵和定量化方法

（一）旅游环境容量的内涵

旅游环境容量研究始于20世纪60年代，1964年美国学者韦格（J. Alan Wagar）在其著作《具有游憩功能的荒野地的容量》一书中，首次提出了游憩容量的概念，并将其定义为一个游憩地区能够长期维持旅游品质的游憩使用量。20世纪80年代以来，随着全球旅游业的全面兴起，旅游目的地的社会、经济、政治、文化和心理等因素逐渐引起研究者的关注，旅游环境容量的研究逐渐从生态环境拓展到社会心理等诸多领域。

旅游环境容量的基本内涵是某区域环境对旅游活动及要素规模的最大容纳量[99]，一般认为旅游环境容量反映了旅游活动所能维持的不对周围自然环境造成损害、不对当地社区造成社会文化和经济问题的开发水平，与旅游者所追求的旅游产品形象、环境类型和文化体验相兼容的游客人数，是资源保护与旅游开发之间所能达到的平衡状态[100]。

（二）旅游环境容量的定量化方法

旅游环境容量的核算涉及自然、社会、经济等诸多因素，加之旅游活动具有多样性、区域性和差异性，为了合理描述和测度旅游环境容量，学者们从不同的学科视角提出了环境承载力（TEBC）、环境影响评价（EIA）、可接受的变化极限等多种测度方法。Wackernagel、Gossling、Cole 等学者和世界野生动物基金会（WWF-UK）[101-103]首先探索了生态足迹理论在旅游业可持续评估中的应用，并结合旅游活动的生态消费特征，提出了核算旅游活动资源消耗和生态占用的具体方法，即旅游生态足迹法[102-104]。由于这种方法蕴涵了可持续发展的深刻内涵，并且按照生产性土地面积大小来进行核算生态环境资源消耗，不仅可以根据吃、住、行、游、购、娱等不同的要素分别进行测定，而且还可在全球范围内实现横向比较，从而为旅游活动的单要素评价和综合评估提供了统一的标准。目前，该方法已成为国际社会评估旅游环境容量及其可持续度的主要方法。

二、旅游生态足迹的研究现状和模型进展

（一）旅游生态足迹的研究现状

随着生态足迹理论在资源、生态和环境等领域的广泛应用，国际社会对旅游生态足迹的核算逐渐形成了从概念到模型的完整体系，其中 Colin Hunter 首先给出了旅游生态足迹的定义，指出旅游生态足迹是指在一定时空范围内，与旅游活动有关的各种资源消耗以及吸收其产生的废弃物所必需的生物生产性土地[105]。Stefan Gossling、Cole、Paul Peeters 等学者分别从吃、住、行、游、购、娱等旅游要素角度对了旅游活动的生态足迹进行了测度[102,103,106]，Cole 首先提出了旅游生态足迹

的核算模型[103]，Haberl 研究了旅游生态足迹中净初级生产力的核算问题[107]，Kitzes 进一步解释了生态足迹方法在旅游领域的含义和应用[108]，Wackemagel 则总结了生态足迹方法的最近进展及其在旅游活动中应用的前景[109]。

旅游生态足迹方法已经成为国际社会评估旅游地域环境容量和可持续发展度的重要工具。国内对于旅游生态足迹的研究，在理论探讨和实践应用两方面取得很多成果，在一些主要旅游城市、旅游风景名胜区及部分旅游大省等都已开展了旅游生态足迹的核算研究，但针对青藏高原区域的旅游生态足迹研究至今还是空白。

（二）旅游生态足迹的模型进展

旅游生态足迹估算步骤和模型构建是在生态足迹理论模型的基础上进行的。

1. 生态足迹理论的基本模型

生态足迹的计算是基于以下 2 个基本事实：①人类可以确定自身消费的绝大多数资源及其所产生废弃物的数量；②这些资源和废弃物流能转换成相应的生物生产面积（biologically pro-ductive area）。由于生态足迹分析方法可以通过比较人类活动的生态消耗（即生态足迹）与生态供给（即生态承载力）之间的平衡关系，来度量区域可持续发展的程度，因此，生态足迹方法的模型计算一般分为 3 部分：生态足迹、生态承载力和生态赤字/盈余[110]。

1）生态足迹的计算

$$A_{\mathrm{EF}} = N_{a_{ef}} = N\sum_{t=1}^{n}(a_i r_i) = N\sum_{t=1}^{n}\left(\frac{C_i}{P_i}r_i\right) \tag{10-1}$$

式中，A_{EF}为总生态足迹（hm^2）；N 为人口数；a_{ef} 为人均生态足迹（hm^2）；a_i 为第 i 种消费物品折算的生物生产面积（hm^2）；r_i 为均衡因子（某类生物生产面积的均衡因子等于全球该类生物生产面积的平均生态生产力除全球所有各类生物生产面积的平均生态生产力）；C_i 为第 i 种物品的人均消费量（kg）；P_i 为第种物品的平均生产能力（$\mathrm{kg/hm}^2$）。

2）生态承载力的评估

$$A_{\mathrm{BC}} = N_{a_{bc}} = N\sum_{j=1}^{6}(a_j r_j y_j) \tag{10-2}$$

式中，A_{BC}为总生态承载力；a_{bc}为人均生态承载力；j 为生物生产性土地类型（根据生产力大小的差异，地球表面的生态生产性土地可分为 6 大类：化石能源地（fossil energy land）、可耕地（able land）、牧草地（pasture）、森林（forest）、建筑用地（built-up areas）和海洋（sea）；a_j 为人均生物生产面积；r_j 为均衡因子；y_j 为产量因子（某个国家或地区某类土地的产量因子是其平均生产力与世界同类土地的平均生产力的比率）。

3）生态赤字/盈余的评价

$$A = A_{EF} - A_{BC} \tag{10-3}$$

式中，若 A 值为正则为生态赤字，表明资源的更新不够人类的利用，可持续性的生态发展存在危机；若该值为负则为生态盈余，表明资源的更新足够人类的利用，人类的可持续发展是可以实现的。

2. 旅游生态足迹的基本模型

生态足迹（ecological footprint，EF）的理论和方法应用于旅游领域，形成了旅游生态足迹（touristic ecological footprint，TEF）。与生态足迹的计算模型相对应，旅游生态足迹的计算也分为 3 部分。

1）旅游生态足迹的计算

$$\mathrm{TEF} = N_{\mathrm{tef}} = N\sum_{i}^{n}(aa_i) = N\sum\left(\frac{C_i}{P_i}\times e_i\right) \tag{10-4}$$

式中，TEF 为总的旅游生态足迹；N 为旅游者人数；tef 为人均旅游生态足迹；i 为旅游活动中所消耗的商品与投入类型；n 为旅游活动中所消耗的商品与投入类型数；aa_i 为人均 i 种旅游消费商品折算的生物生产性面积；P_i 为 i 种旅游消费商品的平均生产力；C_i 为 i 种旅游商品的人均消费量 e_i 为 i 种用地的均衡因子。

为使上述模型具有可操作性，学者们将旅游生态足迹（TEF）的核算可进一步划分为由旅游交通生态足迹（$\mathrm{TEF}_{\mathrm{transport}}$）、旅游住宿生态足迹（$\mathrm{TEF}_{\mathrm{accommo}}$）、旅游餐饮生态足迹（$\mathrm{TEF}_{\mathrm{food}}$）、旅游购物生态足迹（$\mathrm{TEF}_{\mathrm{shopping}}$）、旅游娱乐生态足迹（$\mathrm{TEF}_{\mathrm{entertainment}}$）以及游览观光生态足迹（$\mathrm{TEF}_{\mathrm{visiting}}$）等六要素组成的账户模型，即

$$\mathrm{TEF} = \mathrm{TEF}_{\mathrm{transport}} + \mathrm{TEF}_{\mathrm{accommo}} + \mathrm{TEF}_{\mathrm{food}} + \mathrm{TEF}_{\mathrm{shopping}} + \mathrm{TEF}_{\mathrm{entertainment}} + \mathrm{TEF}_{\mathrm{visiting}} \tag{10-5}$$

2）旅游环境容量的评估

通过上述模型的计算结果，再与区域总体的旅游生态承载力（即旅

游环境容量）进行比较，就可判断区域旅游活动的可持续程度，并据此给出相应的旅游发展对策。其中旅游环境容量的计算一般采用如下模型：

$$\mathrm{TEC}=\sum_{i}^{n}(s_i\times y_i\times e_i)(i\leqslant 6) \tag{10-6}$$

式中，TEC 为旅游环境容量；i 为六类用地（即耕地、林地、牧草地、化石能源地、建筑用地和水域）；s_i 为 i 类用地的面积；y_i 为 i 类用地的产出因子；e_i 为 i 类用地的均衡因子。

3）区域旅游可持续度的判断

最后通过比较区域旅游生态足迹与旅游承载力的大小，即

$$\mathrm{EI}=\mathrm{TEF}-\mathrm{TEC} \tag{10-7}$$

来回答旅游发展是否超出了环境容量的限制，若 EI 为正值，说明旅游生态足迹大于旅游环境容量，说明旅游活动已超出了旅游地生态环境的容量，出现了生态赤字；若 EI 为负值，即旅游生态足迹小于旅游环境容量，说明该区域旅游业的发展还可在合理规划和设计的前提下适度发展。

3. 旅游生态足迹的模型改进

需要指出的是上述模型一经提出，在世界各国的旅游环境容量研究中就得到了广泛应用，但由于上述模型虽考虑了传统的旅游六要素吃、住、行、游、购、娱，但忽视了废弃物处置、水资源消耗以及旅游产品和服务的区内外贸易等问题带来的旅游生态足迹的扩散和转移，因而并不能全面地反映旅游活动所引起的资源和能源消费。为了使模型更加客观地反映旅游活动对旅游地域带来的整体生态环境影响，Colin、wiedmann、Paul Peeters、甄翌等学者将上述模型中的六要素进一步拓展为由交通、住宿、餐饮、游览、购物、娱乐、废弃物和水资源等八要素构成的旅游生态足迹核算账户，并在此基础上进一步区分了区域本底生态足迹（ET of resident）与旅游生态足迹（ET of tourist）、可转移生态足迹（transferable ecological footprint，TEF）与不可转移生态足迹（nontransferable ecological footprint，NTEF）等不同的资源消耗类型[104,110,111]。

与此相对应，旅游环境容量的评估也由旅游地域总体生态足迹与环境承载力的差值（即 EI=TEF-TEC），转变为旅游地域不可转移生态足迹与环境承载力的差值（即 $\mathrm{EI}^*=\mathrm{NTEF}_{\mathrm{total}}-\mathrm{TEC}$），从而剔除了可转移

生态足迹对旅游目的地生态足迹的夸大，使得核算出的旅游生态足迹更接近旅游地域的实际值。

三、旅游环境容量的评估方法

对西宁和拉萨旅游环境容量的研究，本书采用六要素旅游生态足迹模型（即包括吃、住、行、游、购、娱），并在此基础上按照旅游生态足迹的计算—旅游环境容量的评估—旅游可持续度的判断步骤进行。

（一）旅游生态足迹的计算

对旅游生态足迹的估算采用由吃、住、行、游、购、娱六要素组成的资源账户法，即按照交通、住宿、餐饮、游览、购物、娱乐等六要素分别进行核算，经汇总后形成区域旅游生态足迹总量，其中各资源账户及总体旅游生态足迹估算模型分述如下。

1. 旅游交通生态足迹（$TEF_{transport}$）计算模型

旅游交通生态足迹测算分为对生产性土地的占用、游客往返两地之间的能源消耗总量（包括景区内外），模型计算为游客的“旅游距离”同所乘坐的交通工具每公里平均消耗的生态足迹量的乘积，考虑到交通设施占用面积较小，其影响暂时忽略不计。模型如下：

$$TEF_{transport} = \sum (N_j \times D_j \times C_j) \tag{10-8}$$

式中，N_j 为第 j 种交通工具使用游客人数；D_j 为第 j 种交通工具游客平均旅行距离；C_j 为第 j 种交通工具的单位距离能源消耗量。

2. 旅游住宿生态足迹（$TEF_{accommo}$）计算模型

旅游住宿生态足迹的测算，包括旅游住宿设施的面积以及为游客提供相应服务的能源消耗。旅游住宿设施的能源消耗包括天然气、电、燃油的消耗。不同星级的旅游住宿设施的建成地面积和能源消耗有明显差异，本研究将市域内酒店分三类计算，单位床位建成地面积和能源消耗量取生态经济所示数据量。模型如下：

$$TEF_{accomodation} = m\sum (N_i \times S_i) + \sum n(365 \times N_i \times K_i \times C_i / r) \tag{10-9}$$

式中，m 为建成地和化石能源均衡因子；n 为和化石能源均衡因子；N_i 为第 i 种住宿设施的床位数；S_i 为第 i 种住宿设施每床建成地面积；K_i

为第 i 种住宿设施双开率；C_i 为第 i 种住宿设施每床能耗量；r 为世界单位化石燃料生产性土地平均发热量。

3. 旅游餐饮生态足迹（TEF_{food}）计算模型

旅游餐饮生态足迹测算包括餐饮设施建成地面积、游客食物消费的生物生产面积和提供餐饮服务的能源消耗的化石能源面积。大多数情况下旅游住宿设施也同样提供旅游餐饮服务，为避免重复计算，此处将其等同于 0。模型如下：

$$TEF_{food} = \sum S + \sum (N \times D \times C_i / P_i) + \sum (N \times D \times E_j / r_j) \tag{10-10}$$

式中，S 为各类社会餐饮设施的建成地面积，此处取 $\sum S=0$；N 为旅游者人数；D 为旅游天数；C_i 为第 i 种食物每日消耗量；P_i 为第 i 种食物的生物生产性土地的平均生产力；E_j 为游客第 j 种能源的人均消耗量；r_j 为世界单位化石燃料平均发热量。

需要说明的是，在旅游者的食物消费数量和结构方面，一般认为旅游者在旅游过程中的餐饮消费倾向于接近旅游地居民的日常食物消费。

4. 旅游购物生态足迹（$TEF_{shopping}$）计算模型

旅游购物生态足迹主要包括旅游购物设施的建成地面积、各种旅游产品在生产过程中的生物和化石性能源消耗等。其中旅游购物的建成地面积主要是大型旅游商品集散地，主要选取大型集散市场和工艺品店，其他忽略不计。旅游产品的生物和化石能源消耗的计算，一般假定多数旅游者的旅游购物支出集中在少数几种有代表性的旅游纪念品上，其产品价格可根据大型超市和特许经销店的实地调查获取。模型如下：

$$TEF_{shopping} = \sum S_i + [(R_i / P_i) \div G_i] \tag{10-11}$$

式中，S_i 为第 i 种旅游购物品销售和生产的建成地面积；R_i 为游客消费第 i 种产品的消费额；P_i 为第 i 种旅游产品平均售价；G_i 为第 i 种旅游商品对应生物生产性土地年均生产力。

5. 旅游观光生态足迹（$TEF_{visiting}$）计算模型

旅游观光生态足迹测算主要是景区内的游览步道、公路和观景空间的建成地面积，不包括在景区周边的和与之配套的各种社会服务设施的占用地面积。计算模型如下：

$$TEF_{visiting} = \sum P_i + \sum H_i + \sum V_i \tag{10-12}$$

式中：P_i 为第 i 个旅游景区游览步道的建成地面积；H_i 为第 i 个旅游景区内公路的建成地面积；V_i 为第 i 个旅游景区观景空间的建成地面积。

6. 旅游娱乐生态足迹（$\mathrm{TEF}_{\mathrm{entertainment}}$）计算模型

旅游娱乐生态足迹主要包括为游客提供休闲娱乐设施的建成地面积和能源消耗。休闲场所的能源消耗相对较少，可以忽略不计。研究表明，旅游者到异地旅时都会积极参与旅游接待地提供的各种娱乐活动，主要包括民俗体验活动，KTV、酒吧茶馆等，其中中短途游客为主要参与者。一般将室外娱乐设施和公共活动场所按实际面积计入建成地面积。计算模型如下：

$$\mathrm{TEF}_{\mathrm{entertainment}} = \sum r_i \times (ef_{\mathrm{eei}} + ef_{\mathrm{eli}}) \qquad (10\text{-}13)$$

式中，r_i 为参加第 i 种娱乐项目游客人数；ef_{eei} 为第 i 种娱乐项目人均生态足迹；ef_{eli} 为第 i 种娱乐项目人均占用建成地面积。

7. 旅游生态足迹的汇总模型

汇总上述六个要素的旅游生态足迹，即形成区域总体的旅游生态足迹，公式如下：

$$\begin{aligned}\mathrm{TEF}_{\mathrm{total}} = {} & \mathrm{TEF}_{\mathrm{transport}} + \mathrm{TEF}_{\mathrm{accomodation}} + \mathrm{TEF}_{\mathrm{food}} + \mathrm{TEF}_{\mathrm{visiting}} \\ & + \mathrm{TEF}_{\mathrm{shopping}} + \mathrm{TEF}_{\mathrm{entertainment}} \qquad (10\text{-}14)\end{aligned}$$

（二）旅游环境容量的评估

旅游环境容量的计算采用如下模型：

$$\mathrm{TEC} = \sum_{i}^{n} (s_i \times y_i \times e_i)(i \leqslant 6) \qquad (10\text{-}15)$$

式中，TEC 为旅游环境容量；i 为六类用地（即：耕地、林地、牧草地、化石能源地、建筑用地和水域）；s_i 为 i 类用地的面积；y_i 为 i 类用地的产出因子；e 为 i 类用地的均衡因子。

其中，不同类型的生产性土地之间的均衡因子采用国际标准[109]，即耕地为 2.8、林地为 1.1、牧草地为 0.5、化石能源地为 1.1、建成地为 2.8、水域为 0.2（均衡因子的折算采用全球土地面积的平均生态生产力为基准）。

（三）区域旅游可持续度的判断

区域旅游可持续度的判断采用旅游生态足迹与旅游环境容量的差

值，即

$$EI = TEF - TEC \tag{10-16}$$

当EI为正值时，说明旅游活动已超出了旅游地生态环境的容量，在这种情况下，旅游景区应采取限制措施减少旅游活动对生态环境的负面影响；当EI为负值时，说明旅游活动尚未超出旅游地的环境承载力容限，该旅游景区在科学规划前提下适度发展。

第二节　西宁市、拉萨市旅游生态足迹的计算

一、西宁市旅游生态足迹的计算

（一）西宁市旅游业发展概况

西宁市2010年接待游客889.03万人次，实现旅游总收入46.56亿元。全市有主要景区（点）30个，其中A级景区（点）15个，4A级景区（点）5个。全市共有星级饭店49家，客房数6071间，床位数11 193张。从游客构成看，国内旅游人数占99%，入境旅游者不足1%。从客源地看，甘、陕、川、鲁、京是主要的国内客源地，这5省市游客所占游客数量比例接近50%；海外旅游者主要来自中国港澳台和日本、美国、德国、新加坡、韩国、英国和法国，比例超过70%。

西宁市是青藏高原的交通枢纽，交通设施较为完善，随着青藏铁路的建成通车以及兰新铁路复线工程的建设实施，西宁市作为青藏高原交通枢纽的区位优势将进一步显现。铁路有青藏铁路和兰青铁路与国内主要城市连接，公路有109国道（北京—拉萨）、315国道（西宁—喀什）、227国道（西宁—甘张掖）、224国道（西宁—西昌都—云景洪）与京、藏、甘、新、滇等省区连通。西宁曹家堡机场与国内几十个城市相连，省内有格尔木、玉树机场，开辟有格尔木—西宁、玉树—西宁航班，连接柴达木盆地和青南地区。此外，西宁市还建有连通区内主要旅游景区的环线公路，如青海湖环线、大通—门源—互助环线、湟中—贵德—同仁—乐都环线等。

（二）西宁市旅游生态足迹的分项测算

1. 旅游交通生态足迹

西宁市区旅游以公共交通为主，由于政府积极推行清洁能源的公共交通体系，市区景区交通占旅游交通生态足迹的份额极小，可忽略不计。西宁市旅游交通生态足迹主要由旅客进入西宁的交通生态足迹和主要交通设施占地构成。旅游客源地到西宁主要包括航空、铁路和公路交通三种类型；西宁市交通设施用地主要由西宁火车站、曹家堡机场和各区公共汽车总站组成，总占地面积 1994. 53hm²[111]；以上两项合计后的西宁市旅游交通生态足迹为 187 471. 02hm²（表 10-1）。

表 10-1 西宁市旅游交通生态足迹的组成

交通方式	单位生态足迹/（10^{-5}hm²/km·人）	平均旅行距离/km	游客人数/10^5 人	交通生态足迹/hm²
飞机	3. 83	1 485. 65	6. 80	38 641. 68
火车	1. 74	927. 31	43. 00	69 381. 11
汽车	1. 70	47. 44	960. 30	77 453. 70
交通设施用地				1 994. 53
合计				187 471. 02

2. 旅游住宿生态足迹

旅游住宿生态足迹，主要是由旅游住宿设施的建成地面积和旅游住宿过程中的能耗组成，鉴于星级饭店的建地面积和单位住宿设施能耗有明显差异，将西宁市 49 家星级饭店分为三类进行计算，加上社会住宿设施的建成地面积和能耗，所有这些内容构成了旅游住宿生态足迹。根据以上两项合计西宁市旅游住宿生态足迹为 9327. 35hm²（表 10-2）。

表 10-2 西宁市旅游住宿生态足迹的组成

住宿设施类型	床位数/张	单位床位建地面积/m²	年均双开率/%	单位床位能耗/10^6J	能地比/（10^8J/hm²）	住宿设施面积/hm²	转换后设施面积/hm²	住宿设施能耗/hm²	转换后设施能耗/hm²	住宿设施生态足迹/hm²
1～2 星	6 788	100	46	40	1 000	67. 88	190. 06	455. 88	501. 47	691. 53
3～4 星	13 646	300	46	70	1 000	409. 38	1 146. 26	1 603. 81	1 764. 20	2 910. 46
5 星	492	2 000	53	110	1 000	98. 40	275. 52	104. 71	115. 16	390. 68
社会住宿设施	43 952	75	50	50	1 000	329. 64	922. 99	4 010. 62	4 411. 68	5 334. 67
合计						905. 30	2534. 84	6175. 01	6792. 51	9327. 35

3. 旅游餐饮生态足迹

旅游餐饮生态足迹，包括游客食物消费的生物生产性土地面积和餐饮服务消耗的化石能源土地面积，其中在旅游者的人均食物消费量方面，根据相关理论，假设西宁的旅游餐饮消费数量和结构与本地居民相同。以上两项合计后的西宁市旅游餐饮生态足迹为 49 541.64hm^2（表 10-3）。

表 10-3 西宁市旅游餐饮生态足迹的组成

餐饮项目	每日人均消费量/kg	土地年均产量/(kg/hm^2)	能量密度/(10^9J/T)	能地比/(10^8J/hm^2)	生产性土地日人均足迹/hm^2	化石能源日人均足迹/hm^2	生产性土地总足迹/hm^2	化石能源总足迹/hm^2	旅游餐饮生态足迹/hm^2
粮食	0.209	2 744	4	1 000	0.000 076	0.000 004	1 966.15	103.13	2 069.28
肉	0.068	74	80	1 000	0.000 925	0.000 080	23 851.71	2 062.55	25 914.26
蛋	0.012	534	65	1 000	0.000 022	0.000 065	561.99	1 675.82	2 237.81
奶	0.077	502	80	1 000	0.000 154	0.000 080	3 959.73	2 062.55	6 022.28
水产品	0.010	29	100	1 000	0.000 349	0.000 100	8 988.09	2 578.19	11 566.28
瓜果	0.123	3 500	1	1 000	0.000 035	0.000 000 1	908.18	25.78	933.97
蔬菜	0.265	18 000	1	1 000	0.000 015	0.000 001	380.17	25.78	405.95
酒饮料	0.010	50 595	15	1 000	0.000 000	0.000 015	5.10	386.73	391.82
合计							40 621.12	8 920.53	49 541.64

4. 旅游购物生态足迹

旅游购物生态足迹，包括旅游购物场所建成地面积和旅游产品生产能耗（不包括运输能耗），其中旅游购物场所建成地面积主要选取大型、较大型旅游商品销售集散地，建成地面积为 1.3hm^2。抽样调查游客感兴趣的旅游商品主要有食品/牛肉干、民族服饰/刺绣、藏毯/挂毯、土特产品/青稞酒、汉藏药材/保健品、玉器/陶器等，其中最受欢迎的牦牛肉干和互助牌青稞酒，所以选取牦牛肉干和互助青稞酒作为典型旅游商品，以人均购买牦牛肉干 0.25kg、互助青稞酒 0.5kg 作为测算依据，并据此西宁市游客购物花费人均为 366.6 元。在获得两种商品的游客消费总额后，以两种商品的大型超市和旅游商品经销店的平均售价为基准，对西宁市游客的旅游购物生态足迹进行了测算，以上两项合计的旅游购物生态足迹为 80 468.96hm^2（表 10-4）。

表 10-4 西宁市旅游购物生态足迹的组成

旅游商品	旅游者人数/10^4 人	人均购买额/(元/人)	平均售价/(元/kg)	生产性土地的年均产量/(kg/hm^2)	商品所需的生物性土地/hm^2
牦牛肉干	889.03	80.14	120	74	80 232.96
互助青稞酒	889.03	256.46	192	50 595	234.71
旅游购物建成地面积					1.3
总计					80 468.96

5. 旅游观光生态足迹

来西宁市的游客绝大部分还会去塔尔寺和青海湖游览，因此，西宁市旅游观光生态足迹的计算除西宁市区主要旅游景区（点）外，还包括青海湖和塔尔寺景区内游览步道、公路、景观空间建成地面积之和（不包括周边配套设施）。鉴于西宁市主要景区（点）的变化不大，旅游观光生态足迹采用张约翰的计算结果[112]，即西宁市旅游观光生态足迹为 885.9hm^2。

6. 旅游娱乐生态足迹

旅游娱乐生态足迹，包括旅游娱乐设施占用的建成地面积和游客参加娱乐活动的化石能源消耗。据调查，西宁市参与各种娱乐活动的游客约占游客总人数的 25%，主要的旅游娱乐设施包括各类公园、农家院、茶园和 KTV 等公共活动设施，各类旅游娱乐设施总面积 496hm^2。西宁市旅游娱乐活动人均能耗约 9MJ，即旅游娱乐活动的人均生态足迹为 0.0001hm^2，由此可知 2009 年西宁市游客娱乐生态足迹为 889.03hm^2。以上两项合计后的旅游娱乐生态足迹为 1385.03hm^2。

（三）西宁市旅游生态足迹的汇总及分析

经汇总，西宁市 2009 年旅游生态足迹总量为 329 079.9hm^2，人均旅游生态足迹为 0.037 02hm^2（表 10-5）。其中旅游交通生态足迹占 56.97%、旅游住宿生态足迹占 2.83%、旅游餐饮生态足迹占 15.05%、旅游购物生态足迹占 24.45%、旅游观光生态足迹占 0.27%、旅游娱乐生态足迹占 0.42%。由此可见，西宁市旅游生态足迹中，交通、购物和餐饮占主导地位，三者合计的份额占 96.48%，是“吃、住、行、游、购、娱”六要素中最耗费生态资产的旅游活动。

表 10-5　西宁市 2009 年旅游生态足迹的组成

足迹类别	旅游生态足迹总量/hm^2	人均旅游生态足迹/hm^2	比重/%
旅游交通	187 471.02	0.210 9	56.97
旅游住宿	9 327.35	0.001 05	2.83
旅游餐饮	49 541.64	0.005 57	15.05
旅游购物	80 468.96	0.009 05	24.45
旅游观光	885.90	0.000 10	0.27
旅游娱乐	1 385.03	0.000 16	0.42
总计	329 079.91	0.0370 2	100.00

二、拉萨市旅游生态足迹的计算

（一）拉萨市旅游业发展概况

拉萨市2009年接待游客561.06万人次，实现旅游总收入55.98亿元。全市有主要景区（点）100多个，其中世界文化遗产3处，4A级景区（点）4处。全市有星级饭店64家，客房数8154间，床位数16 143张。从游客构成看，国内旅游人数占96.9%，入境旅游者占3.1%。从国内游客客源地看，青藏铁路通车前，由于大多数游客通过空中航线进入西藏旅游，国内客源市场主要集中在一些经济发达的地区，包括京津地区、长江三角洲和珠江三角洲地区，北京、上海、广东、四川、重庆是主要的客源市场；青藏铁路通车后，全国各地的佛教信徒成为拉萨市旅游业的又一稳定客源。拉萨市入境旅游客源市场主要来自西欧、北美、日本及中国港澳台地区，近年来，美国、日本、中国港澳台地区游客数量上升很快，欧洲市场一直占有很大比重。2004年8月，在第二届欧中国际旅游论坛会上，拉萨市被组委会评为“欧洲游客最喜爱的旅游城市”，布达拉宫被评为“欧洲游客最喜爱旅游景点”。

青藏铁路未建成通车前，交通一直是西藏旅游的瓶颈，游客进出藏主要以公路为主，有川藏公路、青藏公路、滇藏公路、新藏公路、中尼公路等。青藏铁路于2006年7月1日正式通车，目前有西宁、兰州、北京、上海、成都、重庆、广州等进藏列车开通。航空一直是游客进入拉萨的主要途径，目前拉萨辟有至北京、成都、重庆、西宁、西安、广州、加德满都等地的国际国内航线。此外，拉萨地区也建成了拉萨-日喀则、拉萨-林芝、拉萨-当雄、拉萨-山南等多条环线公路，旅游交通条件得到极大改善。

（二）拉萨市旅游生态足迹的分项测算

1. 旅游交通生态足迹

拉萨市在青藏铁路通车前，航空运输是游客入境的主要交通方式，据调查，由航空进入拉萨的游客多为远途旅客，因此拉萨市航空生态足迹选用长途飞机（>2000km）的单位生态足迹，即2.9×10^{-5} hm^2/（km·人）。

各种运输方式的游客人数和平均旅行距离由国家旅游局公布的 2009 年客运量数据计算而得。2009 年拉萨市旅游交通生态足迹为80 197.96hm^2（表 10-6）。

表 10-6　拉萨市旅游交通生态足迹的组成

交通方式	单位生态足迹/（10^{-5}hm^2/km·人）	平均旅行距离/km	游客人数/10^5 人	交通生态足迹/hm^2
飞机（长途）	2.93	696.47	13.18	26 895.94
火车	1.74	1 115.12	7.4	14 358.31
汽车	1.70	28.01	775.9	36 943.72
交通设施用地				2 000.00
合计				80 197.96

2. 旅游住宿生态足迹

拉萨市共有星级饭店 64 家，客房数 8154 间，床位数 16 143 张。鉴于不同等级星级饭店的单位床位建地面积和能耗有明显差异，本研究将 64 家饭店分三类进行计算。计算模型、单位床位建地面积和能耗值同前。计算结果表明，2009 年拉萨市旅游住宿生态足迹为 3399.59hm^2（表 10-7）。

表 10-7　拉萨市旅游住宿生态足迹的组成

住宿设施类型	床位数/张	单位床位建地面积/m^2	年均双开率/%	单位床位能耗/10^6J	能地比/（10^8J/hm^2）	住宿设施面积/hm^2	转换后设施面积/hm^2	住宿设施能耗/hm^2	转换后设施能耗/hm^2	住宿设施生态足迹/hm^2
1～2 星	5 185	100	50	40	1 000	51.85	145.18	378.51	416.36	561.54
3～4 星	9 790	300	60	70	1 000	293.70	822.36	1 500.81	1 650.89	2 473.25
5 星	292	2 000	60	110	1 000	58.40	163.52	70.34	77.38	240.90
社会住宿设施	876	75	60	50	1 000	6.57	18.40	95.92	105.51	123.91
合计						410.52	1 149.46	2 045.58	2 250.13	3 399.59

3. 旅游餐饮生态足迹

计算模型仍假设游客餐饮消费数量和结构等同于当地居民的食物消费数量和结构，拉萨市居民的人均食物消费构成参见张约翰等的研究成果[113]。计算结果表明，2009 年拉萨市旅游餐饮生态足迹为 88 684.36hm^2（表 10-8）。

表 10-8　拉萨市旅游餐饮生态足迹的组成

餐饮项目	每日人均消费量/kg	土地年均产量/(kg/hm²)	能量密度/(10^9J/T)	能地比/(10^8J/hm²)	生产性土地日人均足迹/hm²	化石能源日人均足迹/hm²	生产性土地总足迹/hm²	化石能源总足迹/hm²	旅游餐饮生态足迹/hm²
粮食	0.304	2 744	4	1 000	0.000 111	0.000 004	2 795.65	100.99	2 896.64
鲜菜	0.235	18 000	1	1 000	0.000 013	0.000 001	329.33	25.25	354.58
干鲜瓜果	0.081	35 000	1	1 000	0.000 023	0.000 001	581.06	25.25	606.31
水产品	0.007	29	100	1 000	0.000 246	0.000 100	6 198.75	2 524.77	8 723.52
猪肉	0.028	74	80	1 000	0.000 381	0.000 080	9 628.24	2 019.82	11 648.06
牛羊肉	0.077	33	80	1 000	0.002341	0.000 080	59 110.22	2 019.82	61 130.04
禽蛋制品	0.036	534	65	1 000	0.000 067	0.000 065	1 684.13	1 641.10	3 325.23
合计							80 327.37	8 356.99	88 684.36

4. 旅游购物生态足迹

八廓街是拉萨市区主要的旅游商品集散区，旅游商品集散地的建成地面积粗略估计为 2.68hm²。

拉萨市的特色旅游纪念品有藏毯、藏饰、藏香、藏药、藏刀、唐卡、珠宝以及牦牛牛肉干等，本书将上述商品按生产特征划分为植物类商品、动物类商品和采掘类商品三大类，并假定游客旅游购物支出为480 元/人，购物结构为 1 ∶ 1 ∶ 1，其中植物类商品的平均售价为120 元/kg，动物类商品的平均售价为 240 元/kg，采掘类商品的平均售价为 180 元/kg，据此粗略计算出拉萨市旅游购物生态足迹为55 768.47hm²（表 10-9）。

表 10-9　拉萨市旅游购物生态足迹的组成

旅游商品	旅游者人数/10^4 人	人均购买额/(元/人)	平均售价/元/kg	生产性土地的年均产量/(kg/hm²)	商品所需的生物性土地/hm²
植物类商品	561.03	160	120	2 744	2 726.24
动物类商品	561.03	160	240	74	50 545.95
采掘类商品	561.03	160	180	2 000	2 493.60
旅游购物建成地面积					2.68
总计					55 768.47

5. 旅游观光生态足迹

拉萨市拥有各级重点文物保护单位 28 处，其中世界级 3 处，国家级 7 处，自治区级 15 处，特别是众多的佛教寺院是游人主要旅游目的地。本文对拉萨市旅游观光生态足迹的估算，主要考虑市区各主要景区（点）的景观空间、游览步道和公路的建成地面积[114]，具体取值参考参见张约翰等的研究成果[113]，按人均旅游观光生态足迹 0.000 05hm² 计算，则拉萨市 2009 年旅游观光生态足迹为 280.53hm²。

6. 旅游娱乐生态足迹

拉萨市旅游娱乐活动主要为藏式风情歌舞表演、酒吧、KTV 以及藏式农家院等，占地面积约 500hm²。根据张约翰等的研究[113]，拉萨市旅游娱乐活动的人均能耗约 9MJ，旅游娱乐活动的人均生态足迹为 0.000 06hm²，则由此推算的拉萨市 2009 年旅游观光生态足迹为 836.64hm²。

（三）拉萨市旅游生态足迹的汇总及分析

经汇总，拉萨市 2009 年旅游生态足迹总量为 229 167.5hm²，人均旅游生态足迹为 0.040 85hm²（表 10-10）。其中旅游交通生态足迹占 35.00%、旅游住宿生态足迹占 1.48%、旅游餐饮生态足迹占 38.70%、旅游购物生态足迹占 24.34%、旅游观光生态足迹占 0.12%、旅游娱乐生态足迹占 0.37%。由此可见，拉萨市旅游生态足迹中，交通、餐饮和购物占主导地位，三者合计的份额超占 98.03%，是“吃、住、行、游、购、娱”六要素中最耗费生态资产的旅游活动。

表 10-10 拉萨市 2009 年旅游生态足迹的组成

足迹类别	旅游生态足迹总量/hm²	人均旅游生态足迹/hm²	比重/%
旅游交通	80 197.96	0.014 29	35.00
旅游住宿	3 399.59	0.000 61	1.48
旅游餐饮	88 684.36	0.015 81	38.70
旅游购物	55 768.47	0.009 94	24.34
旅游观光	280.53	0.000 15	0.12
旅游娱乐	836.64	0.000 06	0.37
总计	229 167.55	0.040 85	100.00

第三节 西宁市与拉萨市旅游环境容量的比较

一、西宁市有关指标的计算

（一）旅游环境容量的计算

如前所述，度量区域生态环境供给极限（即环境容量）的核算指标是生态承载力，生态足迹法就是从生物生产性空间角度度量区域生态承载力的方法。在生物生产性空间视角下，生态承载力是指区域拥有的生物生产性空间的面积。由于生物生产性空间的生产力往往随着土地利用类型、区域自然环境与社会经济技术环境的变化而变化，不同区域、不同土地利用类型之间的真实土地利用面积不具有良好的可比性。因此，在应用生态足迹法核算区域生态承载力时，一般是以生物生产性空间面积为基础，利用产量因子（也称产量系数、生产力系数）进行调整。其中，产量因子是把不同区域生产力水平不同的土地转化成具有同一生产力水平的该类土地利用面积的转换系数。一般生态足迹法是以全球该类土地平均生产力为基准核算的，因此，产量因子实际上是一个国家或区域某类生产性土地的平均生产力与该类土地全球平均生产力的比值。以土地利用面积为基准，通过产量因子和均衡因子调整的生态承载力核算公式如下：

$$\mathrm{CC} = \sum \frac{A_i \times f_i \times w_i}{\mathrm{LP}} = \sum a_i \times f_i \times w_i \qquad (10\text{-}17)$$

式中，CC 为人均生态承载力空间；i 为土地利用类型的编号；A，a 为分别为区域某类土地利用的总面积与人均面积；f 为产量因子；w 为均衡因子；LP 为区域总人口。

理论上，生态承载力组分与生态足迹组分是一一对应的，也应包括耕地、牧草地、林地、水域、建设用地和化石能源地等 6 类。其中耕地主要提供粮食及其他主要农产品；牧草地主要提供畜牧业产品，包括牛羊肉类、皮革、毛类以及奶类产品；林地主要为人类提供木材产品的人造林和天然林；水域包括提供渔业产品的海洋生态系统和淡水生态系统；建设用地包括各类人居设施及道路所占用的土地，一般这类土地大都建立在肥沃的土地，主要是耕地上；化石能源地理论上是专门用于吸收能源燃烧排放的 CO_2 的森林，本书中将未利用土地归为此类。计算时首先根据分项旅游生态足迹整理出西宁市旅游生态足迹的生物生产性土地面积（表 10-11）。从表中可知，交通足迹对化石能源地的消耗最大，住宿足迹对建筑用地的消耗最大，餐饮足迹对牧草地的消耗最大，购物足迹也对牧草地的消耗最大，观光足迹主要消耗建筑用地，娱乐足迹对化石能源地消耗最大。

然后计算区域生物生产性土地的供给能力，即总体承载能力，并在此基础上编制生物生产性土地的供需平衡表（表 10-12），为旅游业可持续度的判断奠定基础。

表 10-11 西宁市旅游生态足迹的生物生产性土地面积（单位：hm^2）

	化石能源地	耕地	牧草地	林地	建筑用地	水域	小计
旅游交通生态足迹	185 476.49				1 994.53		187 471.02
旅游住宿生态足迹	6 792.51				2 534.84		9 327.35
旅游餐饮生态足迹	8 920.53	2351.41	28 373.43	908.18		8 988.09	49 541.64
旅游购物生态足迹		234.71	80 232.96		1.30		80 468.97
旅游观光生态足迹					885.90		885.90
旅游娱乐生态足迹	889.03				496.00		1 385.03
合计	202 078.56	2586.12	108 06.39	908.18	5 912.57	8 988.09	329 079.91

表 10-12 基于旅游生态足迹的西宁市生物生产性土地供需平衡表

需求				供给			
项目单位	土地面积/hm^2	均衡因子	均衡面积/(hm^2/人)	项目单位	产出因子	人均实际土地面积/(hm^2/人)	产出调整后的均衡面积/(hm^2/人)
公式符号	a_i	w_i	$a_i \times w_i$	公式符号	f_i	r	CC
化石能源地	0.0227	1.1	0.0250	CO_2 吸收用地	0.61	0.0330	0.0221
耕地	0.0003	2.9	0.0008	耕地	1.82	0.0660	0.3484
牧草地	0.0122	0.6	0.0073	牧草地	0.94	0.1497	0.0844
林地	0.0001	1.1	0.0001	林地	0.61	0.0511	0.0343
建筑用地	0.0007	2.9	0.0019	建筑用地	1.82	0.0142	0.0750
水域	0.0010	0.2	0.0002	水域	1.00	0.0004	0.0001
总生态足迹			0.0354	总生态承载力			0.5463
				扣除5%的各类保护区面积后			0.5361

（二）旅游业可持续度的评估

根据表 10-12 可见，西宁市旅游生态足迹人均值 0.0354hm^2，供给端的总生态承载力人均值 0.5463hm^2，扣除 5%的各类保护区面积后，该值为 0.5361hm^2，生态承载力远大于旅游生态足迹（人均高出 0.5007hm^2）。由此断定，目前，西宁市的旅游业发展仍处于生态环境的承载力容限内，这也意味着西宁市未来的旅游业发展仍有相当大的拓展空间。

二、拉萨市有关指标的计算

（一）旅游环境容量的计算

根据上述旅游生态足迹分项整理出拉萨市旅游生态足迹的生物生产性土地面积（表 10-13），从表中可知，旅游交通生态足迹对化石能源地的消耗最大，旅游住宿生态足迹对化石能源地的消耗最大（与西宁不同），旅游餐饮生态足迹对化石能源地和牧草地的消耗均很大，旅游购物生态足迹对牧草地的消耗也最大，旅游观光生态足迹和旅游娱乐生态足迹对建筑用地消耗最大（与西宁不同）。

表 10-13　拉萨市旅游生态足迹的生物生产性土地面积（单位：hm^2）

	化石能源地	耕地	牧草地	林地	建筑用地	水域	小计
旅游交通生态足迹	78 197.96				2 000.00		80 179.96
旅游住宿生态足迹	2 250.13				1 149.46		3 399.59
旅游餐饮生态足迹	8 356.99	3 124.98	70 422.59	581.06		6 198.75	88 684.37
旅游观光生态足迹	2 493.60	2 726.24	50 545.95		2.68		55 768.47
旅游购物生态足迹					280.53		280.53
旅游娱乐生态足迹	336.64				500.00		836.64
合计	91 635.32	5 851.22	120 968.54	581.06	3 932.67	6 198.75	229 167.56

然后计算区域生物生产性土地的供给能力，即总体承载能力，并在此基础上编制生物生产性土地的供需平衡表（表 10-14），为旅游业可持续度的判断奠定基础。

表 10-14　基于旅游生态足迹的拉萨市生物生产性土地供需平衡表

需求				供给			
项目单位	土地面积/(hm^2/人)	均衡因子	均衡面积/(hm^2/人)	项目单位 公式符号	产出因子	人均实际土地面积/(hm^2/人)	产出调整后的均衡面积/(hm^2/人)
公式符号	a_i		$a_i \times w_i$		f_i	r	CC
化石能源地	0.0163	1.1	0.0180	CO_2 吸收用地	0.61	0.8910	0.5978
耕地	0.0010	2.9	0.0030	耕地	1.82	0.1252	0.6606
牧草地	0.0216	0.6	0.0129	牧草地	0.94	3.7753	2.1293
林地	0.0001	1.1	0.0001	林地	0.61	0.1926	0.1293
建筑用地	0.0007	2.9	0.0020	建筑用地	1.82	0.0169	0.0893
水域	0.0011	0.2	0.0002	水域	1.00	0.2777	0.0555
总生态足迹			0.0363	总生态承载力			3.6618
				扣除 10%的各类保护区面积后			3.2956

（二）旅游业可持续度的评估

由表 10-14 可知，拉萨市旅游生态足迹的人均值是 0.0363hm^2，而供给端的总生态承载力人均值是 3.6618hm^2，在扣除 10%的各类保护区面积后，该值为 3.2956hm^2，生态承载力远大于旅游生态足迹（人均高出 3.2593hm^2），说明拉萨市的旅游业发展仍处于生态环境的承载力容限内，而且未来有着极其可观的旅游发展空间。

三、西宁市与拉萨市指标的比较

（一）人均旅游生态足迹的比较

由图 10-1 可知，西宁市与拉萨市人均旅游生态足迹的总体趋势十分相似，即都是旅游交通、旅游餐饮和旅游购物的生态足迹较高，而旅游住宿、旅游观光和旅游娱乐的生态足迹较小。这反映了青藏高原旅游活动的生态环境损耗仍集中在吃、住、行和购物等最基本的旅游需求上，而旅游观光和游览的人均足迹还较小。说明高原地区的旅游业仍处于初级发展阶段，未来应逐步加大旅游景区游览设施建设和旅游娱乐的辅助设施建设，积极引导旅游业走吃、住、行、游、购、娱均衡发展的道路。

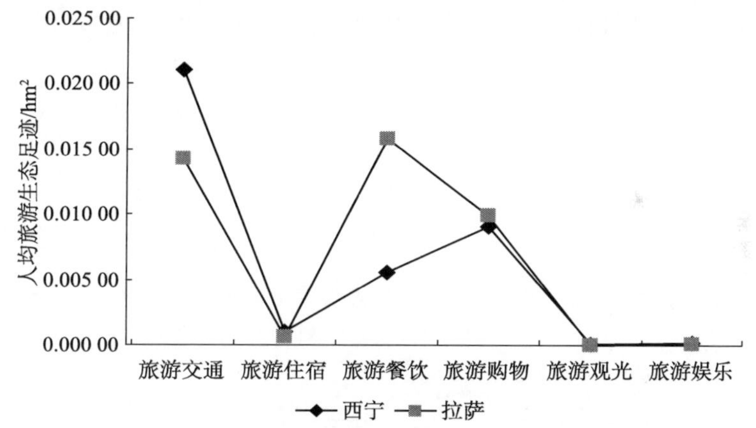

图 10-1　西宁市与拉萨市人均旅游生态足迹的比较

西宁市人均旅游生态足迹的递减顺序是旅游交通—旅游购物—旅游餐饮—旅游住宿—旅游观光和娱乐。对西宁市旅游环境而言，旅游交通是最大的资源消耗，因此，在未来的旅游业发展过程中，除建设更加完善的旅游交通网络体系外，还应进一步加强旅游景区的可进入性，降低旅游交通支出以及由此带来的生态环境损耗。其次旅游购物和旅游餐饮人均足迹也较大，说明西宁市旅游商品和旅游服务的生态环境成本较高，未来应加强资源节约型旅游产品和服务的开发。

拉萨市人均旅游生态足迹的递减顺序是旅游餐饮—旅游交通—旅游购物—旅游住宿—旅游观光和娱乐，说明拉萨市旅游业的餐饮服务的资源环境成本较高。其次是旅游交通和旅游购物，说明拉萨市旅游商品对游客的吸引力较大，同时旅游商品的资源环境耗费也较大，但旅游观光和娱乐的生态足迹很小。这一方面说明旅游景区的游览方式能耗较低，可能是因为采用了绿色、无污染的清洁能源，比如人力、畜力等；另一方面说明拉萨市旅游景区建设可旅游娱乐设施的开发十分有限，为全面提升旅游业的整体服务和竞争水平，未来还应有意识地引导和加强这方面的建设。

（二）旅游环境容量的比较

西宁市人均旅游承载力为 0.5361hm^2，拉萨市为 3.2956hm^2，二者相差 2.8 倍（图 10-2）。但二者的生物生产性土地的组成结构十分相似，即都是牧草地和耕地占主导，这说明青藏高原地区拥有的这两类资源还十分丰富，其中拉萨市的人均牧草地面积超过 2hm^2，人均耕地面积超过 0.5hm^2（此处指由这两类土地转化的生物生产性土地）。但人均林地、建筑用地和水域都较缺乏，说明高原地区林地和水域可能是未来旅游业发展的限制因素。

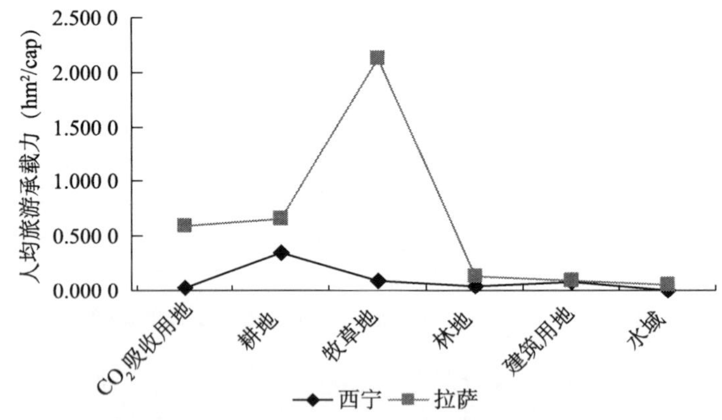

图 10-2　西宁市和拉萨市旅游环境容量的比较

从图 10-3 可知，在以差值法（即旅游可持续度＝旅游环境容量－旅游生态足迹）表示的旅游可持续度比较中，拉萨市的旅游可持续发展度远高于西宁市，原因是前者有巨大的人均环境承载量。说明青藏高原区域的旅游业发展整体上处于可持续水平。其中，从旅游活动的生态消耗（即生态足迹）和生态供给（即生态承载力）的对比关系来看，拉萨市的旅游业发展所具有的发展空间远大于西宁市，这与两个城市旅游资源的数量、种类、等级和赋存状况是吻合的。

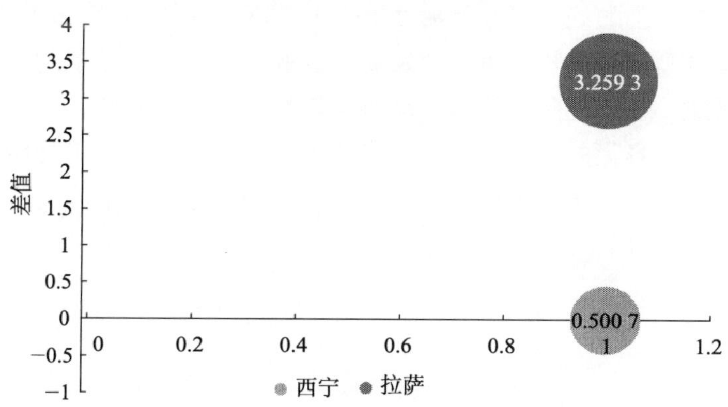

图 10-3 西宁市和拉萨市旅游可持续发展发展度的比较（差值法）

四、结论与建议

本节基于旅游生态足迹的理论与方法，从旅游交通、旅游住宿、旅游餐饮、旅游购物、旅游娱乐和旅游观光六方面对青藏高原西宁市和拉萨市进行了实证分析。

2009 年西宁市旅游生态足迹为 329 079.9hm²，其中旅游交通所占 56.97%；其次是旅游购物占 24.45%；第三是旅游餐饮占 15.05%，三项合计为 96.48%，其余不足 4%的份额由旅游住宿（2.8%）、旅游娱乐（0.42%）和旅游观光（0.27%）。从人均生态足迹来看，西宁市 2009 年旅游人均生态足迹为 0.0354hm²，与此相对应的人均生态承载力为 0.5643hm²，扣除 5%的各类保护区面积后，仍有 0.5361hm² 的人均承载力，这说明西宁市旅游业仍处于可持续发展状态，未来还有很大的旅游开发空间。

2009 年拉萨市旅游生态足迹为 229 167.55hm²，其中旅游餐饮占 38.70%；其次是旅游交通占 35.00%；第三是旅游购物占 24.34%，三项合计为 98.03%，其余不足 2%的份额旅游住宿（1.48%）、旅游娱乐（0.37%）和旅游观光（0.12%）。人均生态足迹为 0.0363hm²，与此相对应的人均生态承载力为 3.6618hm²，扣除 10%的各类保护区面积后，仍有 3.2956hm² 的人均承载力，这说明拉萨市的旅游业处于可持续发展状态，未来发展空间巨大。

旅游活动是一种对自然资源消耗量极大的活动方式，青藏高原的生态环境极其脆弱敏感，旅游活动对高原生态环境的影响远高于我国其他地区，游客产生的绝大多数旅游生态足迹都属于不可转移的生态足迹。为实现青藏高原区域长期可持续发展旅游业，必须走资源节约型的旅游业发展道路，尽可能降低旅游活动对生态环境的不利影响。本书对青藏高原旅游环境容量的研究仅仅是初步成果，更为细致和准确的研究需要更多的数据支撑。本书研究成果仅供有关部门参考，不能作为旅游资源开发和旅游市场管理的准确依据。

第十一章

青藏高原“渐进阶梯式”旅游模式探讨

第一节 急性高原疾病对赴藏旅游者生理健康的影响

一、青藏高原气候特点及对人体健康的影响

青藏高原总的气候特点是寒冷、干燥、低气压、强紫外线及强辐射，这些气候因子对人体有许多不利的影响，其中对人体影响最大的是所在高原的高度。青藏高原气候对人体生理活动的影响最主要表现在以下五个方面。

1. 低气压

气压一般随高度的增加而有规律地下降。气压越低，空气越稀薄，空气中氧分压越低（图 11-1），肺内的氧分压也随着降低，这样血红蛋白就不能饱和，出现血氧过少的现象。只有当动脉中的氧分压高于 7.98kPa 才能满足机体的基本需要，低于这个水平，机体将明显缺氧从而导致人们易发生急性高原反应，各系统功能将有较大变化。人们进入青藏高原环境以后一般会由于缺氧而出现乏力、头痛、头晕、心慌、胸闷、呼吸急促、食欲下降、腹胀、疲乏、失眠、体温和血压改变、恶心呕吐等症状，如长时间缺氧则会使大脑皮层受到严重损害，引起头痛、头晕以至昏睡、意识丧失，甚至危及生命。

2. 寒冷

高原地区要明显比同纬度平原寒冷。平均而言，海拔每升高 100m，气温下降约 0.6℃。高原地区空气稀薄、洁净，所以大气对地面的保温

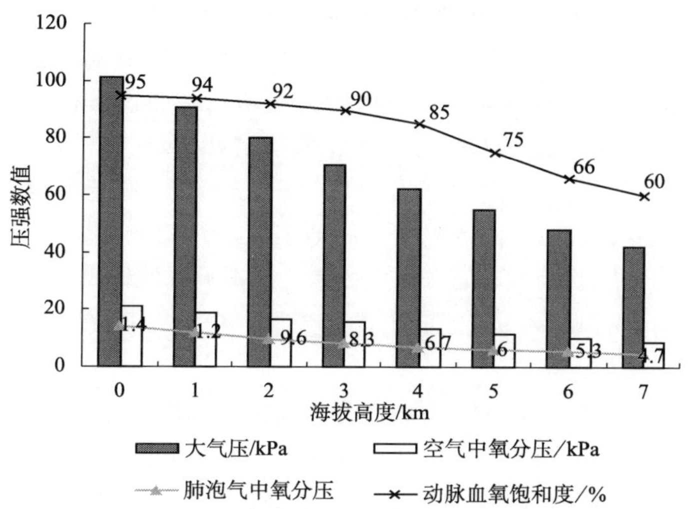

图 11-1　不同海拔高度的大气压和氧分压

作用差，使得该地区昼夜温差较大，一般为 10～15℃。青藏高原年平均气温大都在 10℃以下，极端最高气温不超过 33℃，年温差在 25.6℃以下，积温低于 2000℃，冬季漫长甚至大部分地区长冬无夏。初进高原者与久居高原者相比，其对寒冷的适应明显较差。初进高原者处于低温环境时，会发生全身骨骼肌的细微颤动即寒战，这是机体在调适，以产生较多热量来抵御寒冷。但这种适应过程会促使人体氧耗量增加，易进一步引起缺氧。在严寒季节，初到高原者对缺氧的适应过程会更困难。因处于寒冷环境下，人体的对流散热使体热散失较快，对保持体温不利。另外，寒冷促使耗氧和氧需求增加，机体负荷加重，促进组织缺氧的发生和发展，成为促发急性高原反应和疾病的重要因素。

3. **干燥**

高原地区气候干燥，相对湿度较平原要低，大气中水分随海拔增高而减少，在 3000m 时大气中水分相当于平原的 34%，海拔 6000m 时仅为平原地区的 5%。由于空气中水分随海拔上升而递减，高原气候随海拔升高而更干燥。此外高原多大风天气，人体表及呼吸道散失水分明显高于平原，劳动和剧烈运动时更甚。同时由于缺氧及寒冷等利尿因素的影响，机体水分含量减少，致使呼吸道黏膜和全身皮肤异常干燥，易发生咽炎干咳、鼻出血、唇炎和手足皮肤干裂等症状。

4. **强辐射和强紫外线**

高原地区日照时间长、太阳辐射强、中波长、紫外线量大。全年日照时数在2000～3000h，明显高于平原。人在高原所受日光辐射强度随海拔上升而增加。海拔越上升空气越稀薄，且干燥少云，太阳辐射增强。地表接受太阳辐射量也随海拔增高而增加，如青海省总辐射量为586～754kJ/cm²；比华北平原、黄土高原高出84～167kJ/cm²；比四川、湖北、湖南、江浙诸省高出209～251kJ/cm²。日光辐射除高海拔因素外，还受其他因素的影响，如高原工业等污染较小，空气较洁净，日光透过大气层就较多，而日光中的紫外线被吸收的较少。还由于冬季高原多积雪，在5000m以上高山常年积雪，白雪对日光的反射可使日光的辐射作用加大增强。

紫外线是太阳辐射线的组成部分。高山和高原地带由于空气稀薄，水汽及尘埃较少，紫外线被空气吸收减少，辐射强度增加，特别是中波紫外线增加较为明显。在海拔4000m的高原，300nm紫外线量较平原增加2.5倍。在雪线以上和冰雪覆盖的高山和高原，高原的日光和紫外线经过雪地反射后会更加强烈，雪地对入射紫外线反射量高达90％。由于入射和反射的紫外线加在一起，人体所接受的紫外线辐射量和强度明显增加，且海拔越高，强度越大，海拔每升高100m，紫外线强度增加1.3％（图11-2）。

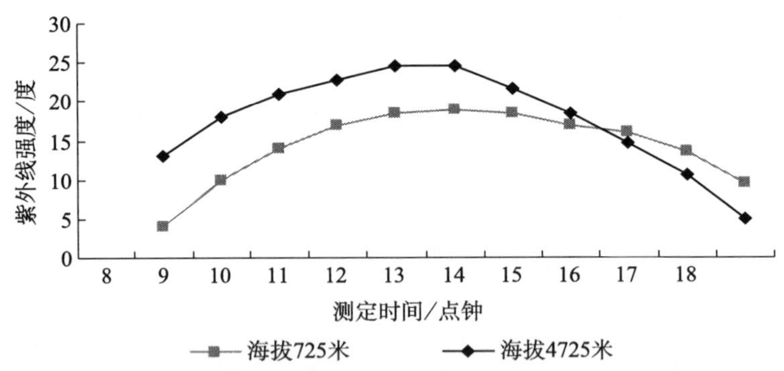

图11-2　高原地区紫外线强度与平原地区的比较

因紫外线具有极强杀菌作用，同时对正常人体细胞的损伤也严重。所以增强的紫外线可对人皮肤和眼睛造成损害。常见有湿疹、光感皮肤病、角化病、化脓性皮肤病以及眼部的角膜灼伤等疾病发生。

5. 多种因素的综合影响

研究表明，单一气象要素的状态与变化在诱发某些疾病方面起主导作用。但是，在同一时间范围内的气候现象往往是多个气象要素共同作用的结果，因而在更多情况下是两个或多个气象要素的共同作用对人体健康产生影响。低压性缺氧与寒冷常常互为因果，彼此增强。高原的气温随着海拔高度的增加而减低，而高原地区多风且风速每秒 30m，这就增加了人体的对流散热，从而增加寒冷的程度而导致冻伤发生。气流越大，人体的体力负荷和氧的消耗越大，造成疲劳和衰竭，易诱发和加剧高原性疾病。

综上所述，高原地区的自然环境主要体现在低气压、低气温、低湿度和强日照辐射，并且这些特点而对人体健康带来巨大的影响，而且往往是综合性作用。

二、急性高原疾病

高原病是发生在高原低氧低压环境的一种特发病，是由于对高原低压性缺氧不适应导致机体病理生理上一系列改变而引起的各种临床表现的总称[115]。人类最早的有关高山病（mountain sickness）的记载见《汉书·西域传》，记载公元前 30 年汉成帝时，使臣西行（今克什米尔一带），经过喀喇昆仑山口时强烈的缺氧症状。

高原病分为急性高原疾病和慢性高原疾病两大类。急性高原病，一般是指抵达高原 2 周内发病的高原疾病，又分为急性高原反应、急性高原肺水肿、急性高原脑水肿和急性高原混合型（指同时有肺水肿和脑水肿，或以肺水肿、脑水肿为主同时伴有两个以上器官功能损坏或衰竭的临床型）；急性高原疾病因个体差异、具体环境等诸多客观因素的影响，病情有轻有重，差异很大。慢性高原疾病又分为慢性高原反应、高原红细胞增多症、高原心脏病、高原高血压病、高原低血压病和慢性高原病混合型（高原红细胞增多症伴心肺等两个以上器官功能损害的临床型）。本书主要探讨急性高原疾病对人体生理健康的影响。

1. 急性高原反应

急性高原反应是人体进入高原海拔 3000m 以上，因低压低氧而出现的一系列临床症候群。多发生于进入高原数小时或 1～3 天内，一般经 3～10 天的高原适应后症状将逐渐消失。

急性高原反应者的诱因，主要由上呼吸道感染、寒冷、饥饿（低血糖）、疲劳、精神等多种因素引起，其中上呼吸道感染占 71%，其次寒冷占 16%，再次饥饿占 9%，上述 3 种因素合计占 96%（图 11-3），在高原旅游中应对上呼吸道感染高度注意。

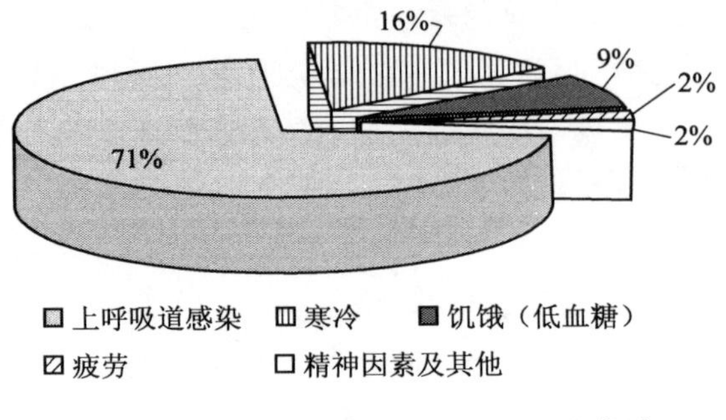

图 11-3　急性高原反应者的诱因比较[116]

1）发生率

Hackett[117]调查表明，攀登到海拔 5500m 时 53%的人会发生急性高原反应，其中男性占 53%，女性占 51%。吴天一[115]报告，海拔 2260～2880m 时高原反应发生率为 6.2%，海拔 3050～3797m 为 39.9%，海拔 4068～5188m 为 92.9%。崔树珍[118]对 454 名健康男性青年调查表明，急进到海拔 3450～4300m 高原反应的发生率为 48.45%。袁延年和张天先[119]报道，3700m 以上地区的急性高原反应发生率 81.4%。据西藏军区总医院对新兵空运进藏的调查表明，进入 3000m、3655m 高原时的 AMS 的发病率分别为 57.3%和 63.8%，进入 3900m 以上和 4500m 地区时的 AMS 的发病率高达 89.2%和 100%，一般来说，平原人快速进入海拔 3000m 以上高原，50%的人将出现急性高原反应症状。但也有少数人在约 2000m 就出现轻度症状。柴自杰[116]研究结论为年龄越大，进入高原后发生急性高原反应的概率越大（图 11-4）。此外，平时训练强度高低和身体素质的好坏与急性高原反应的发生率成反比。

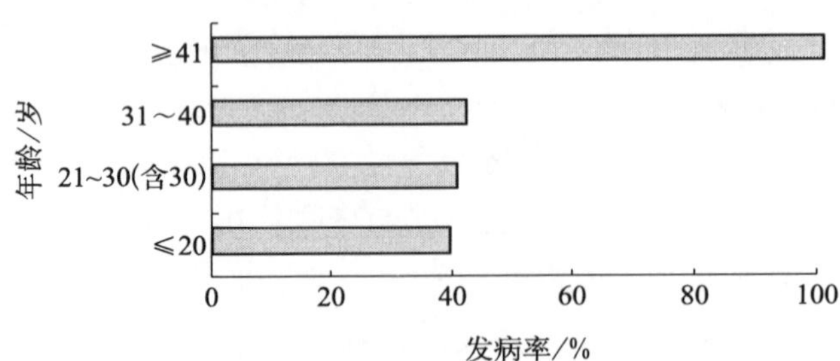

图 11-4　急性高原反应发病年龄比较[116]

2）临床表现

急性高原反应[120]的临床表现主要有头痛、失眠、食欲缺乏、恶心、眩晕、呼吸困难、尿少、呕吐、倦怠、运动失调等。其症状发生率如图11-5所示。头痛常为前额头痛，经常伴有眩晕，严重时可能有视觉障碍，但眼底检查正常。

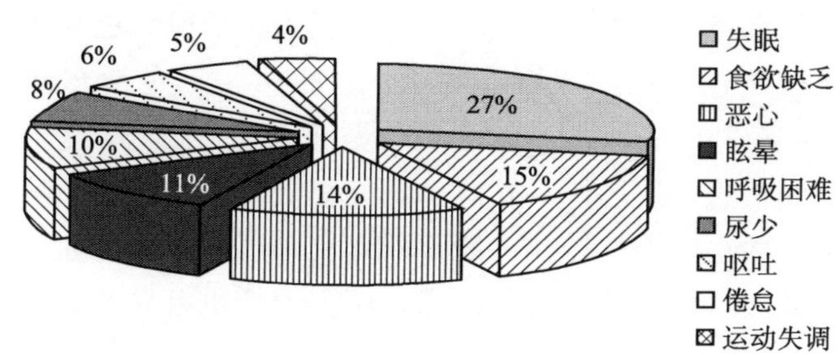

图 11-5 急性高原反应临床症状[121]

研究表明，急性高原反应发生率与海拔高度呈显著正相关性[120]，海拔越高，低压、低氧越明显，对人体的正常生理功能影响越大。急性高原反应还存在着个体差异，大量资料证实，健康状况一致的人进入高原后可表现出不同的适应状态。乘汽车或飞机快速进入高原者易发生急性高山病，进入海拔3000m以上的高原时采取缓慢升高的办法较安全。

2. 急性高原肺水肿

急性高原肺水肿（HAPE）是高原低氧引起的特发性肺型急性高原病，其发病机理是低氧致肺小动脉收缩并形成不均匀的局部灌注，造成大量血液涌达的那些毛细血管流体静力压增高，而使液体渗入肺泡。上呼吸道感染，过度劳累和寒冷是发病的三大诱因。1960年Houston和Dickinson首次报告了一例海拔3600m高原发生的高原肺水肿[122]。

急性高原肺水肿是一种比较常见的疾病，且发病急促凶险，死亡率高，是值得十分重视的一种急性高原病。发病不受年龄限制，一般在4000m高度以上发病，但对缺氧敏感者也可发生在海拔2500～3000m。发病者通常有3种情况：初入型高原肺水肿，居住平原的人在急速进入高原后一时未适应而发病；再入型高原肺水肿，久居高原的人到平原短期居住，重返高原时发病；高原居民在进入更高地区或在原地区接受某些动因（激烈活动，手术等）也可发病。

1）发生率

世界各地报告的急进高原或高山的高原肺水肿发生率差异较大。国外成人最高发生率达 15.5%，最低为 0.03%。国内成人最高发生率为 9.9%，最低为 0.15%。

2）临床表现

高原肺水肿发病很急，一般不发热，先有头痛、心悸、失眠、厌食和恶心等先兆症状，然后出现频繁干咳，并渐渐加重，伴有发绀，呼吸困难，接着咳嗽更加严重，并且咳痰，典型的痰呈粉红色泡沫状，有时亦可呈薄稀橙黄色，色如啤酒或橘子水，也可呈白色清水样。痰量极多，1 小时可咳 200～300ml，甚至从口鼻涌出。

因本病病情急，发展快，发病后急需积极抢救。只要诊断及时，正确，症状可于数小时内好转，一般 7～10 日即可痊愈，但如被误诊为感冒，支气管炎或一般高原反应等病症，延误治疗也可导致死亡。

3. 急性高原脑水肿

急性高原脑水肿（HACE）或称高原昏迷、脑型高原病，是高原人体的一种特发性高原病，也是急性高原病中最为严重的一种临床类型。多发生在海拔 4000m 以上的高海拔地区，其发生常与进驻高原的速度、海拔高度、自然条件以及进驻高原途中的各项保障措施的优劣有密切关系。

1）发生率

急性高原脑水肿发病率因地区不同而略有差异，国内张西洲和陈占诗[123]报告其发病率在 1%～3%，国外 Hackett[117]报告为 1.8%～4.8%，周其全等调查结果为 0.9%～1.9%，接近于国内张氏报告的数字。Singh[121]在 1925 例急进高原的平原人中调查，发现有 4 例出现视力模糊，视神经乳头边缘不清或明显的视神经乳头水肿；24 例恶性急性高山病病人在剧烈头痛后出现严重的神经系统表现。杨景义等在海拔 4800m 和 5200m 对 39 例高原脑水肿的研究显示，轻型 11 例，占 28.2%；中型 13 例，占 33.3%；重型 3 例，占 7.7%；极重型 12 例，占 30.8%[124]。

2）临床表现

急性高原脑水肿可出现一系列神经精神症状。最早表现兴奋增强，病人好动不安，劲头十足，喋喋不休，想入非非，语无伦次，步态蹒跚，状如酒醉。典型症状是剧烈头痛、频繁的恶心呕吐。

4. 急性混合型高山病

急性混合型高山病往往同时存在高原肺水肿和高原脑水肿表现，此即混合型急性高山病。据 Houston 和 Dickinson 报告[122]的 50 例急性恶性高山病中，11 例（占 22%）为脑水肿型，6 例（占 12%）为肺水肿型，33 例（占 66%）为混合型。混合型病情较单纯肺水肿或脑水肿严重，病死率也高。

三、急性高原病易感人群

1. 急性高原病（AMS）易感人群

急性高原病（AMS）多数人在环境有害因素作用下呈现出轻度的生理负荷增加和代偿功能状态，但仍有少数人处于病理性变化即疾病状态甚至出现死亡。通常将在急性高原暴露时容易受到环境损伤，导致急性高原病发生的人群称为 AMS 易感人群[125]。这类人群对急性高原暴露这一有害因素作用反应比普通人群更为敏感和强烈，在易感人群中 AMS 的发病率明显高于普通人群。

2. 判断依据

目前对易感个体预测已有科学的测试方法，有血气测定法[126]，心肺功能运动试验[127]和预测指标标准值判断[125]等。根据预测指标标准值判断依据（表 11-1），可在进驻或居住高原的群体中，预测出对低氧易感的个体，这类人发生高原病的概率极高，从而被认为是不宜进驻高原者。

表 11-1　预测指标标准值判断依据[125]

指标名称	判断标准	
	易感	不易感
动脉血压冷激发试验	SP 增高>2.67kPa DP 增高>2.0kPa pp 增高>1.3kPa	反之
血浆皮质醇	MAP 增高>2.67kPa F<552nmol/L	反之
血酸碱度	pH>7.40（1400m） pH>7.45（2800m）	反之
肺阻抗微分波	RVET<0.29sec RPEP/RVET>0.4	反之
用力肺活量及其复合指数体型	RHI<9 RSV<30ml/b 肺体指数>30，肺胸指数>0.25	反之
脑区域性血流量	超力型或无力型	正力型
光单纯反应时	CCO>400ml/min	反之

续表

指标名称	判断标准	
	易感	不易感
最大摄氧量	抑制型（反应时较正常日间波动范围延长者）	稳定型 兴奋型
心血管适应能力	Vo_2max（ml/kg·min）＜38[82]	反之
血型	台阶指数＜80[83]	反之
艾森克个性问卷	B、AB 型	O、A 型
家族史、疾病史	N 量表分显著高	反之
	个人或直系亲属有高原病发病史	无

注：SP—收缩压；MAP—平均动脉压；F—血浆皮质醇；RVET—右室射血期；RHI—右心指数；CCO—脑区域性血流量；DP—舒张压；pp—脉压差；pH—酸碱度；RPEP/RVET—右室心肌紧张指数/射血指数；RSV—右肺区域性血流量数；Vo_2max—最大摄氧量

3. 急性高原病发生的地域差异性

不同地区人群 AMS 的发生也具有差异性。刘运胜[128]的研究结果显示，AMS 的发生情况具有明显的地理差异性，并具有一定的变化趋势和规律[120,122]。总体来说，低海拔地区的人群要比中高海拔的人群对高原环境的适应能力差。来自北方地区的人群对寒冷的环境和风沙等医学地理因素更能够适应，而南方地区人群对寒冷的不适应则加重了其 AMS 发生的程度。同时南方地区的人群与来自西北地区的人群的消化系统更难适应高原特殊的医学地理环境。

4. 急性高原病发生规律及结论[129]

（1）急性高山病中主要表现为急性高原反应症状（图 11-6），故对于高原旅游者来说主要是预防急性高山反应的发生。

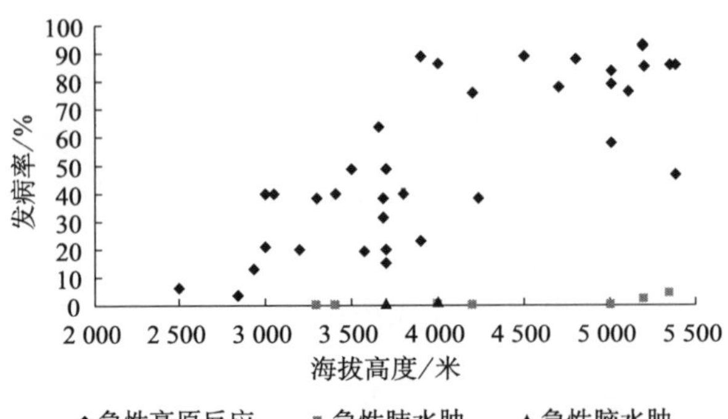

图 11-6 急性高山病（AMS）发病率海拔变化散点图

（2）急性高山病发病率主要集中发生在海拔3000m以上且随海拔的上升而递增，海拔2500m以下基本上是无反应区，2500～3000m为急性高原反应低发区，其发生率一般不超过10%；海拔3000～4000m地区为急性高原反应的多发区，发生率超过30%；海拔4000～5000m地区是急性高原反应的高发区，如果预防措施不力或人员身体耐缺氧性差，发生率很可能超过50%，且易发生急性高原脑水肿与高原肺水肿；海拔超过5000m为危险区，有“生命禁区”之称。

（3）高原病发生的最主要危险因素是上升的速度、高度。一般认为上升的高度越高，速度越快，机体代偿机制来不及充分反应，则发病率也越高，病情也越严重。

（4）在寒冬进入青藏高原的平原人其AMS发病率远高于夏季进入青藏高原者。因为冬季严寒使人体引起的寒战产热，使机体代谢增加，四肢骨骼、肌肉耗氧增多，而供氧减少，特别是与人体重要器官心、脑供氧减少有关。寒冷加上高原风速过大，可使皮肤的实际温度下降，导致四肢寒冷、麻木、刺痛，甚至发生冻伤。

（5）个体易感性影响AMS发病率的高低。总体来说，低海拔地区的人群要比中高海拔的人群对高原环境的适应能力差。来自北方地区的人群对寒冷的环境和风沙等医学地理因素更能够适应，而南方地区人群对寒冷的不适应则加重了其AMS发生的程度。同时南方地区的人群与来自西北地区的人群的消化系统更难适应高原特殊的医学地理环境。

（6）建议急进高原旅游者以阶梯式缓慢进入高原旅游，以海拔2500～3000m高度为适应高度区，在此高度停留2～3天作生理适应调整，待身体适应后，再上升3000～4000m，4000～5000m高度区，切勿图旅途之快而冒生命危险。

第二节 高原人体生理适应学理论的应用

一、高原人体生理适应学理论

尽管高原低氧环境及急性高原病对人体的不利影响极大，但人体对高原环境也具有强大的习服适应能力，在一定限度内采取适当的措施和手段，可以有效提高人体对高原的适应能力，帮助人们在高原区活动。

1. 习服与适应

平原人进入高原后，机体在神经—体液调节下发生一系列的代偿适应性变化，以适应高原环境，这个过程被称之为习服[130]，此种改变不具有遗传性，是可逆的。习服可产生对高原低氧的耐力，是人体柔韧性的表现。适应则是指在高原居住并经许多代后发生的改变，是一种对低氧环境真正的遗传选择性反应，适应可以遗传，并发展为具有生化、生理和解剖学特征，并使之能在高原环境达到最佳境地。

从目前国内外对藏族和其他世居高原人的研究来看，藏族是居住高原时间最长的群体，其次是南美洲的安第斯人，然后是欧洲人，最后是亚洲汉族人。藏族人与居住在安第斯山、落基山人的高原人群相比，有较少的宫内发育受阻，较好的新生儿氧合，较高的通气和低氧通气反应，较低的肺血管压力和阻力及对慢性高山病的不敏感性，这都显示出藏族人群具有最佳的生理适应模式（表 11-2）。

表 11-2　世居高原人群的生理特征

特点	安第斯山印加人	尼泊尔舍帕人	青藏高原世居藏族	青藏高原汉族移居者
胸	桶状	不明显	桶状	正常，胸径指数随移居年限的延长增大
血红蛋白	高水平，尤在海拔 4000 米以上	正常或仅轻度增加	平原正常值范围	高水平
颈动脉体	增大伴成串的明亮主细胞	增大伴明显的暗细胞		—
氧-血红蛋白离合曲线	右移	左移	左移	右移
血型	O	A，B	O	—
高原历史	14 000 年	接近 50 万年部分适应	接近 50 万年	10 多年
状态	习服阶段	中	最佳适应	习服阶段

2. 高原习服的影响因素

由于机体对高原缺氧最初的反应及代偿是从循环和呼吸系统开始，所以人类对高原的生理习服主要通过呼吸、循环和血液的改变来进行适应。

1）通气

人在高原对低氧环境的习服最主要的途径是增加通气量，高通气会引起许多有利的生理变化，通过使肺泡氧分压增加，肺泡二氧化碳分压下降，血液 pH 增加及血红蛋白氧解离曲线位置左移（增加氧亲和力）来促进肺内氧摄取，这一系列的结果使在高原低氧环境下动脉血氧饱和度不至于过分降低。在高原已取得习服的人，他们肺泡气氧分压大于未习服者，在海拔 2700～4600m 习服者肺泡气氧分压的增加可以达到 1.33kPa（10mmHg）左右，这相当于下降 900～1200m 的海拔高度。

2）动脉血氧饱和度

动脉血氧饱和度（arterial oxygen saturation，SaO_2）是反映机体缺氧程度的重要指标。SaO_2 含量对高原旅游者低氧耐受性和适应习服均有十分重要的意义，高原地区大气压降低，特别是氧分压降低，使肺泡氧分压也降低，因此弥散入肺毛细血管内的氧量也减少，故 SaO_2 也降低。总体而言，SaO_2 为 90%～95%，一般无缺氧症发生；SaO_2 为 80%～90%属轻度缺氧，可导致脑功能减退和肌肉精细运动能力障碍；SaO_2 下降到 70%～80%，属中等程度缺氧，就可出现判断错误，情绪不稳定和肌肉功能障碍等各种不同程度的缺氧症状；下降到 60%时可出现意识丧失，中枢神经系统的进行性抑制（表 11-3）。

表 11-3　不同海拔高度的氧分压和动脉血氧饱和度

高度/km	大气压/kPa	空气中氧分压/kPa	肺泡气中氧分压/kPa	动脉血内氧饱和度/%
0	101.3	21.2	14	95
1	90.7	18.7	12	94
2	80	16.7	9.6	92
3	70.7	15.5	8.3	90
4	62.4	13.1	6.7	85
5	54.9	11.3	6	75
6	48.1	9.9	5.3	66
7	42	8.7	4.7	60
8	36.0	7.5	4.0	50

资料来源：张彦博，汪源，刘学良．人与高原．西宁：青海人民出版社，1996：320-321

3）心率

平原人初入高原心率往往加快，且随着海拔高度的升高趋于明显。心率加快固然增加了心脏输出量，在一定程度上缓解了机体的缺氧，但同时又增加了心肌的做功和耗氧量，使心脏工作效率减低，因此并不是一种经济有效的代偿适应方式。

我们根据张娟等[131]对平原居民短期进藏旅游动态监测所获数据，

用 EXCEL 软件处理得到图 11-7、图 11-8。从图 11-7 中可以看出，海拔高度对人体的呼吸、心率和脉搏血氧饱和度变化尤为明显，从海拔 500m 以下进入 3000m 高度，呼吸和心率随海拔升高急剧上升而血氧饱和度显著下降，这是人体初入高原出现生理性适应改变的早期习服。平原人进入高原后经早期习服后如未能继续习服高原环境，则可发生各种急性高山病。在海拔 3000～4000m，呼吸频率下降，血氧饱和度开始缓慢上升，心率持续增加。这是因为上升的海拔跨度不大，机体开始进行适应。在海拔 4000～5000m，呼吸显著上升，血氧饱和度明显下降心率持续增加。因海拔高度的继续上升，机体对高原低氧的不适反应尤为明显，说明对短期进藏旅游者来说，快速进入海拔 4000m 以上区域对人体的生理影响较大，易出现 AMS 的发生。心率增快的程度与海拔高度和进入高原的速度有关，研究结果显示，当开进阶梯海拔超过 1000m 时，心率增加较多；而一次开进海拔不足 1000m 时，脉搏增快不明显，甚至出现脉搏反而降低的现象，这说明心率随着对缺氧环境的适应而很快下降。

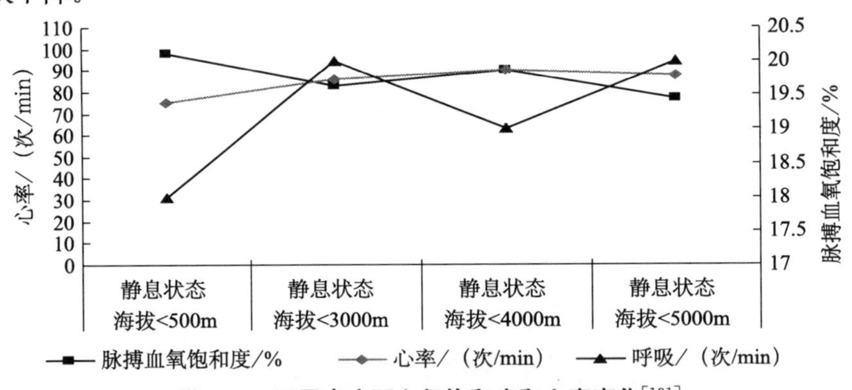

图 11-7　不同高度下血氧饱和度和心率变化[131]

高原缺氧对赴高原旅行的健康成人的影响是明显的，据图 11-8 所示，尤其进入高原的第一周内，高原缺氧对心肺功能各项指标的影响明显，急性高原疾病也发生在此期间。世居平原者进入高原，心率、呼吸随海拔升高而呈上升趋势，血氧饱和度随海拔升高而呈下降趋势。入高原第一周呼吸频率、心率明显高于其他时间段，血氧饱和度明显低于其他时间段。进入高原第二周时的呼吸频率明显高于出发前和进入高原第三、第四周，血氧饱和度明显低于出发前和进入高原第三、第四周。进入高原第三周时的血氧饱和度低于出发前和进入高原第四周而高于进入高原第一、第二周。进入高原第四周健康成人平均动脉压、呼吸频率、心率和血氧饱和度与其他时间段相比无明显变化。说明随着高原居住时间的增加，机体逐渐适应高原缺氧环境。

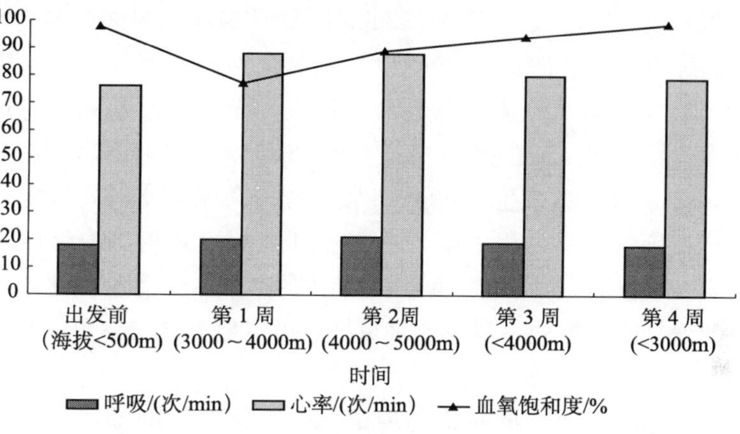

图 11-8 短期高原旅行中健康成人心肺功能的变化[131]

3. 促习服的措施和手段

目前被广大医学工作者所接受并付诸实践的促习服的措施和手段主要有阶梯习服、适应性运动锻炼、药物和食品营养等。

1）阶梯习服

阶梯习服是指在进入高原的过程中，呈阶梯上升状态，即平原人先在较低海拔的高原上居留一定时期，使机体对较低海拔的高原有一定的习服之后，再上到中等高度地区并停留一段时间，最后到达预定高度。Singh[121]建议，先在 2440m、3350m 和 4270m 高原各停留 1 周后，再进入 5500 米是大有好处的；印军调到中印边境战场（大约 4400 米高度），中途需要在 2400m、3000m 和 3700m 作 3 次停留[132]。牛文中和李耀明[133]建议初上高原者应有一个从低海拔到高海拔的适应期，阶段调整期以 7 天为宜。高山生理学家统计研究表明，3000m 左右和 5000m 左右这两个高度的缺氧反应对世居平原者初到青藏高原比较重要。若在这两个高度上能逐渐适应缺氧条件，那么在青藏高原上生活和工作，一般就不存在问题了。阶梯习服的方法已被广泛应用于登山运动员的训练和实际的登山活动之中。

2）适应性运动锻炼

适应性运动锻炼是目前国内外公认的预防急性高原病、促进高原习服的有效措施[134]。孙秉庸等[135]的研究结果表明，适应性运动锻炼可显著改善机体在4000m高原的心功能，提高劳动能力，可使肺通气量增加37%，最大肺通气量增加13%～20%。林水成研究也证实了适应性运动锻炼的积极作用[132]。张西洲和陈占诗[123]调查结果表明经高原阶梯适应性训练部队进驻海拔5000m以上地区急性高原反应的发生率最高为32.4%，未发生1例重症急性高原反应。而未经过高原阶梯适应性训练部队急性高原反应的发生率最高为85.7%，其中重症急性高原反应占32.8%，有2人发生了高原脑水肿合并高原肺水肿。以上研究结果表明，在阶梯适应过程中配合适应性训练特别是提高身体耐力的训练，如5000米越野、登山、负重深蹲起立等增加肺活量和耐缺氧的训练获得的缺氧耐力更强，适应效果更好，可以更有效减少急性高原反应的发生。

值得注意的是，开展阶梯适应锻炼，阶梯跨度应随海拔升高而缩小，而相对延长适应时间。人们在平原如能坚持经常性的大运动量、耐力性的体格锻炼，有助于提高机体对高原环境的习服能力。如能结合阶梯习服，特别是组织好在海拔2000～2500m地区的适应性体格锻炼，则习服效果更为显著。

3）药物及饮食预防

适当的药物预防可以缩短习服时间和提高习服效率，降低AMS发生率。前往高原旅游时，应准备一些药物以提高机体缺氧耐力，如红景天、复方党参、高原Ⅳ号、黄芪茯苓复方、多花黄芪、冬虫夏草、醋唑酰胺、地塞米松等。饮食也很重要，旅游者入藏后宜进食高糖、高蛋白、高维生素的食物，多食蔬菜、水果，食盐量应减少，不可暴饮暴食，严禁饮酒。因为酒后热量散发，易致受凉感冒，且饮酒会导致心跳加快，增加耗氧量。高原空气干燥，机体失水量大，应多饮水。

第三节　青藏高原“渐进阶梯式”旅游模式设计

一、青藏高原的地势结构

青藏高原及其周边地区，根据不同海拔高度的区域用不同色块表示，则发现可将其分为五个不同阶梯区域，我们将其称之为高原渐进阶

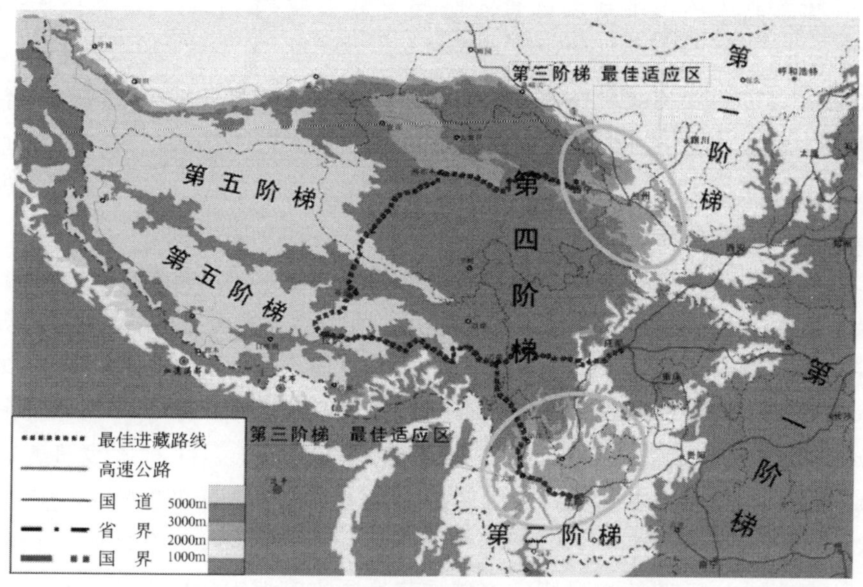

图 11-9 青藏高原及其周围地势阶梯示意图

梯[98]（图 11-9）：

1）高原旅游客源区（海拔 1000m 以下）

该区域集中了我国 90%以上的人口，将会是现在或潜在的高原旅游人口。

2）高原旅游过渡区（海拔 1000～2000m）

这个高度区域，绝大多数人不会有明显的高原缺氧症状，是从低地向高海拔区理想过渡区。

3）高原旅游适应区（海拔 2000～3000m）

有个别旅游景区点海拔超过 3000m，这个区域的海拔高度是人体生理反应的标志线，是急性高原反应低发区，其发生率一般不超过 10%。

4）高原旅游常规区（海拔 3000～5000m）

青藏高原绝大多数旅游景点分布在这个区域，在青藏高原常规旅游集中分布区，在高原旅游适应区（2000～3000m）经过适应后，可以进入该旅游区域进行旅游活动。

5）高原特殊旅游区（海拔 5000m 以上）

该区域是人体生理承受的传统极限，一般需要特殊专门训练才能在此高度以上从事旅游活动，其间分布的旅游景点仅适合特殊需要的游客，如专业登山、攀冰旅游者。

青藏高原周边地势条件具有阶梯式特点（图 11-9）。从高原内部 4000m 以上，向外缘地带降至海拔 2000～3000m，不少地域在海拔 2000m 以下。这种地势分布客观上为游客进入高原旅游提供了适合的条件，如果从陆路进入高原，就必须通过这些地势台阶逐级进入。目前进入青藏高原腹地的陆上交通主要有 6 条线路：青藏铁路、青藏公路、新藏公路、川藏公路、滇藏公路和中尼公路。

新藏公路由塔里木盆地叶城，进入西藏阿里，最后抵达拉萨，全长 2841km，该线路海拔高度落差大、适应区域狭窄、旅游景点稀少、阶梯发育不全、与内地距离遥远，国内游客一般无法由此选择进入高原腹地；中尼公路由樟木口岸可通达喜马拉雅山南麓诸国，由于喜马拉雅山南坡落差巨大，进入高原后海拔陡升至 5000m 以上，同时该线路要穿越国境，过境手续繁杂，对国内游客来讲不是一条合适的路线；川藏公路由海拔高度 1000m 以下的四川盆地陡升至 3000m 以上高原腹地，过渡区域狭小，道路崎岖险峻，旅游季节地质灾害群发，旅游风险相对较高。从以上分析来看，有两个区域值得我们关注，一是兰州至青海河湟谷地、柴达木盆地一线，该区域有青藏公路、青藏铁路深入高原腹地，这两条线路的特点是海拔逐渐升高，对游客身体有较充分的适应过程，区域内旅游资源相对丰富，海拔在 2000～3000m，沿途有兰州、西宁、格尔木等大中城市，社会经济发展水平高，旅游基础设施良好，渐进阶梯组合较好，高原反应一般会在该区域得到检验，因此青藏公路和青藏铁路是进入青藏高原腹地旅游的首选线路；另一个区域是从云南进入高原腹地，同兰州至青海河湟谷地、柴达木盆地一线有着较大的相似性，区内旅游资源丰富，海拔高度适中，渐进阶梯组合较好，不同点是交通工具只有公路，目前还没有铁路线路，可进入度相对较差。

二、青藏高原“渐进阶梯式”旅游模式设计

青藏高原是一块极富魅力的旅游目的地，令国内外旅游者心驰神往。但自然地理环境严酷，特别是缺氧、低温等特点对人体机能具有更大的挑战性，有别于我国其他旅游目的地。所以青藏高原旅游成为一项特殊旅游项目，它不仅是一项高原观光、神秘文化的感受，同时又是对游客生理、意志和精神的一种考验，人体在高原的生理不适、恶劣的环境条件往往会对游客人身安全以及健康带来较大的影响。所

以青藏高原旅游业发展必须顾及游客的安全和健康，必须对高原整体旅游过程进行合理规划和安排，一方面使游客的生理有一个渐变适应过程，另一方面通过逐渐提高海拔高度而战胜心理畏惧，产生精神上的愉悦和自豪感。

青藏高原自然地理环境对旅游者机能有很大的影响，游客进入高原后，到达不同的海拔高度会出现不同的高原反应和高原疾病。然而旅游者对高原环境的习服适应能力也是很强的，实践证明阶梯习服和适应性运动锻炼是最有效的高原习服方法，增强适应能力可以有效预防或者减轻急性高原病及高原脑水肿所带来的危害。因此，对于长期生活在低海拔地区的旅游者来说，在进入高原腹地之前，应该有一个身体的习服过程。这个习服过程对于不同的游客个体时间长短不同。就实践而言，整个旅程的 1/3～2/5 时间应该在海拔 3000m 以下进行习服，其中海拔 2000～3000m 为最佳习服高度。根据上述研究，平原低地旅游者进入高原的习服时间以 4～6d 为宜（表 11-4）。

表 11-4　青藏高原“渐进阶梯式”旅游模式设计

阶梯设计	海拔高度	阶梯名称
第一阶梯	≤1000m	青藏高原旅游客源地
第二阶梯	1000～2000m	青藏高原旅游过渡区
第三阶梯	2000～3000m	青藏高原旅游适应区
第四阶梯	3000～5000m	青藏高原旅游常规区
第五阶梯	≥5000m	青藏高原特殊旅游区
最佳适应区：云南西北部、青海东北部		
最佳路线：青藏铁路、青藏公路、滇藏公路		

三、青藏高原“渐进阶梯式”旅游开发模式

根据青藏高原边缘地带地形地貌特点和交通线路经过区域自然地理条件、经济发展水平、旅游资源状况，我们选择青藏铁路、青藏公路穿过的青海东北部旅游适应区和沿滇藏公路的滇西北部旅游适应区，其中青海东北部旅游适应区是进藏旅游者的最佳适应区域。

（一）青海东北部旅游适应区[98]

1. 旅游适应区概况

青海东北部旅游适应区位于青藏高原东北部，是黄土高原向青藏高

原腹地过渡区域，行政区划包括西宁市、海东地区、海北藏族自治州南部、海南藏族自治州北部、海西蒙古族藏族自治州，地域辽阔，面积占全省国土面积的一半。

该区地貌单元包括河湟谷地、青海湖盆地和柴达木盆地，平均海拔2000～3500m，是青海省地势相对低的区域，比青南高原平均低1000～1500m。阿尔金山—祁连山脉几乎呈东西向绵延于北面，南面东昆仑山横贯，平均海拔5000～5500m，最高峰东昆仑山脉主峰布喀达坂峰，海拔6860m，是青海省内最高峰。海拔5000m以上有现代冰川广布，如布喀达坂峰是冰川集中分布区，有65条现代冰川，祁连山地岗纳楼冰川长8.4km，冰川融水成为河流、湖泊重要水源补给。

该区处在中纬度地带，应属于暖温带气候带，因地势较高，形成了以低温、干旱、温差大、太阳辐射强、多大风等为显著特点的温带高原大陆性气候。因位置、地形影响，东部和西部气候差异很大，东部海拔相对较低，能受到东南季风尾闾的影响，属于季风气候区，年降水量350～600mm，年均温3～9℃，大部分地域属温带半湿润、半干旱气候区，成为全省水热条件最佳区域，是青海省省内人类最适宜居住地，是全省经济发展水平高、城镇集中、人口稠密地区。西部的柴达木盆地区，深居大陆腹地，远离海洋，加上高山环抱形成封闭环境，形成温带高原干旱大陆性气候，年降水量100mm以下，最低值不足20mm，年均温2～6℃，形成了典型的干旱荒漠自然景观，风力地貌发育典型且类型多样。

该区东部以黄河及其支流湟水、大通河、隆务河组成的外流区域，较大降水量的补给，河水量丰富，水能资源丰富；青海湖盆地、柴达木盆地为内流水系，河网密度小、流程短、多季节河；黑河、托来河、疏勒河、党河、布哈河发源于祁连山地，有“五河之源”之称，其中黑河是中国第二大内流河。区内湖泊众多，有我国最大的湖泊青海湖，柴达木盆地湖泊密集，有近30个大中型盐湖，察尔汗盐湖是世界最大的内陆盐湖之一。

该区社会历史发展悠久，古文化灿烂。在盆地小柴旦湖湖畔沙砾层中，采集到距今两三万年前的打制石器，属于中国远古文化的“新人阶段”。史前这里是羌戎活动地，众多部落联盟建立过经济、军事力量较强势的西王母古国；公元4世纪建立吐谷浑王国，对青藏高原，乃至对我国古代文明的创立有过贡献；本区历史上曾是丝绸之路青海道和唐蕃古道必经之地，现今的青藏铁路、兰青铁路，成为祖国内地和青藏高原交通大动脉，境内的青新公路、青康公路、宁张公路、敦格公路等，沟通了省内外物流、人流。从古至今，本区是我国东部和西部地区之间的交通要道，战略位置十分重要。

该区人口占全省的80%以上，除汉族外，还有藏族、回族、土族、撒拉族、蒙古族等20多个民族，其中土族和撒拉族在青海所独有。青海东部以西宁为中心的河湟谷地区，各个民族在长期的生产生活交融中，形成了以汉文化为主体的多民族相互交织的河湟文化圈。

根据区位、自然地理条件、社会经济发展水平、旅游资源及其旅游业发展现状，将本区划分为以西宁为中心的东部旅游适应小区和以格尔木为中心的柴达木盆地旅游适应小区。柴达木盆地旅游适应小区海拔2800～3500m，比以西宁为中心的东部旅游适应区海拔1700～3200m要高500～1000m，从东向西呈阶梯状，较能理想的满足旅游者的心理和生理需求。

2. 旅游适应区旅游活动安排

1）以西宁为中心东部旅游适应小区

第一，该旅游适应小区概况。

该小区位于青海东北部，行政区划包括西宁市、海东地区、海北藏族自治州、黄南藏族自治州北部、海南藏族自治州东北部、海西蒙古族藏族自治州的天峻县，面积约占全省的8%。

地貌单元由河湟谷地和青海湖盆地组成，平均海拔1700～3200m，是全省地势最低的区域，地形以中低山、丘陵、谷地内主。谷地地貌具有盆峡相间串球式结构特点，谷地内的小型盆地，地势平坦、气候温和、土壤肥沃、良好的灌溉条件，成为青海省粮食、蔬菜、水果生产基地，享有“小江南”的美誉。峡谷段落差大、水流急，水流量大，是我国水电资源的重点开发区，著名的龙羊峡水电站、拉西瓦水电站就在这里。

该小区旅游资源丰富，集中了全省约2/3的著名旅游风景区（点），成为全省旅游的黄金地带。自然旅游景观壮丽、秀美，青海湖是省内唯一的一处国家级重点风景名胜区，也是中国最美五大湖之首，面积4300km^2，是我国最大的咸水湖，也是面积最大的湖泊；黄河及其支流横贯区内，形成深邃幽险黄河大峡谷风光；特殊的小气候环境，形成了祁连山地、金银滩草原、坎布拉、孟达天池、日月山、老爷山等名胜风景区；互助北山、察汗河、鹞子沟、坎布拉、群加、仙米等国家森林地质公园。沿着拉脊山北侧断裂带温泉和药泉水广泛，著名的有贵德扎仑温泉、湟中上新庄温泉、平安药水泉、民和七里寺药水泉等，因水体中富含多种对人体健康有益的化学元素，对治疗多种疾病有特殊疗效。

人文旅游资源独具特色。该小区文物古迹丰富，全省国家级文物保护单位18处中，该小区有12处，其中喇家遗址、柳湾遗址、塔尔寺、第一个核武器研制基地旧址享有很高声誉；全省第一批国家非物质文化遗产19项中，该小区有16项，这些都是国家级，甚至是世界级旅游资源。该小区多种宗教并存，寺院林立，全省40%的佛教寺院、几乎全部的伊斯兰教寺院和主要道观分布在这里。藏传佛教寺院塔尔寺、瞿昙寺、隆务寺、却藏寺是国家级文物保护单位，佑宁寺、夏琼寺、阿琼南宗寺等也是国内藏族聚居区有影响的寺院，河湟谷地是藏传佛教后弘期下路宏传发祥地；热贡佛教艺术在藏传佛教文化中形成了一个独立派系，具有世界意义。西宁东关清真大寺是西北地区四大清真寺之一，循化街子清真大寺是撒拉族的祖寺，寺内珍藏的手抄本《古兰经》为稀世珍宝，青海伊斯兰文化在西北地区有一定的影响。这些众多寺院历史悠久、建筑宏伟壮观，收藏颇丰而闻名。该小区民族风情独具魅力，互助土族风情园、撒拉族绿色家园为国家4A级景区，“花儿”会、元宵灯会、社火、贤孝、平弦戏等河湟文化，以乡土味浓重深受游客青睐。

该小区现代化建设成就突出，如夏都西宁、中国第一个核武器试验基地、青藏铁路、青藏公路、黄河水电走廊；创意性旅游资源丰富，如环青海湖国际公路自行车赛、中国青海世界杯攀岩赛、中国青海国际抢渡黄河极限挑战赛等国际体育赛事活动，门源油菜花旅游艺术节、中国青海三江源国际摄影节等节庆活动，成为青海省享誉海内外的知名旅游品牌，是极为重要的人文旅游资源。

该小区旅游产业约占全省旅游产业的90%以上，是全省、乃至青藏高原旅游业起步早、发展速度快的区域之一。从1982年起接待国内外游客，在仅30年间取得了长足发展，尤其是近10多年以来，旅游人数、旅游总收入均有大幅度上升，2004年以来，旅游总收入占全省GDP的比例4.3%以上，2007年达到6.2%，说明旅游业已经成为青海省重要的经济产业部门。

第二，该旅游适应小区旅游活动安排。

从该旅游适应小区进入青藏高原腹地，陆路交通有青藏公路和青藏铁路两条，它们基本上是并列行驶的，海拔逐级升高，对旅游者身体有较充分的适应时间。

该小区海拔1700～3200m，从平原低地的游客进入这个高度，一般游客人体基本无不适反应症状，但处在不适反应或无明显反应的临界高度，这一区域是进行生理、心理的适应调整，并配合适应性体格锻炼的最佳区域。

平原低地的游客乘火车或汽车进入青藏高原腹地前，在该小区停留一段时间，能使机体对该小区环境有一个习服适应，停留时间的长短主要根据游客年龄、健康状况、对高原反应的敏感度来决定，一般年轻、体质好、对高原反应不太敏感的游客，停留1～3d就可以了，那些年岁较大、体质较弱、对高原反应敏感的游客，要停留3～5d。

游客在该小区停留期间，根据需求开展丰富多彩的旅游活动，如古文化旅游，景点有青海省博物馆、乐都柳湾遗址彩陶博物馆、民和喇家遗址、湟源丹噶尔古城等；民族风情旅游，景点有互助土族风情园、循化撒拉族绿色家园；宗教文化旅游，景点有塔尔寺和藏文化博物馆、瞿昙寺、隆务寺、却藏寺等佛教寺院，西宁东关清真大寺、循化街子清真大寺等伊斯兰教寺院，北禅寺、扎麻隆凤凰山等道观；名胜风景游览，有青海湖、坎布拉、日月山、互助北山、黄河谷地等；购物旅游。该小区以休闲旅游为主，以达到调节生理、心理机能的效果，能顺利进入下一个适应区。

大多数情况下，游客进入该小区旅游中心城市西宁（海拔2261m），当天在下塌的宾馆饭店休息；第二天上午看市容，下午赴湟中塔尔寺或互助土乡旅游，领略青藏高原灿烂的宗教和民族文化氛围；第三天赴比西宁海拔较低的东部乐都、民和和黄河谷地旅游，主要景点有柳湾彩陶博物馆、瞿昙寺、坎布拉地质公园、循化撒拉族风情、贵德风光。第四天进入比西宁海拔较高的西部青海湖和北部祁连山地旅游，主要景点有青海湖和鸟岛、两弹基地——原子城、门源百里油菜花景观、祁连风光等。

通过该小区3～5d旅游适应活动，初步进行增加肺活量和耐缺氧的训练，促进人体高原习服能力。

2）以格尔木为中心柴达木盆地旅游适应小区

第一，该旅游适应小区概况。

该小区位于青海省西北部、青藏高原北部，行政区划包括海西蒙古族藏族自治州除天峻县的全境，地域辽阔，面积约占全省的1/3。

地貌单元由柴达木盆地和周围山地组成，盆地平均海拔2800～

3200m，面积约 1.2×10^5 km²，是我国四大盆地之一，是我国地势最高的内陆盆地。该小区位居大陆腹地，周围被阿尔金山—祁连山脉、东昆仑山脉所环抱，地形封闭性强，加上特殊的地质演化过程，以盐湖资源为主的自然资源十分丰富。各类矿产 48 种，其中盐湖、石油、天然气最具优势，石棉、铅锌等也十分丰富，享有“聚宝盆”的美称，成为国内资源开发的重点区域之一。

该小区人口稀少，人口密度不足 1 人/km²，除汉族外，少数民族有蒙古族、藏族、回族、土族、撒拉族等族，蒙古族在省内分布相对集中。

旅游资源特点深深打上了干旱荒漠自然景观的烙印，荒漠戈壁面积广，典型的风沙地貌、雅丹地貌堪称一绝；变幻莫测的戈壁幻景（海市蜃楼）、千姿百态的盐湖景观、堪称人间奇迹的“万丈盐桥”；诺木洪原始梭梭林、胡杨林区；古海洋遗迹——贝壳梁。雄浑壮观的地质遗迹，如昆仑山断裂地震遗迹、昆仑山古冰川地质遗迹、玉珠峰现代冰川地质遗迹、冻土层地貌地质遗迹、昆仑玉等，在这些地质遗迹建立了格尔木昆仑山国家地质公园，具有珍贵的地学研究和旅游价值。都兰县巴隆、沟里等地植被茂盛，地势开阔，野生动物资源丰富，分布有岩羊、盘羊、雪豹等 10 余种野生动物，巴隆狩猎场是国内理想的旅游狩猎场之一。

该小区人文旅游资源级别也高，史学界研究认为，东昆仑山为华夏昆仑文化的主要发祥地；热水墓葬群是立国 350 年古代吐谷浑王国大型墓地，建筑奇特、出土文物颇丰，是我国 1996 年十大重大考古发现之一；塔温塔里哈遗址是青海省独有的诺木洪土著文化遗存，展示了古代生活在我国西部羌人的真实面貌；多彩的蒙古族风情，数百年前来自于呼伦贝尔大草原，在青藏高原同各民族的生产、生活和文化交流中，形成了具有高原特色的蒙古族民俗风情，“那达慕”是蒙古族最隆重的节日，届时进行赛马、歌舞、摔跤等活动；有关专家考证，东昆仑山是道教混元派（亦称昆仑派）道场所在地，国内大陆、台湾及海外东南亚等地的华侨游人、香客千里迢迢来此朝拜、寻祖访道、修行练功，弘扬中华道教文化，“昆仑文化园”是国家 4A 级旅游景点。现代化建设成就巨大，中国盐湖城——格尔木市，是青海西部经济、科技、文化、交通中心，是青海第二大城市，盐化工和石油化工发展迅速，成为我国西部最具活力的工业基地之一；高原绿洲农业景观，香日德绿洲农业，创造了小麦亩产 1013kg 的世界高产纪录，瓜果、蔬菜也大面丰收，载入世界农业史册。

格尔木市处在青藏公路、青藏铁路、敦格公路交汇点，又处在青海东部、甘肃北部、新疆南部和西藏北部等省（区）居中的地理位置，成为西藏、四川、新疆、甘肃等省区的交通枢纽，凡青海、甘肃、新疆、西藏过往游客都从这里经过，过境旅游是旅游业得以发展的优势，良好的服务水平，被评为“中国优秀旅游城市”，特别是在青藏铁路没有建成通车前，过境旅游的优势表现很明显。2006 年 7 月 1 日青藏铁路建成通车，我国东部游客直接乘火车进入西藏拉萨旅游，格尔木过境旅游的优势大大降低，甚至格尔木旅游市场一度冷清，对该小区旅游业发展是一个严峻考验。随着青藏高原“渐进阶梯式”旅游开发模式推广运用，该小区旅游业发展将会展现新的面貌。

第二，本旅游适应小区旅游活动安排。

旅游者通过以西宁为中心东部旅游适应区 3～5 天旅游活动，从心理上已克服对高原的恐惧，生理上也开始得到调整。进入该旅游适应小区，为急性高原反应低发区，发生率一般不超过 10%，在此高度，可进一步检验人体的生理适应能力。该旅游适应小区海拔高度，比以西宁为中心东部旅游适应区差距不太大，所以适应时间可考虑为 2～3 天，那些年轻、体质好、对高原反应不敏感的游客，可以考虑不在该小区停留直接进入高原腹地旅游。

在该小区逗留期间参与的旅游活动，可以根据游客需求安排。因游客停留时间比较短，可以考虑到格尔木市附近景点游览，如察尔汗盐湖及万丈盐桥、钾肥厂钾肥生产线、雅丹地貌、蒙古族风情、昆仑山国家地质公园等，也可以去玉珠峰参加登山旅游活动。

（二）滇西北部旅游适应区

1. 旅游适应区概况

该区处在云贵高原向青藏高原过渡区域，行政区划包括丽江地区、迪庆藏族自治州、怒江傈僳族自治州，面积约 $4\times10^4 km^2$。西与缅甸、印度接壤，北与西藏、四川毗邻。

该区地貌属横断山脉纵谷区，地质时期印度板块与欧亚板块的碰撞，引发横断山脉急剧挤压、隆升，形成高山深谷相间、相对高差大、地势险峻的地貌特征。山地海拔 4500～6500m，最高点梅里雪山主峰卡格博峰，海拔 6740m，5000m 以上的高山顶部，常年积雪，并广布现代冰川，形成奇异、雄伟的山岳冰川地貌。整个地势从西北向东南倾斜，且呈现阶梯状。

“三江并流”是该区最典型的自然景观，亚洲三条著名河流金沙江（长江）、澜沧江（湄公河）和怒江（萨尔温江），这三条大江在境内自北向南并行奔流约170km，穿越担当力卡山、高黎贡山、怒山和云岭等崇山峻岭之间，形成世界罕见的“江水并流而不交汇”的奇特自然地理景观，澜沧江与金沙江最短直线距离仅66.3km，澜沧江与怒江的最短直线距离仅18.6km。

高山深谷相间排布，且相对高差大，从海拔760m怒江河谷到6740m的卡瓦格博峰，高差近6000m，气候从热带至寒带，垂直变化巨大，可谓是一天有四季，十里不同天，汇集了高山峡谷、雪峰冰川、高原湿地、森林草甸、淡水湖泊、稀有动物、珍贵植物等奇异景观。由于该区域未受第四纪冰期大陆冰川的覆盖，加之区域内山脉为南北走向，这里成为欧亚大陆生物物种南来北往的主要通道和避难所，是欧亚大陆生物群落最富集的地区，被誉为“世界生物基因库”。这一区域占我国国土面积不到0.4%，却拥有全国20%以上的高等植物和全国25%的动物种数。目前，这一区域内栖息着珍稀濒危动物滇金丝猴、羚羊、雪豹、孟加拉虎、黑颈鹤等77种国家级保护动物和秃杉、桫椤、红豆杉等34种国家级保护植物。“三江并流”自然景观一直是科学家、探险家和旅游者的向往之地，具有重要的科学价值、美学意义。此外，这里也有丰富多彩的少数民族文化。

2003年7月2日，联合国教科文组织第27届世界遗产大会一致决定，将“三江并流”自然景观列入联合国教科文组织的《世界遗产名录》。

该区是我国多民族聚居地，有汉族、纳西族、白族、彝族、傈僳族等民族，是世界上罕见的多民族、多语言、多种宗教信仰和风俗习惯并存的地区。

云南省是我国的旅游大省，该区域是云南省传统的著名旅游区之一，大理苍山洱海、丽江古城和纳西族文化、迪庆香格里拉、“三江并流”等旅游景观，深深地吸引着全球旅游者的眼球，这里不仅是国内，也是世界旅游热点区域之一，旅游业成为当地十分重要的支柱产业，对提升广大人民群众生活水平和文明程度起着巨大作用。

2. 旅游适应区旅游活动安排

从云南省会昆明进入青藏高原腹地西藏，陆路只有滇藏公路（国道

214)，滇藏公路北接川藏公路南线，南接昆（明）畹（町）公路，全长1930km，沟通了西南地区公路交通网。沿途经大理、丽江、中甸、德钦、盐井、芒康、然乌、波密、林芝、工布江达，抵达拉萨，是古代重要的茶马古道，是西藏联系云南的主要交通运输线。从区位、自然地理条件、社会经济发展水平、旅游资源及其旅游业发展现状，该旅游适应区划分为大理旅游适应小区、丽江旅游适应小区和香格里拉旅游适应小区。

1）大理旅游适应小区

第一，旅游适应小区概况。

该小区地处滇中偏西，云贵高原与横断山脉结合部位，平均海拔1900～2500m，旅游中心地为大理。北部的雪斑山是最高峰，海拔4295m，最低点是云龙县怒江边的红旗坝，海拔730m，高差约达3500m，自然景色绚丽多彩。该小区行政区划属大理白族自治州，居住着白族、彝族、傈僳族、藏族、纳西族等20多个少数民族，大理白族自治州府所在地大理市海拔1990m，是全国历史文化名城、国家级风景名胜区和自然保护区、中国优秀旅游城市。大理气候属低纬度高原型北亚热带季风气候，年平均气温15.1℃，全年气候温和，四季如春，风光如画。大理历史悠久、文化灿烂，是历史上南方丝绸之路和茶马古道国际大通道，有永镇山川屹立千年的崇圣寺三塔，有着“西南敦煌”之称的剑川石宝山石窟，承载大理厚重历史文化的大理古城以及独有的南诏、大理国文化。浓郁的白族民风习俗，如“三坊一照壁、四合五天井”的白族民居，暗喻“风花雪月”的白族服饰，白族三道茶，传统三月街、狂欢节绕三灵、蝴蝶会、本主节、朝山会、耍海会、栽秧节等文化活动闻名遐迩。

该小区的国家级旅游景点有大理古城、苍山洱海自然保护区、崇圣寺三塔、太和城遗址、喜洲白族古建筑群、元世祖平云南碑、浮屠寺塔、苍山国家地质公园、石钟山石窟、南诏风情岛、鸡足山、天龙八部影视城、洱海公园、蝴蝶泉。

第二，该旅游适应小区旅游活动安排。

该小区平均海拔2000m左右，对人体基本无不适反应症状，所以游客在该小区主要是进行生理、心理的适应调整及对高原低氧环境进行过渡和习服。该小区作为进入高原腹地早期旅游适应区，建议游客在该小区1日游，在大理古城及附近旅游。

2）丽江旅游适应小区

第一，旅游适应小区概况。

该小区位于云贵高原与青藏高原的连接部位，地势起伏较大，山区、平坝、河谷并存。最高海拔为玉龙雪山主峰扇子陡（5596m），最低海拔为华坪县石龙坝乡塘坝河口（1015m），海拔高差达4500m，立体气候显著。年均温12.6～19.9℃，年均降水量91～1040mm，全年无霜期为191～310d，日照时间为2321～2554d。

该小区自然和人文旅游资源很丰富，境内的玉龙雪山和老君山自然风光奇特。玉龙雪山是国家级风景名胜区，景区内有北半球距赤道最近的现代海洋性冰川，分布有20多个保留完整的原始森林群落和59种珍稀野生动物，被誉为“冰川博物馆”和“动植物宝库”。老君山是“三江并流”的核心区域，区内有独特的丹霞地貌、高原冰蚀湖群、茂密的原始森林和种类丰富、未遭破坏的动植物群落，其中很多是珍稀濒危植物。位于宁蒗县境内的泸沽湖，是云南省九大高原湖泊之一，也是省级自然保护区、省级旅游度假区。

该小区历史悠久，是滇西北政治经济文化中心，是汉唐时代通往西藏和印度等地的南方丝绸之路和茶马古道上的重要集散地。著名的丽江古城，始建于宋末元初，距今有800多年历史，总面积约3.8km^2，1986年被列为国家级历史文化名城，1997年12月4日被列入世界文化遗产名录。丽江自古是一个多民族聚居的地方，共有12个世居少数民族，主要有纳西族、彝族、傈僳族等民族，民族文化灿烂夺目，如纳西东巴文化，是由东巴世代传承下来的纳西族古文化，东巴文是目前世界上唯一存活着的象形文字，被称为人类社会文字起源和发展的“活化石”；摩梭人即为纳西族的一个分支，他们生活在泸沽湖畔，至今保留着“男不娶、女不嫁”的母系走婚习俗，被称为“地球上最后的女儿国”和“人类母系社会文化的活化石”。

著名旅游景点有大宝积宫和琉璃殿、丽江古城、老君山、黎明丹霞风光、玉龙雪山、金龙桥、丽江玉水寨景区、束河古镇、黑龙潭公园、黑白水河观光等。

第二，该旅游适应小区旅游活动安排。

该小区平均海拔3000m左右，部分景点在3000m以上，旅游者可将丽江市作为该小区的阶梯旅游适应点，适应方式采用白天登高，夜晚回丽江住宿的方法来增强适应能力。适应时间依游客个体而定，建议

2～3 天，第一天在丽江古城（2416m）及附近海拔在 2500m 以下区游览；第二天为进一步提高适应能力，可选择海拔在 3000m 左右区域旅游，如泸沽湖（2685m）、白水河（2950m）、甘海子（3100m）、云杉坪（3205m）等景点；第三天向海拔较高的牦牛坪（3800m）、老君山主峰（4247m），玉龙雪山（5596m）周围区域旅游，进入香格里拉旅游区。

3）香格里拉旅游适应小区

第一，旅游适应小区概况。

该小区地处滇、藏、川三省（区）交界处，青藏高原东南边缘地带，地形地貌独特，有古高原面，也有大山、大川、大峡。怒山、澜沧江、云岭、金沙江、大雪山自北向南并列纵贯境内，是世界著名景观“三江并流”的腹心地带。最高梅里雪山主峰卡格博峰，海拔 6740m，最低海拔为澜沧江河谷，海拔 1480m，平均海拔在 3300m 以上。海拔 5000m 以上的雪山有 10 座，其中太子雪山、白茫雪山、哈巴雪山被藏胞称为“宝鼎”。

该小区山高谷深，气候垂直差异大，以高原寒温性湿润气候为主，年均温－3.7～3.7℃，7 月均温 11.7～18.4℃，年均降水量 618.6～957.5mm。河谷区年均温 13～16.4℃。海拔 4000m 以上地区年均温－1.1℃，积雪达 6 个月以上。雪线海拔 5000m。

该小区是多民族多宗教地区，有藏族、傈僳族、纳西族、白族、彝族、回族、苗族、怒族、普米族等 20 多个民族，历史上“茶马古道”的必经之路，西南“丝绸之路”的一个重要物资中转站。

该小区以“香格里拉”而闻名，“香格里拉”一词是 1933 年美国小说家詹姆斯·希尔顿在小说《失去的地平线》中所描绘的一块永恒和平宁静的土地，有雪峰峡谷、金碧辉煌且充满神秘色彩的庙宇、被森林环绕着的宁静的湖泊、美丽的大草原及牛羊成群的世外桃源。而迪庆恰恰是这样一个区域而得名。

该小区自然风光独特，这里有气势磅礴的雪山冰川，有梅里、白茫、哈巴、巴拉更宗等北半球纬度最低的雪山群，也有明永恰、斯恰等低海拔现代冰川；蔚为奇观的金沙江、澜沧江大峡谷以深、险、奇、峻闻名于世；风光迷人的湖泊草甸，有碧塔海、属都海、纳帕海等高山湖泊，是亚洲大陆最纯净的淡水湖泊群，大、小中甸，属都湖等秀丽草甸占全州土地面积的 1/5；丰富多样的珍稀动植物资源，拥有上百种珍稀树种、数百种中药材、数百种名贵观赏花卉、百余种食用菌和数不胜数的珍禽异兽，被誉为我国第二珍稀野生动物的滇金丝猴数量占世界总量的58%。

该小区有神秘深邃的宗教文化。该小区有10多个民族世代杂居，各信其教，相融共处。有藏传佛教、东巴教、本教、天主教、道教、伊斯兰教等都在该小区流传较广，全州寺院、庙宇、教堂遍布，形成了以藏传佛教为主，多种宗教并存的环境，宗教文化气息浓厚。

各民族世世代代形成的民族文化绚丽多彩，迪庆是歌舞之乡，被国际音乐界视为“圣地”。藏族的锅庄舞、热巴舞、弦子舞独具特色。傈僳族的阔什节、纳西族的“二月八”等民族节庆气氛浓郁。各民族风格迥异的民风习俗独具特色，服饰、饮食、礼仪、婚俗及丧葬等内涵丰富，极富神奇色彩。民族工艺品，如藏木碗、挂毯、铜器等手工艺品，精致漂亮，藏医藏药、东巴象形文字造型、原始宗教图腾等魅力无穷。

该小区内旅游景区点有香格里拉、三江并流、飞来寺国家森林公园、白茫雪山、中心镇公堂、茨中天主教堂、普达措国家森林公园、梅里雪山景区、霞给藏族文化村、属都湖景区、月亮湾大峡谷、虎跳峡、白水台、天生桥、长江第一湾、太子雪山、小中甸草原、哈巴雪山、碧塔海、纳帕海、明永冰川、寿国寺、松赞林寺、东竹林子寺、木天王城遗址、达摩祖师洞、阿明灵洞。

第二，该旅游适应小区旅游活动安排。

香格里拉旅游小区，海拔落差较大，级别高、知名度大的景点大多分布在海拔3000m以上。在海拔3000m以上，每上升600m宜停留1天（在同一海拔高度住宿两夜），或是白天登高后夜间回到低地睡眠以增强适应能力。旅游者可选择迪庆藏族自治州州府驻地香格里拉县建塘镇（海拔3270m）为旅游适应点。第一天可去海拔3000m以下的景点白水台、达摩寺、东竹林寺、现代冰川—明永恰等地进行生理调整。第二天可选择海拔稍高（3000～4000m）的碧塔海、纳帕海、香格里拉大峡谷、属都湖、归化寺等景点，以增强适应能力。第三天强化生理适应，选择海拔4000m以上的景点白茫雪山、哈巴雪山、梅里雪山等处游览。建议游客在该小区游览2～4d。

通过在上述3个旅游适应小区内进行阶梯式习服适应性锻炼，相信平原旅游者就可以进入青藏高原腹地西藏健康的进行旅游，以达到良好的旅游效果，从而满足他们青藏高原世界屋脊游的心理需求。

主要参考文献

[1] 张镱锂，李炳元，郑度．论青藏高原范围与面积．地理研究，2002，21（1）：1-8.
[2] 孙鸿烈．青藏高原的形成演化．上海：上海科学技术出版社，1996.
[3] 张忠孝．青海地理．北京：科学出版社，2009.
[4] 郑度，姚檀栋，等．青藏高原隆升与环境效应．北京：科学出版社，2004.
[5] 中国科学院青藏高原综合考察队．西藏地貌．北京：科学出版社，1983.
[6] 郑度．眺望地球之巅——走近喜马拉雅．北京：学苑出版社，2005.
[7] 郑度．青藏高原形成环境与发展．石家庄：河北科学技术出版社，2003.
[8] 洛桑·灵智多杰．青藏高原环境与发展概论．北京：中国藏学出版社，1996.
[9] 戴加洗．青藏高原气候．北京：气象出版社，1990.
[10] 中国科学院青藏高原综合考察队．西藏气候．北京：科学出版社，1984.
[11] 白玛．西藏地理．拉萨：西藏人民出版社，2004.
[12] 西藏旅游志编写组．西藏旅游志．拉萨：西藏人民出版社，2010.
[13] 西藏自治区政协文史委．西藏旅游．北京：民族出版社，2004.
[14] 张忠孝．青海旅游资源．西宁：青海人民出版社，1992.
[15] 侯石柱．西藏考古大纲．拉萨：西藏人民出版社，1991.
[16] 恰白·次仁平措．西藏通史．拉萨：西藏古籍出版社，1989.
[17] 崔永红，张得祖，杜常顺．青海通史．西宁：青海人民出版社，1999.
[18] 联合国．亚洲及太平洋区域旅游业可持续发展行动方案．E/2006/39E/ESCAP/1390.
[19] 王维克．世界旅游业发展回顾与趋势展望．乌鲁木齐职业大学学报，2005，1：32-33.
[20] 钱炜．世界旅游业的新观念和新动态．北京第二外国语学院学报，2001，22（1）：10-19.
[21] 罗明义．世界旅游发展：2009年回顾和2010年展望．旅游论坛，2010，3（2）：225-230.
[22] 沈周翔．旅游业行业景气度持续攀升．中信证券建设研究所行业深度研究报告，2007：1-18.
[23] 马晓龙．中国区域旅游发展年度报告（2010—2011）．北京：中国旅游出版社，2011：1-30.

[24] 中经网数据有限公司．中国行业分析报告—旅游行业(2010 年)．www. cei. cov. cn. 2011. 1. 2
[25] 马耀峰，宋保平，赵振斌．旅游资源开发．北京：科学出版社，2005.
[26] 骆高远，吴攀升，马俊．旅游资源学．杭州：浙江大学出版社，2006.
[27] 中国国家地理杂志社．中国国家地理选美中国特辑．北京：中国国家地理杂志社，2005，增刊.
[28] 蒲文成．甘青藏传佛教寺院．西宁：青海人民出版社，1990.
[29] 杨辉麟．西藏佛教寺院．成都：四川人民出版社，2003.
[30] 蒲文成．青海佛教史．西宁：青海人民出版社，2001.
[31] 朱世奎，周生文，李文斌．青海风俗简志．西宁：青海人民出版社，1994.
[32] 张忠孝．世界屋脊——青海游．西宁：青海民族出版社，2008：8.
[33] 刘峰贵，王峰，侯光良，等．青海高原山脉地理格局与地域文化的空间分异．人文地理，2007，96 (4)：119-123.
[34] 国家文物局．中国文物地图集 西藏分册．北京：文物出版社，2010：6-78.
[35] 国家文物局．中国文物地图集 青海分册．北京：文物出版社，1996：3-15.
[36] 陈庆英，高淑芬．西藏通史．郑州：中州古籍出版社，2003：1-320.
[37] 王锋，马灿，刘峰贵．青海高原文化景观的地域差异性分析．青海社会科学，2011，32 (5)：32-38.
[38] 卢云亭．生态旅游学．北京：旅游教育出版社，2004.
[39] 马勇，李玺．旅游规划与开发．北京：高等教育出版社，2006：10.
[40] 陆大道．关于“点—轴”空间结构系统的形成机理分析．地理科学，2002，22 (1)：1-6.
[41] 汪德根，陆林，陈田．基于点—轴理论的旅游地系统空间结构演变研究—以呼伦贝尔—阿尔山旅游区为例．经济地理，2005，25 (6)：904-909.
[42] Pearce D. Tourist Development，A Geographical Analysis. HongKong：Longman Press，1995.
[43] 黄金火，吴必虎．区域旅游系统空间结构的模式与优化—以西安地区为例．地理科学进展，2005，24 (1)：116-125.
[44] 桑广书，甘枝茂，车自力．西旅游网络通道体系构建．干旱区资源与环境，2003，17 (4)，48-52.
[45] 杨桂华．旅游资源学．昆明：云南大学出版社，1999：6.
[46] 谢彦君．基础旅游学．北京：中国旅游出版社，2004：4.
[47] 金华．区域旅游开发研究．济南：山东地图出版社，1996.
[48] 李蕾蕾．旅游点形象定位初探—简析深圳景点旅游形象，旅游学刊，1995，10 (3)：29-31.
[49] 陈传康，王新军．神仙世界与泰山文化旅游城的形象策划．旅游学刊，1996，

11 (1)：48-52.

[50] 保继刚，等．旅游开发研究——原理、方法、实践．北京：科学出版社，1996.

[51] 吴必虎，唐俊雅，黄安民，等．中国城市居民旅游目的地选择行为研究．地理学报，1997，(2)：3-9.

[52] 李蕾蕾．旅游地形象策划理论与实务．广州：广东旅游出版社，1999.

[53] 周志红，肖玲．论旅游地形象系统的层次性．地理与地理信息科学，2003，19 (1)：108-110.

[54] 钱炜，市场营销策略中的定位与再定位问题．旅游学刊，1997，12 (5)：32-35.

[55] 王衍用，区域旅游开发战略研究的理论与实践，经济地理，1999，19 (1)：117-120.

[56] 许春晓．旅游地屏蔽理论研究，热带地理，2001，21 (1)：61-65.

[57] 李国平，叶文．游客感知"灰度区"的旅游形象策划初探—兼曲靖市旅游形象策划．人文地理，2002，17 (4)：34-37.

[58] 刘睿文．旅游形象不对称作用理论研究．地理与地理信息科学，2006，(4)：75-79.

[59] 杨振之，陈瑾．"形象遮蔽"与"形象叠加"的理论与实证研究．旅游学刊，2003，18 (3)：62-67.

[60] 马勇．区域旅游规划．天津：南开大学出版社，1999.

[61] 阎友兵．旅游地生命周期理论辨析．旅游学刊，2001，16 (6)：31-33.

[62] 保继刚，楚义芳．旅游地理学．北京：高等教育出版社，1999.

[63] 管宁生．关于游线设计若干问题的研究．旅游学刊，1999，14 (3)：32-35.

[64] 刘振礼，王兵．旅游地理．天津：南开大学出版社，2001.

[65] 田里．旅游经济学．北京：高等教育出版社，2002：8.

[66] 张忠孝．青海如何建设高原旅游名省（上）．中国旅游报，2009-3-18 (10).

[67] Inskeep E. Tourism planning：An Integrated and Sustainable Development Approach. New York：Van Nostrand Reinbold，1991.

[68] Wearing S，Neil J. Political perspective of ecotourism. Leisure and Recreation. 1999，37 (4)：31-36.

[69] McIntyre G. Sustainable Tourism Development：Guide for Local Planners. Madrid：World Tourism Organization，1993.

[70] 坎宁安．美国环境百科全书．长沙：湖南科学技术出版社，2003.

[71] 席建超，甘萌雨，吴普，等．中国入境游客旅游消费变动的实证分析．旅游学刊，2008，23 (5)：18-22.

[72] 李华．保护区旅游潜力评价体系初探——生态足迹理论的应用．绿色中国，

2005，(14)：43-45.

[73] 杨桂华，李鹏. 旅游生态足迹的理论意义探讨 . 旅游学刊，2007，22 (2)：54-58.

[74] 章锦河，张捷 . 国外生态足迹模型修正与前沿研究进展 . 资源科学，2006，28 (6)：196-203.

[75] 万猛，万钢 . 挑战极限 . 北京：人民体育出版社，2011.

[76] 刘天虎，金海龙 . 登山探险旅游安全保障体系研究 . 生产力研究，2010，(2)：100-102.

[77] 陈秀山 . 西部开发重大工程项目区域效应评价 . 北京：中国人民大学出版社，2006.

[78] 中国科学院院部"青藏铁路建设与西藏社会经济发展若干问题"咨询组 . 关于青藏铁路建设与西藏社会经济发展若干问题的建议 . 中国科学院院刊，2004，19 (4)：247-249.

[79] 张忠孝，刘峰贵 . 青藏铁路旅游指南 . 西宁：青海人民出版社，2006.

[80] 李泳江 . 关于青藏铁路旅游开发的思考 . 铁路运输与经济，2003，25 (12)：24-15.

[81] 朱竑，谢涤湘 . 青藏铁路对西藏旅游业可持续发展的影响及其对策 . 经济地理，2005，25 (6)：910-914.

[82] 邓聚龙 . 灰色系统理论教程 . 武汉：华中理工大学出版社，1990.

[83] 徐建华 . 现代地理学中的数学方法 . 第二版 . 北京：高等教育出版社，2002.

[84] 肖星，侯佩旭，李亚兵 . 青藏铁路沿线旅游资源特色与开发对策 . 地域研究与开发，2003，22 (3)：85-88.

[85] 孙刚 . 新世纪中国区域旅游发展大思路 . 北京：中国旅游出版社，2001.

[86] 翟亮月 . 生态旅游与生态安全 . 环保前线，2008，4：23-25.

[87] Rogers K S. Ecological security and multinational corporation. http：//www. ecsp. si. edu/ecsplib. nsf. 1999-11-13.

[88] 刘亚萍，金建湘，潘晓芳 . 生态旅游与生态安全探析 . 林业经济，2007，6：54-57.

[89] 左伟，王桥，王文杰 . 区域生态安全综合评价模型分析 . 地理科学，2004，19 (6)：769-774.

[90] 曹凤中 . 中国城市环境可持续发展指标体系研究手册 . 北京：中国环境科学出版社，1999：11.

[91] 青海省统计局，国家统计局青海省调查总队 . 青海统计年鉴 2008. 北京：中国统计出版社，2008.

[92] 王江山 . 青海省生态环境监测系统 . 北京：气象出版社，2006：200-221.

[93] 李迪强，李建文 . 三江源生物多样性——三江源自然保护区科学考察报告 .

北京：中国科学技术出版社，2002：202-215.

[94]《三江源自然保护区生态保护与建设》编辑委员会．三江源自然保护区生态保护与建设．西宁：青海人民出版社，2007：43-183.

[95] 刘耀星，储德平．区域旅游规划、开发与管理．北京：高等教育出版社，2004.

[96] 崔凤军．风景旅游区的保护与管理．北京：中国旅游出版社，2001.

[97] 唐兵，牟红，惠红．青城山旅游地生命周期分析与调控．资源与产业，2010，(10)：153-158.

[98] 刘峰贵，张忠孝，侯光良．青藏高原“渐进阶梯式”旅游模式探讨．人文地理，2006，21 (5)：22-24，65.

[99] 李琛，成升魁，陈远生．23 年来中国旅游容量研究的回顾与反思．地理研究，2009，28 (1)：235-245.

[100] 晋秀龙，陆林．旅游生态学研究方法评述．生态学报，2008，28 (5)：2343-2356.

[101] Wackemagel M, Yount J D. Footprints for sustainability: the Next Steps. Environment, Development and Sustainability, 2000, (2): 21-42.

[102] Gossling S. Tourism Environmental Degradation and Economic Transition Process in Tanzanian coastal community. Tourism Geographies, 2001, 3 (4): 230-254.

[103] Cole V, Sinclair A J. Measuring the Ecological Footprint of a Himalayan Tourist centre. Mountain Research and Development, 2002, 22 (2): 132-141.

[104] 杨开忠，杨咏，陈洁．生态足迹分析理论与方法．地球科学进展，2000，15 (6)：630-636.

[105] Hunter C. Sustainable Tourism and The Touristic Ecological Footprint. Environment, Development and Sustainment, 2002, 4 (1): 7-20.

[106] Peeters P, Schouten F. Reducing the ecological footprint of inbound tourism and transport to Amsterdam. Journal of Sustainable Tourism, 2006 (2): 157-170.

[107] Haberl H, Erb K H, Krausmann F. How to calculate and interpret ecological footprints for long periods of time: The case of Austria 1926～1995. Ecol. Econ, 2001, 38 (1): 25-45.

[108] Kitzes J, Wackemagel M. Answers to common questions in ecological footprint accounting. Ecological Indicators, 2009, 9 (4): 812-817.

[109] Wackemagel M, Onisto L, Belo P, et al. National Natural Capital Accounting with the Ecological Footprint Concept. Ecological Economics, 1999,

29 (3):375-390.

[110] 甄翌，康文星．生态足迹模型在区域旅游可持续发展评价中的改进．生态学报，2008，28 (11)：5401-5409.

[111] 邹婵，高小红，吴国良．西宁市土地利用变化研究．新疆农垦科技，2010，(6)：6-70.

[112] 张约翰．西宁市旅游业生态足迹与可持续发展．西北师范大学学报（自然科学版），2009，45 (1)：107-111.

[113] 张约翰，张平宇，张忠孝．拉萨市旅游生态足迹与可持续发展研究．中国人口·资源与环境，2010，20 (7)：154～159.

[114] 除多，张镱锂，郑度．拉萨地区土地利用变化．地理学报，2006，61 (10)：1075-1083.

[115] 吴天一．青海省高原病研究的回顾与展望．高原医学，1983，(1)：1-8.

[116] 柴自杰．急性高原反应 234 例调查分析．临床军医杂志，2000 (3)：50-51.

[117] Hackett P H. The incidence importance and prophylaxis of acute mountain sickness. Lancet，1976，(2)：1-149.

[118] 崔树珍．空运新兵急性高原病患病率调查．高原医学杂志，1988，2：61.

[119] 袁延年，张天先．高海拔地区部队适应类型研究．高原医学杂志，1999，9 (1):16-20.

[120] 张西洲．部队经过阶梯适应性训练后急性高原反应发生情况调查．高原医学杂志，1995，5 (4)：27-29

[121] Singh I. Acute mountain sickness. New England Journal of Medicine，1969，280：280-295.

[122] Houston C，Dickinson J. Cerebral form of high altitude illness. The Lancet，1975，306 (7938)：758-761.

[123] 张西洲，陈占诗．人到高原．北京：军事医学出版社，1996：51-52.

[124] 杨景义，李庆衡，田广智．高海拔区急性高原脑水肿 40 例就地治疗体会．西北国防医学杂志，1985，(4)：346～348.

[125] 郑然，周世伟．急性高原病易感人群预测的研究现状．现代医药卫生，2004，(20)：2119-2122.

[126] 吕永达．高原劳动问题．解放军预防医学杂志，1988，(1)：89-94.

[127] Wu T Y，Tu D T，Zhau G L，et al. The physiological differences between the Tibetans and the Andeans. *In*：Ohno H，Kobayashi T，Masuyama S，et al. Progress of Mountain Medicine and High Altitude Physiology JSMM. Tokorozawa：Matsumoto Press，1998：190-194.

[128] 刘运胜．青年军人急性高原病医学地理差异聚类分析．西南国防医药，

2005，15（2）：145-148.

[129] 薛华菊．高原人体生理适应学理论在进藏旅游中的应用．干旱区资源与环境，2011，25（2）：183-189.

[130] 张彦博，汪源，刘学良．人与高原．西宁：青海人民出版，1996：320-321.

[131] 张娟，鲁毅，王显春，等．短期高原旅行中健康成人心肺功能的变化．中国临床康复，2005，9（20）：188-190.

[132] 林水成．有关调兵高强的医学问题及印军医学措施情况．解放军医学情报，1991，5（3）：154.

[133] 牛文中，李耀明．快速进入高原部队预防急性高原病措施探讨．解放军医学杂志，1997，15（1）：29-31

[134] 高钰琪．促进高原习服措施的研究进展．解放军预防医学杂志，2002，20（4）:306-309.

[135] 孙秉庸，谢增柱，毛长琪，等．阶梯式间断缺氧复合体育锻炼的适应过程及其效果．解放军医学杂志，1985，10（1）：46.

后　　记

本书依托国家社会科学基金项目“青藏高原旅游开发研究”，在课题组全体同仁的积极努力下，在青海省社科规划办、青海师范大学有关领导的大力支持下，在协作单位西藏自治区旅游局的大力配合下，在青海省旅游局、西宁市旅游局及调研地旅游相关部门提供大量资料的基础上顺利完成。青海省省委书记强卫同志，在百忙之中为本书作序，对我们的研究给予了充分肯定，并提出了宝贵意见，是对我们工作的极大支持和鼓舞。在这一课题任务圆满完成之际，特向上述单位领导及个人表示衷心感谢！

课题组成员如下。顾问：卢云亭（北京师范大学教授）、巴珠（西藏自治区旅游局局长）；组长：张忠孝（青海师范大学教授）；副组长：祁永寿（青海大学副校长、教授）、刘峰贵（青海师范大学教授、博士）、廖礼生（西藏自治区旅游局研究员）、侯光良（青海师范大学副教授、博士）；成员：王锋（青海师范大学副教授）、张海峰（青海师范大学教授、博士）、鄢晓彬（青海师范大学副教授）、肖景义（青海师范大学副教授、博士）、赵霞（青海师范大学副教授、博士），以及研究生陈蓉、薛华菊、兰措卓玛、张源、张连生、张约瀚、王哲、周海儒、刘国、马灿等。在此，我特别要提出的是课题组顾问卢云亭教授，他是我国著名的旅游地理学家，中国十大旅游策划人之一，他参加过青海省、西宁市旅游规划及研究工作，为青海省旅游事业做出了贡献。此次聘请他为课题组顾问，他又欣然答应，年过七旬，体弱多病，赴藏考察 40 余天，为课题研究工作提出了许多宝贵意见，但他还没有看到成果就离开了人世，课题组全体成员万分悲痛，我们以优异的成果寄托对他的无限哀思。

根据课题申报时的具体要求，分 11 个专题进行研究撰写。具体写作分工如下。

第一章　青藏高原旅游环境概况，由张忠孝、鄢晓彬、张源撰写；

第二章　青藏高原旅游业发展现状分析，由刘峰贵、刘国撰写；

第三章　青藏高原旅游资源及其评价，由张忠孝、祁永寿、张连生撰写；

第四章　青藏高原文化旅游资源开发探讨，由刘峰贵、兰措卓玛、马灿撰写；

第五章　青藏高原生态旅游开发研究，由陈蓉、廖礼生撰写；

第六章　青藏高原挑战极限旅游探讨，由张忠孝、周海儒撰写；

第七章　青藏铁路对青藏高原旅游业的影响，由张海峰、王哲撰写；

第八章　青藏高原旅游开发与生态安全，由侯光良、王锋撰写；

第九章　青藏高原旅游地生命周期分析，由张忠孝、肖景义撰写；

第十章　西宁市、拉萨市旅游容量分析，由赵霞、张约瀚撰写；

第十一章　青藏高原“渐进阶梯式”旅游模式探讨，由刘峰贵、薛华菊撰写。

全部文字由祁永寿、刘峰贵统稿，图件由刘峰贵绘制。

《青藏高原旅游开发研究》课题组

2012年3月10日